班主任工作实用指南

蒋雯琼等 著

华东师范大学出版社
·上海·

图书在版编目(CIP)数据

班主任工作实用指南/蒋雯琼等著. —上海:华东师范大学出版社,2016
ISBN 978-7-5675-5796-3

Ⅰ.①班… Ⅱ.①蒋… Ⅲ.①中小学—班主任工作—指南 Ⅳ.①G635.16-62

中国版本图书馆 CIP 数据核字(2016)第 253708 号

班主任工作实用指南
BANZHUREN GONGZUO SHIYONG ZHINAN

著　　者　蒋雯琼等
策划编辑　梁红京
特约审读　余雅汝
责任校对　张多多
装帧设计　高　山

出版发行　华东师范大学出版社
社　　址　上海市中山北路 3663 号　邮编 200062
网　　址　www.ecnupress.com.cn
电　　话　021-60821666　行政传真 021-62572105
客服电话　021-62865537　门市(邮购)电话 021-62869887
地　　址　上海市中山北路 3663 号华东师范大学校内先锋路口
网　　店　http://hdsdcbs.tmall.com

印 刷 者　江苏句容市排印厂
开　　本　787×1092　16 开
印　　张　23
字　　数　373 千字
版　　次　2017 年 4 月第 1 版
印　　次　2023 年 3 月第 6 次
书　　号　ISBN 978-7-5675-5796-3/G·9897
定　　价　48.00 元

出 版 人　王　焰

目录

引言　班主任：以人格塑造为本的反思性实践者

华东师范大学附属第二中学　瞿　平

近年来，关于班主任岗位的职责、工作方法、技能技巧甚至价值意义，我们都可以看到诸多论述。然而，作为一个相对专业且相对独立的教育岗位，班主任这个专业岗位独具的特征，却很少有人提及。笔者尝试从班主任工作在学校的地位、具体的工作内容和实践中的工作行为三个角度对其加以提炼，做一点简单的思考。

一、工作地位的整合核心性

“百年大计，教育为本”、“十年树木，百年树人”、“教育工作中百分之一的废品，就会使国家遭受严重损失”……一句句振聋发聩的名言都在诉说着同一个观念：教育是一项宏大的事业。之所以这么说，是因为这项事业关乎国家命脉，关乎民族乃至人类的未来。也正因为这个原因，教育的根本属性、教育的基本理念的定位是由教育专家来完成的；一个国家和民族的教育总目标的制订、教育发展方向的确立是由政府相关机构组织教育界学者、精英来共同探讨的；具体的教育计划、教育评估方案的设计是由具体的相关教育行政机构来完成的。

具体到某一所学校的教育，必须要符合整体的教育规律，遵循国家和政府相关机构的总体教育目标。从这个意义上说，学校是教育的具体执行机构。而在这个机构当中，学校特色的设定、具体活动的设计、教学计划的制订，又由学校内部的相关行政部门来完成。然而到此为止，教育工作本身都还没有开始启动。只有当上述各级、各部门的目标、计划、设计真正与学生联系起来，真正引发了学生的活动，教育才真正启动了开始键按钮。

1. 关于整合

根据《辞海》的解读，“整合”原为地质学术语，指“在相邻的新地层间，表现为彼此的走向和倾斜均一致，岩石性质与所含化石的生物演化连续或渐变，在沉积上没有明显的间断的一种地层接触关系”①。最早引入这一概念的是市场营销理论，其中提出了“整合营销”这一概念，亦称“整合营销传播”。它是一种营销传播计划，“通过评估各种传播方式综合运用后的增加价值，组合运用广

---

① 夏征农，陈至立，等．辞海[M]．第6版缩印本．上海：上海辞书出版社，2010：2427．

告、直接营销、营业推广、公共关系、人员销售等方法，通过对分散信息的无缝结合，以提供明确的、连续一致的和最大的传播效果”①。

英国教育家麦克·马兰(Michael Marland)提出班主任是学校整体课程计划的“整合核心”。他提出：“在所有这些学校中，正是班主任的存在将精神辅导课程融会贯通，对处在学校每个位置的个人所进行的个人、职业和社会的指导能够形成整体的印象，让每个学生理清各方面的关系。”②

具体到我国的教育工作现实中，我们发现，不仅学校内部的教育信息、教育任务需要经由班主任整合，上级各部门的教育相关理念、教育计划也需要经由班主任的整合，只有这样，各级教育专家、相关部门领导的设想方有可能与学生相联系。从这个意义上说，班主任不仅是学校教育的整合核心，也处在教育这个宏大整体的整合核心位置。

2. 启动教育按钮的人

如果说教育这台宏大的机器存在一个启动按钮，那么启动这个按钮的人绝大多数情况下是与学生最贴近的那个教师——班主任。无论外部对于教育的研究多么深入，活动策划多么轰轰烈烈，改革幅度怎样具有创新精神，没有一线班主任的消化吸收，并由衷地产生教育的意愿，教育行为都很难发生，至少在执行层面上会大打折扣，教育成效也就不言自明了。

如果说班主任在学校教育中的地位天然地决定了班主任的整合核心地位，那么就处于这一地位的班主任是否愿意承担教育整合这一任务、如何进行整合而言，如果不采用强制行政手段或奖惩措施，绝大多数情况下就是班主任自己说了算。

一线班主任往往会在同一时期接收到来自不同部门的许多信息，这些信息与相关的教育目标相联系。一个优秀的班主任会对这些信息进行合理整合，结合自己对该教育目标的理解，开展适合自己学生和自己所带班级特征的活动。也有些班主任则会选择敷衍塞责，应付了事。我们将后者的行为方式称之为消极整合，而将那些积极思考工作价值，并努力寻找有效教育途径的整合称之为积极整合。然而无论选择以怎样的态度对待一个任务，在学生那里都会产生教育影响，它既可能是正面的，也可能是负面的。

---

① 夏征农，陈至立，等. 辞海[M]. 第6版缩印本. 上海：上海辞书出版社，2010：2427.

② [英]麦克·马兰，里克·罗杰斯. 班主任一定要面对的9个问题[M]. 北京：中国青年出版社，2007：13.

积极整合是教育整合的目的所在，也是达成上级部门教育目标、计划，形成教育专家期待的教育效果的必由之路。当然，态度积极的整合未必会形成优良的教育效果。如果教育价值观有问题，教育方式不妥当，很可能态度越积极，教育效果越糟糕。因而，积极整合的达成需要班主任具备以下几种基本素质或能力。

A. 有对国家教育目标、主流教育理论的基本认同。

B. 有对教育事业的基本热忱。

C. 有提出问题、发现问题的能力。

D. 有整合各级、各类资源的能力。

E. 有相应的知识、理论基础。

F. 有对自己班级或学生的问题的基本敏感。

那么，一次积极的教育整合是如何完成的呢？下面这位老师的“教育反思笔记”[①]也许能够给我们一些启发。

案例故事 1：让人茫然的教育主题

上个月，区里下达了一个教育主题，要求学校围绕“道德”这一话题开展教育类活动。我们学校学生处就布置了一节主题教育课的任务。这节课的总标题叫作：“做一个有道德的人”。①

①上级布置的任务，常常让班主任茫然，很大程度上缘于问题过于宏大，无从着手。但同时，上级部门本身就是考虑宏大问题的。

听到这个题目，我头都大了。

这个话题也太大了！

什么是道德？什么是有道德？如何做一个有道德的人？这样的话题学生能感兴趣吗？还主题教育课？难道让我照本宣科、喊口号吗？②

②问题提出的时候，就是整合开始的时候。

整整一个星期，我都在为此苦恼。一直也没想出什么好办法。

恰恰这个时候班上发生的几件小事引起了我的注意。③

③班主任并不是工厂里的机器，我们的整合是有很大自主性的，

其一：有同学开始谈恋爱了。有家长打电话反映，班上某同学家长替自己谈恋爱的孩子圆谎，以方便自己

① 本案例来自上海市西南位育高级中学丁黎萍老师。

的孩子找机会出去约会。

其二：政治老师反映，有个学生上政治课的时候自己坐到后面的空位子上玩手机。等政治老师发现，叫他起来回答问题的时候，已经过去半节课了。这么长时间，全班同学居然没有一个人提醒过他。

其三：有同学反映，最近教室里早自修抄作业的情况开始抬头。

今天的学生对于道德的概念，对于是非的判断并无严重的困惑，然而在行动上却存在巨大落差；与此同时，道德是否有固定的标准，是不是每件事我们都可以用一种道德标准来衡量，这恐怕都是值得思考的。④

这样想着，我的主题教育课的思路开始清晰了。

只有将上级任务与自己眼前的工作实际相结合，才能真正达成教育效果。因而，也可以这样说，当上级任务和自己的班级教育实际不能对接时，积极整合不可能完成。

④积极整合的完成，需要班主任有独立的教育见解，有清晰的教育理念，有一定的研究问题的深度。

主题班会、主题教育课是班主任接受的比较正式、比较频繁且很难拒绝的教育任务。无论班主任个人意愿如何，都需要面对，因而也就都存在一个教育整合的问题。而上级下达的这类任务的主题也常常是比较宏大，或者准确地说常常是大而无当的。如果，我们也就此召开一次大而无当的教育活动，那么其教育效果往往很不理想，甚至会成为反教育的典型事件。这种时候，班主任的积极整合就显得尤为重要了。

3. 教育整合的基本内容

班主任这个整合核心需要完成的教育整合的工作内容大致有三。

A. 信息整合：指班主任对于接收到的不同部门的不同要求，围绕一个统一的教育目标进行合理组织的过程。

B. 流程整合：指班主任为达成教育效果或完成上级任务时采取的处理信息的方法和程序。

C. 资源整合：指班主任为达成教育效果或完成上级任务时所利用的校内外资源，包括人力资源和物质资源等等。

教育过程中，班主任所接受的信息众多、任务众多，很难、也不可能一一应对。因而无论班主任们主观上是否有意识，客观上或多或少都会做出选择，也即教育的整合。由于班主任的个性、兴趣、专业基础和职业能力的不同，他们在整合的时候也会做出不同的选择。

那么班主任工作在学校教育中的整合核心地位，在具体工作中又是如何体现的呢？请看下面这则故事：

案例故事2：应接不暇的开学任务

学校在每学期开学都会给班主任准备一本“工作日记”——最朴素的那种——牛皮纸封面，64开的。班主任们遇到学生处主任，就开始发牢骚：“都啥年月了，还用这个，是不是该升级换代了？”主任一想，班主任们的提法有道理。但又一想，买个更大的吧，是不寒碜了，其实也未必实用。既然要做就要做到位，于是开始动脑筋自己设计，加上学校标志，心想：“我们量身定制，那多体面！”①

①班主任在做会议记录的时候已经开始整合他所接收到的信息了。因而，阅读一下班主任的“工作日记”，我们就可以看出每个班主任整合的关注点。

新学期第一次班主任会，班主任们拿到了学校专门定制的《班主任工作手册》。其中按照班主任日常工作设置了栏目，留出会议记录，还特别设计了每周备忘表。《班主任工作手册》看上去很是好用，大家都感受到了主任的良苦用心。

会议开始了。学生处主任开始布置新学期工作：教室环境布置、班干部选举、学生常规管理制度、本学期重大活动安排、班主任计划写作、争创文明班计划写作……副主任接着布置：大扫除包干区域分配、住宿生申请、助学金申请、医疗保险申请……团委书记发言：学生会干部招募、社团招生、黑板报评比要点……话还没完，教务处主任来了：新学期注册要求、课本领取事宜、考勤制度……接下来还有总务处主任、卫生室老师、宿管老师、心理辅导老师②……会开到一半，已经有班主任忍不住了：“主任，这么多活，怎么干得完啊？”“主任，你设计的这个《班主任工作手册》不科学啊，会议记录每次只有两页，我现在已经记了四页了……”③

②学校的不同部门想要向学生传递信息，往往都不得不借助班主任这个门槛。

③班主任的情绪反弹往往是他们消极整合的开始。

第二天，每位班主任桌上又看到了那个熟悉的牛皮纸的身影。

主任说了：新的《班主任工作手册》用来简单记录、备忘，具体内容还是记在这个“工作日记”上。

发本子的时候，主任听到了这样的对话：

甲：昨天布置的事情都完成了吗？

乙：我先挑容易的做了，其他等领导催了再说。

丙：呵呵，真懒，我怕挨批，还是先把最紧迫的事情做掉。④

丁：我把几个复杂的事情交给班干部做了，紧急又简单的事情分配不同学生马上做掉，再向我汇报。我自己写计划就好。⑤

甲：聪明！我这人凭兴趣做事，我喜欢搞环境设计，已经召开干部会让他们讨论方案了。等一下我再看看是否有有这方面特长的家长，嘿嘿！⑥

④信息整合其实不仅是一个归纳融合的过程，更是一个删繁就简的过程。班主任个性不同，在做信息整合时，侧重点也会不同。

⑤这里包含了对于工作流程的整合。

⑥这有点儿资源整合的味道了。

每学期的开学之初和放假之前都是班主任事务性工作最多的时候。如何应对，班主任们的处理方式也是各有千秋的。工作中，我既会看到显然是复制粘贴版的班主任计划和他们随性、随意的工作状态，也会看到简单明了、重点突出的工作计划和他们思路清晰、序列性强的工作风格。班主任工作的确是极具个性特征的，也正因为如此，不同的班主任有不同的教育整合方式。因而，教育效果也大相径庭。

也许是事务性工作过于繁杂，也许是班主任队伍本身的工作意愿度、能力、水平都存在巨大差异，在实际工作中，我们看到消极整合的班主任较多，积极整合或者说总是能够积极整合教育任务的班主任很少。特别是那些已经出现职业倦怠的教师，更难以要求其进行积极整合。然而，班主任又占据着教育环节中这样一个至关重要的位置，因而，我们是不是可以说立国之本在于教育，立教育之本在于立班主任？

如何让班主任们对教育充满热忱？如何让班主任具备完成教育任务的基本能力？如何让每一个班主任都具备最基本的教育素养？这恐怕是我们达成真正的教育目标的基本前提之一。

二、工作内容的人格本位

这些年，德育的实效性是一个常常被提起的概念。而说起德育的实效性，这样一句话就时常会出现在人们的嘴边：“小学时教育共产主义，中学时教育爱国主义，大学时教育不要瓜果皮核满地。”这个教育的倒三角现象已经成了我国多年教育成效的一个笑柄。不仅如此，这句话的背后还揭示了在学校教育中的一个重要问题：不同学段应当有不同的教育内容，正确的教育内容定位直接影响最终的教育效果。

2011年颁布的《教师专业标准》，其中已经就各学段学生的年龄特征，对中学教师、小学教师和幼儿园教师的专业标准作出了明确区分。小学生阶段（6—12岁）的学生处在生命发育的学龄期，这一阶段的成长任务主要是良好学习和生活习惯的形成；而中学阶段（12—18岁）的学生则处在生命发育的青春期，开始有了独立思考的意识，从身体到心理各方面都开始为走向社会化做准备，这一时期的最主要的成长任务是正确价值观、人生观的树立。

1. 班主任与任课教师的分工

办公室里，我们常常会听到科任教师与班主任这样的对话。

片段1：

科任教师：哎，某老师，你们班小A今天上课的时候睡觉，你可得跟他谈谈啊！

班主任：是吗？回头我找他！

片段2：

科任教师：某老师，你们班小B最近情绪不对，成绩下降，不会是谈恋爱了吧？

班主任：嗯，我还在想怎么找他谈……

片段3：

科任教师：某老师，你们班学生学习态度还不错，就是太闷了，上课都不举手。

班主任：唉，就是啊！我得想想办法。

无数这样的片段告诉我们：在老师们的共识中，科任教师主要负责学生的学科知识与学科技能的教学，而学生在行为、个性、品性等方面的表现均属班主任工作的范畴，因此科任教师通常会就这些内容与班主任交流。

2. 从知识本位、德性本位到人格本位

有研究结果表明：教师中存在着“知识本位”与“德性本位”两种不同的教育观。前者重视知识传授和技能训练，后者重视道德意识与德性品味的培养。

如果说在一般科任教师中存在知识本位的现象尚属正常的话，那么在班主任队伍中以知识教育为第一追求则是“应试教育”带来的误区，是当前教育的危险信号。那么什么是“德性本位”呢？

《辞海》中对于“德性”的解释是这样的：个体在道德活动中表现出来的思想与行为的优秀特质、品格，具有稳定一贯的特点。[①]

从概念定义层面看，这是一个褒义概念，培养学生的优秀特质和品格，这似乎很符合班主任工作的内容。然而当我们仔细分析一线班主任的工作，就会发现，班主任们不仅需要关注学生的道德行为层面，还常常需要关注学生的情绪问题甚至个人感情问题、心理问题。道德层面的确存在褒贬，而情绪、情感、心理问题则无关褒贬。根据最新的《班主任工作暂行规定》，作为学生的“人生导师”，班主任更需要关注学生的人生发展、学涯和生涯的发展，而这些远不是“德性”这个概念可以囊括的。

教育的本质究竟是什么？直至今日仍然有众多不同的说法。但没人能否认，教育应以关注每一个个体生命的健康成长为宗旨。良好的德行养成的确是我们重要的教育诉求之一，但教育的首要任务更应当是培养具有健康人格的合格的社会公民。

因此，说到班主任的工作内容，笔者更愿意采用“人格本位”这个概念，以区别于传统概念中的“知识本位”和“德性本位”。

案例故事 3：备受质疑的爱情

高二年级理科班一个男生恋爱了。他的恋爱与众不同：其一，单恋；其二，死心眼儿。这两点一结合，就会弄出许多花样。①

不知从哪位老师口中，老师们得知这个男生在屡次遭到女生拒绝之后，打算在女生生日当晚，利用女生宿舍大楼的灯光完成一次壮举。②一方面，他计划事先找人稳住该女生，晚自修结束后让她呆在一个能全景观看女生宿舍楼的位置；另一方面，他在晚自修结束伊始，动员相应位置的学生迅速开启宿舍灯光，全部灯光刚好构成一个巨大的心形图案。

在他布置这项艰巨“工程”的时候，消息自然也不胫而走了。

于是，当周的班主任会上，老师们展开了激烈的讨论：

①现在各类特色班很多，身处不同特色集体中的学生自然也会有不同的人格特质。

②受到多元文化影响，再经多元媒体的狂轰滥炸式熏染，现在的学生本就能量巨大，更何况再加上青春和爱情的力量！然而，爱情毕竟是美好的。

---

① 夏征农，陈至立，等. 辞海[M]. 第6版缩印本. 上海：上海辞书出版社，2010：342.

老师A："这种事情绝对不允许在一所高中发生，影响太恶劣了，会助长学生的恋爱热情，影响学习注意力，不是什么好事儿。"③

老师B："呵呵，现在的学生真是够能折腾的，这种事情也在大庭广众之下展示。这要在我们那个年代，那叫生活作风问题，还敢明目张胆？"

老师C："是啊，现在的是非观念和我们那个年代完全不同了。④这也太夸张了，应当好好教育一下。"

老师D："现在的学生简直把恋爱当展览，大庭广众之下就拉拉扯扯，卿卿我我。要我说，这件事必须马上通知家长。"⑤

老师E："没啥吧？什么年代了？我觉得很浪漫啊……做梦的年纪就该允许他们大胆做梦。"

老师F："人家女生又不愿意，他这样死缠烂打，人家很难觉得浪漫，只会觉得难堪。⑥学校既然知道了，就应当阻止。"

老师G："总体上说，这件事不值得大惊小怪，没必要紧张。毕竟高中学生有这种感情的萌发很正常，只是做法过激了些。当然教育也是必须的，这事也不能让他干，否则对学校影响也不好。"

③无论发生什么问题，学业这根筋往往是师长们脑海中绷得最紧的。

④不同的时代的确会有不同的价值观：曾经和道德联系紧密的爱情问题在今天早已与道德拉开距离。青春期孩子们的爱情萌芽本身就是学生自然生命成长中的必然现象。

⑤通知家长是不少班主任遇到这类事情的第一选择，然而很可能是最差的选择。

⑥恋爱不是一个人的事情。我们在关注一方身上的浪漫情结的同时，也不能忘记可能给另一方带来的烦恼及伤害。

爱情是青春期学生必须掌握的人生一课，也是长期被我们忽略的一课。看看今天众多婚恋交友节目中年轻人的表现就足以证明这一点。而师长们对中学生之间的恋情问题处理不当，很可能会影响孩子一生的幸福，这样的悲剧不在少数。更重要的是，班主任的态度还极有可能影响当事人周围众多学生的爱情观、婚恋观。

在德育本位的教育立场之下，当我们简单地把爱情和道德联系起来的时候，我们不敢、也无法面对作为自然生命的学生的成长；当我们觉得这与道德无关，是学生正常表现的时候，我们又容易放弃自己的教育角色，从而让孩子们迷迷糊糊地长大，最终糊里糊涂地进入爱情，进入婚姻……

3. 以人格塑造为本位的班主任工作内容

人格是一个具有丰富内涵的概念，一方面是指人的性格、气质、能力等特征的总和；一方面，在人格主义哲学中，又指具有自我意识与自我控制能力，即具有感觉、情感、意志等机能的主体；还有一方面，在心理学上亦称“个性”，指个人稳定的心理品质。人格包括两个方面，即人格倾向性和人格心理特征。前者包括人的需要、动机、兴趣和信念等，决定着人对现实的态度、趋向和选择；后者包括人的能力、气质和性格，决定着人的行为方式上的个人特点。①

因而，在中学阶段，人格本位的班主任工作内容大致可包括对学生四方面特质的培养：良好的个性气质、健康的心理品质、成熟的社会人格和高尚的道德品行。

当然，人格方面的许多属性无关正误，但健康人格的培养、消极人格特质的发现与正向引导、丰富人生情趣的养成均是影响学生人生幸福的重要因素，因而也应是作为“人生导师”的班主任的重要工作内容。

案例故事 4：我已经会笑了

我的班上曾经有一个各方面表现都很优秀的学生干部，成绩优异，为人谦和，领导和组织能力强，是我班的班长。①当他站在讲台上，一脸严肃地给同学们布置工作的时候，甚至比我更像一个老师。

我忍不住把他找来，想和他聊聊天。

我说：“你怎么那么严肃啊？一点儿都不像个十六七岁的孩子。你的严肃会和同学产生距离的，不利于工作。”②

他：“是吗？老师，其实我觉得现在我已经好很多了……”

我：“哦，你指的是哪方面？”

他：“您不觉得我比以前已经放松很多了？我已经会笑了，以前我几乎不笑的。”③

我：“……这样啊……为什么呢？”我想了想，性格的形成不是一朝一夕的事情。于是，我问道：“小时候发生过什么可怕的事情，让你这么不苟言笑？”

他：“也许是那一次吧……”他陷入了回忆。

①各方面优秀的学生通常会受到老师们的喜爱，获得较多的肯定。因而，我们也就容易忽略他们身上的问题。

②相较于学生干部的工作能力和工作态度，学生干部的人格特质与他的工作质量的关系往往更密切。

③会不会笑这件事虽然无关道德，似乎不在班主任工作范畴之内，但说得严重一点儿，一个人是否会笑，却很可能是关乎他一生幸福的大事。

---

① 夏征农，陈至立，等. 辞海[M]. 第 6 版缩印本. 上海：上海辞书出版社，2010：1557.

"很小的时候，大概两三岁吧，我爸爸妈妈各自看着自己的书，而我很想让他们陪我玩，就去跟爸爸妈妈哭闹。后来我妈妈生气了，一把把我拉入卫生间。门关上了，没有灯，一片漆黑，没有任何亮光，我一个人呆了很长时间。④从此以后，爸爸妈妈看书的时候，我都一个人玩，做自己的事情，再也不闹了。也是从那以后，我就变得严肃了吧。"

我："哦，原来这样。不过你的未来还很长远，我知道你是一个有远大志向的孩子。为了梦想，我们需要严谨、踏实的作风，但那远不是生活的全部。要想获得丰满、完整的生活体验，我们也需要培养丰富的生活情趣，培养自然、亲和地与他人交往的能力。"⑤

那以后，他开始刻意地改变自己，虽然最初做起来不够自然……

④父母在孩子小时候处理亲子关系的方式方法是孩子健康人格形成的重要影响因素，这一因素甚至会影响他的一生。

⑤我们今天的教育过分重视学生成长中的智育因素，偶尔强调德育品行的重要性，几乎从不关注对孩子丰富多样的生活情趣的培养。这样的教育是极不完整的。

正如案例故事所示，班主任工作的内容如果满足于学业成绩、道德操行，那么我们的教育任务在这类优秀学生面前似乎就应当终结了。然而，从这些学生的实际需求来看，往往恰恰相反。越是这类基础素养优异的学生，越是有更多的烦恼需要找人倾诉，有更多的困惑需要找人求证。因为在他们的成长过程中往往有太多的约束，有太多不由自主的行为习惯与思维习惯。他们在很大程度上已经失去了童年、少年成长过程中自然的快乐。同时，这些优秀学生往往有更深入缜密的思维能力，有更勤勉的思考习惯。对于他们而言，更需要一位能够在人格层面、精神层面引领，至少是陪伴其成长的人。而中学班主任恰是这一阶段出现在他们生命轨迹中的，可以承担这一角色的重要人选之一。

如果说知识本位与德性本位的讨论源于客观现实中人们面对应试教育现象时的挣扎，那么德性本位与人格本位的错位则源于人们对于教育本质的理解的误区：以为教育是用来培养人的，而人最重要的是道德。在他们眼中，似乎学业以外的一切行为均关乎道德，又似乎它是个"万金油"，用在哪里都能解决问题。当然，还有另一种极端：许多人以为道德虽然重要，德育却大多是官样文章，一无用处，也不认真去考虑一下究竟怎样才能让它变得有用，只把它当做必要时的装饰品罢了。

今天的教育理念是"为了每一个学生的终身发展奠基"。何谓"终身发展"？

这一方面是在说，我们的教育以及每一个教育者都要立足于学生们的一生，在时间概念上着眼于未来，而不是眼前。另一方面，学生终其一生都需要发展的究竟是什么？这几乎是一个类似于哲学永恒命题“生命的意义是什么”的深奥问题，却也是教育者们需要为孩子们解答的问题。

笔者以为，只有那些致力于帮助学生们获得终身幸福，进而促进全社会获得整体幸福感的教育才是值得推崇的。至于何谓幸福，虽然同样仁智互见，但任何幸福形式都应以每个个体内心的愉悦感、满足感为基础，我想这是毋庸置疑的，因而凡是能从根本上促进人们产生这类感受的内容与方式，恐怕都是值得教育者关注与尝试的。

三、工作行为的个体实践性

随便走进一间中学的教师办公室，随意浏览一下老师们的书架，你看到的最多的书籍是什么？

我想按数量多少排序，恐怕是习题集、教案集、教学指导类专著。如果你想找几本专门研究教育、研究班主任工作的书籍，那就很难。

书是什么？它是前人经验的累积，是我们工作和生活的重要借鉴。然而作为班主任，我们会发现，那些班主任工作相关的书籍，远不如学科教学相关的书籍那么好用。除了班会设计类读物，其他方面的如工作经验、技巧之类的书籍几乎很难借鉴。究其原因，恐怕就在于班主任工作的又一鲜明特征——班主任工作行为的个体实践性了。

1. 个体实践理论

个体实践理论最早由加拿大教育学家康奈利(F. Michael Connelly)和柯兰迪宁(D. Jean. Clandinin)提出并作了详细的解释，他们认为“个人实践知识是出自个人经验的，就是说，它不是某种客观的和独立于教师之外的被习得和传授的东西”、“个人实践知识存在于教师以往的经验中，存在于教师现时的身心中，存在于未来的计划和行为中，个人实践知识贯穿于教师的实践过程”。① 后来的研究者在此基础上又提出了个人行动理论，即教师在具体的个人教学行动中会以直觉和反思的形式追求个人实践知识的合法化、概念化和理性化。

根据上面的论述，大家也许会问，这个研究是针对教师整体的，也就是说每

① [加]F·迈克尔·康奈利，D·琼·柯兰迪宁. 专业知识场景中的教师个人实践知识[J]. 何敏芳，译. 华东师范大学学报：教育科学版，1996(2).

一个学科教师在教学中同样存在个体实践性，那么班主任在这一方面又有什么特殊性呢？

学科教师的主要任务是教学，班主任的主要任务是人格养成的教育。学科教学在教学内容、教学空间和教学目的等方面都呈现出相对集中和稳定的特性，从而在具体教学操作中也具备相应的集中性和稳定性，教师们哪怕缺乏个体实践经验，照本宣科，也不至于无法完成教学任务。

班主任工作的特殊性则在于：教育内容丰富而多变，教育空间复杂而多样，教育目标因人而异，加之不同时代的学生的变化给教育工作带来的冲击远远大于教学工作，班主任工作能够借鉴的经验就少之又少了。

2. 经验迁移的难度

学校里，常常会听到这样的班级评价："有什么样的班主任就有什么样的班级。"这句话是说，不同的班主任会带出不同的班级，其背后的原因不仅是不同的班主任会以不同的方式带领班级，而且不同的班主任具有不同的个性特质。

世界上没有两只相同的鸡蛋，自然更不可能有两个相同的人。我们每一个人的行为、举止都与各自的生命基因、成长经历、生活现状有着密切联系，教师自然也不例外。这是教育经验难以迁移的重要因素之一。下面的小故事也许能让你对此有更加鲜明的理解。

案例故事5：老师，你是不是生我气了？

学校里有个个性特别张扬、率性的女教师，行事风格尤其泼辣。①她的常用语经常是这样的："侬这个小赤佬，就是欠踹！"或者这样："谁又骨头轻啦？"②

因而，我有时不免犯嘀咕，总觉得这种做法似乎不妥。然而，奇怪的是学生大多很喜欢她。

一日，她回到办公室就哈哈大笑，大家纷纷表示关注，并听她诉说原委。

原来，今天有一个经常被她抨击的学生下课找她谈话了，下面是他们的对话：

学生："老师，你是不是生我气了？"③

老师："没有啊。"

学生："那我最近表现得不好？"

①特定的教师个性决定特定的教育方式，不可复制。

②《中小学教师职业道德规范》规定，教师"不讽刺、挖苦、歧视学生"。然而，现实中被"挖苦"和"嘲讽"的孩子并不一定都会受到伤害。

③现在的学生大多是很敏感的，老师的变化他们一目了然。

老师想了想，摇摇头："没有。"

学生(委屈地)："那你为什么最近都没骂我了？你前天骂了某某，昨天骂了某某，今天又骂了某某和某某，就是没骂我?！为什么?"④

④打骂学生都是有违师德的行为，然而这里的学生却生怕自己没挨骂。这就是特定教师和特定学生所形成的特定交流模式。

老师："呵呵，你小子，原来骨头痒了啊？我整天那么多事，那么多学生，哪有空每天关照你啊？没断奶找你妈去！"

说着，她顺手用书敲了下那学生的屁股，学生嘿嘿笑着跑了……

故事中的学生和这位个性独特的老师之间，或者说这位个性独特的老师与她的学生之间已经形成了某种特定的话语模式。这种模式是经过一段时间磨合才形成的，其他教师随意拿来用在同一学生身上可能都会起到反作用，更不用说师生一起迁移了。

语言本身的传情达意功能是相当丰富的，同样的语句，不同的语气，表达的情绪、情感都会天差地别。仔细琢磨这位老师的言行，虽然用语不太文雅，但其内心对学生的那份关爱还是溢于言表的。这才是学生虽然不断被"骂"，但仍旧喜欢她的关键所在，所以这里能够迁移的是那份爱心，不能迁移的是她的语言形式。

3. 个体实践性与班主任的"自学成才"

如果说学科教师的个体实践积累更多地依赖自觉，那么班主任的个体实践就几乎是一种迫不得已了。因为无论他人的经验多么丰富，无论将来与班主任相关的理论发展到怎样的程度，每一位班主任的成长、成熟所需要的最大量的知识、能力都来自于自己的亲身实践，他人无法替代，经验无从照搬，甚至自己都无法重复。

从这个意义上说，每一位优秀的班主任几乎都是"自学成才"的，我们所拥有的都是学科相关的学历，我们所具备的班主任工作知识与能力绝大多数来自于个人的积累和反思。

事实上，每一位具有独立思想的教师都会在自己不断进行教学积累之后，借助自觉、不自觉的反思过程逐渐形成属于自己的个体实践经验。反思能力越强的教师，这种积累越是鲜明。

案例故事6：

2010年秋天，带着上一届学生辉煌的成绩，我自信满满地迎来了2013届理科班。

第一次走进教室，看着一张张仍显稚嫩的脸庞，我面带微笑，一如既往地开始我的第一次宣讲：同样的表情，同样的内容，甚至是同样的抑扬顿挫。①让我欣慰的是，这一次学生的反应比以往都热烈。“太好了，”我心想，“这届学生应当比上一届容易亲近、好带！”②

然而，第二天，问题就来了。

这不，校长一见我就说：“你们班孩子太吵了，一下课都聚在楼道里喧哗，我在办公室都听到了。”

“是吗？我去看看。”我边说边向教学楼走去。

“瞿老师好！”呵呵，不等我去找他们，他们站在四楼楼上已经看到我并跟我打招呼了，我也冲着楼上挥挥手。“你们班学生很热情啊！”身旁走过的几个老师边笑边跟我打着招呼。我摇摇头，心里有种并不良好的感觉：“我们班的‘常规评比’要危险了……”

果不其然，接下来的教室卫生、宿舍纪律、作业收交、晚自修……这些在2010年毕业的那个班级里完全不用我过问的事情开始一件件轮番轰炸我了……要知道这在上届学生那里是不可想象的事情，我“轻松”了三年，看来现在要“还债”了……③

回想上届学生，一个个都冷静、深沉得很。下课铃响他们都少有起身的，仍在位置上奋笔疾书。所有常规他们都一板一眼按规矩做好，从不跟我多啰嗦，当然见到我也远没有那么热情。当时我最大的困惑是如何让他们活泼一点，爱笑一点，热情一点……而且当时也曾感慨，怎么他们和2007届的学生完全不同呢？④

①有过一定工作年限的班主任，比年轻教师有更多的经验，处理学生问题更得心应手。然而我们遇到的问题却是我们的计划常常赶不上变化。

②多数教师都会喜欢热情开朗的学生，同时又希望他们踏实认真，而这两者的结合其实是很少见的。

③“还债”固然是句玩笑，每届学生的整体风格不同却是个不争的事实。已有经验不能解决新问题。

④有人说：“每三年产生一条代沟。”的确如此，时代变化的迅猛，社会文化的多元，都需要我们学会应对。

学生在校园里就像是“流水的兵”，我们的工作模式却不能像“铁打的营盘”。因为基础教育毕竟不是培养整齐划一的士兵，一以贯之的方式也无法应对成长于不同时代背景下的学生，就像我们不能两次踏进同一条河流一样。这是班主任的教育经验难以迁移的又一重要因素。

不仅如此，同届学生的不同班级，同一班级的不同学生都会有明显差异，并且在不同的场合、不同的时间，我们对同一学生的教育方式也应有所区别。从严格意义上说，对于每个学生都应有一套特定的教育方式，不同的场合、不同的时间都要选择不同的教育行为，正所谓：因材施教、因地施教、因时施教。

自从英籍哲学家迈克尔·波兰尼（Michael Polanyi）的《个人知识》一书在2000年底被引入中国以来，中国的教育领域开始了关于教师个体实践知识的轰轰烈烈的讨论与研究。然而这一研究如其他教育研究一样，绝大多数仍旧停留在学科教师身上。

教学个性固然重要，教育个性更不容忽视。相较于科任教师，班主任在与学生交流的过程中所展现的独特的个性、特定的行为方式，乃至特定的价值观更加具体而全面，因而对于学生的个人行为养成、思想情感、道德规范的影响几乎是必然的。

个体实践看似是一个很平常、普通的概念，正因为其普通甚至都已经成为常识，反而往往被我们所忽视。目前班主任的个体实践大多处于不自觉的状态，从不自觉走向自觉会是一个漫长的过程，也是一个年轻班主任走向成熟的标志。

结语

关于班主任的研究，在今天的教育领域还远不是一个专业，在未来的时间里能否成为一个专业也很难确定，然而其身上特有的一些专业特质却是不容抹杀的。发现并研究这些特质，对于一线班主任明确自身的角色任务，准确把握自己的岗位职责有着至关重要的作用。当然，本文的思考也只能代表个人的一些浅显的想法，期待有更多关心教育、关心班主任岗位的专家能够进入这一思考领域，给一线班主任一个更为专业、更有学术高度的指导。

注：此文为《走向专业化的班主任》一书的“中学班主任的专业特征”这一章节的整理修订稿，该书已于2014年5月由华东师范大学出版社出版。

第一章　班级文化建设：班主任工作的主阵地

“差班”转化的艺术——巧用突发事件，促进个体和班级共同成长

上海市甘泉外国语中学　付丽旻

一、猝不及防

那年，我接了那个选不出班级干部的高二年级的“差班”。政教主任介绍情况时满脸歉意地告诉我，这是块难啃的骨头。

接班后第三天，上午第四节课，我正在其他班级还说上课，政教处的高老师急匆匆跑过来说我班男生打架了，并让我马上去政教处，还说会有人过来帮我看班的。

路上，高老师跟我介绍了大致情况：上节课间，我班小陈同学不知道因为什么，拎着一根光秃秃的拖把杆在操场上拼命追打隔壁班级的小伟同学。小伟拼命在前面跑，小陈在后面穷追不舍，政教处主任发现后，几经喝令，竟然没有效果；最后因为都跑不动了，才被带到了办公室。

我走进去的时候看到：气急败坏的主任，尽管没有挨到打但是满脸愤怒与委屈的小伟，站在角落里梗着脖子、一副豁出去的表情的小陈。

暗暗地深呼吸，我需要冷静面对。

我首先走到小伟面前道歉：“对不起，是我没有教育好自己的学生，让你受委屈了。你放心，付老师一定给你一个说法。”

然后我再向政教主任道歉并提出请求：“给您添麻烦了，我没有管理好自己的班级，我一定配合您解决问题。能不能让我把学生带走了解情况，然后午饭后我过来跟您沟通。”

得到同意后，我拉着小陈到了校门外的快餐店——必须让他冷静下来，今天中午的食堂显然他不适合出现——估计刚才追打的场景被很多人看到了。

点好了午餐，我把自己盘子里的大排也放到了他的面前：“多吃点，刚才体力消耗有点大。”他有点不好意思了，涨红着脸低着头说：“老师，对不起。”

我指了指面前的午饭，示意他好好吃饭，吃饱了我们再谈——孩子的确需要吃午饭了，并且我极需要时间理清思路，想想该从哪里入手。

吃下的食物味同嚼蜡，我紧张地思考着，但是努力保持脸上的平静。

饭后，我没有让他谈事情经过，而是试探性地问："尽管老师刚调过来，但是这几天老师都看到你跟小伟一起上学，一起放学，你们是好朋友吧？"他的头再次低下了，说："嗯，我们俩从幼儿园一直到现在都是一起长大的。"

"估计小伟会非常委屈，也会很伤心，如果因此失去这个朋友，老师有点替你难过。怎么才能让小伟原谅你呢？"

他愣了一下，似乎不太适应我连续地从他的角度思考问题。我看到了他眼圈中一闪而过的湿润，但是好面子的男子汉还是吞下了眼泪。

几乎没有费什么力气，他就主动跟我说了今天的原委。昨晚放学回家，他父母因为生活琐事吵架了。最近他家中经常是吵闹不止。谁也没有烧饭，他是饿着肚子睡觉的。今早准备出来上学的时候，本来想管爸爸要早点钱，余怒未消的陈父又开始数落儿子：成绩不好，没有前途，只知道花钱，不知道家里的压力。他赌气跑了出来，早饭也没有吃。第三节课间休息的时候，饥肠辘辘、心情跌落谷底的小陈趴在课桌上，小伟还是像往常一样过来逗弄他。小陈说了自己很烦，让他别理自己，但是小伟并未察觉他情绪的变化，还是跟他嬉闹，小陈压抑的怒火终于爆发了。

今天中午的这顿饭，是孩子饿了两顿之后的第一餐；是长这么大第一次有老师带他吃饭；是从小到大犯错误后，第一次老师竟然没有开口骂他，还把自己的荤菜给他吃。

二、真心面对

看着他的眼神，我想起了三天前第一次进教室的场景。

声浪扑面而来。

我微笑着站在讲台上差不多有两分钟，大家视若无睹；我走下讲台，跟前面几个女生聊天，然后这几个女生大声喊：新班主任来了，不要吵了，烦死了。

终于安静下来了，间或有窃窃私语，大概他们在猜测我这张生人的面孔。自我介绍后，我开始"拜码头"了："同学们，看到你们很亲切。付老师刚到这个城市、这所学校，在这里举目无亲，你们是付老师唯一认识的人。如果我有困难，可以请你们帮助吗？或者，我有什么不懂的事情，可以问你们吗？再或者，课余时间大家可以教我当地方言吗？省得我买菜的时候，都会被小贩欺负。还有，我有一个八岁的儿子，他也需要适应环境。有空的时候，大家愿意教弟弟跟当地的小朋友相处，让大家接受他吗？"

我一面观察着学生的表情，一面把我的问题和要求一个个说出来。教室里出乎意料地安静，有些人开始点头。这时刚制止班级吵闹的一个女生说："老师，我们班是整个年级最差的，他们欺负你是新来的，才让你来带我们。"

我微笑着谢了她，然后说："可不可以这么想，学校认为我能够成为你们喜欢的老师，所以才派我过来的呢？是不是说明学校很相信我呢？"

坐在窗边的小陈当时嘀咕着："真是怕了你了，你愿意就试试吧，反正之前的班主任都是自己主动走的。"话里至少没有敌意，甚至还有一丝替我担心的感觉。我心中窃喜，或许这个孩子是突破口？

小陈的声音把我从回忆中拉回来："老师你放心，我俩小时候经常打架，但是很快就和好的。我一会儿把拖把杆给他，让他打我，他出气了就没事了。"

"学校那里你准备怎么办呢？我还不太熟悉学校的规章制度，按照惯例，会不会处分？我知道你的理想是高中毕业后参军，如果带着处分会不会影响参军呢？"

他的眼神黯淡了——这句话戳到了他的痛处。

火候到了。

我带着一副豁出去的表情跟他说："还有一个办法可以试试，我不知道能不能管用，但是我们可以争取一下。"

他迫切地望着我，我大胆地跟他谈了自己的想法。我们需要分头行动，我去找政教主任谈，希望能给小陈一个改过的机会，如果小陈下次再犯错误，反正付老师还在试用期内，我就跟他一起接受处分；但是我们两个人的力量不足以打动政教处，需要大家的共同努力。

我让他马上回教室去找同学们，告诉他们：我们要用全班的力量担保，保证我们班至少每天都不迟到，不早退，按时打扫好卫生；老师进来上课的时候，我们要做到能听多少就听多少，听不懂也不捣乱。我每说一项，他就点头，然后说："这个不难，他们基本都听我的。老师你别看我们成绩不好，其实大家心都是好的。"

趁着他回班级的时间，我到政教处谈了自己的打算：简单的批评对于小陈和这个班级都无效，能不能真的给他一个改正的机会，也给全班一个转变的开始呢？我了解到，以前被气走的班主任都是从接班开始就苦口婆心地讲道理、进行批评教育。但是对于这些处于叛逆期的学生来说，这种简单的说教他们早已抱以厌烦以及无所谓的态度，他们是不会予以理睬的。那些老师的说教收效甚微，觉得自己无力改变现状，最后只能选择离开。而我希望孩子们跟我能够达成共识，拥有一致的目标，让他们相信老师是爱他们的。如果小陈能够说服大家接受我的建议，那么其实以他在同学中的威信就足以承担班长职责。或许，这个人人躲之不及的乱班，就有了希望。

听了我的设想，政教主任很赞同，愿意让我尝试一下，同时也表示带这个班不容易，学校会全力支持我。

小陈拿来了全班同学签名的保证书。除了我刚才说的要点，他们还加上了一句话：请相信我们的诚意，这可能需要时间。如果我们真的不小心犯了错误，我们愿意接受处罚，但是请不要赶走我们天使般的付老师。

眼泪没出息地掉了下来，我知道，孩子们已经接受我了。

三、浴火重生

走进教室，才不过经历了一个多小时，我简直认不出来了——教室用窗明几净形容一点不过分，孩子们坐得整整齐齐的，热切地看着我脸上犹在的泪痕，试探着问：咱们成功了吗？我含着眼泪点点头，迎接我的是压低声音的欢呼和掌声。

小陈成了班长，开始组织同学们“自救”：各个学科的学习小组成立了，谁都可能成为别人的小老师。大家表示：咱们成绩不好，但是其他方面，包括卫生、体育、活动、纪律不能输给别的班级；尽管还会出现问题，但是大家都会积极面对，跟我合作解决。

父亲病危通知来了。

远在哈尔滨的病榻上、当了大半辈子中学校长的父亲，一直都在帮我出主意、想办法。爸爸鼓励我说，你做的是功德无量的事业，哪怕有反复，也不能放弃。

爸爸走了，他叮嘱母亲不许我回去奔丧，遗言是：这些孩子目前还不能撒手，不然会前功尽弃；见不到女儿最后一面是很遗憾，但是如果没有带好这个班级，爸爸更遗憾。

心痛不已，只能谨遵父命。

忙起来会暂时忘了丧父之痛，独处的时候，会泪流满面。有一天孩子们发现了，以为是有人难为我——孩子们一直都在为看起来有点傻的班主任担心着。知道真相后，每天都会有学生陪我一起乘车来上班，陪我一起回家；办公桌上，会有学生送过来的画着笑脸的橘子和小纸条，其中一张写道：老师，爷爷是好人，去了天堂，那里有花有草有流水，他在天上看着你，不希望你难过。你还有我们，我们都是你的亲人。

我们真的绑在一起了，谁也离不开谁，互相搀扶着走过高三；后来他们都工作了，班级群名叫“老家”。

那年，我给了他们一片绿叶，他们给了我整个春天。

四、分析反思

本案例最值得借鉴的地方，应该是不按常理出牌。学校是唯一允许学生犯错误并改正错误的地方，面对一个问题丛生的班级，需要打破常规，需要教育方式的创新，更需要沟通的智慧与艺术。

第一个成功的地方：学生只有接纳了班主任，才可能接纳你的教育理念。放低身段，跟别人眼中的所谓“差生”交朋友，是我尝试的第一件事情。这些平时很难得到老师重视的孩子，面对主动“示弱”的女老师，他们内心的情感被激发，容易认同班主任老师是“自己人”。亲其师，信其道，有了好的开始，就能为后续的工作奠定感情基础。

第二个成功的地方：选择了恰当的突破口。我在最短的时间内关注了小陈的信息，当他出现突发事件时，不至于惊慌失措，反倒是可以借力打力，以巧破千斤。

第三个成功的地方：突发事件更能考验班主任心中平等的、非功利的师爱。我这个班主任没有因为小陈犯错误就进行简单的惩罚，而是从身心健康的角度为他着想，突破了他的心理防线，使他终于可以敞开心扉跟老师交流；而班主任设身处地从他的角度思考，更是让他始料未及，愧疚、后悔、难过、感动、回馈，有了这样的心路历程后，才会有后面的水到渠成。

跟学生拥有共同的愿景和奋斗目标，树立“我们是一家人”的理念，才会有全班的保证书，才会有班级脱胎换骨的变化，才会有后来的学生小导师自主管理方式的顺利实施，才会有班集体的不断进步，才会有老师的父亲病故后，全班对老师的感情“反哺”。师生们共同经历了起起落落，很难说到底是谁成就了谁。那些日子，成了彼此一生难忘的财富，我们因此而变得“富有”。

当好班长不容易

上海市民办打一外国语小学　张　玲

一、学生基本情况

小蔡是个开朗大方的女孩子，她在学校里各方面的表现应该说算不上优秀，但是她的人缘很不错。这次选班干部，她以比较高的选票数当选中队长，让老师和她本人都有些惊喜。但自从当选了班干部以后，她的惊喜被随之而来的烦恼所掩盖。因为在管理班级的同时，她得罪了班级上的一些同学，原先和她比较要好的朋友都开始疏远她了，她自己感觉压力很大。如何给予小蔡合理的建议和引导，既能让班级同学喜欢她，又能使她讲原则，带领集体共同进步，这是十分值得研究与探讨的。

二、事件描述

“张老师，我当不了班长了，大家都不喜欢我。”小蔡同学一走进我的办公室就抹着眼泪对我这样说。我忙把她拉到身边，了解具体情况。

其中的缘由得从一件事情说起。最近一阶段，班级里有些小朋友开始玩电脑游戏，当然是背着老师、家长悄悄地玩。而玩此类游戏，必不可少的就是买游戏币，于是有些家里管得比较严的同学，会让其他同学在门口的小店里代买游戏币。这一举动被我发现之后，我便明令同学停止这样的行为。可谁知今天一早，小蔡就悄悄向我汇报，她的好朋友小雨手中有十张游戏币。于是，我急忙找来小雨打探情况。询问之后发现，原来这些游戏币是班里的五个男同学托小雨买的。我便当即没收了游戏币，还把那几个参与其中的孩子狠狠地批评了一顿。原想这件事就此了结了，谁知一波未平一波又起，小蔡的好朋友小雨可不乐意了，她觉得小蔡是个告密者，要与她绝交。而平时一些被小蔡得罪过的同学也纷纷指责小蔡不仗义，起哄说下次选班干部不选小蔡，要让小蔡下台，这样的打击让只有十岁的小蔡难以接受。

于是，小蔡便跑过来找我诉说。见此情形，我便一边帮小蔡擦眼泪，一边语重心长地说：“小蔡，今天你做的没有错，老师还要谢谢你帮助了小朋友。”“是吗？”小蔡半信半疑。“你想呀，如果今天你不来告诉老师，这些同学回家又会打电脑游戏，沉迷其中，也不复习功课，危害可不小呢！”小蔡听我这么一说，重重地点了点头。她又有些迷惑不解地说："可是，他们心里可不是这样认为的。我做了班干部以后，原先与我要好的同学都不理我了，我觉得我没有做错什么呀。这是为什么呢？"看着小蔡疑惑的小脸，我也陷入了沉思，一幕幕镜头在我眼前回放：小蔡为了让教室安静，用教棒敲着桌子；小蔡当着大家的面数落小刘的错误；小蔡在上课前把早读课上一些小朋友的捣蛋行为一五一十地告诉我……细细想来，小蔡对待自己的工作认真负责、从不马虎，把班级的部分管理任务交给她，我一直很放心。可是，这无形中也增加了小蔡的压力。一直以来，我把培养小干部的工作能力作为核心任务，但在培养班干部责任心的同时似乎也忽视了对其情商的培养。对此我有些自责，轻轻地把小蔡搂在怀里，亲切地对小蔡说："在老师心中，你是个有责任心的好干部。有时为了管理好班级，得罪一些小朋友在所难免。老师相信时间长了，他们会知道你是真心想帮助他们。不过，有时你可以改变一下工作方法，比如班级管理可以分等级管理。""什么是分等级管理呢？"小蔡丈二和尚摸不着头脑似地问道。"比如有些犯错的同学，经过你的提醒改正了错误，那就不用告诉老师；有些同学爱面子，你私底下悄悄提醒可能效果更好；有些问题如果你能帮助同学解决，就不用告诉老师，这样也能体现你的工作能力哦；当然，某些原则问题，比如今天小雨帮着同学买游戏卡，就必须要告诉老师的。所以你今天做得很好，有些工作方法你可以慢慢摸索。"听了我的话，小蔡似懂非懂，若有所悟。

过了一些日子，学校举行升旗仪式，我请小蔡帮着老师检查同学们红领巾、校徽的佩戴情况。那天我们班一穿三戴的情况特别好，还得到了大队辅导员的表扬。上课时我在班上表扬了全班同学，夸他们做事认真。这时小雨在下面悄悄地说："今天小舟红领巾掉了，小李校徽没带。""那他们的红领巾、校徽哪里来的？"我惊讶极了。"是小蔡借给他们的。"大家齐声回答。原来小蔡自从担任了礼仪检查员后，就做了有心人，总是在书包里多备几条红领巾，随时准备帮助同学。真是个有悟性的孩子，我心中窃喜。她显然已经学着在管理班级的同时灵活地处理问题，而不是简单地向老师汇报了。我向小蔡投去了赞许的目光。

三、分析反思

班干部是班主任的得力助手，协助老师策划班级活动、参与班级管理。但是，我们时常发现：老师眼中能干的小干部，未必受同学的欢迎；原先人缘很好的孩子担任了一段时间干部后，可能在班集体中的人气会慢慢下降。种种现象告诉我们每一位班主任，小干部的情商培养不容忽视。

小蔡在班级管理中由于工作方法不当，使其人际关系不佳，导致其缺乏来自朋辈的理解与支持。案例中小蔡指出好朋友的违规行为，这其实是正确的，但一些同学没有站在小蔡这边。这一方面是有些孩子不明是非，更多的则是与小蔡平时在管理班级时没有注意工作方法有关。而教会她处理班级工作的方法，是提高其情商的更为有效的手段。综上所述，我觉得可以从以下几方面开展研究：

（一）角色转换，大家轮流做班长

教师要根据学校的要求制订相应的班规，班规的制订要合理、要适合大家，而不是少数人的班规。教师可以设置一些小岗位，如设置每日班长的职务，让班级同学都参与班级管理，让孩子们不觉得自己是个局外人，让他们意识到自己也是班级管理的一员，并了解做好班干部的工作其实是不容易的，同时让他们在集体中遵守规则，学会站在他人的立场想问题。教师可以通过角色转换，教会他们自己教育自己，然后再给他们树立令其心服口服的榜样，提高他们的道德认知水平。

（二）开展辩论，召开主题班会

教师可以在班级中开展主题班会活动，也可以通过辩论会的形式展开讨论。论题可以是“作为班干部，当好朋友做了有损集体荣誉的事，我该不该指出?”这样的问题。集体的辩论、探究可以让班级达成共识，营造班集体正确的舆论导向，树立正确的是非观，让学生知道班干部应该在坚持原则的同时还要有团队意识和规则意识，这样才能配合老师管理好班集体。

（三）树立威信，严格要求自己

我告诉小蔡工作中要有原则，不能因人而异，管理班级一定要做到平等，并鼓励小蔡在管理班级的同时，做到自律和自我提高。因为这个是威信的来源，作为班长必须要以身作则，说一不二，坚持原则；班规校规，自己必须遵守，而且要很好地遵守。只有这样，同学们才会觉得你有资格去管理他们。我激励小蔡提高自己的能力，不论是管理能力，还是学习能力。这些很重要。要知道，同学们佩服的，都是比自己厉害的人。只有这样，才可以服众。

（四）注重细节，真心帮助同学

我提醒小蔡做个有心人，平时多注意观察，多去看看同学们需要什么。班级管理的主要目标就是营造积极向上的班集体，不是简单地向老师汇报同学的不足。在同学们需要帮助的时候，班干部要主动伸出援助之手，这样工作管理会更有实效。而同学们都有一颗善良的心，只要是真心真意帮助他们，他们一定会心存感激。这样，大家也会设身处地体谅小蔡工作的难处。

从个案研究中，我们不难发现，学校教育在小干部的情商培养中具有重要的地位。小干部的情商高低，直接影响到小干部的工作能力和他在同伴中的威信。在培养的过程中，教师不仅要教给班干部协调伙伴关系、处理班级工作的方法，还要注意培养班干部适时调整情绪的能力。当然，帮助孩子在班级管理中协调人际关系，提高其情商，并不是一朝一夕的事。但我相信只要怀揣着教育的梦想，让自己化身为一个欣赏者、引导者，并持之以恒，总会越来越好的。

“班级名片”的设计与制作

上海市崇明区教师进修学校　胡　诚

班级作为学校的基本单位，是一个文化场，它的每一个活动、每一个角落都渗透着文化的气息，无形中影响着学生的价值观。班级文化的提升当然也关乎校园文化建设，是课程教学之外，培养、打造学生素质的又一重要途径。

班级文化是班级所拥有的文化，潜移默化地影响着学生和教师，反映了学生共同具有的价值观念和行为方式，是全班在通过班主任的引领朝着班级目标迈进的过程中所创造的班级内部的共同的精神、价值观和行为准则等的总和。在这样一种文化氛围中，学生的每一个学习过程都将得到重视，每一个成长体验都将得到珍惜，每一次感情的波动都将得到关注。

作为一种综合性的教育力量，班级文化建设表现出了一个班集体独有的精神风貌，是一个班级的脊梁。它具有约束、激励、凝聚和同化的作用。这种文化一旦形成，便在潜意识中被同学们所接受并逐渐成为传统，同学们受其约束、激励，形成共同的道德行为规范。班级文化具有班级特征，反映出班级成员共同具有的一种模式，它在班级管理与学校管理中有着重要的作用。

就班级文化建设的构成而言，班级文化建设由班级的物质文化建设、制度文化建设、行为文化建设和精神文化建设这四大基本要素构成，是隐性文化与显性文化的有机融合。

作为一线的班主任，开展班级文化建设，最为关键的是要抓好班级的物质文化建设。在全力营造温馨和谐的物质环境的时候，除了进行一些基本的班级环境布置外，“班级名片”的设计成为班主任引领学生开展班级文化建设的重要手段。

在中小学开展班级文化建设的过程中，不少班级均把“班级名片”的设计使用作为班级文化建设的重要突破口而加以重视。就“班级名片”本身而言，它体现了班主任与学生的共同思考与参与，将本班的成长理念、班级的作风和班主任的育人思想以集约化的表述方式呈现在全校师生面前。它是班级对外的一扇窗口，许多班级不仅把“班级名片”这一方小天地当作自我展示的平台，更把它当作对外宣传做人、学习、生活的窗口，用它来倡议大家共建美好校园，从而有力地推进学校班集体建设和校园文化品位的提升，并进一步增强教师的责任感和学生的团队精神。

一般而言，“班级名片”主要由体现班级特色的班级名称、班级标志（班徽）、班训、班级作风、班级奋斗目标以及班主任寄语等内容组成。这些内容是班主任与全体学生通过一段较长时间的思虑、推敲而最终确定的，反映的是班级集体的智慧，体现了班级集体中每一个成员的集体意识。

“班级名片”在班级文化建设的进程中发挥着重要的作用，它不仅是班级展示形象的窗口，也是班级学生锻炼才华的舞台，更是联结师生之间和谐温馨关系的桥梁。

在积极推进班级文化建设的实践过程中，我们发现，班级文化建设的教育功能是班级文化区别于其他组织文化的最主要特征。而“班级名片”作为班级文化的一个组成部分，有着其特殊的教育力量。它具有持续不断的特性，贯穿于学生班级生活的全过程；它所形成的一种“社会——心理动力场”，对学生心理素质的培养具有引导、平衡、充实和提高的作用。它虽是无形的，但又是无处不在的，就像“润物细无声”的春雨，滋润着学生的心田，陶冶着学生的情操，塑造着学生的灵魂。如崇明东部的一些学校依托东滩湿地这个国际候鸟保护区的独特的地理优势，组织学生开展“鸟文化”活动，将“探鸟、知鸟、爱鸟、护鸟”化作一个个活动项目，融入班级文化建设的方方面面，打响了“鸟文化的品牌”。学生们用鸟名来命名自己的班级，以各类小鸟作为班级独有的标志，开展各类鸟类知识探究、主题班会等活动；学生们在老师的带领下走进东滩湿地观鸟，探究鸟类生活的习性等，开展“我与小鸟”、“我与自然”的征文活动，并且进行鸟类模型制作和鸟类知识宣传等。

我区的很多学校，在推进班级文化建设的过程中，认真开展“班级名片”的设计活动，重视名片设计的全过程，积极引导，让学生在潜移默化中感受班级文化独特的魅力。

一些学校在组织开展班级文化建设的过程中，推出“班级名片”的设计活动，围绕学校“构建个性的班级文化，促进生命的整体成长”这一文化建设的总体目标，由各班班主任和班级全体成员商量制订班级的奋斗目标和特色。各班利用各方资源并结合本班的实际情况，选择了适合并能凸显本班特色的班级名称，比如“浪花”、“心聚”、“笋芽儿”等。在班级创建的总目标提出来之后，在班主任的带领下，孩子们一起商量制订了各阶段奋斗目标、班徽、班级名言、班级口号、班歌等等，如有的班级的口号是“有梦想就有成功”，有的是“天天有快乐，天天有收获”……如今，每一个班级都有一张精心制作的“班级名片”，不但具有年级特色，而且具有班级特色，更重要的是它已经成为教育学生的一个重要载体。现如今,这一张张"班级名片"已经成为校园里一道道亮丽的风景线。这些活动大大激发了学生的爱班热情,形成了"人人都来为班级集体增光添彩"的源动力。

如今,当你走进实验小学、实验中学、西门小学、东门中学等先行先试的学校,每个教室门口的带有班级特色的"名片",使你在还没有走进教室之前,就能领略到这些班级各自独有的风采。

班级名片上,一张张形态各异的全家福,秀出了同学们在班级中的幸福与快乐。

新蕾班的名片:

班级名称:新蕾班
班　　风:团结友爱　发奋图强
班级口号:探索进取　自强不息
班级目标:认认真真做好每一件事
班主任语录:梦,在心中;路,在脚下

阳光班的名片:

班级名称:阳光班
班　　风:张扬个性　全面发展
班级口号:成功,我们共同创造
班级目标:读好书、写好字、做好人
班主任语录:人生有限,学习无限

……

我们认为:班级文化建设的过程本身就是一个凝聚人心的过程,是班级凝聚力的源泉。而班级名片设计制作的过程,则使每一个班级成员都如"八仙过海"一般各显神通:一个合适的叫得响的班级名称,成为班级学生共同的愿景,大家集思广益,积极去征集,有的甚至还动用家长的资源、任课教师的资源。而最终班级名称的决定其实真的并不重要了,重要的是在班级名称产生的过程中,学生们所体验到的那种团结合作的精神,那种为班集体的事情不遗余力的精神,那种爱班如家的精神,这些都是班级名片设计制作过程所衍生出来的最为核心的精神力量。这样的精神力量在班级的班训、班徽、班级目标等名片内容的产生过程中都能看到。在这个过程中,班级的每一个成员根据班级发展的总体目标，在共同的实践中形成了班级共同的核心价值观和共同的信念。在公平、民主的领导方式下，在和谐融洽的人际关系中，在明确的目标指引下，班级的每一个成员都明确了班级的发展方向，都最大限度地挖掘了自己的潜力，形成了班集体强大的凝聚力。

"班级名片"的设计过程对人的感染力是巨大的，它使置身于其中的每一个学生都感受到一种无形力量和高尚精神的存在，从而有意或无意地影响并支配着他们的行为，陶冶着他们的情操。创造一个团结、文明、勤奋、向上的浓厚精神文化氛围，对提高全班学生素质有着重大的现实意义。在班级名片设计的过程中，教师必须让学生树立"每个学生都是班集体建设的主人"的观念，实行班级民主化管理，唤醒和激励学生的参与意识，充分调动和发挥学生的主体性，力争不让一个学生成为旁观者，使每个学生都成为班集体的主人，在班集体这个舞台上锻炼自己的能力，增长自己的才干，挖掘自己的潜能，发现新的自我。

"班级名片"是班级成员共同创造的群体文化，寄托着他们共同的理想和追求，体现着他们共同的心理意识、价值观念和文化习性。这种共同的心理意识、价值观念和文化习性会激发班级成员对班级目标、准则的认同感和作为班级一员的使命感、自豪感与归属感，从而促使学生时刻清醒地意识到"我是班级的一员，我要为班集体增光添彩"。班级文化建设水平越高，这种凝聚力就越明显。

马斯洛需要层次理论认为，人的需要分为包括维持生命的需要、安全的需要在内的低层次的生理需要和包括情感与归属的需要、被尊重的需要和自我实现的需要在内的高层次的心理需要。班级文化的主体的低层次需要得到满足后，才能产生高层次的需要。

"班级名片"的设计和制作过程，能为每个班级成员提供文化创造的空间和文化享受，是一个很大的"学习场"。它为学生打开了一扇扇学习的窗口，激励学生向着知识领域、向着社会生活去学习、去发现、去追求。

和好书相遇　助心灵成长

上海同济黄渡小学　任春兰

如果你问我，最希望孩子们成为什么？我会告诉你，我希望他们现在以及将来都会是一名读者。人的一生会有各种不同的身份，如果同时也是一个读者，那么这个人在拥有物质生活的同时，也一定会拥有丰富的精神生活。作为一名班主任，我所要做的，是尽一切努力让孩子们对书籍产生强烈的兴趣，让阅读成为他们成长的助力。

一、布置教室，创造氛围

温馨教室创建活动在我们学校已经开展了多年，而教室物质环境的评比又是每一个新学年的重点工作。在教室物质环境的创建活动中，我和孩子们一起布置了以阅读为主题的板块，以便创造阅读氛围，激发他们的阅读兴趣。

1. 推荐好书真热闹

有一句顺口溜在校园里流传很广："读好书，好读书，读书好。"要让孩子们爱上阅读，读什么书很重要。结合不同学段孩子的特点，每学年我都会给他们推荐一些书籍，有书名、图片、内容介绍，还配上主题——"和好书相遇"，张贴在班级园地中。

年级	"和好书相遇"书单
一年级	《猜猜我有多爱你》、《逃家小兔》、《红鞋子》、《好消息坏消息》、《笨狼的故事》、《丁丁历险记》
二年级	《爷爷一定有办法》、《大脚丫跳芭蕾》、《鸭子骑车记》、《安徒生童话》、《格林童话》、《你看起来很好吃》、《了不起的狐狸爸爸》、《稻草人》
三年级	《活了一万次的猫》、《三只小猪》、《夏洛的网》、《时代广场的蟋蟀》、《长袜子皮皮》、《木偶奇遇记》、《晴天有时下猪》、《小淘气尼古拉的故事》
四年级	《月亮不见了》、《女巫》、《淘气包埃米尔》、《查理与巧克力工厂》、《小王子》、《哈利・波特》(1—3)、《秘密花园》、《假如给我三天光明》
五年级	《失落的一角》、《一片叶子落下来》、《西顿野生动物故事》、《草房子》、《男生贾里》、《女生贾梅》、《乌丢丢的奇遇》、《窗边的小豆豆》、《鲁滨逊漂流记》

2. “读书角”开张

为了让孩子们在学校的课余时间也能与书为友，“读书角”诞生了。对于“读书角”的创办，孩子们可是不遗余力。大家踊跃捐书，没几天，小小的书架已经像模像样了。“读书角”里的书是我们全班的宝贝，我们一起进行编号、登记，还选出“读书角”管理员进行书籍整理与维护，方便同学们借阅。

3. 读书名言搜集忙

当阅读成为生活的一部分时，大家对和书有关的内容也变得敏感起来。到了三、四、五年级，孩子们建议在教室里贴上读书名言，既美化环境，也有激励的作用。于是，一句句名言上墙了！“读万卷书，行万里路”、“书籍是人类进步的阶梯”、“读一本好书，就是和许多高尚的人谈话”……名人们的智慧在教室里闪耀。

在阅读板块设置的过程中，孩子们的自主行动给我留下了深刻的印象。每学期，我们都会对这些版块进行更新。这样的教室用一个词来形容，那就是——书香四溢。

二、开展活动，丰富经历

小学阶段的孩子，好奇心、求知欲大都比较强烈。和好书相遇，无异于走进一个个多彩而美丽的世界，获得另一种幸福。于是，我尝试开展多样的阅读活动，丰富孩子们的阅读经历。

1. “阅读一刻”展现阅读世界

要培养学生良好的阅读习惯，阅读时间的保障不可或缺。为此，我把每天午饭后的十五分钟固定为班级阅读时间。在一、二年级，我为孩子们读书。我先是读一篇篇的童话故事，包括《丑小鸭》、《海的女儿》、《小红帽》……后来听了大家的提议，我又用“连载”的方式给他们读了《夏洛的网》。我声情并茂地读，孩子们认认真真地听。我至今都记得，那一天读到“蜘蛛夏洛永远离开小猪威尔伯”的段落，我哽咽着，不敢抬头看他们，但眼睛的余光告诉我，那儿正有几只小手轻轻地擦拭着眼角。我为书里的内容感动，更为那一颗颗柔软的心灵感动。书，让我们的心紧紧地贴在一起。到了三、四、五年级，我主要鼓励孩子们静心阅读。虽然只有十五分钟，但天天坚持，慢慢就养成了每天都要读书的好习惯。

2. “阅读书单”记录阅读足迹

很喜欢周国平的一句话，大意是说衡量一本好书的标准是读完之后你是否也有冲动写点什么。因为担任班主任的同时，我又是一名语文教师，所以常常会把班级活动和语文活动结合起来。每一个月、每一个暑假、每一个寒假，我都会在班中开展征集优秀“阅读书单”的活动。这里的“阅读书单”，并不仅仅是指推荐几篇书目，更多的是让孩子们记录他们的阅读感受，分享他们的阅读经历。一个女孩在读了《哈利·波特与死亡圣器》之后这样写道：“我被一本书吸引，可能是因为书名，可能是因为作者，但更多的是因为真实。《哈利·波特》吸引我的就是它的纯真。友谊、爱情、亲情、魔法、逃亡、胜利……作者什么都敢写。也许就是这种纯真，让《哈利·波特》成了我们的世界名著。”还有个孩子在读了《夏令营中的较量》一书后发出这样的感慨：“面对爷爷奶奶过分的宠爱，让我们勇敢地说‘不’。因为一棵小树，不可能永远依赖大树，让大树为我们遮风挡雨。我们也要长高，我们也要长大。”

作为读者，在阅读的过程中，我们慢慢地了解世界，也慢慢地了解自己。和书籍亲近的孩子，对待事物，会有更多的思考，也会逐渐形成独立的见解，这就是丰富的精神生活的开始。

3. “我是阅读小达人”梳理阅读方法

三年级是小学阶段一个重要的转折期，孩子们从儿童向少年过渡，身心发展与变化的速度加快。他们有阅读的需求，但读什么书，怎样读书，都还处于起步阶段。结合这样的实际情况，“我是阅读小达人”主题活动应运而生，为孩子梳理阅读的方法。

活动课中，我们围坐一堂，通过推荐评选、故事分享、制作书签几个板块进行展示交流。在推荐评选板块中，优秀家庭阅读角的候选人们一一上台进行介绍，充满激情的语言中透露着自豪与喜悦，更透露出大家参与阅读活动的热情。在故事分享板块中，大家以小组为单位，有的朗读名人的读书故事，有的分享自己的阅读体验，有的推荐精彩的读书名言，有的介绍详细的阅读方法……同学们在资料的搜集学习中慢慢踏上了会读书的新台阶。制作书签的板块也很受欢迎。在制作书签之前，我为他们请来了一位特邀嘉宾，他当时是我校五年级的大队委员杨洋。杨洋热爱阅读、知识丰富是出了名的，在全校同学中有着很高的声望，我们班还有他的好几个粉丝呢！杨洋的到场令同学们兴奋不已。他先分享了自己的阅读体验，还倡导同学们使用书签，学会爱护书本，并指导大家制作书签，榜样的力量渗透其中。

“我是阅读小达人”主题活动的开展，旨在让同学们进一步体会阅读的重要性，形成爱读书、会读书的集体氛围，并学会爱护书本，争做阅读小达人。

三、点滴积累，收获成长

教育是一个帮助小苗苗生长的过程，有了阳光，有了雨露，有了耐心的等待，你会慢慢看到叶的萌发、花的绽放。经过一年年阅读的浸润，这群即将小学毕业的孩子们身上已经有了变化，你能感觉到他们对书籍的亲近，以及书籍带给他们的异样的光芒。

在开展“我是阅读小达人”主题活动时，有个环节是创建家庭阅读角。班里的一个男孩写下这样的活动感言：

“我们家本来也有一些书，但全家人的书随便放在一起，分类不明确，而且平时基本上都是妈妈在整理，我很少关心。自从班里开始创建家庭阅读角，我和妈妈商量，准备好好布置一下我家的书架。爸爸妈妈的书放在一个区域，我的书放在另一个区域，而且我还趁这个机会又添置了一些新书呢！我最爱读自然百科类的书籍，神奇的自然、神秘的宇宙都令我着迷。我在书本中尽情遨游！最终，我的家庭阅读角得到了同学们的肯定，这令我感到无比自豪！告诉大家，现在我已经成为我家阅读角的管理者，因为这些书都是我的宝贝。希望大家也和我一样热爱书籍、热爱阅读！”

对于班级的阅读氛围，读书角管理员最有发言权，她在一次以阅读为主题的十分钟队会中这样汇报：

“这个学期，我们班级的读书角大大得到了扩充，同学们捐书时毫不吝啬，读书角里很多书都是崭新的，因为大家都觉得能和伙伴们一起读书是最快乐的。午饭后的休息时间，到处是同学们阅读的身影。令人高兴的是，大家对书籍爱护有加。自从在上次活动课上，大队委员杨洋指导我们制作书签、使用书签之后，我们也都用上了这些 DIY 书签，读书角里的书本也从未出现过折角等不文明现象。每天放学前，把所有的书本按编号整齐地排列到书架里，是我最满足的时刻了。”

是的，一道亮丽的阅读风景线已经在我们班悄然形成。课余时间，教室里没有追逐吵闹的身影，孩子们或伏案阅读，或结伴挑书，或分享感受……大家都沉浸在书本的世界中。渐渐地，我发现在班里进行批评教育、整顿纪律的次数变少了，同学们都养成了静心阅读的习惯。而作为老师的我呢，也捧着自己心爱的书籍坐在教室的角落阅读。小小的教室里，有我们浩渺的精神世界。

苏霍姆林斯基说：“无限相信书籍的教育力量，是我教育信念的一个信条。”我始终相信，阅读是使一个人拥有美好精神生活的重要途径。作为一名班主任，让孩子们和好书相遇，陪伴着他们慢慢成长，是我的幸福！

创设和优化班级文化的思考与实践

上海市浦东教育发展研究院　姚瑜洁

说起“文化”，谁都能侃上几句：“饮食文化”有川菜、湘菜、本帮菜……“建筑文化”有日式、欧式、美式……可见，文化就存在于我们周围。班级作为学校的基本单位，也是一个文化场，它的每一个活动、每一个角落都渗透着文化的气息，无形中影响着学生的价值观。

一、什么是班级文化

班级文化是班级所拥有的文化，是班级师生在班级活动及个人生活中所创造和体现出来的文化，形成了班级特征。

作为教育的对象，学生首先是作为一个人独立存在的，他的心理状态、道德准则等都受到集体文化氛围的影响和制约。反过来，班级里每一个成员的心理状态、道德准则也影响班级文化的发展。作为社会群体的班级，它的所有成员或大部分成员所共有的价值观、思想、作风、行为准则的总和构成了班级文化。

班级文化是在班级共同生活和学习中逐渐形成的，它不是一种刚性的、粗暴的、说教的固定模式，而是一种充满柔性的、温和的风气、制度、关系和环境的综合存在，它对于学生的熏陶是潜移默化的。班级文化有积极和消极之分。积极良好的班级文化可以让一个班级的同学感到心情愉快，蓬勃向上，产生强大的学习动力；而消极落后的班级文化却可能让人感到悲观，失去信心。

二、班级文化的构成

班级文化的构成主要包括以下几部分：

（一）物质文化

人类活动作用于自然界，便产生了物质文化。班级物质文化以教室环境为主要内容，如国旗、名人名言、班规、黑板报等教室内环境的布置。

（二）制度文化

人类活动作用于社会，便产生了制度文化。班级制度文化以班级规章制度为主要内容，如一日常规、值日班长制度以及各种奖惩制度等。

（三）精神文化

人类活动作用于人本身，便产生了精神文化。班级精神文化以班风、学风为主要内容，如班级目标、班级道德、班级舆论、人际关系和班级风气等。

三、营造和优化班级文化的过程

班级文化建设注重文化氛围对学生的熏陶，注重学生主体的发展，是具有现代教育理念的实践创新活动。班级文化需要通过实践活动来形成，营造和优化班级文化可以从以下几个方面入手：

（一）选主题

主题的确定直接关系到班级文化建设的走向，是一个至关重要的问题，是一个战略性的决策。班级文化的主题应该由学生与班主任共同设计确定。

1. 考虑学生的实际情况，关注学生的身心发展特点、兴趣爱好等

如，有个班级的学生偏爱“古诗”，班主任就以此作为班级文化的抓手，创设浓厚的古诗词学习氛围，让学生在“读、悟、吟、背”的过程中耳濡目染、潜移默化地受到熏陶。实践证明，根据学生的心理特点，以直观、生动的主题作为班级文化建设的载体，学生也就容易投入并参与其中。

2. 发挥班主任自身的知识和能力优势，有利于班级文化创建工作的开展

如，我区澧溪中学有一位班主任偏爱竹子，善于篆刻，他便利用自身的特长，带领学生开展了以“竹文化”为特色的班级文化建设，要求每位学生自编一份以“竹文化”为主题的小报，学习“竹刻”技艺，自设“紫竹章”，开展特色争章活动，让学生在活动中感受到竹子所具有的顽强生命力和坚韧的精神品质，弘扬了传统文化和不屈的民族精神。

3. 依托学校的特色文化

特色办学是教育现代化建设内涵发展的生命所在。《中国教育改革和发展纲要》指出：“中小学要由‘应试教育’转向全面提高国民素质的轨道，面向全体学生，全面提高学生的思想道德、文化科学、劳动技能和身体心理素质，促进学生生动活泼地发展，办出各自特色。”依托学校特色文化打造班级文化，能起到事半功倍的效果。

不论是何种选题方式，主题的确定应体现出一种主导价值观。虽然各个班级的切入点不同，抓手不一样，表层目标也有差异，但都应着眼于激发学生的内在需要，让学生在形式多样的实践活动中学会自我教育，以道德品质、文化修养、行为准则等某一方面的发展来带动全面素质的提高。

（二）定目标

科学的活动必定是有计划的活动。确定班级文化的主题后，需要围绕其制

订一个目标。班级文化的目标，就是一个班级在一个阶段内经过努力最终所要实现的一个结果。目标是开展活动的依据，能使班级文化按照预定的计划有条不紊地实施。

如，《魅力芦苇》是我区泥城小学的校本课程，每个班级据此确定了各自的班级文化建设目标，体现出层次性。2007 年，泥城小学举办了“芦苇节”。在这个特殊的节日里，以“芦苇”为主题的各类班级文化特色活动别具风味。有的孩子在班主任的指导下做芦叶船，了解芦叶的功用，体验做芦叶船所带来的快乐；有的孩子学着折风车，探讨芦苇的多种用途；有的师生聚在一起包粽子。在班主任的手把手指导下，孩子们认真细致地学习，在学习的过程中，他们快乐地体验着动手的乐趣以及合作的快乐。

要注意的是，每一种班级文化特色都突出了某一方面的品质，因此，在班级文化建设的目标体系中，还应在强调特色的基础上注重向其他思想道德品质迁移。

（三）巧装饰

班级成员的学习活动主要是在教室这个相对封闭的环境中进行的，于是，教室被“装扮”成的样子，就成了物理环境的主要影响源。以物态形式表现出来的班级标志、制度等虽然都是无声的事物，但都能散发出特定的文化气息，渗透到学生的感官里，对学生心理的健康发展发挥着不可低估的作用。

我们可以在教室的醒目处贴上班级的奋斗目标、班徽、班规等，可以在墙上布置名人画像、名言警句、班级获得的荣誉、学生作品等，可以设置少先队的“争章角”，也可以根据本班的需要设置其他的阵地，但是一定不能杂乱无章，要有一定的层次感与美感。

黑板报是学生施展才华、倾诉心声、摄取知识的宝库。图书角可以发挥其应该有的文化资源的作用，充分调动学生的读书积极性。生物角要能够调节教室的气氛，使教室生机盎然，同时可以培养学生的责任意识，如让学生对植物包干负责，这更能体现出班级文化的内涵。

尚德学校的班级布置就颇具特色。一年级的小火车让人仿佛来到了童话世界，可爱的小黑人、挺拔的椰子树、晶莹的钻石等南非的风土人情一一展现。二年级小朋友亲手制作的风车充满了荷兰风情，大片大片的郁金香争奇斗艳，仿佛可以闻到迷人的芳香，让人误以为走进了公园。三年级的走廊金光灿灿，“金字塔”在阳光下闪耀，楼梯旁足以乱真的莲花池，让孩子兴奋地大叫“我踩在水上”、“我可以在水上走路啦”。承载着神秘的法老船，把孩子们带进埃及世界。四年级的龙虾活蹦乱跳，连电影明星也不甘寂寞地来“闪耀”，紧拽着树条的考拉可爱极了，孩子们的帆船飘扬着无尽的祝福。五千年的中国文化显现在五年级的走廊，中华生肖、中华美食、民族风采、墨香、国粹、书屋，无一不体现出龙的本色。

当然，在班级物质文化建设中，布置要体现全员参与性，要充分发挥学生的主体性，让学生用自己的智慧和双手来布置教室，使每一位成员都能在班级文化建设中得到锻炼和提高，让有限的教室空间成为无限的教育资源。

（四）明规范

班级应围绕班级的文化特点，制订相应的班纪班规，规范大家的思想和言行。这些规则条例应涉及该做到什么，不应该违反什么，并得到大多数学生的认同。班主任在组织、引导学生制订班纪班规的时候，应这样操作：(1)使学生理解其基本涵义及其制订与遵守的意义；(2)分组讨论、草拟制度；(3)汇总成文；(4)表决通过；(5)张贴布置；(6)要以分计算，评出金、银、铜奖，用不同物质进行奖励。当然，随着时间的推移和客观情况的具体变化，班级要在保证规章制度相对稳定的基础上，适时对其进行修改、完善，从而确保规章制度一直充满活力。

（五）凝士气

如果说士气是军队的灵魂，那么，班级精神文化则是整个班级文化建设的灵魂。抓住班级精神文化，就是抓住了班级文化建设的关键。

班级精神文化主要是指班级成员认同的价值观念、价值取向、道德标准、行为方式等等，可以通过班名、班风、班训、班徽、班歌、班旗、班花、班服、班级象征颜色、班级卡通形象等加以体现。一个小小的班徽，一首短短的班歌，凝聚了班级成员的心。每一个班名、班训都体现了自己的班级特色，这也是一种隐性的文化陶冶。这个过程也是发挥学生主体性，调动其积极性，形成凝聚力的过程。

（六）理关系

人际关系是人在社会生活中存在、发展的基本条件，它对个性发展、行为表现、心理健康都产生着巨大的影响。班级人际关系主要包括教师与学生之间的关系、学生与学生之间的关系。良好的人际关系有助于促进教师与学生之间、学生与学生之间的密切交流和合作，有助于更好地建设班级文化。

要构建良好的班级人际关系，班主任首先要树立正确的教育观，加强对学生的政治思想教育，保护学生的正当权益，尊重学生的意愿和情感，培养学生的交往技能。其次，要充分发挥班主任的协调作用，积极处理好六种关系，即班主任与学生、班主任与任科教师、任科教师与学生、学生与学生、学生与家长及教师与家长之间的关系。如果一个班级的班主任、学生、任科教师、家长之间都能相互理解、团结、帮助，那么就能形成一种使人奋发向上的气氛。

（七）搞活动

教育环境不能只停留在物质环境阶段，更重要的是应把握住学生的心理环境。用五颜六色的装饰品将教室装点成独具特色的环境，相对而言，这比较容易做到。但对于班级文化建设而言，光做到这一点，是远远不够的。要营造一个具有高尚价值观念的团体氛围，并使个体受其感染而自觉认同，以此端正自己的言行，需要一个渐进的甚至会出现反复的过程。在这个过程中，团体活动是最好的形式。只有在活动中，班级成员才能通过互动形成共同的意识和行为倾向。

如，随着海洋特色章活动的开展，康桥镇第一小学的同学们知晓的海洋知识越来越多，他们经常聚在一起讨论鲨鱼、热带鱼、海豚等海洋生物的生活习性、生存条件等。大家还开展了海洋生物知识竞赛，每个小组出十道相关的题目，然后再汇总成一张考卷。午会课上，大家一起看着投影仪做完了题目，再共同进行批改，有好几个同学得了满分。在活动中，大家知道了更多的海洋知识，也懂得了只有保护好环境，才会让地球上的生物生生不息的道理。

要强调的是，围绕文化的核心价值观所开展的一系列活动，从纵向上，应该由简单、浅显的活动逐渐过渡到繁复的、蕴含深刻寓意的活动。一方面，这是由于学生的身心有一个发展的过程，他们的理解与参与能力呈逐渐提高的趋势。另一方面，某一特定价值观在内涵上也有其特定的规律，按照由浅入深的规律进行活动设置，符合学生对客观事物的认识规律。同时，学生的主体地位在活动的延续中，应得到确立并不断提高。在活动的开始，可以以教师的组织和引导为主；随着活动的开展，学生逐渐以决策者、组织者、参与者、评价者的角色成为活动的真正主体。只有属于学生“自己”的活动，才会让他们更有体验，更有心得。

班级是学生学习生活的主要场所，造就一个什么样的环境，形成什么样的氛围，将直接影响到每个学生能否健康成长。让我们每一个班主任都行动起来，弘扬人文精神，营造和优化班级文化，促进学生自我创造、自我教育、自我发展。

小学阶段学长队伍的建设与管理

上海市大宁国际小学　鲍菲娜

为了尽快让低年级学生适应小学生活，我们可以通过开展学长服务活动，让高年级学生指导低年级学生，帮助他们一起解决困难，从而使低年级学生更快、更好地适应小学生活。这些工作既能体现学长的关爱之心，又能增强其责任意识，促进其养成良好的行为规范，从而为学弟、学妹们树立榜样，建设积极向上的、符合“微笑每一天”办校理念的优良校风。

回顾往年的情况，学长队伍的建设与管理存在着一些不足，这需要我们加以反思与改进。例如，学长并没有全员参与其中，班级中仅有几位能力较强的学生参与到学长服务工作中。长此以往，其余同学的学长服务意识将逐渐淡薄。仅有头衔，没有行动，算不上真正意义上的学长，而那几个固定去服务的同学又会觉得疲劳乏味。

除此之外，学长服务的内容存在随意性，没有系统的规划。往年，学长的工作内容或是固定在维持秩序上，或是日常性的打伞、拎重物、端餐盘等，变成了为学弟学妹代劳做事。并且，学长的工作多由老师来组织、分配，这样的服务处于一种近似被动的状态。显然，这样并不利于学长的真正成长。

另外，由于疏于管理，尤其是评价制度的不完善，学长看不到自己服务的成效，得不到相应的认可，长此以往，便难以激发他们服务的积极性。

一、学长队伍建设的基本设想

1. 划分服务部门

学长工作需要全员参与，每一个学长都有为学弟学妹服务的义务和责任。如何做到呢？中队的职能部门划分为我们提供了一定的启示。

一个中队共有五个服务职能部门：习得、礼仪、服务、活动、宣传。每一个队员在这些部门中有各自的小岗位。到了五年级，学长已经熟悉了各部门的工作要求，并具有一定的工作能力。

因此，学长队伍也可以分成这五个职能部门，让他们根据自己的能力、特长或工作经验进行报名。这样的选择既尊重了学长的个人意愿，也展现了他们的自主性。他们以职能部门为单位为学弟学妹服务时就不再是个人行为了，并且每个人都能各司其职。

每一个职能部大约由五人组成，他们内部也有分工，既发挥了每一个学长的作用，又增强了不少学生的自信心。例如一位成绩平平又胆小的学生原先是没有机会参与学长工作的，现在他也可以为学弟学妹服务。由于低年级学生本来就对高年级学生有种敬畏及崇拜的心理，这位学长在服务中便产生了前所未有的成就感，在无形中增强了自己的自信，渐渐地也敢于在同班同学的面前大胆地表达了。

2. 细化服务内容

学长队伍中的五个职能部的工作内容与中队是有所区别的，服务内容以管理和指导为主，需要从原来的职能工作中选出适合低年级学生需求的内容。因此，在组建职能部的同时，班主任需要指导队员通过中队例会的形式来讨论和明确各个部门的服务内容。以下为我们细化的具体服务内容：

(1) 习得：管理并指导午间阅读；

(2) 礼仪：管理并指导午间用餐；

(3) 服务：管理并指导周五大劳动；

(4) 活动：管理并指导每周二十分钟队会活动；

(5) 宣传：指导并帮扶完成板报布置、室内美化。

这样细化后，学长的工作内容变得清晰、有序。每到规定的时间点，学长就能自主地、有计划地进行服务。服务的内容不是单纯的维持秩序与代劳，而是一种态度、经验、思想的示范及传授，这提升了学长服务的价值。

3. 展示服务个性

细化职能服务内容是为了让学长的服务更具计划性与常规性，而展示职能服务个性则是为了让学长的服务更加多元化。

首先，继承以往学长服务的内容，如维持学生混龄结队的排队秩序，日常性的打伞、拎重物、端餐盘等等。

其次，一位学长重点指导同一小岗位的学弟学妹，这样有利于帮助学弟学妹了解岗位要求，培养其在所处岗位的责任感。

再次，学长以自主课为一个重要阵地，与学弟学妹共学习共分享。(自主课堂每班每周一节课。“自主课堂”，顾名思义，目的就是让孩子成为课堂的主人，自己的课堂自己做主。自主课堂突出队员的自主性——队员围绕相应主题，自主选题、自主申报、自主备课并开展互动教学，其目的是让队员在自主课堂中完善自我教育，展现、发展自我。这是学校思考并践行“以队员为主体的课堂”的一项重要举措。我们设立了自然、社会、艺术、文化、礼仪等不同的系列主题，每学期队员都会围绕相应的主题进行自主课堂的申报、备课与上课。）

然而，刚刚进入小学的低年级学生并不具备上自主课的能力，高年级学长就可以通过这样的课堂来展示个性化的学长服务。一般，学长先在自己的中队中开展自主课的教学，然后调整教学设计，降低知识难度，在学弟学妹的班级中再次进行教学。这样不但传授了多元化的知识，而且为学弟学妹展示了什么是自主课，并示范了怎样去上自主课。这种自主课的教学内容是由学长自主选择的，大多与个人兴趣有关。另一种教学内容的主题与低年级学生现存的问题相联系，比如行规教育。当高年级学生表达相关想法时，低年级学生更愿意去接受与模仿。长此以往，高年级学生的行为礼仪也就得到了巩固与展现，并形成了较好的班风。

二、学长队伍管理

1. 建立评价机制

学长工作态度的积极与否，成效的高低与否直接影响着学长队伍的整体面貌和发展，因此，如果缺少了评价制度，学长队伍的建设等于形同虚设。为了激励、鼓励、认可学长的服务，我们不断改进着评价机制。评价方式包括自我评价、学生评议、班主任评议等，评价途径包括“爱心贴”、“微笑存折”、“阶段评优”等。以下重点介绍三种评价途径：

（1）“爱心贴”——记录服务内容与反馈

学长队伍成立之后，每一位学长会拿到一本“爱心贴”，上面可以记录每一次服务的情况，如：服务时间、对象、内容以及被服务人的评价。学长可以在服务的时候带上“爱心贴”，随时随地记录服务内容及评价反馈，评价反馈主要反映了学生评议和班主任评议的情况。“爱心贴”不但可以记录序列性的服务项目，也可以记录日常性的小小的服务举动，如送学弟学妹去医务室……由于低年级班级中也常备一本“爱心贴”，所以不会遗漏学长服务的记录，这给每一位学长都带来了动力。

“爱心贴”的制作采取了即时贴的工艺。每次记录结束，学长就可以将“爱心贴”贴在教室的爱心墙上，汇成一个小小荣誉榜。这种荣誉对一些学习落后、能力较弱的学生而言是弥足珍贵的。无疑，这种评价也能够促进学生的全面发展。

个人获取“爱心贴”的数量与期中及期末优秀学长的评价是相关的，是评价的一个参考依据。

(2) "微笑存折"——反映目标制订与推进

"微笑存折"是一本记录学生在校情况的成长手册，由"礼仪"、"习得"、"活动"、"强者"、"收获"五大板块组成，其中"强者"板块的记录与学长服务有关。

学期伊始，每一个学长都要在这一板块上书写一条有关学长服务的强者目标，从数量上、内容上、态度上来规范自己整个学期服务的要求。每两周，学生通过自我评价的形式记录好两周的目标达成情况，并由他人评议，见证情况属实后可以获得一枚强者章。学长在记录中通过回顾个人的服务情况并对照目标来确认达成的进度。这种以记录促服务的形式帮助学长树立了责任意识，而一枚枚强者章更是对学长工作的认可与鼓励。

(3) 评选"优秀学长"——回顾服务历程与心得

期末，我们组织了评选及表彰"优秀学长"的活动，联系语文学科，辅导学长撰写《学长记事》一文，以这种形式让学长进行"优秀学长"的自荐。大部分学生能回忆起一至两件较为具体的服务事迹，有些学生还写成了内容详尽、情感真挚的文章，还有些学生在文中表达了服务体会，以及终身做个好学长的意愿。

最终，我们参考学生自荐习作的内容、爱心贴的数量、学长服务强者计划的落实情况评选出"优秀学长"，并在毕业典礼上进行表彰。或许获得"优秀学长"荣誉的学生不会得到物质上的奖励，但其自身从服务中获取的经验与成长的感受将是真正无价的财富。

2. 发挥班主任在学长队伍建设中的指导作用

班主任的指导作用主要是指对学长的管理和与学长的沟通。通过有序的管理和有效的沟通，能及时让各方了解和掌握高年级学生在学长服务工作中的心得体会，同时又能有针对性地解决各种问题，保障了工作的有序开展，丰富了工作的内容，也让大家从中获得了宝贵的经验和教训。

班主任会在以下这几个环节发挥指导作用：

(1) 主题教育课

主题教育课是我校落实行为规范养成教育的主阵地，学长队伍建设的动员工作、阶段性评价，以及服务反馈、经验分享等内容都在主题教育课中加以落实。

我校班主任借用校本教材《做个好学长》一课，启动了学长队伍的建设。在班主任的指导下，学长设定了爱心口号，制订了强者目标，划分了服务职能部，细化了服务内容……在阶段性评价中，班主任进行服务方法的指导，为学长释疑解惑。

(2) 各级例会

通过列席中队例会，班主任积极参与各学长服务职能部部长的讨论，了解他们的需求，分享个人的看法，便于对部内的其他学长进行培训和指导。

(3) 征询服务需求

班主任指导学长听取低年级班主任及学弟学妹的意见，满足个性化的服务需求，解决实际困难。

通过沟通，学长协助任课老师完成为学弟学妹口试的工作，指导学弟学妹学习统计代金券的方法，开展英语学习讲台……

三、学长队伍的服务成效和存在的问题

1. 服务成效

通过创新学长队伍建设和管理的方式，我们在小学生健康成长和发展，以及班主任管理等方面都取得了较为显著的成效。

(1) 学长在服务中能够注意自己的言行与态度，比以往更恪守学校的规章制度以及行为礼仪，形成良好的班风、校风。同时，高年级学生自身也在工作中得到了锻炼，工作能力、关爱意识和责任感得到提升。

(2) 通过班主任的悉心指导、自身的积极参与，学长感受到老师对自己倾注的耐心与细心，理解了老师的工作，愿意主动为老师分担工作压力。

(3) 通过服务中的难题解决，学长养成了善于动脑筋的好习惯，能够用聪明智慧的方法解决问题。

(4) 通过评价机制的完善，学长变得更在意别人对自己的服务的认同度。学长常常围在爱心墙前数自己的记录，成就感油然而生，还每次认真记录“微笑存折”，不敢怠慢；“优秀学长”申报表上记录的服务事迹就是一个个精彩动人的小故事……

(5) 学长队伍的建设还能促进学生个性发展。大部分同学通过服务得到了学弟学妹的认同与喜爱，实现了自身发展的价值，并将这份自信投入学习与其他活动中去。

2. 服务成果展示

(1) 学长自主课——用好东西放回原处

【教育与训练目标】

1. 知道物归原处的重要性。

2. 学会把用好的东西放回原处。

【教育与训练重点】

学会把用好的东西放回原处。

【教育与训练过程】

一、引入课题

观看数字小故事《一支铅笔的自述》，揭示学生学习生活中出现的问题——用过的东西，没有放回原处。

二、明确要点

1. 发现问题

观察图片，发现课前准备、课堂使用、课后整理三个时间场景中出现的问题。

2. 观看演示

组内小辅导员演示在三个场景中文具如何正确摆放。

三、实践操练

1. 场景训练

针对“课前准备”与“课堂使用”这两个场景，进行模拟练习，巩固学习的成效。

2. 讨论归纳

小结场景模拟中的表现，得出结论——不让文具走失，最好的办法是，将用好的东西放回原处。

四、总结延伸

1. 实践活动：把手中的东西，放回原处。

2. 小结：鼓励大家养成“用好东西物归原处”的好习惯。

(2) 午间阅读指导方案——“工作三部曲”

1. 学长管理午间阅读，维持良好的阅读纪律；

2. 学弟学妹上阅读推荐课，分享学长曾经读过的读物；

3. 学长指导阅读方法，帮助学弟学妹养成边读边思的读书好习惯。

3. 学长队伍建设与管理中存在的问题

学长队伍的建设与管理处于创新与实践探索的阶段，也存在着一些问题。

(1) 部分学长对学弟学妹的帮助与指导不够深入，只是流于形式。由于学长都是高年级学生，其中，以五年级学生居多，他们在学习、活动、毕业选择等方面任务较多，很多时候无暇顾及所帮扶的学弟学妹，不能及时帮助低年级学生解决实际问题。

(2) 学长在交流工作中能说出服务事例，但疏于进行对服务方法的积累，以及对内心的体验与感受的总结。

参考资料：

[1] 魏书生. 班主任工作漫谈[M]. 上海：华东师范大学出版社，2005.
[2] 谌启标，王晞. 班级管理与班主任工作[M]. 福州：福建教育出版社，2007.
[3] 夏时晔. “红绿领巾牵手”自主运行策略的实践研究[J]. 上海少先队研究，2013(4).

课堂座位安排的优化组合研究

上海市大场镇小学　陆丽苹

学生按规定程序报名、缴费、注册、编班后，就成为某班的学生。从此，他就有了在这个班的座位权。可能是认为这事太小了吧，教育界、上级管理部门还没有出台相关的规范或细则来要求和指导学校与班主任具体怎么安排座位。但从班级管理的角度和学生成长的角度来看，座位的安排都不应是一件小事，它涉及学生的权利及学校的规范管理。

在实践中，就学生的座位安排，班主任们既有很多合情合理的创造性安排，又出现了一些不合理、不规范，甚至极端的做法。基本方式有两种：其一，按个头排座位，即把男女生按高矮排成队，矮个坐前面，高个坐后面。这是一种传统的、符合视觉规律的、也比较公平的方式。其二，按分数排座位，即按期中、期末考试成绩，成绩好的坐前面，成绩差的坐后面。这是近些年兴起的、在某些学校比较流行的做法。相对前一种自然排座法，后一种的条件排座法，也不能说它就是不公平的。因为，只要努力，大家都可以坐自己想坐的位子。这可能也是学生和家长们挑剔座位、班主任头疼之下的无奈之举。

2001 年，《新民晚报》上刊登了魏杰老师对于小学生同桌关系调查结果的报道，调查显示：上海九成小学生都觉得自己与同桌的关系糟糕、不愉快，盼望能在新学期改善同桌关系，与同桌愉快融洽地相处。这则报道引起了我对小学生同桌关系的注意，并让我试图在实际工作中科学合理地安排学生的课堂座位，为学生创设一个积极的、和谐的、健康的学习和成长的环境。

一、课堂座位优化组合实践的理论思考

环境对人的影响力是毋庸置疑的。“近朱者赤，近墨者黑”、“昔孟母，择邻处”、“管宁割席”等古代教育格言，都说明了同样一个道理——人所处的环境对人的成长、发展，具有一定的影响。我相信同桌之间的影响力是不可估量的，帮助小学生处理好同桌关系也是解决小学生人际交往问题最重要的一环。

小学生每天的大部分时间都在学校里度过，学校的人、事、物都在对他们进行着潜移默化的影响。每个孩子都有自己交际的一个小圈子，同一个小圈子里的孩子常常一起玩耍、讨论、学习、交流。久而久之，他们身上会产生一些共同点，如喜好、态度、观点……而小学生在学校里每天相处最多最久的伙伴就是同

桌了。同桌间的影响也就在每天的朝夕相处之中渐渐形成。

研究表明，空间距离越近，越容易增进人际关系。年龄越小，作用越大。而随着年龄的增长，当学生进入了高中阶段，这种作用就明显降低了。因此，我们应充分利用小学阶段的有利因素对学生进行干预。

当然，任何事物都存在着两面性。同桌的影响既有正面的影响，也肯定存在着负面的影响。它可涉及习惯、个性、行为、爱好等许多方面，这些都是不容忽视的。

而在实际的工作中，当教师没有特别的关注意识时，教室后面与靠边的位置往往会成为教师容易忽视的区域，它们不属于教师的教学中心区。一方面，由于距离的原因，教师对这部分区域的控制力减弱，容易使学生在上课时出现无意识违纪的情况。另一方面，距离使学生潜意识中产生了被忽略和被抛弃的心理，从而容易使其产生违纪行为。也就是说，处于教师教学中心区域的学生由于感受到的尊重与关心多一些，相对就会注意自己的学习行为。因此，学生自身或家长都希望能够坐在前面或中心的位置。当良好的座位成为一种稀缺资源，每个学生都想坐在好的座位上时，教师又该怎么平衡这种矛盾冲突？

因此，每学期的座位安排显得尤为重要！合理安排好每个学生的座位，无疑为他们创造了一个良好的学习氛围。"课堂座位的优化组合"，主要是指在安排学生课堂座位时，充分考虑到学生的个体差异和个体的成长，创造性地为每位学生找到合适的同桌，促进双方健康和谐地发展，成为合作互助、共同进步的最佳组合。

二、课堂座位安排应遵循的原则

学生课堂座位的安排与学生学习生活、人际交往息息相关，教师要利用它有效调动学生学习积极性，促进学生身心的健康发展。作为课堂座位安排"总设计师"的教师还应遵循以下几个原则：

1．平等对众，照顾特殊人群

课堂座位的好差是客观存在的，但在安排座位时，如能参考个子高矮、照顾特殊人群（如近视者、重听者、身体残疾者等），定能得到学生的认可。

2．按周期轮换座位

按照固定的周期让学生以大组或小组的形式调换座位，体现了座位安排的公平性与科学性。让每个孩子都有机会坐到教室的中间位置，还能调节学生的视觉神经，消除视觉疲劳感。

3. 纵观全局，统筹安排

在课堂座位安排时，在根据以上两个原则的指导保持相对稳定的座位形式的同时，要考虑到学生间的差异，优化同桌的组合。

三、课堂座位安排优化组合的策略

（一）寻找问题根源，了解学生所想

对于学生来说，每天在学校里相处最久、接触最多的就是同桌了，不好的同桌关系将会影响到学生的学习和成长。要改善这种不好的同桌关系，先要找出矛盾所在。

通过一次问卷调查，我们了解到，小学生对同桌不满的方面是多种多样的。如：好斗（喜欢打人，欺负人）；言语不文明（喜欢骂人，说脏话）；上课小动作多，影响听课；学习差异大（对学习成绩比自己好的，易产生自卑心理；对学习成绩不如自己的，嫌别人老问题目影响自己学习）；卫生习惯不良；性格、习惯不合……统计结果表明，个性差异、学习差异、行为习惯差异成为同桌不和的主要原因。

同时，我们还在这次问卷调查中了解了小学生心中所喜欢的同桌是怎样的。在此项调查中出现了许多惊人的相似内容：约有80%的小学生希望有一个能帮助自己的同桌，主要是希望其在遇到学习问题时能给予指点。约有40%的小学生希望能和学习好和同学做同桌，目的也是希望在学习遇到问题时能得到有效的帮助。约有50%的小学生对同桌的文明言行提出了要求。看来，是否能得到对方的帮助是同桌友好相处的一个重要因素，而小学生在学校面临最多的是学习上的问题。因此，他们非常需要有一个当他们在学习上遇到难题时能向他们伸出援助之手的同桌。

（二）营造班级文明、和谐、互助的学习氛围，构建友好的伙伴关系

儿童心理专家和教育专家认为，对小学生来说，同桌关系应当是纯真和友好互助的，不好的同桌关系对学生的发展不利。要改善同桌间的关系，合理、有效地安排学生的课堂座位，首先要为他们营造一种文明、和谐、互助的班风，树立正确的、积极的舆论导向，加强德育建设，弘扬同学间、同桌间那种友好相处、互帮互助的文明之风，使学生对班集体能产生一种归属感、责任感，在与同伴相处时，能产生一种合作、互助、包容的友好团队精神。班集体的精神文化在影响着个体的身心发展时能极大地发挥它的积极因素，为同桌相处的小环境创造一

个健康营养的大环境。

（三）同桌组合的优化

虽然老师有权调换学生的课堂座位，但是我非常尊重学生的主观意愿，每次的座位安排或调换都要得到相关学生的首肯，让他们自愿而且乐意接受改变。每对同桌就像是一对拍档，要建立良好的同桌关系，最初的接受与认可是很重要的，所以，我绝不勉强任何一个学生以排斥的心理去接受新同桌。

我常常根据学生自身的特点及自己想要达到的目的把同桌分成几类组合，有互补组合、竞赛组合、强强—弱弱组合、小先生组合、强弱悬殊组合、好友组合、合约组合……根据实际情况和需要，变换着使用。

1. 互补组合

在实际工作中，我用得比较多的是互补组合，让两个各有所长的学生坐在一起，互相学习，取长补短。在这个组合中，学生既能看到自己的长处，又能看到自己的不足。他们在帮助别人时，对自己的能力有了一份自信；在自己需要时，也得到了一份温暖的帮助。建立这种组合时，还应考虑到学生的个性、心理状况，避免学生之间产生因差距过大而形成自卑心理。

2. 竞赛组合

在所有组合中，动力最足的要数竞赛组合。这种组合常用在学习成绩优良、好胜心较强的学生身上。但是必须注意的是一定要帮学生树立公平竞争意识，使用正确的竞争方法。在学会竞争的同时，也要学会合作，这样才能发挥它的积极作用。

3. 强强—弱弱组合

这一组合是指实力接近的学生坐在一起。成绩优秀的学生，往往竞争欲望较强，面对面的竞争有利于双方的共同提高。而学习能力较差的学生，他们在一起虽然会有纪律、学习欲望等方面的问题，但带给对方的压力要小得多，这样可以使想上进的同学获得一个较为宽松的环境。实际上，他们最需要的不是压力，而是自信。学习水平接近，自然也比较容易沟通，能够给予彼此最需要的安慰与鼓励。至于学习方法及态度上的问题，则主要靠教师进行指导与督促，而不能指望其他学生提供太大的实质性帮助，其他同学能够提供的只是鼓励而已。

4. 小先生组合

每个孩子都不一样，每个孩子的能力也有差异。有一些孩子自我管理的能力较差，常需要别人的提醒和帮助。还有一些孩子自律能力特别强，做事认真细致，在学生中有一定的威信，就像一个小老师。我把这两类孩子组合在一起，叫他们小先生组合。我让能力强的那个学生充当小老师的角色，提醒同桌上课注意力集中、作业按时完成、注意个人卫生等等，并在学习生活上给予一定的帮助，不让同桌掉队。在组合中，一方得到了需要的帮助，得到了提高；另一方在小老师的角色中得到了锻炼，在一定程度上也减轻了老师的工作负担，帮了老师不小的忙。

5. 强弱悬殊组合

在多年的班主任工作经验中，我觉得强弱悬殊组合的关系最微妙，最特别。这个组合也是我在无意中发现的。在上一届学生中，有个男孩奇奇冲动又好斗，坐到哪里，哪里就不太平。他和谁都处不久，三句不和就动手，除了老师，谁的话都不爱听。一次，他因为眼睛近视，要我帮他往前调座位。我在他们这大组里看了又看，实在想不出谁能不和他起“纠纷”。最后我把目光停在了文弱秀气的妮妮身上。这个女孩胆小，不爱说话，但心地善良，待人和气，从没有和别人发生过什么争执。让她试试吧！于是，一个壮实的、大大咧咧、冒冒失失的高个子男孩和一个瘦弱的、讲话细声细语的纤弱小女生成了一对对比强烈的同桌。原本还担心小女生会受欺负，但结果却出人意料地好。奇奇不但没有再犯和同桌打架的毛病，还在与同桌讲话时，一改以往的大嗓门，举止也文雅了些。那次语文课上，这个男孩忘带书了，女孩什么也没说，把自己的书放在了两人中间。男孩感激地看了女孩一眼。就这样，这对同桌客客气气，互相帮助，一起度过了小学里的最后一段日子。在这种组合中，原本好斗的奇奇遇到了和他差别很大的妮妮，他没把妮妮当作对手，而是当作一个弱势者，从而激发了内心的保护欲，所以他俩就相处得很太平。

6. 好友组合

在高年级的教学教育中，我常会用上好友组合。学业的压力让这些高年级的学生的学习变得紧张起来，空暇的时间也变得少之又少。时间对每个人来说都是有限而又宝贵的，大家似乎也无暇顾及、帮助别人，但好友间原有的友情会使他们在相处时更为坦诚，更为融洽，有利于互助共进。

7. 合约组合

这几年，多动症小学生的比例有所上升。这些特殊学生的课堂座位的安排常常让老师绞尽脑汁，却收效甚微。魏书生的“让学生自己找同桌，自己监控自己”的方法，给了我很大的启示。我班的小刘是一个典型的多动儿，聪明好动又好斗，反应敏锐，表达能力极佳，但是注意力持续时间短，动作极其拖拉。他多次换同桌都以失败告终，没有人能受得了他的言行的双重“骚扰”。在和小刘进行了一次恳谈，激发了他一点上进心后，我鼓励他自己去找同桌。当然在他寻找同桌的过程中，我始终以积极的舆论导向鼓励学生们发扬团结互助精神，使小刘能找到合适的同桌人选，并使其签订了为他量身订制的同桌合约，接受同桌真诚的帮助，加强自我管理的能力。对于签订的合约，师生三方须定期反馈交流，不断巩固成效。

8. 关注同桌交往情况，了解同桌间相处状况，及时给予指点或调整

自从看了魏杰老师关于同桌关系的调查结果，我在日常工作中对同桌间的相处多了一份关注。由于学生的个性差异，不良的同桌关系也存在着显性和隐性的区别。性格外向的学生对同桌的不满明显地表现在外，正如我们平时常见的那种吵嘴、打架，那种处处针锋相对，谁都看得见、看得懂。而那些性格内向的学生却非常含蓄地表达着对同桌的不满，往往通过一些细小的事情给同桌一些“颜色”看。老师和同学不仔细的话，还真不容易察觉。我班的小虹和小申同桌已有一年了，两人都是不善言语、文静内向的学生。从课堂上缺乏合作到课间很少交流这些现象中，我觉得这两位的相处不能算融洽，但还不至于很糟糕，毕竟从未见他们有矛盾激化的场面。但是在一次无记名的问卷调查中，我以语文老师的特质从笔迹中认出了他们的问卷，发现他们都在同桌关系的调查中选择了很糟糕这一选项。这一结果再一次提醒了我在工作中要多多关注学生，尤其是那些总是静静的学生。对他们更是要学会“察言观色”，这样才能及时了解他们的所思所想。教师要根据这些获得的信息，及时、有效地对学生的同桌关系给予指导或对课堂座位进行合理的调整，以免造成过多的不良影响。

我在工作中，根据学生的实际情况合理安排座位，创造各种优化组合，改变以往的看身高、成绩好差搭配的简单组合方式，发挥同桌间积极的影响力。同时，尊重学生差异，因人而异地安排学生课堂座位。

四、课堂座位优化组合的实践效果

在实践研究中，我遵循安排座位的三个原则，灵活多变地运用多种组合，为学生创设了一个个满意的同桌组合，构建了良好的同桌关系，促进了学生身心健康的发展。通过下表中两次调查结果的对比，我们可以看到学生的同桌关系通过一系列的优化组合的安排，正在逐步得到改善。

表 1　课堂座位组合与同桌关系调查

问题	第一次调查(2006.1)		第二次调查(2006.6)	
你与现在的同桌关系如何?	人数	百分比	人数	百分比
非常好	7	17.5%	11	27.5%
还可以	12	30%	14	35%
一般	8	20%	10	25%
不太好	4	10%	3	7.5%
很糟糕	9	22.5%	2	5%

注：调查总人数为 40 人。

课堂座位优化组合的安排确实对同桌关系起到了一定的调节与改善的作用，也在一定程度上促成了同桌间的积极影响。但在教学教育中不可过于依赖这种影响作用，因为每个学生都是一个独立自主的个体，真正能对他们产生影响和改变的，最终只能是他们对自我的要求。

初中班级发展的阶段性特征及管理策略

上海市三新学校 李玉艳

在建班育人实践中，不少班主任经常会遇到这样的情况：班级的各项工作刚开始时非常顺利，可是过了一段时间，又会出现各种不如人意的情况，任凭班主任再怎么抓，还是难有起色，或者很难提高，甚至会出现倒退。

这是因为班级管理不是静止的，而是一个不断连续提升的动态过程。班级在不同发展阶段具有不同的发展任务，只有当发展的任务完成之后才能进入下一个高级阶段的发展。如果所处阶段的任务完成之后，班级的管理还是一成不变的话，就会引发许多问题，阻碍班级向前发展。

对于班级发展的阶段，一般最常见的是从建班时间来划分的，如：初建阶段、形成阶段、发展阶段。实践告诉我们，班级并不必然会随着时间的推移而自动进入发展之中，时间上的阶段划分并没有体现出班主任和学生的主观能动性。我在多年的班级管理实践中发现：依据班主任主导下的学生主体作用发挥的渐进性，班级的发展可划分为四个阶段——初建阶段、磨合阶段、规范阶段、成熟阶段，是由低级向高级逐步发展的。每个阶段呈现出各自的特征，这就是阶段性特征。不同区域及其学校中的不同班级在每个阶段所需的发展时间并不一致，班主任不能心急，扎实做好当下工作，才能为进入下一阶段的发展做好准备。

一、初建阶段：班主任教导，学生立足岗位，促成班级有序管理

（一）班级特征：班级松散，依赖教师

这个阶段班级刚刚组建，是一个松散的群体，没有组织结构，没有约束机制，学生也没有共同的行为目标；班级活动和管理，时时处处依赖班主任的决策指挥，班主任的一言一行直接影响着班级的发展。此阶段教师与学生、学生与学生之间存在着陌生感，尤其是师生间存在着距离，在开学之初，学生通常对教师持有敬畏之感。

（二）班情分析：事情多多，问题多多

这个阶段的特征是问题多多，班主任也最辛苦。但辩证地来看，班级松散期恰恰是班主任发挥引导力和建立威信的最佳时机。初建阶段是最重要的阶段，这一阶段正是打下良好的管理决策基础的时候。

(三) 管理策略：指令式管理

班级初建阶段的学生依赖班主任，班主任的权威可以有效发挥作用，班主任的指令式管理风格可以在较短时间内让松散的学生迅速组织起来，且能使班级各项工作初步运行，管理方式是告知、指示、指导和建立。但"指令式管理"并不等同于"专制"，虽然此阶段班级的决策提议要由教师制订，但是也要征求学生的意见，得到学生的认可，这样才能初步形成班级的向心力。

1. 初建组织结构

由于班级初建阶段，师生、生生之间不熟悉，岗位设定可由班主任暂定，而人员可以通过学生自荐、互荐、竞聘、个别岗位临时指定等形式来定，这要根据班级学生的实际情况来看。无论学生情况如何，总有一部分积极分子力量的存在，那么就要充分发挥这些学生积极分子的作用，他们就是班级暂时的骨干力量，也是班主任暂时的得力助手。这样做，不仅为接下来培养学生干部队伍储备了力量，也为锻炼学生干部的自我管理能力奠定了基础。

一般来说，班级组织结构主要由管理性岗位和事务性岗位组成。管理性岗位，也就是通常所说的班干部岗位，如班长、各班委、小组长、各学科课代表……事务性岗位，是指值日生、电脑管理员、图书管理员等。刚开学时，可以由班主任暂时随意指定人员，但也要事先说明。过一段时间后，一般也就是一周或两周后进入正式组织程序，以自荐和推荐相结合的形式最为常见。

2. 促进相互认识

初建阶段，师生之间、学生之间普遍存在距离感和陌生感，但都有相互认识和交友的意愿。陌生感持续的时间越短，越有利于班级向心力的形成，因而班主任要有意识地开展多种形式的交往活动，可以通过学生自我介绍、学生自画像上墙、举办联谊会等形式让学生尽快熟悉起来。以"学生自画像上墙"为例：班主任可以要求学生每人递交一张 A4 纸的自我介绍，让学生图文并茂地介绍自己的爱好、特长、喜好、座右铭、理想与愿望等。这些自画像可在开学两周内陆续在班级制作的画像园地上展出，这样不仅能够加快班级同学间互相熟悉的速度，而且能为以后班级形成和谐融洽的人际关系打下良好的基础。

3. 共拟行为准则

明确的共同准则是班级发展的方向和动力，否则就不可能出现思想统一、行动一致的班集体。如：学生排队问题。学生都明白出操升旗要排队，但这个队伍怎么排才是合理和规范的呢？队伍该何时排列？队列行走路线有要求吗？队伍行走过程中有要求吗？到达目的地后有要求吗？出操前后的整队该怎么进行？固定的整队口号学生明确吗？围绕一个“排队出操”就可以引发出一系列的疑问，而这些疑问将是排队可能出现的问题所在，要避免这些问题，在排队前就要使学生明确排队的具体要求。

（四）效果探讨

如果班主任能够根据初建期班级特征有针对性地进行班级管理，相信就能够促使学生尽快适应新环境、调整不良情绪、融入新的集体，并初步建立起集体凝聚力，引导班级步入正轨。反之，如果不能“对症下药”，一定会导致班级初建期的延长。初建期越短，对班级发展越有利；相反，初建期越长，班级后续发展中产生的障碍越大。所以，初建阶段对班主任的领导力是一个很大的考验。

二、磨合阶段：班主任指导，学生学习管理，达成人际关系融合

（一）班级特征：雏形刚成，协同不够

相对于初建阶段，这个阶段师生之间、学生之间开始熟悉，并形成了一定的人际关系；一批积极分子开始崭露头角，班干部开始发挥领头作用，班集体的雏形开始形成。这个阶段，学生之间虽然相对班级初建期要来得熟悉，但却不知如何交往，或交往深度不够；班级虽然有了初步的组织结构，但班级工作开展时的协调和配合力度不够。

（二）班情分析：自我中心，矛盾多多

这个阶段学生往往以自我为中心提出要求，与班级整体要求在某些方面相冲突；另外学生个体间存在差异，引发矛盾；这个阶段也是学生之间的磨合阶段，存在的矛盾或冲突可能是多方面的，加上有的学生有情绪波动大、不稳定等特点，这些矛盾存在着扩大且恶化的趋势。

（三）管理策略：教练式管理

磨合阶段也是班级矛盾多发阶段，班主任不宜压制矛盾，简单粗暴地处理问题，这会给后续发展埋下隐患。班主任此时宜采用教练式管理，加强指导和训练，温柔地坚持原则，采取推介、解释、澄清和说服的管理方式。

1. 重视干部培养

这个阶段对班干部，绝不能只停留在使用方面，而是应进行重点培养和指导，目的是挖掘出更多优秀的学生干部和充分发挥全体学生的主体作用。班级初建阶段通过毛遂自荐、相互推荐等方式物色的干部人选，经过一段时间的试用期后，必然会产生工作能力的差异。万物都在不断的发展变化之中，这也是班级建设过程中的必然规律。所以，对能胜任工作的班干部要予以放手，同时

也要他们带领能力较弱的干部，必要时也可对他们进行调整；对表现特别上进的学生，应吸收到干部队伍中来，这样才能使班干部队伍充满生机和活力。这样的班委班子，有较强的威信，能够更好地开展工作。对于干部培养而言，随时指导和干部例会是两条很重要的途径。

2. 引导学生消除冲突

在为班级共同目标努力的过程中，班级学生的年龄、社会阅历、生理心理特征决定了他们难免存在这样或那样的认识偏差，从而发生冲突。孩子们最初的愿望都是好的，但此时孩子都是以自我为中心提出要求，有时会与班级整合要求相冲突。如：负责板报的五位同学都想使班级本次板报出得精彩，但意见出现分歧，宣传委员小A之前已经做好的所有策划全部被推翻，小A伤心不已，五位同学争论不休……这个阶段同学仅有热情还不够，工作方法方面还需要班主任的精心指导。

3. 开展主题活动

班级主题活动，是指在班主任的指导下，围绕一个中心内容有目的、有组织地进行班集体成员的自我教育活动。开展主题活动能让学生个人在集体活动中受教育、受熏陶，对学生思想的转化和和谐班风的形成有不可低估的作用。如：要让学生产生集体归属感，必须要让他们经历集体诞生的过程，让他们感受到自己的集体是与众不同的。班主任可以发动全班同学人人动脑、个个动手，根据班级特点勾画集体远景：征集班名、设置班训、创作班歌、构思班徽、绘制班旗……在活动中，学生会真切感受到自己是这个集体的一份子，集体的未来是和自己息息相关的。在开展班级活动时，同学之间必然会相互包容，相互配合，因为学生心中有共同的目标。主题活动，易于凝聚全班同学的心。

(四) 效果探讨

磨合期，班主任管理如果能够方法得当，相信班级会顺利度过这个时期。班主任也能通过在这个时期方方面面的“摸爬滚打”，为班级的后续发展奠定坚实的根基。这个时期是班级发展的必经阶段，后续班级发展的方向和高度与这个时期班级的发展直接相关。倘若这个时期班主任并没有针对这个时期的班级特征，给予班级管理和学生发展准确和及时的指导，那么这个班级不可能有更高更大的发展。

三、规范阶段：班主任辅导，学生整体参与，形成制度育人氛围

(一) 班级特征：人际和睦，形成常规

规范阶段，即班级正常运作阶段，其特点是：相对于磨合期，班干部更加成

熟，管理经验更加丰富；班级发展目标明确，各项工作比较流畅；学生能够和睦相处，人际关系融洽。但是此阶段，非班干部同学参与班级活动的热情不能够得到满足。非正式群体也在大量形成之中，而且比较明显，他们之间的交往有着个人倾向。

（二）班情分析：稳定渐进，还需提升

此阶段，班级各项工作都处于一个稳定和渐进的过程中，但并不成熟。所以，本阶段班级建设过程中，班主任一定要做好各条线工作的背后参谋，并要对班干部工作给予大力支持。通过开展相关活动，对非正式群体，班主任要加以引导，防止个别同学被“边缘化”。所以，班主任在管理上不能松懈。

（三）管理策略：团队式管理

这个阶段的班级管理制度开始发挥作用，但与制度育人的要求尚有距离。班主任不能以制度压人，最佳策略是进行团队式管理，管理方式是参与、鼓励、合作和承诺。

1. 设置多元岗位

班级管理岗位在初期阶段是根据班级发展需要设定的。随着班级工作的日渐成熟，管理岗位要逐步为了学生个体发展需要而设定。干部队伍不可固化，可以实施班干部轮流制，可以设置值日班长、值周班长、双班委、后备班委、见习班委等管理岗位。如果设置后备班委，可能会有后备班委没有前面班委做得好的顾虑。但是，这也是班级发展的必经阶段，也是必要的正统。如果仅仅以各项日常规范分值来界定班级，班级管理将会钻牛角尖，走入死胡同，班级不可能向更高层次发展。只有在班级每个孩子愿意成为班级的主人时，班级才会走向成熟。

2. 引导多维交往

非正式群体需要加以引导，不能任其自然发展，否则容易形成不良小团体，反而成为班集体发展的阻力。班主任可根据学生兴趣爱好让他们成立各种活动小组——成长小组、假日小队等。如：将班级内一群爱好体育运动的学生组合在一起，成立“飞虎小队”，业余时间他们就能驰骋在操场上，班级也可经常为他们举行乒乓球赛、篮球赛等，以增强他们运动的兴趣和动力。班主任可同时鼓励那些跃跃欲试的同学积极参与，使小团队成员慢慢扩大，从而带动大部分学生甚至整个班级运动起来，使团之队发展为班之队。

3. 树立班级榜样

榜样的力量是无穷的，班级需要的榜样是多种多样的。非本班的榜样，对于班级学生来说距离太远。树立本班的榜样,榜样就在身边,便于本班学生参照和模仿。榜样不必“高大上”,树立“进步榜样”更能引发同班同学的学习热情。因此,班主任可以引导学生从本班中寻找和发现各种榜样,如:勤劳肯干的值日生、认真负责的小组长、乐意帮忙的小老师、家务小能手……

4. 建立有效班规

对于建立班规我们一直有个误区,就是认为要建立一整套班级规范,而实际上我们已经有了《中学生行为规范》和学校规章制度,何必耗时耗力。同时,我们各自制订的班规是否合法也值得商榷。通常认为:建立有效班规,即要根据班级行为规范执行中出现的问题而制订班级公约,使得班规更有针对性,这样学生也容易理解和明确;而已经执行到位的规范再制订一番则毫无用处。比如有条班规为“学生不得抄袭,也不得提供抄袭的方便”,后半句就很有针对性。

(四) 效果探讨

通过这个阶段的团队式管理,“班级小主人”的意识将逐步内化,班级将呈现规范化态势,班内容易形成共同目标,所有学生对于规章制度的认同感加强,而不会仅仅将其看做外在要求。班主任、班干部若能依据制度处理事务,就能使集体凝聚力不断增强。反之,若这个阶段班主任满足于现状,管理思维松懈,班级将没有规范,并将无法向更高层次发展,而一直在低层次徘徊。

四、成熟阶段:班主任引导,学生自理自治,创设高品质班级生活

(一) 班级特征

进入这一阶段,班级将成为一个有健全领导制度和约束机制的整体。班集体已具备自我教育功能,学生不再是一个个被纪律和规则约束的个体,而是一个个具有一定自我管理、自我完善能力的班集体的一员,良好的班集体已经形成。但问题是集体和个体如何向更高层次发展?这是本阶段值得探讨和思考的问题。

(二) 班情分析

班级要向更高层次发展,这时候的班集体建设应该考虑的是如何使班级实现更好的自主和自制、民主和公平,如何使班级整体发展阶梯更为清晰。本阶段,要建班育人,教师对自身及班级发展要有更高的要求,不能满足于现状。

(三) 管理策略:授权式管理

这一阶段,班主任要淡化自己的权威和掌控意识,要在充分信任学生的前提下,给予学生充分的授权,在管理过程中也要更多地使用高支持(关系)行为,

即实行授权式管理，采取激励、支持、协助、放手的管理方式。

1. 交由班级决策

此阶段，教师不能任由学生依赖，要引导学生开展自我设计，将班级重大事宜通过班级大会交由全体同学共同决定，使学生真正成为班级的主人。班主任要把握住这个最佳时机。班级发展成熟期，学生对班级和自我都充满了新的憧憬和希望，对自我有更高的要求。这时候，班主任要点拨学生的心灵，引导他们对班级事务进行自我设计、自我决定，拼搏进取。

2. 下放管理权限

当班级发展到一定时期，更多地让学生进行自主管理，可以激发学生的潜在能力，从而可以让其产生归属感和主人翁意识，真正树立“班荣我荣、班辱我耻”的思想，真心实意地投入班级荣誉维护的行动当中，进而实现班级管理的“全员参与”。如：建立班级日志制度，由执勤班长负责记录同学一天的工作学习情况，并写出总结性建议，第二天有效利用时间和全班同学进行汇报。

3. 教会自我监督

自我监督与调整是一种主观活动，必须从自我意识出发，这样才能真正将各种仪式付诸实践，逐步使其变为现实，真正实现个人的自我管理。如：通过班级周记，让学生进行自我分析，让学生在周记上探讨班级发生的问题，并且提出建设性意见。这时期的周记就成为自我剖析和为班级建设出谋划策的平台。班主任也可利用这个平台与学生共同探讨解决班级问题的“大计”，充分肯定学生的正确意见或建议，并使之付诸实际行动。这样一来，既能充分激发学生的班级主人翁意识，又起到加强班级管理的作用。最关键的是这个过程，不但能够使学生在思想上形成共识，而且能够激发学生努力实现自我价值的愿望。

4. 引导正确舆论

一个班级只有有了正确的舆论，才能使全体学生明辨是非，才能使他们的思想和行为有一个正确的标准。如：个别同学想抄袭作业，而班级内却没有人为他提供资源，结果这个同学只能“无功而返”。这就是班级内的一种“正能量”，一种正确的舆论导向的体现。当然，正确舆论不是自发形成的，而是在班主任老师的正确引导下，经过全体教师和学生的共同努力而形成的。

5. 促成良好学风

一个班级进入这一阶段，基本到了一种“无为而治”的状态，班级实现良性的发展，集体凝聚力强，每位学生都对班级充满强烈的责任感和归属感，最重要的是形成了班级良好的学风。要真正形成良好的学风，至少应包括知识学习和道德学习两方面。班级管理的目的就是为了给班级每个学生创造一个良好的班风和学习氛围，这也将直接影响每个学生的成长。好的学习氛围，能促进学生集体上进，健康成长；反之，则会淡化学习观念，消磨学习意志。

(四) 效果探讨

此时的班集体已形成了正确的舆论导向和集体荣誉感，即使是少数班级建设的“落后分子”也会感受到班级舆论的影响，而逐步自觉地遵守学校和班级的纪律。此时的班集体已具备自我教育功能，学生不再是一个个被纪律和规则约束的个体，而是一个个具有一定自我管理、自我完善能力的班集体的一员，良好的班集体已经形成。

每个班级都有其特殊性，不同区域、不同文化背景下的班级建设不可同日而语，只可参照而不可盲从。只要班级建设呈现上升态势，都是可喜的，不可强行地人为拔升。从低级阶段迈向高级阶段的时间越短，越有利于班级建设的推进，发展态势将越令人满意，但也不能人为缩短建设时间而强行推进。低级阶段建设成果越丰厚，厚积薄发，对后续的推进将越有利，所以不同发展阶段需要不同的管理策略。需要说明的是，班级的发展具有阶段性，同时具有连续性，阶段之间的转换需要班主任的谨慎判断和审时度势，班主任要不失时机地引领班级走向更高层次的发展。

以项目为载体的班级德育实践研究

上海市金山区松隐小学　丁向阳

一、实施班级课程项目的背景

一些班主任在工作中往往缺乏系统的、完整的班级管理体系，不能很好地处理班主任与班级之间、学生的创新力与班级之间、班级工作与学生家庭之间，以及班主任与任课老师之间的关系和问题等等。这都从不同角度造成班主任工作量大又繁琐的现象，对教育教学也有一定的负面影响。因此，当下所要解决的问题就是班主任如何有序地统领各项工作，使得班级建设由原本班主任的一手管理到以“学生”为主体，从而使班级整体的发展真正体现和谐发展的主题。

众所周知，班级是学校实施教育教学的基本组织，也是学生实现个体社会化的重要场所。班主任若想在工作中游刃有余，就必须在班级管理过程中讲求班主任工作的艺术与魅力。完成一项自主性的活动，不仅需要自主管理团队的配合，更需要班主任有一系列的班级建设方面的措施。只有提升了班级建设，班主任才能带领团队达成预设目标，取得成功的教育效果。

二、班级课程项目建设的意义

在提倡坚持以学生发展为本的教育观念下，教育理念的提升，可帮助教师在潜移默化中实现育人目标与价值。而以班级项目建设为载体的班集体建设，也凝聚着师生共同的智慧，能创造性地提升学生的发展水平。它以班级为依托，以学生个体发展、认知体验为基础，全面发挥学生的学习主动性，为学生的健康成长和教师的专业发展创设良好的教育环境。

将班级建设作为一项课程项目来抓，能便于教师对各项班级建设与管理工作进行有序的规划与统整，以达到更好地管理班级的目的。德育是学校教育的灵魂，对教学工作能起到一定的保障作用。学校德育的终极目标是把学生培养成具有文明行为习惯、健康生活习惯和良好学习习惯的品学兼优的学生。我们正以班级课程项目为载体，进行德育实践研究，同时根据小学礼乐少年的培养要求，培养“会运动，懂音乐，善学习，知礼仪”的好学生。但从我们当前的德育来看，学校的德育工作虽然通过“两纲”教育、温馨教室创建以及社会主义核心价值观的落实等举措得到一定实施，但在实践中也或多或少存在一些问题。如何使德育工作能真正针对学生实际，又能体现学校特色与班级特点，是摆在我们每一位班主任面前的一个亟待思考的问题。

所谓班级课程项目，是指一个班级依据班级学生实际，以某一内容或形式为载体，整合德育教育内容和途径，通过项目名称的确定、目标的确立、内容的选择、途径的实施推进班集体建设，从而使学生在这个过程中不断体验、成长的教育形式。开展班级课程项目，就是把各类琐碎的班主任德育工作有序地结合起来。班级项目作为学校拓展型课程以及班主任创设的管理班级的有效途径，主要依据学生的个性需求与他们的情感发展和认知体验来加强育人的原则。其对整个班级的文化、班队的建设，以及学生良好个性品行的培养、学校德育机制的完善，都具有一定的积极意义。

三、班级课程项目建设的特点

学生是学习的主体，班级的规划建设是为了促进学生的健康发展，为了班集体整体建设的有效实施。笔者从以下几方面对班级课程项目的特点进行了归纳与总结。

1. 整体构建

在实施课程开发以前，要求班主任从“课程项目设计依据”、“课程项目实施步骤”、“课程项目预期效果”、“课程项目呈现方式”、“课程项目的评价方式”等方面进行整体构思，以此提升班主任自我规划的意识和能力。班级课程项目的建设应结合学校各项工作，将活动的要求与班级发展相互联系，以实现课程教育效益的最大化。

2. 教育个性化

在班级课程项目的建设过程中，促进学生的个性化与社会化是统一的。我们鼓励学生在课堂上学习社会文化，认识社会价值观念和道德规范的同时，也注重学生的个人兴趣与需求。班级项目课程建设强调促进学生个性化的培养，包括自制力、自信心以及综合素养的全面发展，使其成为具有个性的“充分、自由、和谐发展”的人。同样，我们依据学生的年龄特点与个性特色，系统地组织班级文化建设，这样的项目课程完全体现了“以人为本”的特点。

3. 班级文化的融合

班级课程项目建设不仅能有序结合班级建设与规划的特点，而且能把班级整体文化结合起来，既体现学生个性，又融合班级文化，对班级整体发展十分有利。我们要融汇学校的各项事务及活动，依据班级项目特色，将“人”文化和“课程”文化交融，体现课程项目建设的教育性特点。

四、班级课程项目中的教育原则

班级课程项目中时时体现着德育思想的影响，体现着班风、教师作风和行为态度等对学生品行的影响，在许多方面都对学生教育起到“此时无声胜有声”的作用。当然，我们可以把这个课程概括为“隐蔽课程”的德育教学，其在实行中应更需遵循一定的教育原则。

1. 集体教育原则

通常我们认为思想教育需落实在每个学生身上，这固然是正确的。但现代教育追求集体教育，成功的道德教育往往主要通过集体活动的手段来影响学生的发展。团队的发展是合作生成的基础，个性的发展更离不开集体的氛围。

2. 班级即社会原则

班级是学生成长的平台，是联系校内与校外的纽带。在班级课程项目实施中，学生相互合作，彼此信任，无不体现着团队力量。随着项目的开展，每个学生都发挥了积极作用，促使项目有序渐进。同时，班级课程项目通过活动的开展来培养学生的社会实践能力，并结合民族精神教育与“两纲教育”，逐步走向社区、走近社会群体。随着课程项目活动的深入开展，项目的教育意义也得到了延伸。简而言之，班级课程项目中的德育是全方位的，不仅强调“教书育人”，还提倡“管理育人”、“服务育人”。

五、班级课程项目的设置

班级课程项目的设置主要有以下几种形式：

1. 选好载体，体现内涵

小学生的身心特点决定了他们对于事物的认识是从具体到抽象的，所以在选择班级课程项目的时候载体要具体明确，这样才能使教育过程切实有效。

比如在设计《某小学班级课程项目申报表》时，班主任被要求根据学校办学特色、班级学生特点、班主任自身特点、当前德育教育热点等确立自己班级的课程项目，做到载体小一点、内容显性一点、操作性强一点。

例1：一(1)班根据学生刚入学，对校园习惯不熟悉，且低年级学生对三字儿歌比较感兴趣的特点，确立“三字歌”为班级课程项目。

例2：三(4)班根据学生“以自我为中心”的情况，结合学校开展的礼乐教育，设计“书香闻道”作为班级课程项目。

例 3：五(2)班结合民乐这一学校(班级)特色，设计以“琴韵”为主题的班级课程项目。

例 4：三(1)班结合班主任擅长书法的特点，设计“墨香润童心”作为班级课程项目。

2. 设计标志，彰显文化

在班级课程项目建设中，班级课程项目标志的设计体现了班级课程的特点，彰显了富有特色的班级文化。班主任要重视标志的设计过程，发挥学生的主体作用，使标志的设计过程成为师生互动的平台。例如：

“丫丫学礼”班级课程项目标志及说明：“丫丫学礼”源于“牙牙学语”，又谐音“鸭鸭”，一只毛茸茸的“丑小鸭”破壳而出，它身穿印着阿拉伯数字“3”的超人服，寓意是同学们身上有着无限潜能，心中有着无限遐想。预示不久的将来，我们二(3)班的每只“丑小鸭”都会长大，成为美丽的“白天鹅”，聪慧灵巧、温文尔雅，学知识，懂礼仪，在蓝天下翩翩起舞，飞向美好的未来。

“三字孕养成”图标及含义：这个图标的寓意是学生正茁壮成长。两颗苗苗代表我们一年级小学生，上面的三个字母表示孩子们在念“三字歌”。树的形状“S”表示“松”，而树和旁边的两棵苗苗形似“小”，代表松隐小学，意思是松小一年级小苗苗以三字儿歌规范行为，培养好习惯，健康成长。

“墨香润童心”班级课程项目标志及说明： 整体是一个“书”字，即让学生掌握书法的基本功。标志中含有黑色数字“三”和绿色数字“1”，表示班级名称“三(1)”班；一点是红色朝阳，而正对着它的“1”又似绿色苗苗，意味着苗苗在朝阳照射下茁壮成长；“三”和“1”又似扬帆起航的小舟，意味着三(1)班的学生正驰骋在书法的海洋中，人人争做一个知书达理的人。

“诗之韵”班级课程项目标志及说明： 该图案以浩瀚无边的大海和成群结队的海燕为背景。成群结队的海燕代表班级中 31 名学生，要像海燕一样团结一致，齐心协力；而浩瀚无边的大海代表的是祖国上下五千年的古诗文(诗海)。图案中开头的黑体字母“S”，巧妙地联系了“诗之韵”中的“诗”、“四年级”的“四”及松隐小学的“松”中的开头字母；再一看，这字母“S”就像古诗的“古”字。

温心岗湾班级课程项目标志及说明： 那由双手握成的心形，代表五(1)中队——一个温“心”的“岗”湾——一个个小岗位孕育着一颗颗高度的责任心；那蓝天、白云、彩虹，象征着队员们的心灵像蓝天一样宽阔，像白云一样纯洁，像彩虹一样美好；那紧握的双手，表示全体队员团结协作，为队集体献计、出力、添彩，体验“以我所能，为集体服务”的成功感，进而在“分享岗位快乐”中体验自己的成长历程，慢慢地凸显出强烈的责任感！

3. 整体构建，系列实施

班级课程项目最大的特点就在于班主任对班集体建设要进行规划。在项目确定之际，班主任要从“课程项目设计依据”、“课程项目实施步骤”、“课程项目预期效果”、“课程项目呈现方式”这些方面进行整体构思，提升班主任自我规划的意识和能力。同时，我校设计了“某小学班级课程项目框架(基本模块)”、“某小学班级课程项目目标依据、内容、实施途径体系”，指导教师根据学校礼乐教育的育人目标，结合班级学生实际和项目特点设计系列性教育内容，采用多种形式开展体验活动。具体的操作步骤如下：

(1) 目标设定

班主任应注重以学校“礼乐好少年”的培养目标为依据，培养学生做到“礼”(穿着得体、举止文明)、“信”(诚实守信、阳光自信)、“博”(博学多才、博大胸怀)、“责”(充满爱心、有责任心)。在学校培养目标的前提下，班主任要结合班级课程项目特点设计相应的课程培养目标。

(2) 内容体系

班主任应根据学校培养目标，结合班级课程项目特点，设计相关的教育内容体系。

如“三字孕养成”课程：针对一年级学生的年龄特点，老师在设计“三字歌”课程项目的过程中，从“小学生一日行规”八个方面进行了规划，形成了系列的教育内容。

如“墨香润童心”课程：“礼”主要通过书法练习的姿势(头正、身直、肩平、臂开、足安)来体现；“信”主要体现在通过让学生冬练三九，夏练三伏，在潜移默化中让学生变得有耐心、充满自信；“博”则体现在通过让学生收集历代书法家的书法作品和励志故事并编辑成册，发扬学生团结协作精神；“责”体现在通过让学生在各类节日书写积极的书法作品，并在岁末组织学生开展“书写新春送春联”活动，来培养学生的民族自豪感和责任心。

如“诗之韵”课程：“礼”主要通过“交流的仪态、聆听的习惯”体现；“信”主要通过“资料的上交，交流、吟诵、展示时的形象”体现；“博”主要通过主题的学习落实；“责”主要通过资料的及时收集、小组的默契合作等方面来体现。

（3）实施途径

班级课程项目推进要做到与行为规范教育、温馨教室建设、社会实践活动、“两纲”教育、争章活动相结合，并且有机地渗透到班级环境布置、午会教育、主题班队会活动、课间活动、课前两分钟、社会实践等活动之中。

黄向阳教授在他的《德育原理》中曾经指出：德育教学体现在整个教育教学中，直接道德教育与间接德育贯穿于其中。我们今天把班级发展建设作为一种课程来开发，就是为了强调德育资源的因素，促使学生健康、快乐地成长。然而，从项目的初设到发展，其蕴涵、包容的德育教育又是隐形的，它同时对课程建设起着督促作用，它们之间是相辅相成的关系。

笔者在创建班级文化课程项目的同时，根据班级实际情况，与学生共同创建、探讨班级课程的开发，坚持注重把班级主动权给予学生，因为他们才是学习的真正主人。学校通过开展项目，在活动中明确课程中蕴涵的德育价值，让学生明辨是非，树立自信，团结合作，奋发向上，战胜自我，克服挫折，引导学生关注自己的生活，并让学生通过积极体验，表达快乐情感，寻求道德教育源泉。在课程项目实施过程中，有时也会出现不确定因素，可能来自于学生或老师。这样的情形，也不失为德育教育的良好条件，它既能检验课程的实施价值，又能反馈课程中的问题。师生的不断反思，以及整体协调，为班级课程项目健康、有序地推进作了铺垫，使其达到最理想的效果。

要真正把课程项目运用于生活，体现其自身价值，又能让学生获得积极向上的道德体验，教师需要做好合适的引导，设计合适的问题，并能对将来的发展形成一定的判断力，总结科学合理的价值体验，使得班级课程项目更具有推广性与实践性。

综上所述，借助班级课程项目为载体实施德育教育，既体现了德育方法中的情境教育特点，又与环境、体验相结合，使德育教学具有更深层次的研究价值。当前的德育工作，不仅要把德育渗透于学科教学中，更要让德育浸润学生的生活体验，只有这样，德育教育的实施效果才会更加显著。

参考文献：

[1] 黄向阳. 德育原理[M]. 上海：华东师范大学出版社. 2006.
[2] 熊梅. 校本课程开发的行动研究[M]. 北京：教育科学出版社. 2009.
[3] 梁铎. 新教育理念下的班级管理[A]. 广西新时期班主任工作研讨班论文集. 2008.
[4] 栾绍春，孙菊秋. 浅谈班级管理的艺术[J]. 中国体卫艺教育. 2008(6).

初中主题班队活动“四步循环”模式的探索

上海市崇明区教师进修学校　黄晓雁

主题班队活动，是班主任根据学校工作要求，结合本班学生的实际情况，运用班集体对学生进行教育和开展工作的有效形式，也是学生自主教育的有效方式。班主任如果能够充分发挥学生的主动性，有计划地提供一些班委会或学生自己组织主题班队活动的时空，并加以引导，就既可以为学生提供了解社会、体验生活、感悟感知、思辨选择的平台，又可培养学生团队协作、自理自治、创新实践等能力，还能满足学生个性发展、加快社会化进程的需要，从而实现建设优秀班集体之目的。

长期以来，我区主题班队活动的基本模式有很大一部分是传统的表演型的，即围绕主题开展文艺、小品、游戏等表演或活动。师生关系一般是单向的，教师要么是绝对权威，要么是旁观之人。多数学生被动开展活动，少数学生忙忙碌碌。这种班队活动往往忽视面向全体学生、忽视学生品德形成的基本规律，预设表演多、理论说教多、口号决心多、表面文章多，活动体验少、感悟感知少、能内化践行的更少。针对这种现状，我们遵循学生道德发展的基本规律，尽可能多地为学生提供体验感悟的机会，丰富学生的道德认知和情感体验，提高学生的道德判断能力，促进其道德行为的生成。我们积极探索具有可操作性的主题班队模式，经过近两年的探索与实践，倡导了总、分、合、升“四步循环”主题班队会的模式，在我区班队活动中取得了较大成效。

一、“四步循环”模式的构建

品德的形成过程是知、情、意、行和谐统一的过程。德育的过程是组织学生进行社会活动和交往的过程。因此，德育过程一定要尽可能多地为学生提供实践体验的机会，以丰富学生德育活动的经历，让学生获得积极的情感体验、正确的态度及价值观。

主题班队活动的设计，必须从学生的角度出发，与学生的德育认知和已有的德育经验相联系，确立学生在德育过程中的主体地位。活动设计要强调学生的主体性、教师的引导性，强调关注学生个性发展的差异性，把学生发展的主动权还给学生。而“四步循环”班队活动正是从这种理念出发的。学生不只是接受教育过程中的主体，同时又是教育内容、教育形式的设计者、选择者和实践者，这种教育从内容到形式都易于引发情感共鸣和内心震撼、认知整合。因此，我区在班队活动上，倡导班主任和学生一起设计，共同参与，充分思辨，彼此分享，不断提升。

“四步循环”模式的要素为“总、分、合、升”四个字。具体为：

1. 总体设计

班主任根据班级发展的要求和学生发展需求，选择好主题，进行总体设计和策划。主要任务有三个：一是教育资源的挖掘、筛选和合理利用，即教育内容在设计上尽量利用各种社会资源；并提供学生体验感悟的机会，力图丰富学生的经历和经验。二是教育过程的科学设计，主要包括活动的组织，实践体验的引导，感悟、感知和启发等。三是活动的组织筹备，包括成立以学生干部为主的活动筹备小组。

2. 分组活动

主要任务有：让学生分组自主活动，自主调查；引导小组成员将已有的德育知识与实践体验有机链接，提炼概括，借助合适的载体加以表达。

3. 综合展示

在学生自主实践、体验、调查、思考、提炼、概括的基础上，班级全体成员共同分享彼此的所见所闻所感。主要任务是交流分享、提供思辨。

4. 促进升华

在各组交流分享、充分思辨的基础上，引出主流价值，促进其升华。主要任务是提升学生对主流价值的认同感，使学生明确解决问题的路径和策略，促进内化。

班主任在引导学生组织开展班队会的实践中，同样要作为学习者，和学生一起寻找活动的“生长点”。师生间要建立起融洽、民主、平等、和谐的关系。班主任通过学习和实践，能提升设计能力、社会资源利用能力和对生存性资源的把握能力，进而提高这一模式的教育效能。

二、“四步循环”班队活动的实践操作要点

下面笔者以东门中学主题班会“魅力崇明，我爱你”为例，阐述实践操作步骤及各个环节的主要操作要点。

1. 总体策划是先导

每一堂主题班会要先进行总体设计，这是共性。策划中，资源挖掘和组织筹备是先导和基础。

(1) 资源有效挖掘

班主任通过学校德育处、班级家委会等多种途径挖掘、筛选，选取崇明博物馆、城市规划馆、东平森林公园、汲浜果蔬合作社基地、崇明非遗项目(扁担戏和崇明山歌)、崇明抗倭英雄唐一岑墓地、崇明旅游网等社会资源，为学生提供实践体验的平台。

(2) 总体方案科学设计

班主任围绕主题，分析可利用的社会资源，设计具有层次的三大板块："了解崇明历史，感受崇明魅力"、"书写崇明情怀，争当崇明先锋"、"情系崇明发展，爱乡建乡意愿"。

(3) 组织筹备有序

本次班会成立了班队会筹备组，由班主任、班干部、学生代表组成。根据学生的个性特长、个体意向等因素，采用自荐与推荐的方法，确定主持人、总负责人、后勤人员等若干名，并将全体成员分成"瀛洲景点"、"瀛洲特产"、"瀛洲名人"、"瀛洲艺术"四个小组，确定各组任务，形成活动要求和细则。各小组自主推荐小组长，商定小组成员各自的任务和分工。

2. 分组活动是特色

"分组活动"涉及两个层面。一是班主任层面。班主任的主要任务首先是通过察看、联系、筛选、要求，使崇明博物馆、城市规划馆、东平森林公园、汲浜果蔬合作社等社会资源，最大限度地为学生实践活动提供适宜的服务。其次，在活动过程中，班主任要指导、引领学生对崇明魅力的挖掘，使学生热爱家乡，发展其正确理解家乡过去、今天和未来的评价能力，做好对魅力崇明主流价值观的引领，以此保障活动的安全、有序、有效。二是学生层面。"瀛洲景点"、"瀛洲特产"、"瀛洲名人"、"瀛洲艺术"四个小组根据不同的任务自主组织活动，以参观、访问、调查、查询、体验等不同的方式收集魅力崇明的资料，然后将收集的资料用图片、故事、数据、视频等形式进行归纳、提炼。

3. 综合展示是特征

综合展示是各组活动成果的一次集中呈现，其主要任务是提供分享交流，展开充分思辨。"瀛洲景点"小组通过视频与班级成员系统交流了崇明旅游事业发展的阶段、特点和规划；"瀛洲特产"小组用视频再现的方式与全体学生分享崇明糕的制作过程，用 PPT 展示崇明特产的丰富性、独特性和文化性。在"瀛洲名人"小组采访中，小组成员被高慧姐姐放弃大城市优越的工作环境，投身生态果蔬的开发事业的行为所感动。在班主任的协调下，高慧来到班级交流现场，围绕“为什么回到崇明开发生态果蔬”、“我们现在能为家校做些什么”与同学们进行互动交流。同学们被高慧姐姐的真情讲述深深打动，热烈的掌声中饱含深深的敬佩之意。

4. 促进升华是目标

通过“瀛洲景点”、“瀛洲特产”、“瀛洲艺术”、“瀛洲名人”四个小组的系统介绍，通过班级组织的系列参观活动，全体学生以及教师在对“魅力崇明”的认知上由个别、零碎趋于完整、系统，在情感上对“魅力”有了更深入的了解。尤其是通过对崇明历史人物唐一岑的研究、与同辈高慧姐姐的采访互动，大家对崇明人的开拓精神、家乡情怀有了更丰富、深刻、立体的认识，升华了家乡情怀，升华了对家乡建设的使命感，更丰富了自己的精神世界。这有助于学生接受社会的道德要求，促进道德认知的内化和道德行为的外显。同时，学生的交往协作能力、各种技能、个性特长在实践活动中都得到了提升。班主任的班队活动的设计能力、引领能力等也都有不同程度的提升。

三、“四步循环”模式操作的实践策略

1. 主题选择满足学生需要

选择和确定主题有两个路径：一是根据学生成长与发展的身心特点或班级中存在的具体教育问题选择主题；二是结合当前教育或社会所关注的热点问题选择主题。党的十八大提倡培育和践行社会主义核心价值观。在公民个人层面倡导爱国、敬业、诚信、友善，这是党大力弘扬的“中国梦”在时代契机下最直接的助推力和精神动力，是与国家的发展紧紧相依，与学生个人道德成长紧密相连的。苏联教育家加里宁说：“爱国主义教育是从深入认识自己的家乡开始的。”虽然学生们平时从“生态崇明”的教学中对本土知识有了一定的了解，但对家乡的认识还是很浅显的。班主任老师在“培育有乡土情怀的人”的课程目标的引领下，结合学校组织开展的“心动家乡美，行圆生态梦”的主题教育系列活动，与学生一起商讨确定了“魅力崇明，我爱你”班队活动主题，给予他们更多的实践体验，有效激发了学生爱家乡的情感。

2. 活动过程强调有效引领

小组活动的开放性、自主性，决定了信息的非单一性，决定了教育引导的多元性、随意性。因此，小组活动尤其需要教师积极的主流价值的引导，从而推动家长引导、社区引导、同伴引导。不同层次的引导应该有不同的策略，需要教师有足够的视野和策略，进行无痕化引导，在活动中引导，这样才能让家长引导、

社区引导、同伴引导接近主流价值，助推教育目标的实现。

3. 重视评价促进学生发展

评价其实是把双刃剑。“四步循环”模式中的活动具有多样性，活动中的个体是有差异的，所以，评价要注意差异性和激励性，尤其不能一杆尺子量到底，更不能苛求。首先，班主任应多做正面评价，对学生个体“奖其一点，不计其余”，在实践体验中鼓励探索、创新，在交流思辨中鼓励拓展思维、发表见解。其次，班主任要注重评价的及时性和有效性，在整个活动的筹备、开展的各个环节中及时发现学生的亮点，给予及时、多种形式的赏识和鼓励，肯定和吸纳班队活动中涌现出来的金点子、好方案、好内容。再次，要关注评价的多方性。“四步循环”模式可以开放到社会、家庭中，班主任要充分关注社会有关部门、家庭成员的评价，并将其及时反馈到活动中，助推活动的深入开展。

“四步循环”班队活动模式的最主要特征是社会资源的挖掘利用，它为学生提供了实践体验的机会，某种程度上是贯通课内外、链接校内外的新探索。活动留给我们的思考还有很多，例如，社会资源的课程化建设、活动可能产生的安全问题、活动理想与现实的差距、不同教育观念的冲突等都是对这一模式的推广及优化的挑战。

主体性德育视域下小学班级活动文化的建构

上海市教科院实验小学 冯志兰

所谓主体性德育，是指教育者与受教育者根据社会和自身发展的需要以及德育现代化的要求，通过创设自由、民主、平等的德育环境，有目的、有计划、有组织地实施各种德育活动，从而把教育对象培养成为独立自主的、自觉能动的、积极创造的对象性活动的主体。简而言之，主体性德育就是一种培育和发展人的主体性的社会实践活动。这种德育有五个特点：其一，学生是自身品德构建的组织者；其二，教师通过其主导作用的发挥，实现与学生主体的互动，提升其品德境界；其三，以提升学生的自育水平为目标；其四，以人的全面发展为价值取向；其五，强调计划性和目的性。徐汇区在探索主体性德育新模式中更把上述特点通俗明白地概括为“过程由学生参与，形式要学生接受，成效由学生认可”。

实施主体性德育，从宏观说包含学校德育与校外德育，而学校德育是主体性德育的主阵地。实施学校德育，离不开校园文化建设，校园文化建设是学校发展的灵魂，也是学校德育的基本载体。从微观上说，学校由各班级组成，班级文化是校园文化的基础。班级文化作为校园文化的一部分，应当与校园文化的整体相协调；同时各班级由于年龄、学生来源等因素的差异，在文化建设上又需要有自己的个性特点。班级活动文化的主体性德育背景体现在在建构和经营班级活动文化时，充分体现主体性德育的特点；同时主体性德育的各项原则也只有通过班级活动文化的构建和经营，才能深入基层，落到实处。

那么，什么是班级活动文化呢？从文化结构看，一般的文化结构是同心圆状的，最核心的是观念文化，围绕着它的是制度文化，围绕着制度文化的圆环是物质文化。班级文化作为一种微观的文化形态，同样有着相似的结构：其核心部分是班级文化精神；围绕着文化精神这个核心的是班级的各项制度与规范；围绕着制度与规范的圆环是各种有形的文化载体和文化样式。在这样一个文化结构中，活动处于极重要的地位。它不是三个圆中的一环，却与三个圆都有密切的联系：班级文化精神要在活动中体现，班级制度文化要在活动中形成，各种文化载体和文化样式要在活动中发展。因此，可以把活动看作是一种相对独立的文化形态，我们称之为活动文化。根据小学生思想品德形成的理论，活动和交往是学生思想品德形成的必要条件。所以，抓住活动文化，就抓住了班级文化建设的“牛鼻子”，就能使班级文化得到有效的推进。在主体性德育背景下的班级活动文化建设，是指师生共同设计良好的活动环境，营造和谐的活动氛围，并通过合理的运作使活动文化不断前进，实现可持续发展。在这样的建设中，教师与学生既是活动文化的创造者，又是活动文化的享受者，或者说，既是建设者，又是消费者。

一、班级活动文化建设的基本框架和内容体系

经过一年半的实践，我们探索出了班级活动文化内容的五大体系和四项基本策略，如下图所示。

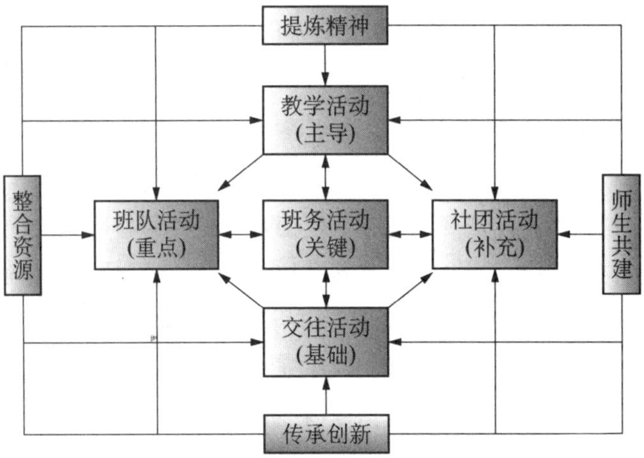

活动文化内容体系与经营策略的示意图

我们认为活动文化中的“活动”不只是人们一般意义上的班级活动，而应当包括五个方面的活动：

（一）教学活动：这是师生在校的最主要的活动。毫无疑问，教学中的师生互动、生生互动、教师的教学行为、学生的学习表现与学习习惯等都应列入活动文化的范围。

（二）班务活动：这是师生共同管理班级的活动，也是共同制订和实施班级活动文化经营策略的活动，包括队干部的选举、岗位的设定、班级公约与口号的制订、班级规范的实施与评价等。

（三）班队活动：这是有目的、有计划、有组织的教育活动，包括主题班队会、中小队活动、社会考察、社会服务实践活动以及各种仪式活动等。

（四）社团活动：这是适应学生个性发展的活动，主要指学生按兴趣爱好自

由组成的文化、艺术、体育社团所开展的活动。

（五）交往活功：这是最自然、最频繁的活动，主要指师生之间、生生之间平时自由地交流与沟通，包括实体的交流和网络虚拟的交流。

在这五方面的活动中，教学活动所占的时间比例最高。各科教学也是德育的主导渠道。教学活动的内容比较系统，通过教学活动，学生能够获得较系统的知识，增强思维、想象、动手等解决问题的能力，逐步形成正确的情感、态度和价值观。这些都对学生开展其他各项活动有着指导和启示作用。因此，教学活动在活动文化中居主导地位。

班务活动是学生与教师共同设计、策划、组织和运作的活动。它是学生自主管理的集中体现，同时，方案设计、干部选拔和活动组织的质量直接影响活动文化的经营效果。所以班务活动在活动文化中居于关键地位。

班队活动是有目的、有计划、有组织的教育活动，是主流价值观的集中体现，也是培养学生集体观念、纪律观念和集体荣誉感的重要途径。所以班队活动在活动文化中居于重要地位。

班级活动文化在培养学生集体观念的同时，还要注意发展学生的个性，激发学生的创造能力，健全学生的主体性人格。要达到这样的目的，只有正规的班队活动是不够的，还需要开展根据学生兴趣爱好而开设的文化、艺术、体育社团活动。因此，社团活动在活动文化中居于补充地位。

交往活动作为最经常、最自然的状态下的交流沟通，是形成和谐的集体和保证教学、班务、班队、社团各类活动顺利开展的基础。所以它在班级活动文化中居于基础地位。

概括起来就是：以教学活动为主导，以班务活动为关键，以班队活动为重点，以社团活动为补充，以交往活动为基础。在这五方面的综合作用下，比较完整的班级活动文化内容体系得以形成。

二、班级活动文化建设的基本策略

在课题研究的过程中，我们通过实践与反思，归纳出班级活动文化经营的基本策略，概括起来为十六个字：提炼精神、整合资源、师生共建、传承创新。

（一）提炼精神——确立班级活动文化的灵魂

活动文化既然是一种文化，就要体现文化精神。文化精神是活动文化之魂，是活动文化的核心价值。缺乏文化精神的活动，是盲目的活动，是为活动而活动。只有把文化精神树立起来，才能使文化活动的经营有正确的方向。

文化精神的提炼要贯彻三个原则：一是方向性，即所提炼的文化精神必须符合社会主义核心价值观，符合党和国家对小学生的要求，体现共性；二是针对性，即所提炼的文化精神要针对班级的实际，体现个性；三是适切性，即提炼文化精神的语言要简练、明白、易懂、易记，适合学生的接受水平。

根据胡锦涛同志对全国少年儿童提出的“勤奋学习，快乐生活，全面发展”的要求，针对教育领域中学生学业负担过重、学习快乐指数不高，以及班级学生有向上愿望却不善于处理彼此关系等实际情况，我们把班级文化精神提炼为六个字：快乐、和谐、创优。这六个字的文化精神，又可具体化为三十二个字：团结友爱，文明知礼，勤奋向上，积极动脑，放飞想象，张扬个性，善于创新，健康成长。其中，“团结友爱，文明知礼”体现了学生的品行；“勤奋向上，积极动脑”体现了学生的学识；“放飞想象，张扬个性”体现了学生的个性；“善于创新，健康成长”体现了学生的成长。

为了让文化精神深入人心，我们通过班名、班徽、班级口号与班歌这些生动活泼而又形象的直观载体来进行传播。

实验班实例 1：

班名：3M，其寓意是 Monkey（猴子）、Merry（快乐）、Marvelous（最棒）。

以小猴子命名，是因为这个班级的学生是在 2004 年即猴年入学的。在班名中融入猴子的含义，是希望班级同学们能像猴子那样健康、活泼、机灵、可爱。

以快乐命名，是希望这个班级成为快乐的集体。快乐是儿童的天性，胡锦涛同志在对全国少年儿童所提的希望中就有“快乐生活”这一条。我们经营班级文化，就是要把快乐还给孩子。

以最棒命名，是给孩子们一个目标，一个志向，希望通过每个孩子的努力创优，使班级成为最棒的集体。

班徽：图案是一只可爱的小猴在攀登由三个 M 组成的阶梯。小猴攀登的动作象征着步步登高，不断超越自己，不断克服成长道路上的困难与障碍，体现了班级文化精神中的创优。

班级口号：我们团结、友谊、文明，组建最好、最棒、最优秀的快乐大本营。

这一口号突出了团结、友谊、文明这几个关键词，充分体现了快乐、和谐、创优的班级文化核心精神。

班级公约是班级文化精神的具体化，班徽则是班级文化精神的形象化。

无论是班名、班徽还是班级公约，都是在学生的民主参与下，集思广益制订出来的。在对学生进行 2004 年 9 月 1 日入学前的家访时，班主任老师就拟定了一份给学生的信，邀请学生参与到班级活动文化建设中来。可见，以上这些班级文化精神载体的产生过程本身，充分体现了师生共同经营班级活动文化这一理念。

（二）整合资源——实现活动渠道的一体化

活动文化作为一种文化，就需要“化”，需要开放，即把各方资源整合在一起，并通过活动，把文化精神传播开去。活动文化的资源整合包括三个方面：其一是五方面活动内容的整合；其二是学校、家庭、社会活动资源的整合；其三是活动资源与环境资源的整合。五方面活动内容的整合，即前面所讲到的教学、班务、班队、社团和交往这五个方面的活动，如果分别孤立地对待，就会产生时间和空间上的冲突，活动的效果就会相互抵消；只有把它们整合在一起，形成一体化的机制，才能产生整体效应。在整合这五方面的活动内容时，我们要围绕活动的主题，根据其各自在活动文化中所居的地位，发挥其相应的作用。

实验班实例 2：

以春游活动为例。我们在春游前先充分发挥教学活动的主导作用，通过品德与社会课中《美丽的春天》这一单元的教学，让学生认识春天的特点、春游的意义、春游的准备和春游时的注意点等；又通过语文课指导学生积累描绘春天的好词好句，欣赏描写春景的范文；通过自然课，让学生掌握有关动植物的知识；通过音乐课，让学生学唱歌颂春天的歌曲；通过美术课，让学生学习选择春天的色彩和观察春天的角度；通过体育课，让学生学习可以在春游中开展的体育游戏等。接着我们又充分发挥班务活动的关键作用，组织班干部讨论和策划如何组织好春游，设计在春游中开展的游戏活动，同时发挥社团活动的补充作用，如我班同学参加的社团活动有中国结、折纸、陶艺、画画、舞蹈等，在春游期间就可以让他们展示社团活动的成果，如放飞所折的纸飞机、表演春天的歌舞等。此外，我班也不忘发挥自由交往活动的基础作用，在春游的路上、车上和集体活动之间的空隙时间等自由交流，师生打成一片。春游结束后，我班又通过自编小报及开主题交流会等班队活动的形式总结汇报春游活动的收获，从而形成五种活动一体化的机制。

学校、家庭、社会三方面活动资源的整合，就是借助现有的三位一体的教育网络，充分开发和运用家庭和社区的活动资源，吸收家庭文化、社会文化中的积极因素，丰富班级活动文化的内涵。我们的做法有：请家长委员会成员共同策划班级活动，请家长来校观摩和参与班级活动，以及组织学生去社会上的德育基地参观考察等，使活动文化从班级拓展到家庭和社会，形成立体的活动网络。

我们还把活动资源与环境资源整合起来，充分发挥环境的教育感染作用，形成活动文化的浓烈氛围。

其一是布置班级文化墙。墙面内容以展现本班学生风采为主，包括班级公约、班级口号、班徽、班歌等，充分体现本班活动文化的特色。

其二是设立荣誉榜。我们根据每个学生手中的“小当家”荣誉本，把每人获得的星星在荣誉榜中展示出来，激发学生见贤思齐的积极性。

其三是布置学生风采展示板。版面的名称根据每学期的主题会有所不同。我们在这个展板里展示班上学生的优秀作业，以学生身边的榜样来感召大家努力奋进。同时，在这个展板中开辟“实话实说”栏，让广大学生在观摩的同时发表自己的评论或观感。

其四是专题展板。例如本班在学校十周年校庆期间，布置“学校十年我十年”展板(学校十周年校庆之际恰巧本班学生十岁)。展板的布置以学生成长的照片为主要内容：一朵小花，一个成长的足迹；一朵小花，一段成长的故事；一朵小花，一首成长的小诗……我们还结合观看展板的经历，开展相应的系列活动。如：回顾十年中的老师，感谢他们的教诲；回顾自己的成长历程，写下自己的成长故事；寻找十年中玩过的玩具，重温儿时的梦；摸摸自己双亲的手，感受他们的付出……

其五是“风采园”和“诗词汇”专栏。“风采园”着重推荐“每周之星”，展示每周在不同方面表现突出的学生事迹；“诗词汇”从唐诗宋词到《三字经》、《论语》无所不包，既是对学生语文知识的拓展，又让中国的传统文化天天伴随学生成长，在潜移默化中培养民族精神。

其六是益智游戏区。本班学生自带象棋、跳棋、五子棋、四国大战棋等益智玩具，在教室的“休闲一角”开展高雅的益智游戏，丰富自己的课余生活。

其七是班级“图书角”和“绿化带”组成的一个小天地，还有个好听的名称“点点绿意淡淡书香”。而这里的图书、绿色植物都是由学生从自己家中主动带来与大家共享的。在盎然的绿意的衬托下，班级形成了阅读的风气。班主任定期推荐书目，鼓励和指导学生进行阅读，使班级增添了书卷气。

(三) 师生共建——主导作用与主体作用的结合

前面说过，班级活动文化是师生共同经营的，这就是要把教师的主导作用与学生的主体作用结合起来，使它们同时得到尽可能充分的发挥。强调学生的主体地位是指着眼于学生的自我教育，即在班级活动文化的经营中，他们既是活动文化的创造者，又是活动文化的享受者和活动成效的体现者。教师的主导作用则是强调教师在班级活动文化经营中发挥着组织引导作用，担当着启发者、引导者、规划者、设计者和组织者等多重角色。

这种主导与主体之间的结合，贯穿于各项活动内容之中。在教学活动中，教师把讲授指导与学生的探究式学习、体验式学习结合起来，启发学生观察、思考，与学生互动、对话、讨论，形成民主的教学氛围，使学生学得有兴趣，爱学、乐学。这样自然就减轻了课业负担，又提高了学习质量。

在班务活动和班队活动中，教师注重搭建学生自主活动的舞台，以便提高他们自理、自律和自治的能力。

其一是实行班级干部组织层级化。这里所说的"层级化"，指的是班长向班主任负责，班委会干部向班长负责，各小队干部向相对应的班委会干部负责，各小队成员向所在小队的小队长负责。班级开展相关活动，都以层级制进行通知、汇报。明确了各层级的职能，就能各司其职，不相互推诿，也不相互冲突。各层级的干部就能根据自己的职能制订工作计划，按部就班地检验自己工作的进程，以确保任务的完成，并在学期结束前撰写相关的小结报告。

其二是人人岗位责任制。人人岗位责任制，就是人人都是班级的管理者。班级设有节水员、节电员、小花匠、卫生督察员、图书管理员等岗位。每个学生在集体中负有一定的责任，既是管理者，又是被管理者，这样能加强学生的主人翁责任感和集体荣誉感。

其三是建立小老师制度。推选班级中的学生成为老师的助手，帮助学习困难的学生一起进步。

实验班实例 3：

班中，一些学习上需要帮助的学生与自愿选择的"小老师"，在双方达成共识的前提下开展了"一帮一"活动。实践证明，这种做法是切实有效的，被帮助的学生的成绩都有了明显提高。一个学生在循环日记中这样写道："通过一帮一，我的学习成绩有了提高，真是谢谢他啊！"而通过实践，我们也发现参加"一帮一"活动的"小老师"们，得到的好处可能比受助的学生更多："一帮一"不但培养了他们的责任感，提高了他们与人交往和帮助别人的能力，而且对他们自己的学业也是有好处的——为了教会同学，他们必然要花更多的时间和精力，真正弄懂学业上的疑难问题。

其四是办班报和小队报。我班班报名为"3M"报，每两周的周一出版，及时报道两周中班级的活动信息、好人好事等。在班报的创刊号上，学生主编陈城阐明了 3M 报的宗旨："3M 报是一座架起大家之间沟通的桥梁，3M 报是一本记录我们点滴记忆的书籍。"这说明了它具有新闻性、激励性和史料性，因此深受学生们的喜爱。3M报的编辑团队是由学生自由应聘组成的，有执行主编、记者、特约记者、摄影、印刷等。班报采用电脑制作、彩色打印，学生们分工明确、出版准时、图文并茂，充分发挥了学生自主办报的智慧和能力。

考虑到3M报的编辑团队成员相对稳定，为了让更多同学能在办报过程中得到锻炼、开发潜能，我们又鼓励各小队自己办小队报。小队报由各小队自取报名、自定主题、自选内容，由小队全体成员分工合作，共同完成。为了鼓励学生写好汉字，我们要求小队报以手绘报为主，在一些特定情况下可采用电脑打印的形式。各小队出的队报都会在班中进行展示，也起到了相互交流、学习和竞赛的作用，从而使办报的质量不断提高。

其五是建立值周班长制度，并设立"班级大事记"，由值周班长轮流记，每周轮值一次。当值的班长要带领队伍出操，维持课堂纪律和课间休息，督促同学做好两操，处理同学间发生的纠纷等，并把一周情况详细记录在册。作为值周班长，他们不仅在工作中学到了许多处理人际关系的本领，而且也从中体会到当老师的不容易，因此他们在大事记后的"感想"中真诚地写道："老师，你们辛苦了！"

其六是设立"小当家"荣誉本，每个学生一本，样子类似银行存折。通过评比，在哪个项目表现好的学生可以在荣誉本上敲上一颗星，满五颗星就可以在班级荣誉榜上敲上一颗星，荣誉榜上的星满两颗就可获得本班的代币券1元。如果在一些特定的情况下有特殊表现，如获得市、区、学校级荣誉等，可直接得到相应的代币券。集满10元代币券就可存入班级3M银行，根据存入金额的多少获取相应的利息。学生可用手中的代币券参与班级的慈善义拍活动。这样的活动可同时有多种收获：既是一种促进学生自律的激励机制，又可培养学生正确的财富观和理财能力。

在为学生搭建自主活动舞台的同时，班主任还要起到率先示范、大胆放手和适当指导的作用。

率先示范：教师以自己创造性的活动设计引发学生的仿效、学习，打开创新的思维，激起兴趣和热情。

实验班实例4：

当学生还不懂得如何设计主题会方案时，班主任带头设计了一个有针对性的、有创造性的、以"成长快乐"为主题的方案，分成"快乐班集体"、"快乐成长"、"快乐小能手"几个板块，每个板块中分别安排了唱班歌、诗朗诵、歌舞表演与才艺秀等丰富多彩的活动形式。这一方案引起了学生极大的兴趣，他们纷纷产生了学着设计活动方案的欲望，他们的潜能由此得到了充分的调动和开发。

大胆放手：在活动的设计、筹备、组织、开展中，教师要充分信任学生，尽量放手让学生去做，“出洋相”不责备，有差错不苛求，有成效及时肯定和鼓励，让学生的自治能力在实践中提高。

实验班实例 5：

学生自主设计“寝室文化大赛”方案的事例就是一个证明。一开始学生生怕自己设计不好，希望老师帮他们多出点主意。老师不是简单地包办代替，而是鼓励他们自己动脑筋，引导他们开展伙伴之间的合作，集思广益，群策群力。学生一次次地设计、修改、完善，最后拿出来的方案就相当精彩了。

适当指导：放手不是放任自流，教师要在关键处加以指点，帮助学生总结成功的经验，吸取出差错的教训，使他们不断改进和提高。

实验班实例 6：

在学生为社区写迎接世博倡议书的过程中，得到了老师的多次指点和修改。一开始学生写得比较笼统，比较空洞，口号多，具体内容少，教师就告诉他们倡议书的内容一定要具体可行。于是写第二稿时，学生把倡议书的内容改具体了，但又显得很琐碎，很分散，什么都提到，什么都没讲清楚。于是教师再次指导学生：写每份倡议书都要定一个主题，针对一个问题，这样才能给人深刻的印象，也容易操作。当学生再一次写倡议书时，就基本符合要求了，但还有语句不通、存在错别字的情况，教师告诉学生：倡议书的写作水平也体现了作者的文化层次和文明素养，因此一字一句、一个标点都不能马虎。经过多次指导，学生写出的倡议书就比较像样了，也受到了社区居民的表扬。

师生共建不仅表现在教学活动、班务活动和班队活动中，还体现在平时的师生交流中。实践证明，只有师生之间平时经常沟通思想，交流情感，才能在开展活动时默契合作。“亲其师而信其道”，师生之间通过交流和沟通，相互间更加信任，关系更加和谐，教师的主导作用与学生的主体作用就能得到充分的发挥。为此，我们注重开辟师生交流沟通的渠道。

我们在班级活动文化经营中开辟的主要交流沟通渠道有“班主任寄语”、“心情语报”、“循环日记”与“班级网页”等。

“班主任寄语”作为每学期的班级计划的“首卷语”，在每学期开学前会布置在班牌中。班主任用真诚的态度、亲切的口吻表达了对全班同学的祝愿和期望，在学期一开始就拉近了师生的距离，营造了温馨的家的感觉。

例如2004学年第一学期，学生刚入校时，班主任给他们的寄语是这样的：

一群刚由幼儿园升上小学一年级的小萝卜头，你们一个个像小天使，有时非常可爱，有时也有点淘气；你们还常常把老师喊作妈妈，因为老师是你们最亲近、最信任的人。我想用我那热情的拥抱，和你们在这道路上同行，让沿路的风景更加美不胜收。

又如2009学年第二学期，学生即将毕业，班主任给他们的寄语是这样的：

至今还清晰地记得你们刚入小学时那懵懵懂懂的样子。随着岁月的流逝，慢慢地，你们渐入佳境。而这学期对于你们而言，更是充满挑战的半年——毕业就在眼前。一起走过了五年，孩子们，你们变得更成熟，更睿智了！在母校的最后半年，请你们尽情地发挥自己的潜能——天高任鸟飞，海阔凭鱼跃。

“班主任寄语”实际上为师生之间的沟通和互动起了带头和表率作用。班主任把真诚的心交给孩子们，孩子们觉得班主任可亲、可信，也就能把自己的真心话向班主任倾诉。

“心情语报”正是为同学们倾诉心里话开辟的重要渠道。“心情语报”是2006年推出的。推出时，班主任写了以下寄语，阐明了“心情语报”出台的用意：

“‘心情语报’是我和大家沟通的方法之一。同学们，你们有些心里话可能当面说有些不好意思，那就请用写信的方式，把写好的信投进‘心情语报’箱内。我会在每周的二、四打开信箱，认真阅读每一封信。这里有助人为乐的好事，有自己内心的倾诉，有对班级工作的建议，有对别人生日的祝福，有自己犯错后的道歉，也有澄清事实的声音，有欢乐，有伤心，有烦恼，也有失落……这都是内心深处最真实的独白。看了这些信件，老师和你们的心会贴得更近，彼此会更了解，更信任。”

“心情语报”从推出至今共收到信件1 163份。它构筑起师生之间的心灵之桥，使许多可能发生的误解、矛盾在萌芽状态得以解决，有效地推进了温馨教室的建设。

如，有一位小干部学习成绩好、工作能力强，但却不能被许多同学所接纳。“心情语报”箱里的一封告状信揭示了这一事实，促使班主任到同学中进行调查，发现这位小干部身上确有考虑自己多、关心别人少的缺点，而另一些同学也存在着不愿接纳有缺点的人的这种偏见。于是班主任在对有关同学进行个别谈心引导的基础上，在班中举行了“立面镜子照自己——我受人欢迎吗”的班会，引导全班同学学会“四当”，即：学会换位思考，把自己当别人，把别人当自己；学会尊重别人，把别人当别人；学会自尊，把自己当自己。此后，班级中的干部关系、同学关系变得更加亲密和谐了。

“循环日记”是一种小组成员合作写的日记，由小组成员轮流记录每天班级中发生的事情及自己的心情感受。日记中还设有“小小点评台”和“大大展示台”两个栏目。“小小点评台”是指循环小组内的成员可以对组内其他成员的日记自由地发表自己的见解，促进组内成员写作水平的提升。“大大展示台”则是把写得最好的日记进行展示，供大家学习和借鉴。这种“接龙”式的小组日记写作形式有效地实现了伙伴之间的沟通，密切了相互之间的情感，同时也促进了相互学习，提高了同学们整体的写作水平和评论水平。

班级网页运用现代网络技术，为师生间、生生间增添了一条新的沟通渠道。通过网上交流，可以使师生更便捷地达到彼此了解、及时沟通、畅所欲言、增进友谊的效果。

其中“班级网站”的板块内容有：Monkey——班中每个孩子的照片，点击照片后呈现该生的小档案；Merry——孩子们写的文章，记录他们的快乐成长；Marvelous——记录孩子们的各种荣誉；My teacher——介绍任教本班的各科老师，让家长有所了解。网站每周更新一次，采取三结合的网络管理制度——由班主任、学生、家长组成管理委员会来管理。

(四) 传承创新——推动活动文化可持续发展

文化具有传承性，只有不断积累，才能形成文化传统，而一旦形成文化传统，就会产生比较稳固的影响力；同时文化又具有发展性，文化只有不断发展，不断吸收新的东西，才能保持蓬勃的生命力。所以我们在经营班级活动文化时，一方面要注重文化的传承，另一方面要注重文化的创新。

文化的传承主要表现在对一些行之有效的做法长期坚持，不轻易改变，使之形成传统。如干部轮值制、岗位责任制、组织层级化、小老师制、“小当家”荣誉本以及“心情语报”、“循环日记”等都坚持数年，并且不断成熟和完善，从而帮助学生养成肯负责、善沟通的好习惯，也使文化精神深入人心。

同时，我们又注意根据社会的发展和学生年龄的增长，不断丰富活动文化的内容。例如在北京奥运会期间，我们着重开展“为北京奥运加油”的主题活动；在 5.12 汶川地震一周年时，我们开展纪念活动，朗读纪念诗文，了解地震、防震知识，并开展逃生演练等；在学校十周年校庆时，我们推出了以“学校十年我十年”为主题的展示专板，反映与学校同成长时取得的进步和成绩；在学生临近小学毕业时，我们又着重在班级网站论坛区上发表感谢母校、回忆成长的文章。这样，班级活动文化就年年有新主题、新内容、新目标，不断激励学生上进。

把传承和创新结合起来，就是一方面保持基本理念、基本策略和措施的相对稳定，另一方面又要适应不断变化的形式，在活动的内容和形式上不断出新。这既避免了因“老生常谈”产生的审美疲劳，又防止了由朝令夕改造成的无所适从，从而实现了班级活动文化的可持续发展。

小学班级主题教育课：设计、实施与评价

上海市浦东教育发展研究院　姚瑜洁

主题教育课是一种以学生为主体，以班主任为主导，围绕某一个德育主题，通过课程形态，有计划、有目的地开展情景化的道德认知教育，引导学生在认知冲突和思想对话中进行道德交往，激发道德反应，获得道德体验，促进道德发展的集体教育活动。它是班主任工作最有效的途径和形式之一，在教育学生和管理班级中发挥着十分重要的作用。主题教育课和主题班会、队会、队课、社会实践等都属于活动范畴，是德育活动的不同类型，长宁、普陀、黄浦等区都对其进行过专门的研究。2007年，上海市首届班主任基本功大赛就着力于班主任设计开展主题教育活动的能力提升，《拨动学生心弦的艺术》一书中就有多篇主题教育课的方案。从2002年开始，十年来，我区共开展了五届主题教育课大赛(03年、05年、07年、09年、11年)，共计千名班主任参加了比赛，178位班主任获得区级等第奖，积累了许多鲜活的活动课例和实践经验。

一、班级主题教育课开展的意义

(一) 主题教育课的价值取向，符合德育工作要求

《关于进一步加强中小学班主任工作的意见》中是这样要求的：要组织好班集体活动。指导班委会、少先队中队、团支部开展工作，担任好少先队中队辅导员，组织开展丰富多彩的团队活动；积极组织开展班集体的社会实践活动、课外兴趣小组、社团活动和各种文体活动，充分发挥学生的积极性和主动性，培养学生的组织纪律观念和集体荣誉感。

主题教育课的价值取向，是符合德育工作要求的，这在一系列文件中都能得到验证。

(二) 主题教育课的价值取向，符合活动理论

"人本、人权"是活动理论的两大要点："人本"关注人的生存的心态和生命的本质；"人权"关注儿童的发展权利和最大的心理需求。活动是孩子的天性，因此，谁剥夺了学生的活动权，谁就剥夺了他们的生命权。主题教育课是众多活动形式中的一种，它的价值取向符合活动理论。

(三) 主题教育课的价值取向，符合班主任角色定位

《班主任工作管理规定》指出：班主任要努力成为中小学生的人生导师。作

为人生导师，班主任就应该承担起为每个学生的终身发展导航的重任。而活动是人生导航的最佳载体，班主任应该充分认识到角色赋予自身的历史使命，正确定位，充分利用自身的知识和人格魅力，通过形式多样的活动，引导学生进行道德认知，深化道德实践。

二、主题教育课的特点与设计原则

（一）主题教育课的特点

1. 教育性

教育性是主题教育课最显著的特点。主题教育课作为学校教育的重要形式，必须以政治、思想、道德和心理品质教育为主线，全面贯彻党的教育方针。主题教育课的内容呈现、过程方法、师生关系等都应充满教育性。

2. 双主型

活动应以学生为主体、以教师为主导，充分发挥学生的主体性作用和教师的指导价值。学生可以联系自己的知识背景、生活经历、兴趣爱好，参与到活动中去。教师要做到真诚平等、悦纳信任、同情理解，成为学生学习活动的创建者、合作者和促进者。

3. 情景化

主题教育课要创设形式多样、类型丰富的情景，使道德认知情景化。教师要善于点燃学生智慧的火花，在情景讨论中激发冲突，让学生展开思想碰撞，闪现出智慧的火花，这样有利于阐明正确的道德观点和立场，促进行为转变。

（二）主题教育课设计的原则

1. 教育性原则

主题教育课要有明确的教育目的，明确要解决的主要问题、目标指向，提高学生的认识。只有这样，主题教育课才有实效，才不会流于形式。

2. 真实性原则

“真实”是主题教育课的生命线，是发挥主题教育课有效性必须遵循的原则。真实性体现为选题真、内容真、形式真，即素材翔实可靠，内容尽可能来源于学生的实际或社会发展的实际，形式应贴近学生的生活，避免传统德育的表演性、虚假性，体现教育价值。

3. 适切性原则

适合的才是最好的。学生是活生生的生命体，每个年龄段的学生有着不同的特点和需求，每个学生在成长的不同阶段都存在着差异性，针对学生的年龄和心理特点及成长需求的主题活动才能让主题教育课发挥生命力。

4. 方向性原则

在教育的目标和要求上，要坚持育人为本，重视学生思想政治素质的培养，把促进学生健康成长作为学校一切工作的出发点和落脚点。

5. 灵活性原则

主题教育课的教学是一个不断发展的动态的过程，具有灵活的生成性和不可预测性。灵活性原则指把握生成性资源，根据实际情况选取相应的活动形式，灵活应对。

6. 整体性原则

德育工作是一个系统工程，需要整体规划、整体实施。主题教育课是学校整体德育工作的重要组成部分，不可能孤立存在，必须紧紧围绕学校整体德育工作展开，与学校整体德育工作形成合力，推动各项工作协调发展。

三、主题教育课设计的要素构成

（一）主题的提炼

主题是统领活动的灵魂，贯穿于课的始终，影响着主题教育课的深刻性和实效性。因此，确定活动主题是班主任在组织主题教育课时应关注的重点。精心选好主题，一堂好的主题教育活动课就成功了一半。

1. “小”中见“大”，从学生实际中选择主题

“小”指学生生活中的一些小事或普遍现象，“大”指这些小事、现象中反映出的问题或蕴含的道理。学生的学习、生活中处处蕴藏着教育的契机。班主任在开展教育活动的过程中，应该充分认识到受教育者的内部需要，选择适当的主题，进行有针对性的教育，显现教育的深度。

2. “大”中见“小”，从社会大背景中提炼主题

“大”指国内外的重大事件，“小”指学生的思想实际。主题教育不能脱离改革开放的伟大时代，不能落后于风云变幻的国际形势。班主任在进行主题提炼时也应该紧扣时代脉搏，把握教育发展的趋势，善于从国际国内出现的最新热点话题或大事件中挖掘主题，显现教育的广度。

3. “常规”中见“创新”，从传统教育中拓展主题

爱国主义教育、集体主义教育、文明礼仪教育等是教育永恒的主旋律，是多年不变的“常规”主题。新时期，我们不但要赋予其新的内涵，还要有所创新和发展。

此外,传统教育已经不能满足当今所提倡的素质教育的要求。因此,我们要进行主题的创新拓展,加强诸如心理健康教育、性知识教育、挫折教育、网络教育、禁毒教育、国防教育等新的主题教育。

(二) 活动内容的选择

活动主题确定以后,就要进一步选择活动内容。在充分考虑学生的思想基础、活动能力、文化素质和兴趣爱好的前提下,活动内容必须从实际出发,紧扣主题,服务主题。

1. 内容要有针对性

不同年级的学生心理、生理发展有差异,思想状况、兴趣爱好也不尽相同,因此,不同年级应有针对各年级的不同的活动内容。同一内容,也应根据学生的年龄特点、认知水平的差异,突出针对性。

2. 内容要有鲜活性

主题教育课内容要丰富多彩,要在变换中求鲜活,特别要增加一些与新时期出现的新事物有关的内容和学生关注的热点问题,这样的内容既新鲜又富有时代精神。

3. 内容要适量

所谓适量,就是不多不少、恰到好处,所选择的内容要能在一节课时间里得到充分的呈现和讨论。

(三) 活动形式的更新

活动形式是内容的外在表现和载体。活动内容必须通过恰当的形式生动形象地表现出来。两者是相互联系、相互依存的。主题教育课的形式应该由内容来决定,采用何种形式,要以达到最佳的教育效果为目的。无论组织什么活动,都应当选择那些最为理想的活动形式,做到形式为内容服务。

1. 形式与内容的统一

内容要通过一定的形式才能表现出来,形式必须依托于一定的内容才有存在的价值,两者只能统一,不能分离。在选择主题教育课的形式时,应明确认识到,形式是为了使内容更好地表现出来,使全班同学在积极参与的过程中受到深刻教育。

2. 形式与条件统一

主题教育课的形式主要应该由内容来决定。同时,其形式又不是单一的,无论组织什么活动,都应该选择那些最为理想的活动形式,以达到最佳的教育效果。活动形式的选择是多样的,要从实际出发,不可简单地去套用人家的活动形式。有时，同样的内容，因实际条件的不同而需要采取不同的活动形式。

3. 形式要求新求变

俗话说得好：变则新，不变则腐。活动形式紧跟时代潮流，给学生新鲜感，活动就既能吸引学生的注意力，又能取得更好的教育效果。教师可根据内容呈现的需要，运用情景展示(或模拟)、设疑提问、讨论交流、行为训练、问题解决、提炼、迁移等等多种形式开展活动。

当然，置主题教育课的内容于不顾，一味去追求形式上的新颖、有趣，就会违背主题教育课的预设目的，失去教育意义。

四、主题教育课的实践

(一) 主题教育课的设计与操作

1. 前期调查——关于“班主任对主题教育课的认识”的问卷调查

(1) 在概念的理解上，82%的班主任对主题教育课的设计和开展以学生为主体、以班主任为主导的概念比较清晰，只有 18%的教师对以谁为主导略有混淆，认为主题教育课以学生为主导，以班主任为主体。

(2) 在主题教育课内容的把握上，教师们的理解非常到位。有 77%的老师选择了政治思想教育，95%的老师选择了基础道德教育，而生命教育、心理健康教育、法制教育、安全教育、两纲教育等都占 100%。

(3) 对在主题教育课经常采用的形式中，选择以学生发言、小品、在游戏中教育为主的教师，分别为 82%、73%和 59%。同时，大家所采用的形式呈现多样化趋势，问卷统计、师生讨论、观看视频、探究、报告等形式都被广泛使用，以此来激发学生的学习兴趣，提高课堂效率和教育效果。

2. 设计和完善主题教育课的序列，开发活动方案

纵向：构建从一年级到五年级各个阶段的主题教育课，有所侧重，形成方案。横向：部分主题的教育，由浅入深、层次递进，形成序列，交叉进行。

3. 探索主题教育课的组织操作策略

主题教育课的组织操作策略是指围绕某个德育主题，教师在课前、课中、课后可采用的具体方法。

(1) 课前的操作策略

第一步：提出设想。从德育目标的需要、学校中心工作的需要、学生成长的需要、解决实际问题的需要出发提出初步设想。第二步：分析论证。考虑设想的主题是否符合学生心理需求，能否引起学生兴趣，活动内容是否具有思想性、

知识性和趣味性。第三步：确定主题。经过前面两个步骤，最后确定主题的名称和具体内容。

(2) 课中的操作策略

整个实施环节是在师生互动中逐步开展的，是在不断的观察、沟通和调整中进行的。班主任在活动开展过程中要认真观察，及时发现问题。尤其是当出现一些突发情况时，组织者一定要因势利导，通过沟通与交流，化被动为主动，及时调整活动环节，把负面因素转化为新的教育情境，力争取得最好的教育效果。

(3) 课后的操作策略

活动的结束并不代表教育的结束。在实施活动环节完成之后，组织者一定要与学生一起进行评价总结，进一步提升主题活动的教育性。

(二) 优化主题教育课的方法

1. 行为训练法

行为训练法是指在主题教育课中，教师有计划、有目的地训练、引导学生行为，从而达到主题教育目的的方法。

“知、情、意、行”是德育的基本要素，而“行”是德育的出发点，也是归宿。主题教育课的行为训练应该做到训练要求具体化、规范化。

2. 案例分析法

案例分析法是指在主题教育课堂中，把学生已经出现的或可能出现的问题作为案例，交给学生研究分析，从而培养学生的分析能力、判断能力、解决问题能力的方法。

3. 讨论交流法

讨论交流法是指在主题教育课中，教师引导学生围绕某一理论问题或实际问题各抒己见，展开讨论、对话、辩论等，通过让学生相互讨论交流来达到教育目的。

4. 榜样示范法

榜样示范法是指在主题教育课堂中，通过优秀典型人物(包括学生、教师自身和其他)的示范，影响学生，给学生树立榜样，以达到教育目的的方法。

五、主题教育课的评价

(一) 主题解读的评价

1. 主题选择恰当

教育的根本意义是促进人的发展，因此主题选择要符合学生的发展需要，不能一味从教师的角度出发。这就需要班主任通过日常观察或调查，针对学生发展的实际需要选择合适的主题。主题的选择首先要提升学生思想道德水平，帮助学生身心健康成长。

2. 主题理解透彻

“一千个观众就有一千个哈姆雷特。”虽然对于同一主题，班主任可以有不同角度的解读，但其核心价值观仍需要班主任理解得正确、深入而透彻，不能停留在表面。

3. 主题切入恰当

主题教育课中主题的切入要“短、趣、快”，导入要开门见山、生动具体，激起学生学习的兴趣。一个好的主题切入，能迅速吸引学生的注意，让学生产生共鸣，起到很好的教育效果。

（二）教育目标的评价

1. 教育性

主题教育课重在以“教育”帮助学生形成正确的人生观、价值观和世界观。“教育性”是主题教育课的灵魂。如果主题课只重视表面，没有深入学生内心，是没有教育性的。

2. 适切性

主题教育课目标的制订要适切，要符合学生认知发展的水平和班级的现状。只有关注学生内心的生命体验，把学生发展放在教育目标制订的首位，才能设计出“对学生胃口”的活动，让学生产生共鸣。

3. 实践性

主题教育课目标要具体。目标要具体，具有可接受性和可操作性，对学生具有吸引力，具有激活情感的作用，这样教师才能更好地引导学生进行想象和体验。

（三）主题教育课实施的评价

1. 科学性

主题教育课的实施要注重科学性，教师要首先围绕主题科学地安排主题教育课的每一个环节，让整节课有张有弛，有认知、有操作、有体验，使学生的知、情、意、行都能得到发展。同时主题教育课内容要科学严谨：在主题教育课中出现的问题，班主任要预设，自己要对问题有清晰科学的认识，这样才能引导学生建立正确的价值观。

2. 真实性

“千教万教教人求真，千学万学学做真人。”这是教育的真谛。主题教育课过程要真，如果主题教育课犹如节目表演一般，那么孩子们只是演员，获取的是表演的技能，而不是心灵的震撼。因此，一堂真正成功的主题教育课应该是真实的。只有真实才具有生成性，才能及时捕捉问题，解决问题。

3. 导向性

班主任在主题教育课中处于主导地位，要讲导结合，充分发挥教师的主导作用。班主任要成为组织学生积极参与主题教育课的引导者。首先，班主任要营造民主平等的课堂氛围，创设能引导学生主动参与的生态课堂。其次，班主任要注重教育过程中的生成性，要善于捕捉学生思想动态，及时发现问题，引导学生自我发现、自我教育。再次，班主任要引导学生将课堂中的所学所悟应用到生活实践中，以促进学生发展。

4. 民主性

学生是主题教育课的主体，班主任的作用主要应表现在把握班会的方向和主题，提出设计构想意图以及创造必要条件方面。班主任要发挥学生的主动性和创造性，激活他们参加班会的兴趣和需要，使他们以主人翁的态度参与班会活动，发挥在主题教育课中的主体作用。

5. 多样性

主题教育课可采取讲授、研讨、辨析等多种形式开展，采用案例导入、媒体辅助等方法，使课堂变得生动实效。主题教育课要采用符合学生年龄特点、符合主题需要的形式开展，促进学生道德内化。

(四) 教育效果的评价

1. 促进学生认知。教师要帮助学生从多种角度阐述“论点”(道理、哲理或原理)；学生在认知上要有新的提高和收获。

2. 促进学生情感。学生要积极参与整个主题教育课，有积极的情绪反应。

3. 促进学生体验。教师要较好地把握本主题教育课中所给出的正确的行为操作参照系，并能在生活实践中予以改进和落实。

(五) 关于主题教育课中的学生评价

1. 自主性评价

在评价过程中，教师要让学生成为学习效果评价的主人，评价自我，评定他人。教师要注重学生在课程过程中的体验和感受，注重学生是否真正有所收获和提高，而不是关注一个简单的分数。

2. 表现性评价

表现性评价是指教师通过观察学生在生活和学习情境中完成各种任务的

表现来评价学生。这种评价通常是在学生进行社会调查、从事专题研究、参与感兴趣的作品的创作等学习情境下进行的，教师采用非测试型的评价工具（如观察记录表、评价表、轶事记录本等）和音响设备记录学生解决问题、创作产品、完成作业等过程的表现（如同伴的互动、实验过程、讨论情形等）以及结果的质量。

参考文献：

[1] 汪维山，孙小青. 班主任技能教程[M]. 合肥：安徽大学出版社. 2001.
[2] 丁榕. 班级管理科学与艺术[M]. 北京：人民教育出版社. 2004.
[3] 甘泉. 校园主题班会实用手册[M]. 成都：四川文艺出版社. 2004.
[4] 吴明乾. 班主任对班级活动的设计与组织[M]. 哈尔滨：北方文艺出版社. 2009.
[5] 杨兵. 魅丽班会是怎样炼成的[M]. 北京：中国轻工业出版社. 2010.
[6] 梁华村. 班主任如何组织主题班会[J]. 班主任. 2004(2).
[7] 李学明. 如何开好主题班会[J]. 教学与管理. 2004(5).
[8] 张锐. 主题班会形式综述[J]. 教学与管理. 2005(4).
[9] 张克龙. 主题班会的生成策略[J]. 现代中小学教育. 2007(3).

用班级群推进学生责任感与团队精神的培养

上海市虹口区第三中心小学　李　莉

在信息技术日新月异的今天，上海提出了以信息化助推教育改革的要求。课堂内，我们应用信息技术，构建出更为生动、有趣、温馨、高效的课堂。课堂外，我们通过多种现代化的科技手段，及时、便捷地架起了家校联系的桥梁。我在开心网上创建了班级群，通过实践，我发现它有力地助推了我的班主任工作。

“用心营造幸福高效的课堂，用爱构建温馨和谐的集体，用情架起家校联动的桥梁”是我作为班主任的工作原则。2009 年 4 月，我在开心网上建立了名为“未来之星”的班级群，并由我本人亲自担任群的管理员。送走毕业班，接手新的起始班级后，我又建立了名为“小小星星亮晶晶”的班级群。班级群主要由群介绍、话题区、私密邮箱、群相册、群文件共享区等几部分组成。这些年来，我充分利用班级群，为学生们构建了平等交流、互助学习、快乐成长的平台。班级群的建立与使用凝聚了学生团队和家长团队的智慧和力量，在学生责任感和团队精神的培养中，发挥了重要的作用，并取得了显著的效果。

一、人人为温馨集体建设出谋划策

所谓责任感，通俗地说，就是责任意识和负责精神，即尽心尽力做好自己分内的事，当自己承担的任务出现问题时，要勇于承担责任，敢于担当。在生活中，我们可能经常会看到这样的情景：当学校里组织卫生大扫除时，有些学生要么溜之大吉，要么敷衍了事；当校园里的水龙头一直在流水时，有些同学在路过时却视而不见；当母亲生病躺在床上时，有些孩子可能还在发脾气抱怨没有饭吃；当有些学生上学后，发现自己的文具没有带齐时，他们可能会责怪家长在前一晚没有给他们准备好……其实，当出现这些状况时，也正是及时开展责任意识教育的恰当时机。

所谓团队精神，是指团队成员为了团队利益与目标，发扬相互协作、相互信任、相互包容、相互谦让的作风，共同承担集体责任，齐心协力，形成一股强大的力量，共建一个强有力的集体。在温馨集体中，教师应培养学生的团队精神，让每位学生都带着责任感和团队协作的意识去生活、去成长。在团体活动中，教师应发挥每位学生在集体中的主观能动性，教会学生承担自己该承担的责任，逐步培养小学生的责任意识。

为了促进每位学生的健康成长，近年来上海提出了创建温馨教室的理念，即师生共同营造能满足师生合理需求的、有利于健康人格发展的班级育人环境。在积极建设温馨教室的过程中，班级群从某种意义上说也成了我们班学生的另一个温馨集体与快乐家园，它充分激发了每位学生学习的积极性，并使学生在团体活动中依靠团队的力量促进自身的健康成长。

(一) 温馨传递，让人际关系更融洽

为了激励更多的孩子积极参与有意义的活动，在班级群中，同学们可以通过上传自己的奖状，得到全班的祝贺，以此来激发大家积极进取的动机；大家经常在群里表扬某一方面进步大的同学，同时也为那些没有得奖、相对弱势的同学加油鼓劲；逢年过节或遇上学生、家长、老师生日，大家都会在网络上的群里送上精致的礼物，并写上温馨的祝福，让每一位成员备感亲切；在群相册专辑中，“我戴上了绿领巾”、“自己动手做的贺卡展”、“丰富的校内外活动剪影”等，记录下学生们快乐成长的足迹和我的班主任工作的美好瞬间。群内信息的温馨传递促进了良好班集体氛围的营造，改变了生与生、生与师、生与家长原本信息传递不顺畅的情况，使生生、师生、生与家长的关系得以融洽。学会正确处理人际关系，是学生未来进入社会、担当社会责任的重要一环。

(二) 精神引领，传递成长的“正能量”

阅读是促进师生精神成长的养料。现在的孩子大都喜欢看动漫，缺乏良好的阅读习惯。为了让孩子们和好书交朋友，我们班群中的阅读活动常常开展得热火朝天。“北大校长给小学生列的书单”掀起了阅读的热潮，“班级换书阅读行动指南”、“我推荐的一本好书”等活动让孩子们彼此分享好书。在快乐阅读中，孩子们畅享精神营养大餐。根据学生的年龄特点，我在群中经常开展主题学习活动。例如，“青少年不得不知的100条成长经验”，教孩子们懂得节约的重要性，学习交往的方法和面对困难的正确态度等；当安全问题困扰大家时，我指导孩子们学习借鉴《英国儿童宣言》等，引导学生积累经验，安全、健康地成长；群中每月开展一次“感动班级的人和事评选”，引导孩子们用小眼睛发现集体中的真善美，为身边人树立榜样，弘扬了班级正气，营造了良好的班风，丰富了班级文化，提升了学生之间互相交流的思想品味与共同的价值追求。班级群成了学生精神成长的良好平台，传递了巨大的“正能量”。

(三) 民主参与，培养主人翁精神

温馨教室建设最关注的是学生的成长。在参与市区优秀中队的评选、班级出板报、主持红领巾广播、筹办主题会、班级公约制订等活动中，老师、家长、同学们都会在群中开展讨论，上传金点子，使班级各项工作在群策群力中高效、圆满完成。班级中早已形成了一个不成文的规定：每一次活动，无论学生能奉献多少智慧和力量，都要100%参与。真是“众人拾柴火焰高，集体智慧大无穷”。群中讨论活动的展开，促进了大家对彼此的认可、接纳和协作，增强了学生民主参与、自主管理、创新进取的意识。

（四）及时沟通，让个别化教育更有效

班级群还帮助我及时、有针对性地对学生开展个别化指导。有一年“母亲节”前，我在群里看到了小琪同学写给妈妈的九宫格日记。他在日记中写到家庭暴力，让我震惊万分！我及时介入，沟通引导，让因目睹家庭暴力而在幼小心中埋下阴影的小琪，及时转变了心态；也引导家长反思自己，向他们指出不当的教育、不和谐的家庭环境给孩子造成的伤害是巨大的，让家长在自省中顿悟。当看到小伟因妈妈的病逝而整日神情茫然、心事重重时，我通过“私信”捎去一封又一封充满关怀、激励的邮件，让他尽快走出悲痛的阴影，融入快乐的集体。今天及时指导逆境、困惑中的孩子正视挫折，明天他们才能坦然面对生活的种种考验。

在指导弱势学生向好的方面转化的过程中，班级群发挥了重要的作用。当个别同学违反纪律，经多次提醒仍收效甚微时，作为群的管理员，我会按照约定，悄悄请这位同学临时离开本群，让违纪的同学体验到：不爱集体，离开了群，会很孤独、不快乐。当违纪的同学能自觉约束自己的表现并有了进步时，他会主动提出入群申请，在获得我这位管理员的批准后，重新回到群里。在班级群的感召下，人人都以是群里的一员而自豪。长此以往，集体的凝聚力变得越来越强。

二、班级群推进减负增效与自主学习

2011年11月，上海市教委实行了《上海市中小学生学业质量绿色指标》，指标包含了学生学业动力、学生学业负担、学生品德行为等十大方面。作为一名班主任和语文教师，我们不可能在短时间内改变学生学业负担过重的现状，但是我们可以在日常教学中，从培养孩子的学习兴趣、良好的习惯和自主有效学习的能力等方面着手，改变教师教学与学生完成作业的方法，达到减负增效、自主学习的目的。

（一）合作学习，营造良好学风

我组织孩子们以小组为单位，每组负责一课课文的预习、复习资料查找，上传精选的内容。上课间隙我让孩子们打开班级群，快乐地分享集体的智慧，逐步培养孩子们合作学习、自主学习的能力。“精选古诗文片段赏析”，拓宽了孩子们的学习视野；群中“复习好方法大家谈”让学生们分享自主高效的学习方法；好词佳句佳作的分享，大大激发了孩子们的写作兴趣；我给每个孩子提供的阶段性学习方法、能力提高方面的补差建议，让孩子们扬长避短，博采众长。双休日，孩子们每天有半小时的上网时间，在班级群的快乐课堂中高效自学。没有了大量机械的抄写、死记硬背，孩子们学得轻松愉快。无需“茫茫的题海”，不用“如山的作业”，没有“滔滔不绝的授课”，我带的原先起点并不高的班级，在自主有效的学习中，成绩照样可以名列前茅。更重要的是，学生逐步找到了适合自己的高效学习方法，形成了良好的学风，逐步学会了开展自主学习，为提高自主解决问题的能力奠定了重要的基础。

(二) 培养习惯，快乐高效学习

低年级孩子认真听讲的持续时间很短。为培养学生静心听课的好习惯，从孩子们进校的第一天开始，我就开展了“听小莉老师讲故事”的活动，坚持了一个多月。我每天在课堂中讲一个包含做人道理的小故事，如《松鼠和狼》、《乌鸦搬家》、《两个旅人》等。每天放学前，我将故事梗概上传到班级群里，孩子回家后，家长根据群里看到的梗概听孩子复述故事，并在群里反馈复述效果。小小的压力带来了动力，培养了孩子们专心听课的好习惯，同时还促进了对家庭教育的指导，加强了家庭教育与学校教育的结合。家长们与学校配合，让孩子们更快适应小学学习环境。接着，我们开展了“听小小老师讲故事”的活动，按学号顺序，每天由一位同学将家长讲给他听的故事讲给全班听；同时由这位同学的家长将故事梗概发到群里，全班同学回家将其复述给家长听，家长根据群里的故事内容，检验孩子的复述、听课效果。整整一个学期，孩子们渐渐培养了语文学习兴趣，提高了倾听、记忆、理解、表达等语文学习能力，逐步养成了良好的学习习惯，还明白了许多做人的道理。孩子们在听故事、讲故事中明理、成长。班级群深深吸引着孩子们，其他班级的同学和家长也积极主动申请加入，大家在群里一起学习、共同探讨，真是“团队精神，力大无穷”！

三、班级群架起家校互动的桥梁

(一) 转变观念，适应转型发展

现如今，有部分家长急功近利，只重视分数，忽视孩子的全面发展。如何指导家长转变理念，适应教育转型，是新时期班主任的重要职责。因此，我经常上传外出开会和自学到的很多新理念，如《上海市中长期教育改革和发展纲要》、《全国家庭教育指导大纲》，汇总家长的问题，提供二十八条育儿启示，还自己总结了七十六条友情提醒等，为在转型期中存在困惑的家长朋友解决燃眉之急，让家长明白：孩子的人生是一场马拉松，而不是百米赛跑，孩子的成长比成绩更重要。家长要适应转型发展，不断更新理念，这样才能促进孩子全面发展。

（二）特别作业，促进孩子全面发展

根据当今部分独生子女缺乏自理能力、以自我为中心等特点，我设计了一些特别的成长作业，要求学生每天坚持做，如擦桌子、扫地、倒垃圾、理床铺、叠衣服、取报纸、剥豆子、择菜、为老人捶背等。我在学校指导后，请家长担当导师进行落实，我每个月在群中反馈完成情况，为每个学生提出下一阶段的努力方向。有家长在班级群中反馈道："这是很有意义的一项作业，小孩要全面发展，就得动脑与动手相结合！以前一直认为到了一定时间、处在某个环境家务劳动就自然而然学会了。看到李老师在群里精心准备的家庭教育指导课，顿时明白干家务是在培养、锻炼孩子们的协调、思考、抗挫等能力。我们真的该放手，放心地让孩子好好干家务了。"这项作业在前一个毕业班级的执行情况是学生们从三年级坚持到了毕业，成果是班上的独生子女们在家务劳动中积累了不少生活的经验，逐步克服"娇骄"二气，培养了勤劳、节俭、孝敬长辈、坚持到底等意志品质。我相信，在这些活动中积累的经验，会成为学生今后成长道路上无价的精神财富，也是今后逐步形成社会责任感的重要基石。

（三）家校携手，为孩子健康成长奉献智慧

班级群，让家校的手握得更紧。许多家长感慨万千，有的家长说："作为一名新生家长，我们离开学校已十多年，现在的学习和我们小时候已经有天壤之别了，有时我们会对当下的教育不知所措。'小小星星亮晶晶'这个群，给我们家长指明了方向。"有的家长说："创建班级群意义重大。孩子通过网上交流，能学到很多课堂外的知识，大大提高了学习的积极性。家长能及时获悉孩子在校学习和活动的情况，并能随时得到老师的指点。我们心里有的不只是感动，更多的是反思：今天如何做一个好家长？"确实，面对当今孩子身上存在的不足，家长如果不改变教育理念和方法，怎么让孩子改变、适应明天的发展呢？

在班级群的共享区中，有热心家长将听算、朗读磁带转换成 MP3 的形式上传，让全班同学学习更便捷。许多家长、同学在分享中也主动为集体的成长默默奉献自己的智慧和才干，弘扬团队精神，齐心协助班级的各项工作。

"少年强则国强"，一个国家的强大，与国民社会责任感的提升和团队精神的发扬是密不可分的。21 世纪是信息网络化的时代，面对新的机遇和挑战，我们班主任在走向专业化的道路上还需要不断学习、实践与反思。让我们用心用情，巧用教育资源，凝聚教育合力，培养学生的社会责任感和团队精神，为每位学生的美好明天奠基、导航。

一堂主题班会的启示——传达“爱”与“责任”

上海市杨浦高级中学　武颂华

教师的责任是，既要“教书”，也要“育人”。教育是给学生插上飞翔的翅膀，而德育则是给学生注入人性的光辉。如何在教育工作中贯彻德育的精神？这是我们教师始终需要思考的问题。去年，我有幸代表学校参加区和市的一次心理主题课比赛，设计了一堂“爱在身边，心就温暖”的主题班会，借助电影媒介，通过师生、生生的多源交流互动，传达了“关爱身边”、“肩负责任”的理念。通过这堂主题班会课，我对教师如何进行学生德育教育，有了些许新的认识。

一、有效的德育工作需要教师自身对德育问题有深层次的思考，这是德育的原点

在设计这次主题班会的时候，我不断地问自己——你想让学生在三年的高中生涯中学会什么？什么才是对学生一生发展最重要的东西？我的理解是，教育的终极目标不是知识的积累，而是人性的培养，是本体对自我的正确认知，进而推广开来，形成对人生观、世界观、价值观的正确判断与塑造——这就是德育的核心。而人性的根本是什么？我的理解是“爱”。没有爱，或是不懂爱，人的存在就没有自我乃至社会的价值，即使生物学上他仍然是个人——但也仅此而已。基于这样的认识，我认为如果一个学生不懂“爱”，只知道功利地学习，那我们的教育是失败的——因为我们只是加工了一个“工具”，而不是培养了一个“人”。反过来说，一个内心有爱的人，即使将来不能成就万贯家财、名声地位，但因为懂爱，懂得感恩，懂得付出，他也一定是个幸福的人、健康的人、对社会有益的人。然而，这个社会发展得太快，放眼看去，大人为了事业，学生为了学业，拼命努力，希望有好的工资、好的成绩、好的大学、好的……但不知不觉中，大家开始变得机械、麻木、冷酷，变得目光短浅、只知眼前利益。有一天，很多人会突然发现，当他们拥有了得到一切能力的时候，却失去了做人最重要的能力——“爱”的能力。我在与学生和家长的交流中发现，这种情况在学生之中是普遍存在的，这导致了家长与学生、社会与学生之间关系的紧张失调。爱的丧失，使生活没有了“润滑剂”，促使学生形成机械功利的人生观、价值观。更令人忧虑的是，在逐渐丧失对“爱”的感知的同时，“责任”意识也在逐渐被淡化。面对沉重的学业压力，现在的学生逐渐不敢、也不愿承担更大的责任，因而变得麻木而冷

酷，自私松散而不敢担当。

“爱”与“责任”是人性中最美丽和最“给力”的部分，是一枚硬币的两面——“爱”让“责任”变得有生命，“责任”则让“爱”走得更长久。爱与责任是相辅相成的，只有将两者结合在一起，才能让学生体会到人性的可贵、生活的美好、前进的动力、人生的真谛。我们学校的德育特色就是“责任感”教育。若用“责任”二字孤立地对学生加以说教，往往令学生抗拒；但用“爱”的温柔包裹“责任”的内核，则会软化德育教育冰冷、强势的外壳，从而令学生在无形中更自然、主动地领会“责任感”教育的理念。基于这样的认识，我设计了一堂“爱在身边，心就温暖”的主题班会，希望通过这一契机，点亮学生心中人性的光芒，触动学生心房最柔软的一角，树立学生心中最坚定的感动，进而向学生传达“关爱身边”、“肩负责任”的理念，帮助他们塑造更美好的人生观、价值观。上课的效果，确实达到了我的预想。当我看到很多学生在主题班会中袒露自己的心声，分享自己或快乐或悲伤的体验，流下自己最真挚的眼泪的时候，我知道我的理念是正确的。

经过这次主题班会，我认识到教师要做好学生的德育工作，首先应该回归自身，提升自身对德育工作的认识。任何一次有意或无意的德育教育，其实都建立在教师平时深刻的思考中。有自己认识和理念的德育教育，才是有灵魂、有感染力的德育教育，由此对学生产生的影响才能有效、持久和深远。

二、有效的德育工作需要教师巧妙地利用各种自然、灵动的契机，这是德育的法门

在设计班会的时候，我一直在考虑，用怎样一种形式才能巧妙而自然地将“爱”与“责任”的理念传递给学生，却不令他们有丝毫说教、僵硬的感觉。我想到了“电影”。一则，电影有优美的画面和精巧的情节，很容易令人身临其境；二则，电影也是学生非常喜欢的一种娱乐方式，贴近他们的欣赏需求，如果有合适的电影作为德育的载体，就能让学生在欣赏电影的同时，不自觉地进入我所创设的情境，为我下一步的德育教育的水到渠成做好准备。

为此我选用了日本电影《我与小狗的十个约定》作为主题班会的载体。之所以选择这部电影，是因为小狗是很多人都喜欢的宠物，现在学生家中饲养狗的也很多，以小狗这一形象为载体，很容易使学生有认同感，从而带出学生的感情。再加上整个电影的主题也非常契合我的德育理念。因此我截取了几个电影片段，重点突出女主人公与小狗的初次约定、与小狗度过的美好时光、小狗临

死前与主人分离这三个情境，以“十个约定”为主线，设置了班会的内容。电影的情节从温馨到快乐到悲伤，情境设置层层递进，画面生动感人，自然而然地将学生的内心情感带出，进而促使其投入班会的气氛中，逐渐地引导其思考，从而达到班会的效果。在实际操作的过程中，我发现，学生以及听课的老师，都被电影的每个片段深深地感染，或喜或悲或引发思考，的确达到了仅仅依靠语言表达所不能达到的自然效果。

经过这次班会，我认识到，如何将德育理念自然地传递给学生而不是用过去说教的那套，是德育教育成功的关键，其重点在于创设或善于发现“情境”。刻意地追求德育效果，反而令德育刻板生硬、缺乏感染力；一旦抓准了“时机”，创设或利用一个良好的德育情境，学生就会很容易理解与认同德育的内容。利用情境自身天然的感染力，顺乎其然，行乎其理，能更有效地将德育思想以最不加粉饰的形态为学生所吸收，达到“灵犀一点，百骸皆通”的效果。用最自然的语言、最自然的教育形式，结合最自然的情境，自然能够达到最好的德育效果。

三、有效的德育工作必须落实到学生本体，激发学生自身的思考和认同，这是德育的关键

为了引导学生思考，我设计了几个问题。问题 1：请你写出你身边最让你珍视的 1—5 样东西。问题 2：请你回忆与你最珍视的东西的美好回忆。问题 3：回忆一下，在你的人生中，有没有最值得你珍视但又不小心被你忽视的东西呢？问题 4：请回忆一下，有什么令你遗憾的事情发生在你们之间？问题 5：请你模仿电影中“我与小狗的十个约定”，与大家一起讨论，写下一个“我与某某的 N 个约定。”

这几个问题的设计，都是结合影片片段逐一展开的。电影片断创设氛围，触发学生的情感；问题设计则根据心理自然发展的原则层层递进，引发学生思考；学生写下自己心中的答案或是感念，则帮助学生回忆过往、梳理所感；最后学生之间互动交流，敞开心扉，分享自己的人生经历和体验，达到人性的自我反思。在引导、思考、梳理、交流、反思的几个环节中，我并没有刻意地主导，始终让学生自我体验和领会隐藏在其间的主旨。事实的情况也的确如此。随着影片的引导，学生从开心到难过再到深思，思路也从电影中小狗与女主人公的生活经历，转移到自己与周边人或物的生活点滴，揭开他们内心深处尘封已久的记忆，启发他们思索如何与自己所爱的人或物相处的问题。小组交流或班级交流的形式，促使学生将自己内心的情感体验和认识思考彼此袒露，相互共鸣，使

学生得到了心灵、情感、精神上的一次洗礼。我在这中间，并没运用太多的语言，学生自己的感情带入后引发的理性思考，就足以让他们得到最真切的认识。

在不同的学校和班级开课，我发现，几乎每个学生都表现出了自己最真实的一面，也做了最真切的反思。他们回忆与父母的某一次开心或是争吵，分享与朋友相处的某一次有趣的经历或是令人遗憾的分离，都是那样的令人动容。整堂班会，每个人都沉浸在一会儿快乐、痛苦，一会儿悲伤、感动，一会儿遗憾、欣慰的氛围中。特别是在最后一个问题中，他们模仿“我与小狗的十个约定”写下“我与某某的 N 个约定”，很多同学写下的或与父母，或与朋友，或与自己的约定中，真情流露，令所有人感动。

通过这次班会，我真切地认识到，教育学生的最好老师就是学生自己。教师只需要巧妙地利用时机，让学生自己发现问题的所在，启发其思考，进而自己寻求解决的办法。这要比教师连篇累牍的训诫效果好上百倍。学生的自我体验胜过教师的千言万语。在最后的一个环节中，我告诉他们，这是一个你与你最爱之人或物，承诺一生的约定，让学生在约定上签上自己的名字，并装在信封中，加以保存。同学都签上了自己的名字。虽然在整堂班会中，我并没有提到“责任”二字，但我相信，通过不断的自省、交流，一切早已水到渠成，无需多言。在自我的回应中，每个人都能看到最真切的自己，答案在心中已然写就。大音稀声，这就是最好的德育教育。

四、有效的德育工作应该“低下头来”，用教师自身来教育学生，这是德育的真谛

唐朝有一首名为《嗅梅》的诗中写道：“尽日寻春不觉春，芒鞋踏遍陇头云。归来笑拈梅花嗅，春在枝头已十分。”诗句告诉我们，真正的道理也许并不需要在外苦苦探求，而只是需要简单地回归自身——所谓“道在脚下”。世间的道理即是如此，其实德育又何尝不是呢？古人云“为人师表”，现在我们说“用责任去学会责任”，其实说的就是让德育回归教师本身。教师用最简单却也是最负责任的身体力行去感染学生、教育学生，让德育不再沦为响亮空洞的口号，而是朴实却又有力的“身教”，这才是最有效的德育。因此，我在设计本次班会活动的时候，既把自己当作班会组织者、领导者，更把自己当作参与者，我与学生一起看影片，一起写下问题，一起交流。我通过自己的实际行动，将最真切的情感带入课堂，真诚地向学生袒露自己内心的感情和想法，脱去教师高高在上的外衣，将自己放在和学生平等的位置，与他们一起开心、一起难过、一起感动。受到教

师无形的感染，学生自然也就更容易进入状态、投入感情。

人心，包含了人本能的感情、纯真的心灵，是人与人交流最为原始、也最为有效的途径。长时间的德育工作，可能会让我们麻木于每日的道德宣讲，而忽视了情感的力量，可能让我们习惯于用“高压重炮”的大道理，“强迫”学生接受教育。但学生只是被动地接受而非主动地接近，结果往往在潜意识中形成了对道德宣教的排斥。道理的正确性并不代表它的有效性，缺乏“方法”的德育也许会产生负面的效果。而情感认同是人与人沟通交流、达成共识最有效的“润滑剂”，是德育过程中非常有效的手段。由于教育立场的不同，学生和教师可能会在某些问题上存在认识上的差异，但某些情感上、心灵上的东西，如对生命的感悟、对亲情的感恩这些公认的道德原则，却能跨越立场上的差异。通过教育，教师与学生之间还是会产生共鸣。德育能够打动学生，不在于道理如何“高深莫测”、“万世皆准”，而在于其与学生心灵的契合。在本次班会中学生与我共同的情感经历，让我体会到，如果能让学生感受到你教育中的真情，即使只是最简单的语言，也会产生最巨大的感染力。教师在教育过程中掺入自己的感情体悟，用自己的情绪去带动学生的情绪，用自己的感动去激发学生的感动，做到以情动人，那么“理”自然也会服人，德育也就能达到水到渠成、事半功倍的效果。

通过此次主题班会的准备，我对主题班会的功能有了更深刻的认识，对德育工作也有了新的认识。德育的魂是“心”是“情”，是“爱”是“理”，把教师的“心”和“情”，“爱”和“理”，与学生的“心”和“情”，“爱”和“理”连接在一起，就能让枯燥的道德说教变成水到渠成的“心灵鸡汤”——“用心熬煮”、“用情调味”、“用理顺气”、“用爱暖胃”。这样的德育教育就不再是沉重枯燥的，而是温馨自然的；不再是高高在上的，而是平易近人的；不再是冰冷无情的，而是生动温暖的。我想，只有这样，教育才能在“教导”中“孕育”出最美的花朵。

最后，在这堂班会的准备过程中，很多老师，尤其是徐成芳老师、刘冬梅老师、罗慧慧老师、姜为才老师等都给了我很大的帮助。借此之机，向他们表示由衷的感谢。

温馨教室建设的四个突破点

上海市虹口区第三中心小学　严波兰

在具有浓郁文化氛围的山阴路上，坐落着一所百年老校——虹口区第三中心小学。在这所历史悠久、充满大爱的学校里，活跃着1 600多名朝气蓬勃的孩子。其中的40名孩子，他们相亲相爱，积极向上，活泼又聪明，正和他们的老师一起向着共同的目标——创建"温馨教室"而努力，努力，再努力……他们拥有一个共同的名字——三(1)班。

一、"温馨教室"的物质环境建设

杜威说："要想改变学生，必先改变环境；环境改变了，学生也被改变了。"教室是孩子们学习的主要场所，也是师生情感交流的心灵家园。一个教室的环境对于学生的熏陶是潜移默化的。因此，我们班在教室环境布置时特别注重"安全、舒心、美观、宜人"，力求达到"硬件设计讲人性，环境布置显温馨"的最佳状态，让每一面墙壁都说话，让每一个角落都育人。

首先，我们要求做到教室桌面清洁、地面干净，桌椅摆放整齐，因为整洁明亮的环境能给人带来一天的好心情。为了达成这一目标，每天中午、放学后，卫生委员一声提醒，值日生们便有条不紊地投入到打扫卫生的劳动之中，尽心尽责；中饭之后，孩子们会很自觉地用湿巾纸细致地擦净桌面，还它一个光洁的本来面目；课间，同桌之间时不时对各人的小小责任区相互检查、相互提醒，力争不让一张桌子歪斜，不让一片纸屑落地……随着"温馨教室"创建活动的推进，大家渐渐养成了良好的卫生习惯，"人人都是小主人"、"环境卫生贵在保持"的思想深入人心。

其次，在教室环境布置方面，作为班主任的我努力激发孩子们的主人翁意识与参与意识，让他们尽情发表各自的意见与想法，尊重他们，信任他们，与他们一起商定具体实施方案。实施过程中，我又充分发挥他们各自的兴趣和特长，让尽可能多的孩子去承担具体任务，哪怕是一个微小的环节，以此培养他们的责任感和自豪感。

1. 生物角

几盆青翠欲滴的绿色植物，一簇色彩斑斓的鲜花……只要在这里小立片刻，就能感受到生命的美丽、生活的灿烂。对于孩子们来讲，还能增长知识，缓解学习的疲劳。因此建生物角的提议一出，立即得到他们的积极响应。教室前靠墙角处存放卫生用品的三角柜面顿时有了用武之地，成了生物角的首选。你一盆仙人掌，我一棵宝石花，他再来一缸小蝌蚪……不几天，小小的生物角就生机盎然了。它们在给孩子们带去快乐与享受的同时，也得到了孩子们的精心照料，长势一天比一天喜人。望着它们，我仿佛感受到了孩子们的朝气与活力，感受到了孩子们的爱心与善心，也感受到了他们积极向上的精神。这真是一种享受！

2. 图书角

“一份快乐两个人分享，就会成为两份快乐。”你一本好书，我一本好书，两个人分享，就各自拥有两本好书。我们班的图书角里整整齐齐地摆放着50本孩子们喜欢的课外书，它们都是孩子们从家里带来推荐给大家的，由一名小小志愿者担任图书管理员负责管理。午休时间大家静心阅读，一个个神情专注地畅游在文学的天地里，如痴如醉。上课预备间歇，他们还会自告奋勇地选取精彩、有趣的片段读给同学们听，一起分享阅读的快乐。

3. 黑板报

它是由宣传委员负责的独特的班级文化阵地。宣传小组成员一律由宣传委员根据需要与自愿报名者的特长确定，真正实现了小主人“自己的事情自己做”的先进理念。小组组建后，他们齐心协力，各显神通，用手中的各色粉笔点缀着自己的七彩天空。每一期内容都能做到主题鲜明，密切结合我国的传统节日、重大事件和学校的重要活动。板报虽略显稚嫩，却也图文并茂，富有知识与情趣，常常引来同学的驻足观赏、指点评议。

4. 评比小天地

“比一比，谁最棒”，这一极富鼓动性的标题十分符合三年级小学生争强好胜的心理特点。每一个孩子都是一颗闪亮的星星，所以我让他们挑选自己最喜欢的彩纸，亲手剪出漂亮的五角星形状张贴在蓝色宣传板上，上面印上吴婧驳同学过生日时为每一位同学定制的各具特色的姓名章。远远望去，“评比小天地”犹如深蓝色的天空中布满了五颜六色的星星，它们眨呀眨，似乎在争先恐后地向大家报告着各自的进步喜讯。

5. 会说话的墙壁

教室洁白的墙壁上，恰到好处地张贴着孩子们的各种作品与奖状：有特地为老师精心制作的节日贺卡，充满着浓浓的师生之情；有表达孩子们假期里愉悦心情的“多彩生活”，洋溢着浓浓的亲子之情；有反映孩子们学习成果的书法作品、集体奖状，流露着浓浓的自豪之感……天天沉浸在这样的文化氛围中，孩子们备觉温馨，他们的性情得到了陶冶，集体凝聚力得到了增强。

此外，学校配备的多媒体讲台、液晶电视机等先进教学设备安装在教室里，由班里的IT信息员专门负责，为有效地开展各种教育教学活动提供了极大的便利。

二、“温馨教室”中人际关系的建立

1. 创建合作、共进、和谐的伙伴关系

良好的同事与伙伴关系对全体师生起着熏陶、感染与潜移默化的作用，是一种巨大的教育力量，推动着温馨教室的有效创建。作为班主任的我和任课老师们相互合作，一起积极营造一种团结一心、温暖和谐、力争上游的班级内在精神氛围。教室、走廊、办公室、食堂……我们随时随地交流着学生、班级的情况，交换着各自的感受与想法，为三(1)班全体学生的健康成长献计献策。

三(1)班作为虹口区电子书包试行的实验班已进入第二个年头，乘着“温馨教室”创建活动的东风，我们老师相互学习，一起探讨，共同研究，为提高使用电子书包的实践能力积极努力。

2. 营造平等、亲切、和谐的师生关系

在“温馨教室”的创建过程中，我们班的各学科老师及时转换角色，既是学生学习的指导者，又是学生学习、做人的引路人。无论是年长教师还是年轻教师，他们都没有丝毫的架子，每天用心欣赏着学生的学习过程和学习成果。当学生在学习上遇到困难时，他们总是用最亲切的语言尽力消除学生的心理障碍，及时帮助学生解决困难。在学生的心中，学科老师们是可亲可敬的。每逢老师的节日，学生们总要送上一份精心准备的小礼物或一句真诚的祝福以表达心中的感谢与敬爱。

我在担任本班班主任的第一天，就这样跟学生说：“我既是你们的老师，也是你们的大朋友。让我们大手牵小手，一起前进吧！”三年来，我一直践行着自己的承诺，坚持三条原则。

首先，以身作则。要求学生做到的，我自己首先做到。学生年龄虽小，却会“听其言，观其行”，我用自己得体的言行和良好的习惯在学生中树立了教师的美好形象，树立了教师的威信。其次，深入其中。要成为学生的朋友，就要跟学生学在一起，玩在一起，让学生真正感受到你是他们中的一员。清晨，我和他们一起升旗、跑步；课间，我和他们一起跳绳、踢毽子；放学后，我和他们一起打扫卫生、摆放桌椅、出黑板报、组织班队会议，与他们一同出谋划策；开运动会了，我与他们一同为运动员加油呐喊欢呼；秋游时，我带领大家采蔬果、挖山芋，分享劳动的快乐……在丰富多彩的活动中，学生与我的心越贴越近。今年的三月八日就发生了令我感动不已的一幕。(详见附)再次，公平公正。天天朝夕相处，学生之间免不了会发生不愉快的事。每当碰到此类事情，我从不急于下结论作判断，而是先公平地给每个当事人述说的机会，让他们分析自己的过错，在全面了解的基础上，再给以公正的评价与处理，让他们心服口服，从而达到育人的功效。有时，我还没说什么，他们自己就已经认识了错误，握手言和了。真是“此时无声胜有声”啊！

因此，我们班的学生无论大事小事总是喜欢找我诉说，他们已真正把我当成了他们的良师益友。

3. 建立友好、互助、和谐的生生关系

我们班是校艺术班，学生来自四面八方，有安徽的，有浙江的，有福建的，有江西的，当然更多的是上海各个区的。所以我通过聊天、班会等途径让学生感受到，原本素不相识、相距遥远的大家能来到虹口区第三中心小学读书，能聚集到一起组成我们的三(1)班，是一种莫大的缘分，要好好珍惜这种缘分。

虽然学生尚小，对于“缘分”一词似懂非懂，但他们之间表现出来的却是兄弟姐妹般的情谊。有时，有同学粗心大意忘带铅笔了，老师轻轻问一句“谁有多的”，立刻有无数支笔伸到他的眼前；有时，同学生病无法来校上课，不用发愁，必定有同学自告奋勇，特地为他把作业本送上门并告知教学进度……这种同学间的友情也延伸到家长之间。放学时，要是哪位家长由于特殊情况无法按时接孩子，只要条件允许，别的家长就会主动请缨；双休日，轮流由一位家长带几个孩子去公园放风筝、赏花、采标本……孩子们在与大自然亲密拥抱、放飞心情的同时，也增进了彼此之间的情感。

我们班里有几个学习比较困难的学生，常常因为成绩不理想而闷闷不乐。当我在全班提议开展“手拉手”互助活动时，学生纷纷举手表示愿意奉献自己的一份力量，换取同学的进步与微笑。整个教室充满着和谐、温馨的氛围。

当然，学生之间免不了有磕磕碰碰，有不愉快的事情发生。我就跟学生约定：君子动口不动手，以理服人。另外，我还利用学生的习作融洽学生间的关系。比如我们班中有一个十分调皮的学生，他总觉得同学们不喜欢他，有些不开心。正好有几名学生在《同学之间》一文中写到了他，并对他提供的帮助表示由衷的感谢。我就特意选取了其中两篇作为例文评讲，让他真切地感受到“只要你对别人好，别人便对你好”的道理，消除了他心中的不快，也改善了他与同学间的关系。

三、“温馨教室”的课堂教学环境建设

学生一天的在校时间大部分在课堂教学中度过。如何在课堂教学中体现温馨的氛围呢？我认为，老师们喜欢我们的学生，喜欢到我们班来上课，而学生喜欢每一位老师，喜欢上他们的课，并为自己是集体的一员而感到自豪，这就是最令人开心的。

为达到这一目标，我和我班的任课老师达成了共识，尽一切可能让教室多一点掌声，多一些笑声，多一份温暖。

1. 精心备好每一堂课

只有课前做好了充分的准备，教师才能气定神闲、游刃有余地驾驭课堂，才会有动态生成的精彩，才会唤起学生的求知欲望，才能让他们体会到课堂的魅力与快乐。

2. 让每一个学生都有表现自己的机会

学生的学习能力有强有弱，但都有强烈的表现欲望，都渴望得到老师的关注与表扬。我们教师就要创造不同的机会给不同的学生，多给一些鼓励与掌声，满足他们的心理需求，使他们感受被关怀的温暖。

3. 营造师生间的平等关系

著名教育家苏霍姆林斯基曾说：“要以人对人的方式对待孩子，要善于发现他心中响应我们号召的那一隅，这样才能使你更容易克服那些妨碍教育的不利因素。”学生的精彩发言，我们固然欣赏；学生的错误回答，我们也要耐心倾听，随后再加以提醒与引导。甚至学生与老师的不同见解，我们都应表示尊重。学生在被尊重的同时既树立了信心，也学会了尊重他人，温馨的课堂氛围就此逐渐形成。

四、“温馨教室”中师生心理环境的构建

“温馨教室”的营造不仅需要创造舒心的班级环境、和谐的人际关系、愉悦的课堂教学环境，还需要关注师生的心理环境。

我班的师生拥有良好的心理环境。我们始终以“自信、自尊、平和、达观”为理念，不论是成功还是失败，我们都能坦然面对，只要我们努力了，尽力了。因此，我们班的学生能积极参加校内外的各项活动并表现出色。仅 2010 年 10 月

至2012年1月这一年多的时间里，我班就有40多人次参加了较高规格的演出活动，如：世博会中国国家馆日文艺演出、世博会闭幕式、东方卫视迎新年倒计时、建党90周年庆祝活动、游泳世锦赛开幕式等等。在学校举办的体育节、科技节、语文节等各类比赛中，个人与集体也都获得了不少荣誉与成绩，但每一名学生都能保持平和的心态，依然脚踏实地地努力着。

学生也会有困惑的时候，他们年龄小，自我调节的能力还不强，这时我就会及时地开导，把他们慢慢引出认识的误区。同时，我校为了师生们的心理健康，每周开设一节心理课，单周由校专职心理辅导员承担，双周由班主任负责。双周的心理课上，我总是根据本班学生的实际确定主题，创设情境，让大家交流讨论，畅所欲言。这样，既能为学生解除困惑，又能促进学生之间的沟通与了解，确保学生的心理健康。

在大家的齐心协力之下，一个温馨的教室、温馨的家悄然建成，师生在其间快乐地教、开心地学，幸福共成长！

附：感动的故事

作为教师，您觉得幸福是什么？是收获一张又一张荣誉证书，是得到学生一份份满意的答卷，是听到家长的声声感谢，还是……在创建“温馨教室”的过程中，我常常享受着教师别样的幸福。

——题记

幸福的时刻

在今年3月8日那天，我觉得自己是世界上最幸福的人。

那一天早晨，离早到时间还有15分钟，我像往常一样走向教室。快走到三(1)班时，我发现教室门虚掩着，室内静悄悄的，窗户里也没有透出一丝光亮，里面似乎空无一人。

怎么回事？我满腹狐疑，赶紧加快脚步。刚抬起手准备推门，门却自动打开了。还没来得及多想，灯光骤亮，“呼啦”一下眼前挤满了一张张灿烂的笑脸，我像明星一般被孩子们簇拥在中间。“祝严老师节日快乐！”耳边顿时响起孩子们清脆、悦耳的童音。这声音里透着兴奋，透着自豪，更多的则是愉快。随着欢快的祝福声，红的、粉的、黄的……一枝枝五颜六色的鲜花被一只只小手高举着，开在我的眼前。我的心被突如其来的惊喜浸润着，充盈着，平时示范着要孩子们学的好词佳句早已不知跑到哪儿去了，只是一个劲地说着：“谢谢同学们！谢谢同学们！”

正当感动之时，不知是谁说了一句："严老师，你看那儿！"顺着他的小手看去，只见平日里凝重的黑板此时变得童心璀璨："祝老师节日快乐"七个稚态可掬的彩色大字传递着孩子们纯真的祝福；点缀其间的一朵朵可爱的小花、一只只极具动感的气球、一颗颗红色的爱心，使我们的教室暖意浓浓，温馨异常。黑板上方和边沿，还颇有创意地装饰着几枝含苞欲放的康乃馨，它们似乎正诉说着孩子们真挚的心声：老师，我们爱您！

中午，我特地出校门到附近去买了一个花瓶。插花时，孩子们纷纷上前帮忙，不时赞叹着花瓶的漂亮、花儿的芬芳。

看着芳香四溢的鲜花，看着笑靥如花的孩子们，我的心间涌动着一股暖流，那就是幸福！那一天，什么疲倦、烦恼、压力……一切的一切全都消失殆尽。作为教师，孩子们的认可与喜爱无疑是最高的奖赏。您说，还有比获得孩子们发自内心的爱更幸福的吗？

她笑了

今年"三八"妇女节的清晨，我们三(1)班看起来十分热闹。

"大家听我说，今天是'三八'妇女节。我们现在来布置一下教室，争取在老师进教室之前完成，给她一个大惊喜，怎么样？"大眼睛的谢小冰亮着嗓子对大家说。"好啊！好啊！"我和早早到校的几位同学异口同声地答道。

说干就干。同学们立即忙乎起来：有的站在黑板前画画，画出了绽放的烟花，画出了漂亮的花朵，画出了活泼可爱的小动物；有的拿着扫把一遍又一遍地扫着地，仿佛要把地扫得一尘不染似的；还有的干脆拿上自己的零用钱去校门口买鲜花了……大家忙得不亦乐乎！过了一会儿，王若岚、王艺旋和薛沈欣等很多同学也陆续来到了。她们看了一眼忙碌中的同学们，立刻明白了是怎么回事，把书包一放，也加入了其中。王若岚自告奋勇地说："我来画亲爱的严老师。""那我来画爱心吧！"沈奕玮紧跟着说。只见她俩大笔一挥，端庄秀丽的严老师马上出现在我们的眼前，她被一颗颗红色的爱心紧紧包围着。眨眼之间，"祝老师节日快乐"7个艺术字也已被王艺旋写在黑板正中央。

邵佳怡一直在门口东张西望。我笑着问："站岗呢？"

"惊喜，惊喜，就要保密嘛！等老师一来，我就通知你们。"她回答。

回头一看，同学们依旧干得热火朝天，就连平时最调皮的谢小冰，这时也一本正经地站在椅子上用鲜花装点着黑板呢。

在大家的齐心协力下，我们的教室变得格外温馨：漂亮的黑板，洁净的地面，手持鲜花的同学们，空气中弥漫着清新的花香……

“来啦！严老师来啦！”邵佳怡一看到从走廊那端走过来的老师，就赶快报信。她一边说一边把门和灯关上，还让我们把窗帘也拉上。好神秘的感觉哟！

“嘘！大家快收拾好，把花藏起来，坐端正！等严老师进来时，大家齐声说‘祝严老师节日快乐’，然后一起把花献上，知道了吗？”谢小冰像个指挥员似的叮嘱我们。同学们一听，赶紧坐好，刚刚还热热闹闹的教室一下子变得鸦雀无声，好像一切都没有发生过。可是我们的心却在怦怦直跳，既兴奋又期待。

“咯噔咯噔……”严老师越走越近，我们越坐越直。啊，推门进来了！露出一张疑惑的脸。突然，陈荣催抢先冲到老师跟前，双手高举康乃馨献给严老师，惹得我们哈哈大笑。紧接着，我们全班手举鲜花一拥而上，同时拥到老师身边，大声、开心地喊道：“祝严老师节日快乐！”严老师先是一愣，但很快就反应过来了，脸上笑得像朵花儿一样。可她似乎太感动了，说话都有些断断续续了：“谢谢……谢谢同学们！”你瞧，我们的严老师笑得多灿烂呀，比阳光还要灿烂。

多温馨的一幕啊！我们每个人的心里都暖融融的。

我和学生一起“追星”

上海市闵行区浦江一中　洪耀伟

目前，中学生“追星”现象已经成为一种潮流，而学生所崇拜的偶像大多是影视歌星，只有少数人的偶像为艺术家或商人、作家等。很多中学生都为那些明星偶像着迷，盲目“随大流”，疯狂地收集明星的资料，既浪费钱财，又虚耗时间。就连我带的初三学生也不例外。马上就要中考了，他们还浑然不觉地在追随选秀节目中的“快男超女”，书包上、文具盒上都挂着、贴着明星偶像的写真照片。作为班主任，我看在眼里，急在心里，我该怎样对待中学生的“追星情结”？

那是四月的一个早晨，我照例去教室巡视早自修。和往常不一样，还没来到教室，就远远传来一阵喧闹声。我快步来到窗前，只见十几个学生围在小丽的课桌旁。“为了好男儿的这个写真集，我昨天排了两个小时的队呢，不过里面有我喜欢的组合，值了！”小丽一边挥舞着光碟一边兴奋地叫喊着。“你可不能独享啊，看好了要借我们分享啊！”旁边的学生热烈地附和着。我的出现，让教室归于平静，同学们迅速“撤离”，慌忙拿起书开始了早读。走进教室，看着黑板上“离中考还有 62 天”的倒计时，我气不打一处来，来到小丽座位旁，拿起她没来得及收起的光碟，正要发作，语文老师已经来到了教室。为了不影响语文老师辅导学生，我深吸了一口气，强压住心中的怒火，拿着光碟回到办公室。其他老师也陆续回到办公室，时尚的 90 后年轻教师看到我拿的光碟，好奇地问：“洪老师，你什么时候买的这盘碟？我也买了！不错的！”我看看她，笑笑，没有作答。望着她的背影，我忽然想到了自己的中学时代：记得当时我读高中，正值刘德华等“四大天王”风靡一时，有首流行歌曲叫《忘情水》。为了得到这张专辑，我“节衣缩食”，用了半个多月的时间才凑足 7 元钱买了这盘磁带。我那时的狂热绝不逊色于现在的学生。想着往事，我忽然哑然失笑：自己当时不也是“追星”一族吗？我迅速打开电脑，好奇地把光碟看了一遍，又查了些有关“好男儿”的资料。我突然做出一个大胆的决定：我要和我的学生一起“追星”！

下午班会课，我拿着光碟走进教室。小丽低着头，全班同学神情紧张，等待着“暴风骤雨”的来临。我却微笑着对大家说：“我发现同学们对这盘碟很感兴趣，这节课我准备和大家一起来欣赏！”同学们诧异地看着我，不知是谁带头鼓起掌来。看得出，难得的放松让他们很兴奋。整节课，学生都非常投入。临下课，我告诉同学们：“今天我们一起观看了光碟，下周我们还要举行一节主题班会，主题是‘我们一起来追星’。不过，每个人都有一个任务：谈谈你喜欢的明星和喜欢他的理由，并收集你崇拜的明星故事，和大家分享。”学生这下可炸开了锅。“我就秀秀我的周杰伦吧。”小强兴奋地说。“那我就拿我喜欢的蔡依林和你PK!”平时文静的小玲也手舞足蹈地喊着。同学们你一言，我一语，那阵势俨然成了一个新闻发布会。

经过一周的筹备，主题班会如期召开，主持人是小丽和班长，活动共分为四个板块：一、让学生谈谈自己喜欢或查阅资料后找出的不但演艺精湛而且积极面对生活，凭借毅力走上成才道路的明星，并对其演艺技术进行模仿，在实践的过程中体会、品味明星成名的艰辛。二、以学生中的“追星”现象为切入点，引出主题。三、介绍“杨丽娟追星”事件的全过程，在学生中引发“盲目追星”会产生怎样的后果的大讨论，在思索、渐悟中逐渐把问题引向深入，使学生的“追星”心理逐渐趋于理性。四、结合初三的学习生活，谈谈我们该如何理性“追星”。

在最后的总结发言中，我对同学们提出两条建议：一、要学会培养自己善于思辨的头脑，冷静的思维方式，独特的眼光。每个人都可以有自己的偶像，但选择偶像时，不能只看他的仪表打扮，更重要的是要注重他内在的风度、品质和人格。也就是说，我们要向偶像学习的并不仅仅是他们的外在美，更是他们内在的美。二、把“追星”那股热情用于学习。体育竞技场上的奥运冠军、世界冠军，他们之所以能够获得那么辉煌的成绩，是因为金牌后面隐藏着他们在赛场上的锲而不舍的拼搏、在训练时勤奋刻苦的汗水以及他们所默默承受的挫折与失败。科学家们能取得卓越的成就，离不开他们那永不言败、刻苦钻研的奋斗精神。爱迪生发明耐用灯泡绝不是一件简单的事情，光是确定使用什么做灯丝，他就尝试了几百种材料。他做过上千个失败的灯泡，最终才成功地选择了钨丝作为灯丝。爱迪生那永不言败、刻苦钻研的科学精神难道不值得我们学习吗？爱迪生难道不是我们心中的偶像吗？掌声中，我们结束了这节主题班会课。

会后，学生在周记中这样写道：“通过这次班会，我明白了一个道理：青春像一棵不断长高的树，它需要阳光、空气、养料和水分。我们不但要竭尽全力地用自己的汗水去浇灌它，而且还要以名人、英雄和明星的影响来滋润它。”还有同学写道：“我们不能盲目地去‘追星’，所谓‘金无足赤，人无完人’，明星、偶像的身上也有缺点和不足。我们要学习他们那种执著于理想的敬业精神，不要去模仿那些花哨的外表、时尚的举止。”学生的体会让我意识到：学生在“追星”的问题上有了自己的见解。

趁热打铁，我又开展了一系列的后续活动，例如：让同学们在周记中给自己喜欢的明星写封信，在每周班会课前共唱学生轮流推荐的歌曲。当然，我也融入其中，为了鼓励学生勤奋复习，我还特意推荐了许美静的《阳光总在风雨后》、群星演唱的《明天会更好》等歌曲，这些歌曲深受学生喜欢。果然，通过和学生一起"追星"，学生的学习状态渐渐改变，学习热情不断提升，部分学生书包上的明星写真也消失了。这一行动不仅满足了学生的需求、缓解了升学压力，更融洽了我和学生的关系，比、学、赶、帮的学习气氛弥漫在整个教室。

和学生一起"追星"，让我深深体会到：对学生的"追星"现象不要横加指责和过分担忧，也不要笼统地反对和排斥。采取简单粗暴的做法往往适得其反，容易使他们产生逆反心理，形成愈禁愈追，明里不追暗里追的不利局面。

喜欢娱乐是中学生的天性，"追星"实际上是一种理想中的天真，也是一种激情中的盲目。不妨我们也试着和学生一起"追星"，只有我们了解了学生要追的"星"，才可以和学生谈"星"，对"星"发表客观的评论，把"星"的优点（如刻苦练功、不懈奋斗、积极进取的精神等）和学生一起学习、分享。我们还要告诉学生：明星也是人，他们为了成功也付出了很多努力，经历过很多挫折。如果学生有什么爱好或者特长，还可以引导学生以明星为榜样，也在这些方面努力进取，这样对学生积极的人生观与价值观的形成将起到潜移默化的影响。假如只是采取扔掉光碟、撕掉相片等简单粗暴的办法，不仅学生回头无望，也许还会适得其反，不能起到较好的教育、引导作用。

让我们尝试着和学生一起"追星"吧！

第二章 学生个别化教育：开启学生心灵的钥匙

让即将陨落的学业之星在黑夜中冉冉升起

上海市宝山实验学校 陆飞飞

几年前，一部印度电影《地球上的星星》深深地震撼了我。影片讲的是有诵读障碍的八岁小男孩伊桑，虽然他已经很努力了，但作业本、试卷上还是被划满了红叉。因为成绩差，他经常受到老师的处罚、同学的嘲笑。在成人的世界中，他似乎什么都做不对，充满了挫败、自卑和痛苦。渐渐地，他关上了自己与世界连通的门，面临着倒下的危险！他是一颗地球上即将陨落的星星。所幸新来的美术老师尼克发现了他的孤单、他的才华。他用爱、时间、耐心引领他，一点点瓦解他心里的坚冰，帮他树立信心。最后，伊桑摆脱了困境，不但学会了拼、读、算、数，更重要的是他发挥了自己的才华，在绘画上取得了了不起的成绩。当看到那颗即将陨落的星星在黑夜中冉冉升起时，我深深地被震撼着，影片诠释了教育的意义。作为教师，我更认识到一名好的老师对于每个独立的孩子意味着什么。

做班主任二十多年来，每接手一个新的班级，面对50多名新学生，我都时刻提醒自己：每个孩子都是特别的，他们都是落入人间的小星星，要真正用心去和他们交流，让孩子们发挥自己的特长，让他们像星星一样闪烁。我会对每一个学生的家庭背景、个性差异、兴趣爱好、心理变化、发展特点进行了解，关注他们成长中的进步与思想变化动态，让自己不仅成为学生的组织者和领导者，而且成为慈母、严师、榜样，成为知心朋友。世界上没有完全相同的两片叶子，世界上也不会有完全相同的两个学生。我所尽力做的是给他们以充分的了解和尊重，用智慧的教育引导和培养他们。

在多年的提高班班主任教学中，很多家庭经济条件优越的学生，一般都是从小学习成绩比较优异、表现比较突出的学生。他们的特点是自尊心较强，不服输，对自己要求比较严格。由于长期在顺境中成长，他们非常怕被老师批评、怕被其他同学看不起，因此在学习上和工作上表现得非常争强好胜，但是心理往往又很脆弱，承受挫折的能力不强，一旦受到挫折，容易产生忌恨、自卑、消极或者自暴自弃的心理，容易在学习和生活中走下坡路。这样的学生，往往在表象上是非常优秀的，学习成绩良好，工作也非常积极，是外人眼里的“优秀学生”，但他们看似美丽的花儿一样，开得很绚烂，却经不起挫折，仿佛昙花，美好转瞬即逝。因此教师要关注学业优秀生的可持续性发展，让优秀的学生更加优秀。那么，需要采取什么样的方法呢？下面是我实际工作中尝试的一些心得。

【案例描述】

一位名叫刘某某的男生，2009 年 7 月考入我校第一提高班。他是带着其他小学同学们的羡慕、家长的期盼来到学校读书的。入学以来，他在学习上就非常刻苦。在入学第一、第二个学年，他的表现非常突出，积极参加各项活动，加入了校学生会，成为学生会干部，是老师眼里公认的“优秀生”。可是到了第四学年初始，他却产生了翻天覆地的变化，表现为：不愿意参加任何学生活动，思想消极，对什么都采取无所谓的态度，学生会的各种活动能推就推，学习成绩也有所下滑。如果继续下去，他就会从一名积极进取的优秀学生变成一个不思上进、虚度青春年华的青年，甚至可能在初三第一学期的质量管理选拔考试中失去机会，所走的人生道路将会发生很大变化。

【辅导过程】

一、寻根问源

针对小刘的状况，我通过和他谈心，了解了他转变的真实原因。我发现该生的状态从刚入学初的自豪和自信变成了自卑和自怨自艾。这样大的转变主要是由以下两件事造成的。第一件事：该生对学习数学的要求很高，也一直认为自己的数学水平是数一数二的，初一、初二时也获得了多项全国、市级数学竞赛的大奖。可是初三两次重要的数学竞赛的初赛，他竟然都没出线，后来看到班级里好多同学接二连三地拿到获奖证书，更对他造成了大的打击。此后他上数学课再也不敢主动发言，总觉得任课老师和同学们会嘲笑他，对数学的学习兴趣一落千丈。第二件事：随着初三升学竞争日趋激烈，每次考试，他考得好，家长就说班级比你考得好的人多着呢，有啥了不起；考得不好，家长轻则唉声叹气，重则高声训斥，甚至痛打一顿。家长对考试成绩的态度，让他觉得活得很累，总感觉自己变笨了，怎么努力也比不上别人。

二、分析原因

得知小刘有了以上的心理问题，我开始认真分析他的举止言行及其周围环境，找出其心理问题形成的原因，为以后的心理辅导（帮助他去掉优秀学生身上的光环）做准备。孩子的性格与能力有很多差异，呈现出不同的层次。少数优秀生由于受到过度的、甚至是不当的表扬，变得骄傲自负。小刘从小学到初中成绩一直很好，又有较强的组织能力，老师很喜欢他，家长更是视他为掌上明珠，他从来没有遇到过挫折，渐渐形成了自负的心理。所以作为班主任，首先要驱散优秀生身上的光环，其次要引导、激励学生发现内在的"我"，引导他意识到自己的缺点，意识到自己并不是十全十美的，感到有改正缺点的必要，并让他认识到每个人都各有所长各有所短，如果没有认清自己，就注定会输，所以，要全面、客观地认识自己，发现真正内在的"我"。

同时，我认识到，家庭教育必须与学校教育形成一股合力。没有家长们的积极参与，学校的教育是难以获得最佳效果的。同一句话家长说多了，不是缺点也成了缺点了。表扬，表扬不起；批评，效果也很差。我想，如果小刘的爸妈不用苛刻的眼光去看自己的孩子，小刘就不会对自己那样地没有自信和勇气。教师要引导家长学会赏识自己的孩子，还要让孩子学会自己赏识自己。这样，孩子就有了自尊、自强、奋发向上的勇气。

三、激励辅导

1. 小刘是我的数学课代表，我们的关系比较融洽。交谈的第一句话，我就说"今天我是站在朋友的角度想和你说说话"，以此与学生交朋友，拉近与学生的心理距离。我们由师生关系变成了朋友关系，彼此心理的距离拉近了。

2. 教室、办公室和人多的地方不便于谈话。我选择能使他放松、愉快的谈话地点——篮球场。创造自然宽松的谈话环境，便于心与心的交流。

3. 我以我自身初三毕业受挫的事作开头，把自己和他放在平等的位置上，循序渐进地引导他多思多想，让他自己去领悟。用"你想想"、"为什么呢"、"我建议"、"你可以试试"等引导的语言，收效好，能达到心理辅导的目的。

4. 教师要随时关注被辅导的学生的情况，不断给予心理辅导。成功的心理辅导不是一次就可以完成的，它是要经过长期多次反复才能完成的。我随时关注了解小刘的情况，及时与其进行心灵交流，给予心理辅导。为了保护他的积极性，除了平常的关照外，我尽量多地表扬他与众不同的地方。几次小测验后他非常渴望自己继续进步。如果取得进步，我就这样鼓励他："继续努力你会做得更好。"如果考试有失误，我就用这句话激励他："老师认为你的水平没有完全发挥出来。"半学期下来，该学生的学习成绩达到出人意料的程度，在初三第一学期的质量管理选拔考试中考了全区第二的优异成绩。我通过“常识教育”鼓励他走出了自卑的阴影。

5. 由于小刘家长怕孩子从小骄傲，在教育中一味地指出孩子的缺点，去强化它，于是孩子真的认为自己有那样的问题，心灵就慢慢倾斜了。所以教师要与家长多交流，帮助家长学一点教育学、心理学知识，让他们了解一些现代教育的特点和规律，学会了解孩子、尊重孩子、赏识孩子、理解孩子，掌握一些教育子女的方法和艺术。

【案例反思】

在日常的教学活动中，教师要充分认识优秀生在学生群体中的特殊性。优秀生不同于一般的孩子，他们的学习成绩非常好，长期生活在一个充满正面评价的环境中。他们认知兴趣浓厚、求知欲旺盛、注意力集中、记忆力强、思维敏捷、善于理解、有独创性，他们注定是学生群体中最耀眼的明星，很容易得到老师的宠爱，受到同学的羡慕与尊敬，在班集体中有很强的优越感。但是，正是因为这种过分的重视和额外的关注，使他们容易形成自负、自私、脆弱等不良性格。教师要充分认识他们在学生群体中的这种特殊性，并根据其特殊性采取相应措施，给他们以切实的帮助，帮他们走出误区，成为一个真正优秀、阳光的好学生。

罗森塔尔认为，教师自觉或不自觉的对学生的态度，无形之中会大大激发学生的积极性。教学艺术不在于传授本身，而在于激励、唤醒、鼓舞。鼓励与赏识对学生尤其重要，所以教师要用自己的热心去点燃学生的热情和信心。班主任要充分发挥作用，利用学校、家庭和社会的合力，培养学生良好的心理素质，使孩子正确对待挫折，拥有健康的心理、健全的人格，在全面发展的基础上更上一层楼，走向更加广阔的天地。

班主任作为一个班级的教育者、管理者和组织者，承载着孩子们的梦想和希望，承担着创建优秀班集体的重大责任。回顾二十多年来的班主任工作，我所接触的学生形形色色，如何因人施教，开展智慧教育，有针对性地对每个孩子进行引导和培养，是摆在我们班主任面前的一个看似简单却永不完结的课题。

拨动孤独孩子的心弦

上海市第三女子中学　於　丰

曾有常年不做班主任的同行说："高中的班主任工作就是烧好三把火：给学生立好规矩，不断地强化规矩，一切都按规矩做。一旦有了规矩，班级就会自动运作了，班主任也就轻松了，解放了。"

曾有一位深爱市三的毕业生说过："我最羡慕市三大草坪边的香樟树，它们陪伴学妹成长，见证一届届学妹们的蜕变，每天所见都是美好。最感谢市三的班主任，他们的工作看似轻松，给学生的空间看似宽松，其实外松内紧，因此才有我们的恣意、诗意的生长。老师们累的是心，因为他们用的是真心，付出的是真感情。"

前者看到的只是市三班主任工作的表面，后者道出的才是市三班主任背后的真心付出。在这所只有女生的学校，身为班主任的我们，一言一行和一举一动都在拨动着学生们敏感而孤独的心弦。

一、我来自异次元世界

在高一新生入学后的自我介绍会上，小C曾说："我是一个来自异次元空间的女孩。"之后她的军训日记果然与众不同，没有烈日骄阳，没有流汗流泪，没有立正稍息，有的只是云淡风轻，似乎她不是在基地挥汗如雨地军训，而是在野外无忧无虑地郊游。与其他同学相比，小C似乎真的生活在一个与现实平行的异次元空间里。

家庭访问后，我了解到，小C是由妈妈独自带大的。妈妈虽然事业成功，但是工作辛苦，压力很大。小C也能够体会到妈妈的辛苦，在家很是乖巧顺从。

此时，我给小C的关键词是：爱动漫，小清新，文艺范儿。于是，她成了我们班的语文课代表。优美的文笔、独到的视角令她的文章有新意，有深度。她也在各类征文比赛中屡有斩获。文字成就了她的自信，也是她与外界沟通的工具。

某日，小C的长发不见了。然而我对她的一句"蛮酷的"的称赞，换来的却是小C的泪眼婆娑。怎么回事？一句平常的赞赏怎么会如此剧烈地触动她的心弦？

原来小C的长发是被她妈妈剪乱了，才不得不换成短发的。因为小C的妈妈觉得，小C每天为了维持头发的柔顺美丽花费了太多时间，影响了学习。在多次劝说小C剪短头发的努力都宣告无效后，小C的妈妈愤怒了。她拿起剪刀一通乱剪，迫使小C把长发变成了蘑菇头。小C觉得妈妈太专制，管得过多过紧；妈妈觉得小C浪费时间，不体谅自己的苦心。母女二人陷入冷战。

为解开小C对她妈妈的芥蒂，我用了一个素材来开导她。

这个素材曾经是网络上流传很广的一个故事。

素材1：

年迈的父母对孩子说：如果，当我一再重复述说同样的事情，不要打断我，听我说。你小时候，我必须一遍又一遍地读着同样的故事，直到你静静地睡着……

当我的腿不听使唤，扶我一把吧，如同我曾扶着你踏出你人生的第一步……

有一天你会发现，即使我有许多过错，我总是尽我所能要给你最好的……

母亲节前的班会课上，小C和她的伙伴们一人一句深情地和着音乐读了出来。仿佛一片羽毛拂过心尖，我全身的毛孔都在共鸣，我相信小C也和我有同样的感受。

后来，小C说，她给妈妈写了一封很长的信，母女又言归于好。

我当初看完这个故事之后心里很有感触，就没舍得删，收在了电脑里，没想到真的用到了。但仅仅是故事不免单薄，在合适的时机，由合适的人读出来，才能事半功倍。十六七岁的孩子较容易产生叛逆的心理。在讲究个性、推崇自我的社会环境下，这种心理来得便愈发强烈。父母们也往往觉得奇怪，在小学、初中阶段乖巧柔顺的孩子到了高中阶段怎么会变得难以沟通。当出现这样的情况时，老师或家长如果能够保持细心和耐心，给予她们一定的引导，通过适当的方式表达对她们的尊重和认同，最终还是能够重新建立起和谐的师生关系或亲子关系的。

二、《小孩不笨》

素材2：新加坡电影《小孩不笨》

这部电影不是大片，演员里也没有大明星，情节既不曲折也不离奇，就是一些各家都会遇到的平常事。我看完了电影的第一部和第二部，又去看了电视剧版本。作为一部家庭喜剧，它不仅让你觉得十分搞笑，更能让你在笑声中怀有一份感动，触动你的内心。

电影讲述的是来自不同阶层、不同家庭的三个孩子，在成长路上的一件件小事情。例如，来自中产家庭的Terry拼命地攒钱，目的只为买爸爸的一个小时（在他每天晚上熟睡之后，才会出现在他卧室门口的爸爸的一个小时）。类似的情节虽有戏剧的加工，却真能让人动容，引发思考。因为，在所有的情节背后，我们都能看到三个孩子的父母对子女无条件的爱。但是，如何去爱，用什么方式去爱等问题尤其值得我们去思考。

在长假前的班会课上，全班一起欣赏了这部电影的一些精彩片段。我对学生们提出的要求是：首先，以旁观者的角度客观评价剧中人物遇事后的反应；其次，探讨一下，如果你是主人公，你会如何做；最后，在假期里和父母一起观赏这部电影，并结合自身的情况，检查一下自身是否存在与剧中的小孩一样的缺点，并“有则改之，无则加勉”。

节后返校上课，当我问起小C是否和她母亲又起冲突时，她腼腆地笑笑说：“我们现在是好朋友呢。”

《三字经》中说“养不教，父之过”。这说明家庭教育对孩子的影响是巨大的，家庭是孩子人生中第一个乃至使其终身受教的“学校”，父母则是孩子人生中第一任乃至终身的老师。父母的教育在孩子的成长过程中，起着不可替代的作用。父母自身的一言一行以及对孩子的教导，对孩子三观的正确养成具有重大的影响。

但是，对于十六七岁的中学生来说，他们的自我意识已经形成，为了证明自我存在的价值，常常喜欢标新立异。在很多父母的心中，孩子还是小时候的言听计从的乖样子，他们无法接受孩子正常的逆反，更不能忍受孩子背着自己去做自己再三反对的事。常常听到父母说的一句话就是：“这个孩子小时候很听话的，长大了怎么这样了？”孩子们渴望自由、渴望尊重，家长们却不习惯孩子的成长。父母们会在不自觉中对孩子进行监视、讽刺、挖苦、啰嗦、批评。对孩子而言，对尊严的伤害是其无法接受的。双方的矛盾由此引发并因此扩大，不加控制的话，情况会变得越来越糟。

三、《葳葳画点》

素材3：绘本《葳葳画点》

这个绘本画面优美、叙事明确、图文搭配和谐，具有所有优秀绘本具备的特点。更重要的是，该绘本中的故事内容具有一定的教育意义。一些故事虽然看似简洁明了，但是其包括的内涵能够发人深省，对读者来说，具有一定的启发性。

故事的大概内容如下：美术课后，葳葳的纸上仍然空白一片，她对老师说："我就是不会画图！"于是，老师鼓励她试着画几笔，但她只是在纸上点了一下，老师并没有责怪她，而是轻声对她说让她签名。没想到一星期后，葳葳发现自己那张只画了一个点的画，居然挂在老师的座位后面。于是，葳葳对自己说："嗯！我可以画得更好！"……故事的最精彩之处在于结尾。当葳葳的图画得到大家的认可时，她不忘用同样的方法鼓励一个仰慕她的小男孩。

这不正是一个关于激励的好例子吗？老师激励同学的例子随处可见，而同学之间相互激励的场景就不多见了。一次班会课上，我要求大家针对一个问题来一场头脑风暴。在班会展开的过程中，同学们都争相表达了自己在新学期的学习中遇到的问题，并群策群力，寻找对策。在这场讨论之中，小C的身份是会议记录员。她用诙谐的语言、可爱的涂鸦，把同学们的言语有条理地呈现在黑板上。在同学们讨论的过程中，她仔细倾听同学们的想法，认真记录，最后将其转化成大家都能理解的方式呈现出来。下课后同学们纷纷拍照记录，发到各种社交媒体上。同学们的这些举措对她来说，也是很好的激励与鼓励。

一株小树苗，若孤单地种植于荒郊，即便成活了，不是枯败多节就是变曲畸形。但若植于森林中，由于枝枝需争抢雨露，棵棵要争取阳光，反而成就出根深叶茂的参天大树。一个人的成长也是如此。经过设计的班集体活动，可满足学生参与、表现、成就、发展等需求。

四、用实践终结流言

素材4：《流言终结者》

纪录片《流言终结者》用实验来检验流言的真伪。它的表达是幽默的，但它的内容是科学的，方法是严谨的。在《流言终结者》这一课的学习过程中，通过学生对自己看过的印象深刻的科学纪录片的描述，我知道了BBC的《野蛮花园》，知道了美国前副总统戈尔拍摄的《来之不易的真相》，知道了《海豚湾》。好的纪录片，如同好书一般可以影响人的心灵。某些纪录片向观众传达了善于质疑、乐于探究、勇于实践、积极向上的精神。同时这节课学习过后，孩子们和我一起定下了好好学习科学的愿望。

虽然上海学生在PISA测试中取得了举世瞩目的成绩，但科学素养却绝不仅仅是会做几道题。诺贝尔物理学奖获得者、美籍华人朱棣文说："美国学生的学习成绩可能不如中国学生，但他们有创新及冒险精神，有时会做出一些难以想象甚至疯狂的事情，所以往往能够创造出惊人的成绩。”美国芝加哥大学米勒教授提出了公众科学素养的三项标准，分别是对科学技术、科学研究过程和方法以及科学技术在社会中的影响的理解。纪录片对于这三方面素养的提升都起着重要的作用。孩子们用追美剧的热情来追纪录片，用讨论八卦剧情的热情来质疑纪录片中的实验，呈现出了良好的学习效果。

老师在课堂上的讲述可以被认为是某一情境中的一种示例，而同学间的讨论则可以被看作另一些不同的情境，情境的创设无疑对学生构建和理解概念是有益的。老师应鼓励这样的讨论常态化开展，使其习惯化，为它们腾出时间、拓出空间。课堂的变化也将带动班级的变化，学生不再处于纯粹被动接受的地位，他们有思想、敢表达。在潜移默化中，班集体就能逐步形成民主和谐的班级氛围，形成积极向上、个性张扬的班级文化，而这也是我这个班主任应该做的。

在《第五项修炼》一书中，作者认为学习型组织的成员能够“不断突破自己的能力上限，创造真心向往的结果，培养全新、前瞻而开阔的思考方式，全力实现共同的抱负，以及不断一起学习如何共同学习”。班集体，是一个学习型组织，教师要让班级中的每一个孩子都为实现目标而努力，让共同学习发挥出更大的效果。

这些素材来自于我在平时教学实践中的积累。班主任的工作是细的，是微的。班主任的工作对象是一个个个性鲜明的孩子，他们需要我们持之以恒地加以关注，运用各种机会示之以范，通过各种方法导之以行。

让孩子找到自己的方向

上海市南洋模范中学　杜嘉陵

新年初，我接待了两位意外的访客——多年前的学生妮妮和她的妈妈，惊喜之余，勾起了我的许多回忆和思索。

一声奇怪的叹息

妮妮所在的高二(1)班是我开学后因故临时接手的。照惯例前任班主任要介绍一下同学的大致情况。前任班主任对照着学生名单告诉我某同学很能干，可以任用；某同学有点小调皮，得用心调教；轮到妮妮名下时，她却欲言又止，最后一声长叹，说："这小孩你还是自己去感受吧，我也不想说什么了，我也无话可说。"这一声奇怪的叹息让我记住了妮妮的名字。

一个神秘的电话

"上任"不久，我就在办公室接到一个神秘的电话。一个女声用似乎刻意压低的嗓音说，自己是妮妮的妈妈。"老师，我们见见面好吗？"

"好的，是您来学校，还是我到您家来？"我问。

"哎呀，不行不行都不行！"听得出话音里透着紧张和焦躁。

"我们找个咖啡馆见见好吗？"她说。

"为什么？"我觉得很奇怪。

"我有很多话想跟你说，学校里不方便；妮妮正在家里，你来了她肯定认为我又跟老师告状了。"

"哦——今天她给我发消息说身体不舒服，请假半天。如果您觉得学校办公室不方便，那我找个会议室谈谈好了。"

"不行的，会碰到同学和其他老师的，迟早妮妮都会知道我去了学校，会很麻烦很麻烦的！"

拗不过这位家长，最后我和她在校外的一个咖啡馆见了面。说起妮妮的事，一说就说了整个下午。

一个"麻烦"的女孩

原来妮妮没来上学不是什么身体不舒服，而是不想起床，不想上学。妈妈叫了一次又一次也没用，叫到后来，她便开口骂起来。不肯起床的一个原因是晚上基本没睡觉，半夜灯还亮着，估计又是上网什么的。

“我们天天苦口婆心地劝她好好读书，她就是不听。话也不跟我说，看见我像看见仇人一样。”

“天天挂在网上，不做功课，谁说她就跟谁翻脸。”

“也把她的网线拉掉过，她就大骂，骂得要多难听就有多难听！还满地打滚，跟她爸爸也吵，叫得左邻右舍都听见，丢死人了！”

“还在家里砸东西，满地都是啊！”

“她爸爸和我都气得饭也吃不下，她像什么事也没有一样。”

听了这些话，我也很吃惊。看来这真是一个“麻烦”的女孩啊！

妮妮的妈妈边说边擦拭眼睛，眼圈红了一次又一次。

谈心、批评、断网，这些措施都尝试过，但似乎没什么收效。

“老师，麻烦你想想办法帮帮她，帮帮我们全家吧！我已经彻底‘没方向’了！”妮妮妈妈恳求道。

最后，妮妮的妈妈千叮万嘱，千万不要告诉她女儿她来找过我，千万装作什么也不知道。

“怕女儿”怕到这个地步，还真是少见。

一双灵活的眼睛

妮妮来学校后，我遵照她妈妈的意思，装作什么也不知道，只问她：“身体好些了吗?”

“好多了，谢谢老师！”妮妮甜甜地笑着回答，一副“乖孩子”模样。

我注意到妮妮有一双大大的眼睛，灵活地转来转去，透着几分聪慧、几分狡黠，似乎还在观察我的反应。

我发现这个女孩虽说学习上显得漫不经心，但表情反应都很“活络”，小动作有点多，眨眼、挤眉，表情很丰富，变化很快，似乎总在动个不停。我看她的时候，她都会送上甜甜的笑容。

想起老班主任的一声长叹，我想：她是不是想在我这个新班主任面前重新塑造形象？何不利用这一点，与她沟通呢？

于是，好像不经意似的，我和同学聊起了兴趣爱好。小姑娘们叽叽喳喳地说东道西，话题扯到流行的韩剧日剧，妮妮显得特别兴奋，热情地向我推荐好看的片子。

“好啊，什么时候向你借几张看看。”

“没问题，我家里好多好多呢。”妮妮很爽快地答应了。

借此机会，我做了一次家访。妮妮的家在城市的繁华地带，房子很宽敞，生活条件优裕。妈妈为了照顾她的生活，做了全职太太。

妮妮自己的房间里，有电脑，有各色的卡通画，有一叠叠的DVD。

“周末、假期里天天看日剧韩剧，还非得去上日语班。”妮妮妈妈说，言语中透着怪女儿不务正业的味道。

“如果有时间学学外语也挺好啊！”我说。

妮妮的大眼睛转来转去地看。

“真的，学习语言也是一项重要的能力培养。不过不能荒废了课内学业哦！”我又叮嘱一句。

妮妮眨巴着大眼睛笑着。

家访之后，我借了妮妮的几张DVD，抽空看了一些，有时和她交流几句，我们的关系似乎近了许多。我又和她妈妈见了几次，和前任班主任细致地作了交流，才得知，妮妮其实还有疾病，医学上叫做“秽语抽动症”，难以自控地好动，会用污言秽语乱骂人。她在学校和同学，在家中和父母，都曾经爆发过大冲突，闹得不可开交。爸爸妈妈带她寻医问药，情况时好时坏，状态没办法稳定，最后爸妈都怕了她了。在用尽各种方法、做了各种努力之后，妈妈绝望了，因为妮妮曾在高一时开煤气自杀，所幸后来救了回来。

一番思考与努力

了解了这些详情，我很震惊。我认真查阅了有关这种病的资料，综合了与妮妮、家长、老师的多方面交流信息，思前想后，做了很多的分析，然后梳理了这样一些内容。

一、现状表现

1. 不喜欢上学，对学习马虎，成绩落后。

2. 好动，难以安静。

3. 喜欢上网、追剧，因而熬夜，早上起不来，有迟到、缺席情况。

4. 被触怒后会用污言秽语骂人；与家长和某些同学发生过冲突，关系紧张。

二、原因分析

1. “秽语抽动症”的病情所致。

2. 兴趣点不在课堂学习，喜欢的是日剧、动漫等。

3. 在我们这样一所重点中学里，学习基础不够好、成绩不好的妮妮不容易得到肯定，因而更没有了学习的动力。

4. 家长对其学习成绩的期望值过高，她难以达到，造成压力之下的“反抗”心理和行为。

5. 妈妈天天在家，事无巨细的关心反倒造成了过多的约束。家长心态的焦虑，让家庭氛围变得紧张。家长对孩子问题的处理方式比较简单，就是指责甚至责骂。

6. 生活没有目标，没有方向，缺乏上进的动力。

三、对策探索

1. 既然身体有疾病，就要积极对症治疗，不要耽误，要寻求医生的专业治疗和指导帮助。

2. 不能用过高的标准来要求她，学校和家庭都应有更多的理解和包容。

3. 妮妮注意力不容易集中，好动。希望能利用她的爱好，触发她的兴奋点，培养她的专注力，顺应她的特点去激发其发展，因势利导，激发她学习的动力。

4. 对这样特别的小孩更要讲究方式方法，多关心，多鼓励，多引导，少批评，形成一个正向的氛围。

5. 加强与家长的沟通交流，让家长调整对其学业成绩的期望值，学习尊重孩子的特点和爱好。

6. 学校、家庭等多方面努力，共同营造更加宽松、平和、安静的环境。

7. 积极利用同伴影响的作用，发挥正面影响力。

我用了不少时间，与妮妮妈妈不断沟通，将我的这些意思或委婉或明确地表达出来。在不断的想法碰撞中，她妈妈渐渐接受了我的一些建议，开始放松心态，积极面对，开始学习鼓励、表扬女儿，而不是一味指责，同时也尊重她的爱好，不再反对妮妮追日剧。这样，妮妮的态度也缓和起来了。

妮妮的一篇随笔，写了家中的一箱啤酒在等待着爸爸的归来，写得不乏生动。我及时抓住这个契机，在课堂上向全班朗读，赞赏她文中的温暖情感和形象的表达，妮妮灵动的大眼睛里充满了笑意。同学们投过去的目光让她得到了一份自信。

学校里社团活动不少，根据她的爱好，我鼓励妮妮参加“动漫社”等活动，让她在社团中找到兴趣相投的伙伴，找到自己的快乐。

班级活动中，我发现妮妮真的是一个灵活机智的小姑娘，游戏中所有同学都被淘汰了，唯独她还没被罚下。她反应快，动作灵活，还善于应变。在我的鼓励之下，在同学们的掌声中，妮妮很是开心。我当着她妈妈的面表扬妮妮，妮妮脸上满是得意。

我鼓励班干部、同学多跟妮妮交流，暗示妮妮是个聪明、有潜力的同学，希望同学们能消除心理阴影，乐意和她做朋友。

我常常跟妮妮和她妈妈交流，并反复表达这样一个看法：对于学生来说，学习是重要的，但成绩不是一切。在这样一个多元化的社会里，我们每个人要根据自己的特点，努力寻找适合自己的发展方向。世界很广阔，生命很精彩，每个人都有自己的独特风采。我列举了自己的同学、朋友等鲜活的例子，告诉她们成长、成才的路有很多，关键是要找到适合自己的那一条。

妮妮语言学习能力很强，可以在这方面发展自己。她热情、活泼，可以多发展交际、沟通能力。

我又跟妮妮强调，要想未来追求自己的所爱，就得现在认真学习，打下坚实的基础。有了基础，才可能跃上更高的平台。学习中自有乐趣，关键是要静下心来去发掘、去体味。

我们形成了一个约定：大考达到预定的目标，妮妮假期就可以去上日语培训班，学习自己喜欢的日语。而大考的成绩目标，是我和妮妮、妮妮妈妈三方共同商议制订的。

在我们几方面的共同努力下，妮妮的整体状态平稳了，渐渐地不熬夜、不迟到缺席了，学习也有了进步，较为顺利地完成了高二的学业。她和同学相处得和平友好，没有再发生冲突。她在家里的表现曾有反复，但在学校里，我看她一直力求做个“乖小孩”，甜甜的笑容始终挂在脸上。

妮妮妈妈的焦虑情绪也得到了缓解，看到妮妮的进步和改变，她屡屡高兴地跟我说起。

高三分班后妮妮不在我班级了，后来高考了，她没有读考取的学校，而是去了国外。

一张自信的笑脸

好几年过去了，现在我面前的妮妮，一身精致的小洋装，薄施粉黛的脸上满是自信的笑容。妮妮说她在国外学习传媒专业，很快就过了语言关，教授常表扬她胆子大、反应快、能力强。她在同学当中是佼佼者呢。妮妮妈妈不断用爱怜、自豪的眼光看着女儿，又不断说谢谢老师当年的指导，帮助妮妮，帮助自己的家庭熬过了一个难关。妮妮说，最忘不了的，是老师让她寻找属于自己的方向，如今她在传媒这个专业里学得很开心。

妮妮自信的笑脸一直在我的脑海里回荡。

“世界上没有完全相同的两片叶子”，世界中的人也是各色各样的。而教育现实中，我们培养学生的方式是否太过单调？仅仅用成绩来衡量学生的方式是否过于单一？已经有很多例子促使我思考这些问题。一些在学校“不得意”的学生换个环境却大放光彩，一些“高材生”走入社会却表现平平。这已经不是个例。所谓因材施教，就是指对待不同的学生，我们教育工作者应该有一些不同的应对方法。对待生病的孩子，更要多一份爱，多一份包容，多一份激励。每个人在成长的过程中都应好好地发掘自己的特点，找到适合自己发展的走向，从而激发自我追求的激情，而老师则应该在其间起到引导、助力的作用。“师者，所以传道受业解惑也。”帮助孩子在生命的迷茫中找到自己的方向，应是为师者的责任。

摇醒孩子心中那一方蔚蓝的天空

上海市枫泾中学　申淑敏

欣赏型德育模式建构研究的主持者，北京师范大学檀传宝教授说：“作为一棵风中的树，我一直想摇醒天空……”作为欣赏型德育课题的实践者，我们正是那风中摇曳的树，唯有秉承跋涉前行、执着追求真善美的信念，才能在荒芜贫瘠的地方勾画出美丽的风景，在缺少温暖的地方照耀出灿烂的阳光，在干涸皲裂的地方倾注甘甜的雨露，在没有花香的地方播撒春天的种子，带着微笑、关爱、宽容、欣赏，摇醒孩子们心中那一方求真、崇善、向美的天空。让我们在美丽的德育中，倾听花开如歌的音律，书写灵魂共鸣的感动。

一、警钟，在脑海里长鸣

多年的班主任工作，让我深深地认识到，每个孩子都是独一无二的，孩子之间是千差万别的，正如一株株含苞待放的花蕾，在风中等待雨露的滋润、阳光的温暖。小周同学就是这万花丛中渴望呵护、等待关爱、期盼欣赏的一朵。

2010年9月，预备班新生报到的第一天，我发现我的班里有个叫小周的男同学不仅不会写字，而且几乎不认识字。每当他在众人面前语无伦次地讲话时，总会引来哄堂大笑，还有同学高喊着：“老师，他是白痴，你别理他。”每当此时，小周同学都会条件反射似的缩紧身体，怯怯地趴在课桌上，用眼角偷偷地看着我，那副可怜的样子让人心疼！

为了全面了解小周的情况，我对小周进行了家访。在与小周的妈妈的交流中，她的泪比话多，痛苦地重复着一句话：“我的孩子只有幼儿园小班孩子的智商，我们没有希望了。”

周妈妈痛苦失望的泪眼和无奈的话语，小周在同学们的耻笑声中那恐惧无助的样子，就像一根无形的鞭子在抽打着我心灵深处最柔软的地方。小周因智商问题不能正常学习文化课，而那些智商正常的孩子们不懂得同情、不懂得关爱的嘲笑声更像警钟，在我脑海里长鸣！一个孩子就是一个家庭的希望啊！我怎样才能用自己微薄的力量给小周一点温暖，用自己的努力点燃这个家庭的希望，引导全班学生拥有一个博爱的胸怀，拥有一双审美的眼睛，学会关爱，学会宽容，学会欣赏，学会尊重？

二、关爱，给心灵撒一片阳光

“美丽的教育造就美好的人生”是我们华东师范大学附属枫泾中学的办学宗旨。作为班主任，如何挖掘、落实这个宗旨的内涵，如何让每一个孩子都能够享受美丽的教育，成为我不断思考并认真践行的一个课题。

新学期第一周，我带着学生参观美丽的校园，欣赏文化长廊中历届师生的作品，向大家讲解学校蒸蒸日上的发展史，又组织同学们走上讲台模仿老师进行自我介绍，并展示才艺。之后，我让同学们写“新学校印象”。

小周同学按时交了作业，但是，作业上书写的仅是几个无法辨认的符号。我在小周的作业上批注：“小周同学，你能按时交作业，真是好样的！好孩子上课就能认真听讲，积极发言。老师等着为你良好的表现鼓掌喝彩！”此后，小周每天都按时上交画着大家看不懂的符号的作业。我每次都很认真地给他写上几句鼓励性的批语，并在他的作业中打上分数，60分，75分，80分……我和搭班的语文老师沟通后，善良的语文老师也在小周的作文下面批注：“老师很喜欢你！”

终于有一天，在小周交给我的数学作业上我看到他写出了几个歪歪扭扭、缺胳膊掉腿的字：“最小的素数是2”。尽管这并不是当天的作业内容，但我兴奋地挥笔打出100分，并写下批语：“小周同学，你的努力创造了奇迹！在我们阳光班的天空中，你就是一颗冉冉升起的星！”

有一段时间，我发现小周天天帮小琳扫地，就问小琳是怎么回事。小琳说，在小学时她和小周是一个班的，同学们都说小周是白痴，不和他玩，但她从来没骂过小周。从我给小周作业上写批语那天开始，小周就天天让小琳念给他听，所以就非要帮小琳扫地，还常对小琳说，班主任老师是最漂亮最好的老师，他最喜欢老师常常在同学们面前表扬他，给他鼓掌。

小琳的话，让我眼前一亮：一个智商不高的孩子却有着如此高的情商。有科学研究表明，一个人的成功20%取决于智商，80%由其他因素决定，其中最重要的是情商。美国哈佛大学著名的心理学家丹尼尔·戈尔曼(Daniel Goleman)在《情商》一书中这样表述：“智商高，情商也高的人，春风得意。智商不高，情商高的人，贵人相助。智商高，情商不高的人，怀才不遇。智商不高，情商也不高的人，一事无成。”可见情商是一个人的基本生存能力，决定着一个人其他心智能力的表现，也决定一个人一生的走向与成就。小周，一个懂得感恩、懂得关爱的孩子，谁能说他的情商不高呢？我分明看出小周那片“心空”中的蔚蓝和晨曦！

三、欣赏，让生命得以灵动

鲁迅先生说得好："教育是植根于爱的。"爱是教育的源泉，教师有了爱，才会用伯乐的眼光去发现学生身上的闪光点。

为了陶冶学生的情操，也为使上了半天课的学生放松身心、文明用餐，我安排班里的电器管理员在上午最后一节课结束后播放世界名曲。在悠扬的乐声中，随着音符的起伏舒展，我发现小周一边静静地用餐，一边随着音乐的节拍轻轻地晃着头，感到很是惬意。

一个上了五年小学却不认识字的孩子居然乐感这么好！我再一次看到了小周同学身上的亮点，于是在随《运动员进行曲》高摆臂走步的训练中，我让小周和文化课成绩最好的小朱同学一起给同学们做示范。在我欣赏性的鼓励中，小周不但节拍踏得很准，而且昂首挺胸，九十度高摆臂动作越做越好！在大家热烈的掌声中，小周激动得满脸通红，兴奋异常，再不用趴在课桌上用眼角怯怯地看大家了。

从此，小周每次上课都会坐得十分端正，听讲非常认真。虽然他大多数内容都听不懂，但每天能坚持坐下来，这实在是一种令人敬佩的毅力啊！虽然他的作业写得仍然让人难以辨认，但每一次都能按时交并且写得很认真，谁能说他的学习态度不端正呢？在我的课堂上，小周得到的掌声自然最多。

在老师和同学们一次次的表扬和掌声中，小周能够举手发言了，虽然他还是不会写，但已能记住老师刚刚讲过的一些内容，能够口头表达出来。更令人欣慰的是，不仅再没有同学耻笑小周，说他是白痴，每当老师提出问题，只要小周能结结巴巴地说出大概意思，同学们还会不由自主地报以热烈的掌声。师生们这种由衷的鼓励和友好的态度，好像给小周注入了清醒剂，他每天除了在课堂上认真听讲，按时交纳作业外，还自觉地承担起没有人安排的工作：课间他会一声不响地在教室里捡拾地上的纸屑垃圾，轻轻地帮同学们把课桌摆放整齐，及时更换教室里洗抹布的脏水。

做好事一次两次不足为奇，令人感动的是他竟能天天如此。

小周默默为班级做奉献的行为就像一面无形的旗帜在同学们眼中飘扬，而我恰到好处的表扬又像一面战鼓在同学们的心中激荡。营造整洁的学习环境，助人为乐献爱心，发奋学习，积极参加校内外有益活动的良好的班级氛围逐步形成。

我清楚地看到，学生那方晴朗的“心空”中的温暖的阳光。

第一学期期中考试后，按照我和同学们一起制订的班级制度，我班需要改选班干部。经过民主选举，小周被同学们全票推选为劳动委员。

当小周在同学们热烈的掌声中走上讲台时，他的小脸因为激动而涨得通红，他做梦都没敢想过自己会成为班干部，而今天，在阳光班这个温暖的大家庭中，他用自己的实际行动赢得了同学们的信任和厚爱。小周同学站在讲台上时的那种自豪和幸福也在感染、激励着全班同学。大家深深地感悟到在阳光班这个温暖的大家庭中每个人都可以沐浴着爱的阳光，尽情创造、展示自己的美。

四、灵魂，在美善互融中共鸣

家长是学生的第一任老师，一个孩子的成长离不开家庭的教育。为了使老师、家长、学生能够及时地沟通，成为心灵的密友，在班级这个大家庭中营造出美真相谐、美善互融的情感智慧场，第二学期开始，我在班里开展写小队日记活动。六个小队各有一本日记，小队成员轮流写，第一个队员写完后，交给第二个队员，第二个队员给第一个队员的日记写完评语后，再写自己当天的日记，依次传下去。小队长在写日记的同时，可以随时检查和点评任何一位队员的日记。哪位同学轮到周五写，就把日记带回家，写完日记后，给自己的家长阅览，家长可以对本周所有同学的日记进行一一点评。班主任每天都要阅览各小队日记并做全面点评。

小周和其他同学一样每天盼望着写小队日记。终于拿到心爱的小队日记了，他激动地写下：“我家有四只小猪真可爱，小猪喝大猪的奶。”虽然一句话中字写得大小不一、缺胳膊掉腿、歪歪扭扭，但点评小周日记的小金同学却倍加欣赏：“写得真不错，尤其字迹大有进步，继续努力。”我也在小金的点评下面写道：“哈哈！真好玩。小猪很可爱，你能够认真地观察并记录下来更可爱！老师相信你一定会在不远的将来成为我们班的骄傲。”小雯同学在点评小金当天日记时也点评了小周的日记：“哈哈！我也认同申老师的说法，你也很可爱。不过我希望你以后能尽量写出两三行字，比如把你观察到的小猪喝大猪奶的经过也写出来。”小队长小洁点评：“恭喜你，小周同学，你终于能写出一句完整的句子了。但我想给你提个小小的建议，以后写日记能否把当天的日期、天气状况也注明呢？不过你能做到现在这样已经是一个大的进步。加油！我相信你以后会写出更好的日记。”小唐的妈妈周末对孩子们一周的日记都一一进行了点评，之后又做出总评：“……小周的情况我早就知道了。今天，感受着老师不放弃任何一个同学的博爱，看到同学们学会了欣赏，拥有了宽容的胸怀，我深深地感动了。难怪我家性格内向的小唐，每天都在饭桌上滔滔不绝地讲班里互帮互学的感人故事，还说他一定要按照小队的安排每天给小周辅导数学作业。我相信，在我们班这个温暖的大家庭中，孩子们都会是好样的，一定会共同进步的。家长就是你们的坚强后盾，加油吧！"

小周的妈妈在看到大家的日记后，更是激动地在电话中对我不停地说着："谢谢大家，我的儿子有希望了，我们家有希望了！"

感受着大家对小周日记欣赏性的点评以及小周妈妈无比的喜悦，我从内心深处涌出幸福的感觉。一个多学期来，我欣赏性的关爱和恰到好处的鼓励与表扬，就像春雨一样滋润着同学们的心田，唤醒着同学们的良知，培育着同学们美好的情感，使他们也学会了用美好的人性欣赏、关爱需要帮助的同学。尤其在"学会欣赏、关爱他人"、"拥有一双发现美的眼睛"等主题班会中，同学们把班级里乐于助人的事和人编成了情景剧、小品、故事来表演，小周自然也成了故事中被欣赏的主人公。更令人欣慰的是，这些发生在同学们身边的真实故事，不但在激励着小周不断进步，也引领同学们深刻地认识到，每一个人都有自己的闪光点和不足，只有学会观察，善于发现，积极主动地学习他人的优点，才能弥补自己的不足。于是，全班掀起了"欣赏他人的美，创造自己的美"的合作学习热潮。就像他们在日记中所写的：学习着是充实的，欣赏着是美丽的，创造着是快乐的，成长着是幸福的。

在洒满阳光的温馨的班级大家庭中，同学们学会了观察，学会了宽容，学会了欣赏，学会了关爱，就像雨后的春笋节节拔高，茁壮成长。一学年后，小周同学也从不认识字，到能写出一个完整的句子，一段形象的描写了。文化课成绩也由最初的 2 分、3 分、14 分提高到了 55 分。他对班集体的热爱、强烈的责任心以及好学上进的阳光心态，使他这个昔日的"白痴"变成了同学们公认的优秀班干部，并获得学校"敢于超越奖"。

事实证明，每一个孩子的世界都是广阔的，他们的潜力都是巨大的，都是向美、崇善的。只要教师善于运用美丽的情感智慧，就会摇醒孩子们心中那方蔚蓝的天空，使他们从常景中发现美景，从平常中觉察出异常，从平凡中捕捉到非凡。怀着阳光的心态，以人为本，循循善诱，欣赏关爱每一个学生，道德教育就会在每个孩子的心灵深处植入美好。而这种美好就像春天的种子，将在爱的土壤中生根、发芽、开花、结果！

一张文稿纸引发的故事

上海市杨浦区平凉路第三小学　沈丽瑾

小杰是一个五年级小男孩，他聪明伶俐，只是平时的生活习惯、学习习惯不是很好，经常会在班级中制造一些小麻烦。

那天下午有两节作文课。照例，课前每个孩子都会准备好一张文稿纸，因为在作文指导课后，孩子们将当堂完成写作。课间休息时，我早早走进教室，做着课前准备。突然，我看见班级中的小杰走出座位，来到一个男孩面前，向他借文稿纸，可是没有成功。小杰又走到另一个同学小岗面前，说："小岗，借我一张文稿纸吧，我忘记带了。"小岗摇摇头。小杰只得垂头丧气地走开了。他在教室里借了一圈，可是大家都不愿意借给他。

这是为什么呢？照例说我们班级的同学之间团结互助，大家的关系都挺好的，怎么小小的一张文稿纸却把小杰难倒了呢？这一奇怪的现象引起了我这个班主任的关注。

叮铃铃，上课了，小杰空着手坐回了座位。我没来得及细想，随手拿起自己备课夹中的一张文稿纸放在了小杰的桌上，开始了我的作文课。无意中，我发现小杰向我投来了感激的目光，这堂课他上得特别认真。

课后，我来到了小杰的身旁，和他闲聊起来："沈老师要表扬你，上课特别认真，今天的作文完成得也不错。如果每节课你都这么认真，学习上肯定会有进步的。"听了我的鼓励，小杰很高兴。我又顺势问道："刚才沈老师发现你在向同学借文稿纸，可是没有借到，你知道是为什么吗？"小杰不好意思地看看我，红着脸说："这也不能够怪大家，因为我每次都会忘记带一些学习用品，已经向同学借了好几次文稿纸了！"我一听，这下全明白了。其实，小杰也知道自己的不足，可是平时养成的坏习惯，使他总会忘记带齐学习用品，这样才会导致下课时那一幕的产生。

于是，我亲切地对小杰说："小小年纪，记性应该不错，可是你怎么总会忘记带学习用品呢？这是因为你一直不注意从而养成了坏习惯，可以看出你平时没有把这些小事放在心里。"小杰点头称是，可他又说："我现在是记得，可是过几天我又会犯糊涂的。"看着小杰一脸的无奈，我笑着说："那就让沈老师来帮你！"我接着又说："首先你要在课程表上用红笔做好记号，提醒自己每节课要带的学习用品。把课表贴在铅笔盒里，每天晚上按照课表整理书包，及时把学习用品放进书包，一定不能拖，否则就会忘记的。沈老师会请你的爸爸妈妈帮助你，老师也会抽空提醒你的。我们一起来努力！”小杰听了，表示同意。

其实，这样的孩子在班级中还是为数不少的。由于现在的孩子大都是独生子女，从小都沉溺在亲人们的宠爱之中，个别小朋友的生活自理能力特别差。面对这样的孩子，老师只有耐心细致地进行具体的行为指导，让孩子们在行为约束中渐渐养成习惯。当然教育离不开家长的有力配合，毕竟家庭是孩子八小时之外的最大空间。

那天放学，我去了小杰家，和小杰妈妈聊了很多，希望小杰妈妈能够多关心自己的孩子，除了给孩子吃饱喝足外，最重要的还是“授之以渔”，比如每天晚上要督促孩子自己整理书包，并且让孩子在晚上就把学习用品放进书包，但是不能包办代替。虽然这应该是一二年级小朋友都会做的事，但是我们现在却要让小杰慢慢养成习惯。从那天起，我也会隔三差五地在晚上八点半左右给小杰打个电话，小小地提醒一下。虽然事情有些繁琐，但是我乐意。在我们共同的努力下，小杰的学习用品渐渐能够带齐了。当然我的电话也就慢慢“消失”了。

习惯的养成靠的可不是一朝一夕，教育重在后续中。于是，在一周后的一节班会课上，我引出了这样的话题：“同学们，大家有没有发现最近小杰有什么变化吗?”没想到，孩子们的观察还是挺仔细的。“我觉得小杰最近好像没有向我借过东西。”“是的，是的，那天上美术课，我的记号笔没墨了，还是向小杰借的呢！”孩子们是纯真的，这是一个很好的开场。我接着引导：“大家真的很关心自己的同学，其实小杰已经很久没有向同学借东西了，他开始养成带齐学习用品的好习惯了，真是值得高兴。在不久以前，沈老师曾经看见他想向大家借一张文稿纸，可是却没有一个同学愿意。大家想想，我们都是一个班级的同学，这样应该吗？沈老师来给大家讲个故事，听完故事后，大家再来谈谈自己的想法。”我开始娓娓地讲述起《亲切的紫罗兰》的故事：一朵亲切的紫罗兰被踢足球的小男孩无意踩到后，忍住疼痛，原谅了小男孩的无心过失，使小男孩十分感动。

听完故事后，孩子们沉默了，紧接着又纷纷议论。大家从故事中感悟到：“宽容”无论在哪里都是一种最起码的美德。一个懂得宽容的人，他的天地一定更加广阔；一个懂得宽容的人，他的精神一定更加充实；一个懂得宽容的人，他的心灵一定更加纯洁；一个懂得宽容的人，他的灵魂一定更加美丽。

对孩子的教育，光靠老师的一味说教、一味灌输是没有用的，只有让学生自己去感悟才会有一定的教育效果，正所谓“美德可学不可教”。我在班会中娓娓讲述的是一个浅显易懂的故事，带给孩子们的却是心灵上的震撼、情感上的升华。

“现在回想当时的行为，我真的不应该。虽然小杰的习惯不好，但是我们也不应该拒绝他。我们应该学会宽容同学，帮助同学，并在借给他文稿纸后给他提出要求，和他约法三章，帮助他改掉坏习惯。”“我和小杰住得很近，可以早晨去等他上学，同时再提醒他带齐学习用品。”“同学有困难，我们应该伸出援助之手，希望小杰以后一直能够带齐学习用品。”……孩子们很稚嫩，想出的办法也是比较幼稚的，但是，从中已经可以看出大家在与人的交往中，已经渐渐学会了为他人着想，宽以待人。

在以后的日子里，我发现，课间休息时，小杰周围的同学多了，小杰脸上的微笑多了。班级中的同学们与小杰和睦相处，小杰的习惯也渐渐养成、渐渐巩固了。一张文稿纸的故事暂时告一段落，但是教育还在继续。

1. 召开主题班会

在学校“宽容教育与学校发展”课题研讨推进会上，我从孩子们身边的这件小事人手，结合“亲切的紫罗兰”读书活动，举行了一场主题班会“亲切的紫罗兰”。班会经历了三个板块：“紫罗兰初露芬芳”、“紫罗兰芳香弥漫”、“紫罗兰温馨永驻”。这节班会创新了形式，通过故事情境的创设，让学生认识到宽容无心过失的可贵之处，又通过道德两难情境、体谅情境和体验情境，使学生认识、理解、学会宽容，还从伙伴之间、亲子之间、师生之间的不同维度阐述了宽容的内容、方法和途径。在班会其间，作为班主任的我的亲身参与、合作，部分家长的加入、讨论，也都从另外的角度诠释了宽容，引导着学生在感悟中渐渐地理解宽容，渐渐地走近宽容，渐渐地学会宽容。

2. 推进家庭教育

12 月 31 日，在新年来临之际，我们准备了一台文艺节目《我的童年我做主》。我们迎来了亲爱的家长，并把精心编排的节目献给了他们——我们最亲爱的人们。当看见自己的孩子在舞台上大显身手时，家长们激动了；当看到孩子们出现了一些可爱的小插曲时，家长们发出善意的微笑；当听见孩子们的心声时，家长们深深地思索着，寻求着与孩子沟通的最佳途径……汇演结束后，我们举行了家长沙龙：“你觉得自己的孩子有什么变化?”“你的孩子渐渐长大，在家庭教育问题上你应该如何着手?”“放手是不是放任自流?”……一系列问题引起了家长们的纷纷议论，也引起了家长们对家庭教育的又一次思考——家长应该成为孩子成长道路上的拐棍，扶持孩子走好人生的每一步。当然，习惯的养成是一块奠基石，这需要家长们花更多的心思。看来，在我的教育阵地上又多了一群教育者——我们的家长，孩子们的第一任教师。

小学阶段的孩子，正处于身心发展的阶段，他们纯真可爱，具有较强的可塑性。从孩子良好习惯的养成，到宽以待人的品性的形成，小小一张文稿纸起到了举足轻重的作用。作为一名班主任老师，只有在班级工作中善于观察学生的生活点滴，抓住有效的教育契机，创设学生喜爱而又有教育意义的活动，让学生发现宽容智慧的火花，才会与学生的心灵碰撞，才会使班级管理工作成为一门艺术和智慧。

"缘"来如此——耐心、恒心、爱心融化"坚冰"

上海市曹杨二中附属江桥实验中学　蔡青桔

他，像个刺猬，给自己穿上了厚厚的盔甲，不愿与人亲近也拒绝别人的靠近，总是那么特立独行，远远地游离在整个班级之外，看谁似乎都带着"敌意"。偶尔不经意的交集也会在他心中掀起轩然大波，激起他的怒火，让他不顾一切地与同学大打出手，甚至与任课老师当面拍板。"你再惹我试试！"这是他惯用的口头禅。他，叫小龙，是我班的一员，也是让我最为头疼的学生之一。

一、"缘"起——我就这样

小龙到我们班级的经历比较曲折。据说他是因为家里动迁，户口到了我们学区，原来的学校不肯接收他，迫不得已才来了我们学校。学校通过抽签安排小龙的就读班级，而我这个班主任正好抽到了他。说句实话，在看了他的学籍卡后，我是颇有抱怨的：成绩全是不合格，我的运气怎么就那么差呢！开学将近一个礼拜后，我见到了小龙。他是一个人过来的，酷酷地站在教室门口，一句话也不说。进入教室后，原本想让他做个自我介绍，他却翻了一下白眼——"我就这样，没什么好介绍的！"一句话呛得我尴尬不已……因为小龙的加入，我的班主任生活瞬间"多彩"起来……

"老师，快去看看，小龙又掐住了一个同学的脖子！"

"老师，体育老师让你去看看，小龙跟体育老师对立起来了！"

"老师，小龙自习课上打了纪律委员！"

……

一次又一次，我像个灭火员，为了小龙惹出来的事情跑上跑下，忙得焦头烂额。而小龙本人却丝毫不领情，对我总是怀着满腔的敌意，有时甚至还嫌我管得太多："非亲非故的，不用你假装好心！他们有什么问题直接冲着我来好了！"郁闷的我只好在心里不断地自我解嘲：真是"孽缘"呀！

二、"缘"由——老师没一个好人

面对小龙层出不穷的问题行为，我不断地思考：到底是什么原因呢？为何他对老师有这么大的敌意？难道他天生就有暴力倾向？还是因为自身成长经历的影响？最终我还是决定在第一次家访的基础上，再进行一次更全面的家访，彻底了解小龙的成长经历。

小龙成长于一个单亲家庭，父母亲在他小学二年级时就离婚了，小龙跟着父亲一起生活。据父亲回忆，小龙二年级前表现挺好，但二年级时他跟一个同学发生了矛盾，他觉得那个同学错得更多，但老师只是狠狠地批评了他，却没有批评另一个同学，据说只因为那个同学是教师子女。其后又发生了几次不愉快的经历，再加上父母当时正在闹离婚，对他缺乏引导，小龙逐渐产生了一些愤世嫉俗的想法，对老师的偏见也越来越深……长此以往，他的行为越来越偏激，遇到麻烦从未想过要向老师求助，只是一味地依靠自己的拳头。而教过他的老师很少去追问小龙行为背后的原因，只是一味地批评与教育。如此恶性循环，小龙最终变成了如今的“小刺猬”，他的脑子里固执地存在着一个认知误区——老师没一个好人！

了解了小龙的成长经历及心路历程，我不由得暗自庆幸，这次家访收获还是挺丰厚的！他对老师的印象如此之坏，难怪每次我的教育他总是置之不理！而且他偏好以武力解决矛盾的行为问题，也是源于长期以来对老师的不信任而积累形成的恶性行为习惯，是可以改变的。看来以后要改变策略了。要想使小龙的行为有所转变，必须先改善彼此间的师生关系。所以我为本次教育个案制订了唯一的目标——改善我与小龙之间的师生关系，打开突破口，让小龙学会信任老师，消除对老师的偏见，在此基础上再改进行为，端正学习态度。

三、“缘”来——一波三折

我不用你管！

第二天，我把小龙叫到了办公室，一脸真诚地对他说：“小龙，老师真的很想关心你……”还没说完，话就被打断了：“我知道你昨天去家访了，我爸又把我的故事跟你说了一遍对吧？拜托，不用你们假装好心，非亲非故的，你们会有那么好心吗？我就是这样了！我不用你管！”小龙的态度让我气不打一处来，真是气死人了！我像一只泄了气的皮球。要怎么办呢？真的撒手不管吗？我的个性不容许我这样做，而且这样一个学生的存在不仅会严重影响班风班貌，还会带来很多不安全因素。我正在思考，小龙又来了一句：“还有，别想叫我转学，我是不会转的！”这下我直接目瞪口呆了，我可从没往这方面想，不过……看来小龙在小学时经常受到这种“待遇”，我的心突然疼了一下，这是个挺让人心疼的孩子！我要帮他！

怎么办呢？仔细想想，小龙从小就成长于单亲家庭中，父亲个性木讷，除了满足孩子物质方面的要求外，在其他方面很少对孩子关心。小学时的经历让他变成了个“刺猬”，拒绝别人的靠近，其实内心却极度渴望亲情与关心！“非亲非故，不用你管”，小龙好几次说到了这句话，是不是他觉得只有跟他有关系的老师才会真心实意地帮助他？我是否可以从这方面入手？

你是我“表姨”？

家长会前，我站在教室前迎接各位家长的到来。小龙领着他奶奶来到了教室门口，老人“很疑惑”地盯着我看了一眼：“你是小蔡？你在这个学校教书啊？”犹豫了一下，我“惊喜”地叫出了声：“是阿姨吧？”“是你呀？你是我们家小龙的班主任？真是有缘呀！”小龙的奶奶转向小龙：“小龙，快叫蔡阿姨，蔡老师的妈妈是你爷爷的表妹。想不到这世上有这么巧的事情，真是缘分哪！以后可要多听老师的话，有什么问题老师肯定会帮你的。”我笑呵呵地说：“还真是巧！阿姨您放心，我一定会多关心小龙的。这孩子还不错，就是脾气倔了点，不过我很欣赏！”小龙似乎还没反应过来，目瞪口呆地站在那里……我笑了，效果达到了！

就这样，在我与小龙家长的事先彩排及配合表演下，我成了小龙的“表姨”。“这下老师可要好好管教你了，别给老师丢脸，知道吧？”我总是用开玩笑的语气这样跟他说着。渐渐地，他默认了我对他的关注。事无巨细，只要是有关小龙的事情，我总是要特别过问一番。除了在学习上关心他，生活上我也总是对他嘘寒问暖，给他买实用的文具，请他到我家去做客……渐渐地，他似乎相信了这个“事实”，对我也不再那么敌视。偶尔他还是会出现一些冲动行为，我仍然会像以前一样狠狠地批评他。但因为有这种良好关系的存在，面对我时，他不再那么理直气壮，反倒是心虚地看着我，一再保证会接受我的教育。我不得不感叹——良好的师生关系真的是一切工作的前提！看到小龙身上的“刺”越来越少，越来越合群，我发自内心地感到高兴！正因为他的表现，让我在面对他的时候少了很多抱怨，多了很多欣赏，总是微笑着，总是表扬、夸奖他的闪光点，即使要批评也总会先询问他的想法与意见。小龙也越来越发现我对他的态度“与众不同”，师生关系进入一个非常融洽的良性循环阶段。记得他在周记里这样写到：“老师，我原本还不相信我们是亲戚，但如果不是亲戚你怎么会对我这么好呢？现在我知道你是真的关心我，真的对我好！原来得到‘另眼相待’是这么好的一件事。我们真有缘分呀，我一定会做得更好，不让别人看扁！”从周记中不难看出他的决心与改变。可是我又一次犯了愁——谎言总有被揭穿的一天，我要怎么办呢？

我愿意听你的！

时间在流逝，我成为小龙的“亲戚”已经一个多学期了。小龙现在已经不需要我操太多的心了，不光行为有了很大的改进，连成绩也从以前的不及格进步到了如今的中等偏下。我在感到欣慰的同时也有一种隐隐的担忧：如果小龙最后发现我在骗他，会怎样呢？是否应该先打个“预防针”？

正好我们有一次以“诚信”为主题的班会。在班会上，我特意要求同学们讨论“善意的谎言”这一话题，希望能借此机会给小龙一些引导及心理准备。意想不到的事情发生了，小龙在班会课上一言不发，但他的周记却让我震惊不已：“老师，谢谢你那美丽的‘谎言’。其实我前段时间就从奶奶那里知道你并不是我们家的亲戚，我这么聪明，你又怎么能骗得过我呢？（嘿嘿）我们非亲非故的，你却愿意为我付出这么多心思，我想你肯定是个公平的好老师，所以我愿意听你的话……”

“缘”来如此，原来如此！不是缘分让小龙发生了改变，而是我的良苦用心打动了小龙，他感受到了老师对他发自内心的关心与爱护，后面的发展就是那么顺其自然了！

四、“缘”续——我会好好的

在以后的学习生活中，虽然小龙的问题行为偶尔还会出现反复，但他总是能在第一时间意识到自己的错误，积极主动地与老师沟通，基本融入了整个班级，学习上也有了自己的目标，完全不是以前的“小刺猬”形象了。

小龙毕业了，考入了一所中等职业学校。我很担心他进入新学校后行为又会出现反复，特意找他谈了一次心。小龙很诚恳地对我说：老师，你放心好了，我肯定会好好的，你等着看我的表现吧！之后，他的喜讯一个接一个传来：技术单项比赛冠军，竞选成为副班长，组织筹划各种活动……我的心里装满了感动与欣慰！

五、“缘”析——耐心、恒心、爱心融化“坚冰”

本案例留给我的思考很多，它让我明白，作为班主任，要建立良好的师生关系，尤其是在面对一些行为有偏差、思想偏激、经常受到批评、对老师缺乏信任的学生的时候，一定要有足够的耐心，还要有百折不挠的恒心，当然，更要有爱心，这是一切教育的前提与根本。

案例中的小龙因为小学时的不公平待遇对老师产生了偏见及不信任。如果一味地用传统方法，进行苦口婆心的教育，可能也会遭遇到我前期工作中所遇到的情况——好心被当成驴肝肺！若老师的苦心得不到理解，可能就会失去耐心,渐渐放弃尝试,从而使师生关系恶化,进入恶性循环状态。面对这样的情况,老师更需要有足够的耐心和恒心。小龙那句“别想叫我转学”的话深深地触动了我:这是一个有着怎样经历的学生?他的内心是否也曾经受了无数次的打击?他为什么要这么抵触、拒绝老师对他的关心?带着对教育工作的满腔热爱,带着对小龙的心疼,我开始了自己持之以恒的尝试。

我用“缘”来解释师生之间的相遇,甚至不遗余力地请求小龙家长的配合,让自己成了小龙的“表姨”,用“心”与小龙进行互动,用“心”打动了他!即使后来谎言被揭穿,但他已是一个初二的孩子,他会用他那颗曾经叛逆偏激的少年之心去思考。思考了以后他更能体会到老师的良苦用心,体会到老师对学生的爱。他也会同我一样,更加珍惜这来之不易的缘分及师生情谊,相信他会走得更远!

小龙的案例也再一次让我坚信——耐心、恒心、爱心能融化“坚冰”,促进良好师生关系的建立!热爱每一位学生,具备足够的耐心与恒心,不断尝试并找到恰当的方法,终能融化那一块块因各种原因而产生的“坚冰”!

学生“滔滔”和老师“我”的成长记

上海市金山区海棠小学　丁鑫美

一、“穷则独善其身”——我的“基本原则”

遇到滔滔之前，作为小学班主任的我，在班级管理中一直奉行“穷则独善其身，达则兼济天下”的原则。“穷则独善其身，达则兼济天下”这句话出自《孟子·尽心上》，原句为“穷则独善其身，达则兼善天下”，意思是不得志时就洁身自好，培养个人品德，得志时就使天下人都能这样。而我在班级管理中赋予了这句话新的含义：我认为，行为习惯不太好的学生，首先要学会自我管理；而行为习惯较好的学生则在管理好自己的同时，也可以承担管理班级里其他同学的重任。我奉行的这条原则看似很有道理，对大部分同学来说也屡试不爽。每当有学生来“告状”，特别是行为规范较差的学生来说别的同学怎样怎样时，我都会套用这条原则。在处理好学生所反映的情况后，我总会不失时机地加上一句：“你在这方面做得好吗？刚刚这件事你就一点儿错就没有吗？先管好自己。”告状者便会悻悻然回到自己的座位上，而且一段时间内都不会再来告状，每每这时我就越发觉得这项“基本原则”还不错。

二、滔滔的出现——打破了我的“基本原则”

小学班级里出现几个调皮捣蛋、不听话的孩子是很正常的事情，但这样几个孩子却牵制了班主任大量的工作时间和精力，滔滔就是其中之一。一年级刚开学，班级里关于他的告状声就不绝于耳，打人、吵架、破坏公物、打扰别人学习……诸如此类的事情对滔滔来说就是家常小菜，他就是在这样的“小菜”中度过学校生活的一天又一天的。同学们暗中称他为“魔王滔滔”。

滔滔，大大的脑袋，圆溜溜的眼睛，小脸蛋通常不到半天就化上“乞丐妆”，变得黑乎乎的。变了形的书包里乱糟糟的书本一览无遗，课桌抽屉里和他座位旁的地面上随时可以见到用过的纸巾和坏了的文具……

接手滔滔这个班后，我渐渐地发现我推行的这项“基本原则”似乎存在很多破绽。发现破绽还要从一次对话说起。

这次对话是我和滔滔之间的一次对话。一次课后，我正在教室里奋笔疾书批改作业，滔滔走到我身边，拉拉我的衣袖说：“老师，小浩眼保健操做得一点儿也不好，他还睁开眼睛了，亏他还是'两条杠'的中队委员呢！"我看了看他，不由得想到每次做眼保健操时，班级里都会有小干部去提醒他要好好做操，通常他都不听小干部的劝，还会耍赖似的朝小干部做鬼脸。想到这里，我突然觉得很生气，就滔滔这样的表现，他凭什么来告状？于是，我没好气地问道："你怎么知道的？""我看到的。"他马上答道，说完之后，他似乎觉察到了什么，就"嘿嘿"地笑了两声。我抬起头看着他，淡淡地问道："你也觉得自己有点好笑了？"滔滔微笑着点了点头，我接着问："你觉得自己好笑在哪儿？"他认真地说："我在做眼保健操的时候也睁开眼睛了。"我正准备跟他说"先管好自己"之类的，他却又开口了："老师，我不应该在做眼保健操的时候睁开眼睛，我应该先管好自己。"我一下子语塞了：说得多好，看着他一脸悔悟的样子，我还能说什么呢？"好，老师看你的表现。"话是这么说，其实我心里也觉得这句话说了等于白说，只不过是自欺欺人的场面话罢了。

果不其然，滔滔依旧我行我素，时不时地犯错，时不时地来"检举揭发"。每次被批评教育之后他都是一脸悔悟，然后很诚恳地说："嗯，我知道了。"事后，他依然故我。显然，滔滔打破了我的"基本原则"。行为规范方面，滔滔不能很好地控制自己的行为；情商方面，滔滔的情况显然也不是很理想，他不能很好地融入集体。那我该拿滔滔怎么办呢？

三、"穷"也能"兼济天下"——滔滔的成长记

一次课后，滔滔又来"告状"了："老师，老师，那个李某一点儿都不会管理小朋友。自习做作业的时候，小伟讲话了，他也不管。""那你觉得应该怎么办呢？"说出这句话只是为了让滔滔知难而退，并没有期望他的答案。小学二年级的孩子还小，小干部在管理班级时，常常会顾此失彼，强求完美是不切实际的。因此，我并不苛求每位小干部都能像老师一样把班级管理得井井有条。滔滔却很起劲地继续说："我知道的，要提醒他不要讲话，告诉他周围的小朋友都在写作业，他这样做不仅自己作业完不成还会影响别人。"我有些怀疑，这可不像滔滔平时的作风，遇到不对的事情他总是"武力解决"的。"你觉得提醒他是最好的办法？""是啊，跟他讲道理，让他认真完成作业就好了。"我想：如果让滔滔尝试参与班级的管理，也许他就能体会到当小干部的不易，也许他就不会成天来揭别人的"短"了。"要不你来体验一下，当回班干部，怎么样？"我问。"啊？"他显然不相信我会说出这番话。我又重复了一遍，他才露出那种很认真的表情说："好的！"从他的语气中我听出了兴奋，一种"当官儿"的兴奋。

“那你想担任什么职务呢？”“我想监督同学们做眼保健操，让他们做得好点。”我答应了他，把他封为“护眼小卫士”。为了让滔滔自己也能做上眼保健操，我跟他约法三章，他每次当值前，都要到生活委员那儿提前做好完整的一套眼保健操，且做操时要自己按节奏喊口令，还要做得认真无误。滔滔满口答应。

每周一和周三的上午第三节课前的眼保健操时间是滔滔“当官儿”的时候，只见他有模有样地站在教室的讲台前，时不时地提醒那些他眼中的“不法分子”：“你的手放的位置不对，应该放在这个位置。”“做眼保健操的时候不能跷着腿，脚要平放。”

我也不时地提点滔滔，例如：不要拍着桌子对同学讲话；对于眼保健操动作不到位的同学要帮助纠正，不要一味批评；对屡教不改的同学，课后叫他到老师这儿重新做一遍等等。滔滔每次都很认真地点点头说：“噢，我知道了，老师！”然后一蹦一跳地走开。

三四周后，滔滔的“官儿”当得越来越有范儿了。不用我多说什么，他已经能把小朋友管理得井井有条了。也许他比那些行为规范好的同学更了解那些容易犯错的同学，每次都能做到“擒贼先擒王”。这在一定程度上起到了“杀鸡儆猴”的作用，“小鱼小虾们”就不敢造次了。眼保健操时的纪律竟然出乎意料地好了许多。

原来“穷”也能“兼济天下”，平时行为习惯不好的滔滔也能当好“小官儿”帮助其他同学。这就是对滔滔管用的“基本原则”吧！我正暗暗窃喜，不料，风波又起。一次眼保健操之前，我班张某风风火火地跑来对我说：“老师，我跟你汇报一件事情。”我还没来得及开口，他又接着说：“老师，滔滔表现很差的，自己的眼保健操都做不好，他没有资格来管理我们！”他说得铿锵有力，有些不容我质疑的意思。我看了看坐在一旁的滔滔，他显然听到了张某的话，正等着看我的反应。我清了清嗓子，故意提高了声音说：“是吗？等会儿做眼保健操时，老师和你一起来看看滔滔的表现，看看他有没有资格当护眼小卫士，好吗？”“好吧。”张某答应了。接下来的眼保健操中，我让小张来观察滔滔的表现。而滔滔的表现让我和小张吃惊：不知道是为了保住“官职”，还是这些天来在管理小朋友的过程中把动作学得更到位了，在整个做眼保健操的过程中小张竟一点儿也没找到滔滔的“茬儿”。

眼保健操结束后，我问小张说：“你觉得滔滔做得怎么样？”“呃，他做得挺好的……”小张显出欲言又止的样子，显然是不甘心。我又问他道：“怎么了？”他接着说：“可是，滔滔是特意表现好的，他又不是每次的表现都能好。”“滔滔，你听到了吗？课后，告诉我你准备怎么办？”接下来的课堂中滔滔破天荒地认真，举手回答问题异常积极，虽然有回答错误的，但听得出他在认真听课。下课铃声一响，他就急忙走到讲台边，望着我说：“老师，我以后表现好点，能不能继续让我检查眼保健操？”“好，只要你说到做到，老师愿意相信你，大家也会给你一次机会的。你不仅要在眼保健操这方面好好表现，其他方面也要表现得一样好。”“嗯！”滔滔依然是一脸的认真。

“兼济天下”的滔滔不知不觉地变化着，虽然他还不是很优秀，虽然同学们对他还时有微词，但滔滔的进步却是公认的。在我班开展的一次“谁的进步大？”班会课上，同学们公认进步最快的就是滔滔。

“我们班的眼保健操在滔滔的管理下变得越来越好了。”

“滔滔自己的动作也规范了很多！”

“班干部在进行班级管理的时候，滔滔不再扮鬼脸了，他听得很认真！”

……

滔滔在“兼济天下”的时候成长，在同学们的肯定声中成长。虽然他没有在一开始时就成为一个“达”人，但只要我们相信他、帮助他，在我们的期待中，他一定能成为一个“达”人。

四、“不拘一格降人才”——我的成长记

在班主任工作中，对于班干部的选拔和培养，我们通常采用最常规的学生选举制。但学生的选举很大程度上也会受到老师评价的影响，学生们大都认为老师平时表扬得多的同学自然是适合当班干部的，故而选拔出来的都是老师眼中情商和行为双优的学生。

至于那些行为习惯不太好、也不太受大家欢迎的学生，我们常用自己所谓的班主任工作经验来告诉自己：这些学生做事往往都只有三分钟热度，事情做不了几天就放弃了，让他们担任班干部往往既起不到约束自我的作用，也不能对班级有正面的影响。我们通常用“穷则独善其身”来“圈禁”行为有偏差和不受大家欢迎的学生。那么，这些行为习惯不够好、情商也不够高的学生，真的就只能自我“修炼”到被认可的程度，才能参与到班级管理中去吗？滔滔的成长经历无疑给了我一个答案：不是！至少不全是。

开展“情商教育”可以引导孩子养成良好的学习和行为习惯，促进和谐的师生情感交流，激发学习兴趣等。情感是养成教育的催化剂，尤其对激发、强化道德动机十分重要。师长的动之以情、付之以爱，同伴的支持、肯定，将为学生执

行行为规范增强内驱力。

滔滔的成长不是从改变其不良习惯开始的，而是从一个美好的愿望开始的——他想参与班级管理。有了这个美好的愿望，我们便一步步引导他如何做好一件事，如何与同学们相处，改正错误后如何将好的行为习惯持之以恒……

行规养成教育和情商教育都需要一个民主和谐的班级文化氛围。班级中每个孩子都不一样，教无定法，我们要时时去寻找适合每一个孩子的行规、情商培养方法，“不拘一格降人才”，让每一个孩子都能慢慢地成长起来。在让这些学生成长的过程中，作为班主任的我们也在时时思考如何帮助这些学生，帮助学生的时候也在提升自己。无形中，我们老师自身也在慢慢成长着……

师生共成长，何其乐哉！

为童心筑上护栏

上海市崇明区实验小学 沈 萍

一、背景

著名教育家魏书生老师说过："世界也许很小很小，心的领域却很大很大，班主任是在广阔的心灵世界中播种耕耘的职业。"的确，教师为学生倾注了无限的热情和心血，使一块块无知的沙漠变成绿洲，使一扇扇紧闭的心灵之门得以开放。

作为一名平凡的教育工作者，我常这样告诉自己：你面对的是一批天真、可爱又有点无知的小孩，必须用爱去关心他们，教育他们，感化他们。这种爱是"一切为了学生，为了一切的学生，为了学生的一切"的博大无私的爱，它包含了崇高的使命感和责任感。所以，爱是默默地去发现的过程，是一种责任，一种信任，一种尊重，一种鞭策，更是一种能触及灵魂、动人心魄的东西。

现在我们所面对的学生都是独生子女，很多学生生活在父母的宠爱中、长辈的浇灌中，自私自利，为所欲为。久而久之，学生一旦有矛盾发生，就把责任推卸给别人，或者避重就轻，或者说谎造假，这样就会使学生形成不健康的品行，给班主任教育工作带来很大的困难。

本故事中出现的女生小林，平时在班级里也算是个乖巧的女孩，尤其是在老师的眼中是个好学生。但是值得关注的是，她经常会向家长反映，她的同桌这样不好那样不好，为此我也给她换过好几次座位，而每次她总有借口说其他同学的不是，所以她是我特别关注的教育对象。

二、故事

今年，我任教的这个班级升上五年级了。当我读到小林同学《师恩难忘》这篇作文时，我内心无比温暖与激动，做老师的幸福感油然而生。

她在文中这样写道："我最难忘、最让我感恩的是我的班主任沈老师。感谢您的关怀，感谢您的帮助，感谢您为我们所做的一切。还记得二年级时，当我再次犯下错误时，原本以为沈老师这次一定不会原谅我，一定会当着全班同学的面狠狠地批评我。谁知那么可怕的事情终究没有发生，老师您既没有对我失去信心，也没有对我严厉批评，只是跟我谈了悄悄话，让我真正认识到自己的错误，让我既后悔又激动。所以从那一刻起，我便下定决心要听老师的话，为人正直，不说谎话，做一个您心目中真正的好学生……”

读着，读着，我的思绪回到三年前，那还是在一年级时发生的情景。

那天早上，我刚走进办公室学生就来向我报告：“老师，我们黑板上陆老师写的字被二年级的同学擦掉了。”

我听了不以为然，“擦了不是可以重新写吗？”我对那位同学说。

但她继续补充道：“我们班的小林看到二年级那位同学了。”

于是，我就招呼小林来到我的身边，想问清大致情况。谁知她回答时面部略显紧张，而且说起话来吞吞吐吐。这样的神情倒引起我的重视，经过我的再三引导和盘问，最终小林同学承认是她不小心擦掉了黑板上的字。当时我也觉得不可思议，既然自己是无心的，为何要在同学、老师面前撒这样的谎呢？她完全可以抵赖，但为什么要嫁祸于他人呢？她可是一年级的小学生，而且又是个听话、懂事的女生。我的脑海里顿时出现了很多问号。出于对女孩子自尊心的维护，我把她拉到办公室的外面，跟她悄悄地交流了一番，得知她这样做是无意之举，但她怕受到老师的批评，所以才撒谎的。我答应她不向班级同学说出真相，她顿时破涕为笑。

时过一年，在二年级的一次阳光兴趣活动课前，即下午三节课上完后接近放学时，我班的小朱同学一脸气愤，几乎带着哭腔告诉我：“我新买的字典不知被谁撕坏了好几页。”我走过去一看，每隔几页就撕坏几张。这样做简直是没有“人道”，这关系到一个人的品质，我内心这样想。

于是我连忙暂停上课，想问清楚是谁干的。结果留在教室上课的几个同学面面相觑，都说没有看见。在我再三询问下，小林同学发言了，她说看见其他班的同学坐在那位置上，但没有看清楚是谁。于是，我决定由她带我到各班去寻找。结果，五个班级调查下来，没有一个同学坐这位置。

顿时，我的脑海里又出现了无数疑问。这事太蹊跷了，难道又是小林干的？她又嫁祸于他人？她为什么要这样做呢？她跟那位男生之间产生了什么重大矛盾？

于是，我连忙把小林同学拉到教室外面，连哄带骗地问她。她死活不承认，而且理由头头是道。因为有上次的事情发生，我还是觉得她干的可能性很大。所以我就再次问她：“小朱同学欺负你了，是吗？”“不是。”她低着头说。

“他是不是经常影响你的学习？”

“也不是。”

……

最后，当我十分严肃地告诉她撒谎带来的严重后果时，她终于承认是自己干的。当我问她为何要撕掉那位男生的字典时，她的回答让我意外。她说是因为他成绩差，有时又不讲卫生等。

“可是不至于做这样消极的事情。你有什么想法应该和老师、同学交流，不能做有损别人的事情。”我对小林同学说道。

这时，她已羞愧得满脸通红。

于是，我又要求她及时向同桌赔礼道歉，并且买一本新的字典作为赔偿，她很快答应了我提的要求。事后，出于对小林同学自尊的保护，我依然没有在全班同学面前批评她，也没有把事情的真相告诉同学。但是我把事情的原委告诉了她的父母，并要求她父母配合老师一同教育孩子。

几天后，我利用晨会课，设了一个案例让同学辨析事情的对错，从中让学生们知道同学之间互相谦让、互帮互助、团结合作的重要性。这件事情后，时过几年，小林同学再也没有犯过类似的错误，现在已经是五年级的学生了，而且每个学期都被同学推选为中队干部。我看到了她的进步，更看到了她能和同学友好相处。她身上展现了阳光与“正能量”，这是我最大的欣慰。

三、教育反思

小林同学的两次案例，以及她如今的发展和变化，让我再次深刻地反思自己的教育。

1. 教育需要宽容心

人非圣贤，岂能无过？在现实生活中，我们会有意或无意地把违反行为规范的学生当着老师或同学的面狠狠地批评，被批评的同学常常面红耳赤、羞愧难当。

这样的教育有效果吗？这种做法很容易挫伤学生的自尊心，使学生产生逆反心理。上文中提到的女孩小林，她还是一二年级的懵懂的小学生，只知道想办法掩盖自己的错误，却不知这样做会造成的后果，所以我们作为班主任老师不能发现错误就劈头盖脸地批评，应该具有一点宽容之心，教育时进行一点柔性教育，悄悄地告诉她应该怎样做。戴尔·卡耐基说：用建议的方法容易让人改正错误，因为他可以保持个人的尊严和自觉。这种方法既能让受批评者明白自己的“短处”，又因为老师已将严厉尖锐的批评化为期望、建议，能让学生觉得老师不是在硬邦邦、冷冰冰地揭短，而是充满着对自己能力的信任，对自己改正缺点自觉性的信任，不仅保护了学生的自尊，还启动了学生自我奋发向上的内驱力。

2. 教育需要有耐心

有时我们发现，孩子犯了错误，经教育后没有及时改正，又犯错误了，这时我们的情绪就容易控制不住，常常面对学生大发雷霆。这时学生的自尊心就会受到沉重打击。文中的女孩小林，当我发现她第二次又犯同样的错误，而且情节比上次更加恶劣时，我内心也非常生气，但是最终还是抑制住自己心中的怒火，心平气和地引导她，教育她，让她渐渐知道自己的过失，内心产生悔改之意。这样一步步教育，最终水到渠成。所以，教育学生需要我们的耐心，只有循循善诱，才能达到教育的目的。

3. 教育需要有恻隐之心

在日常工作中，我们老师有时喜欢把学生的错误指名道姓地公开，希望通过这样的教育方式，让他今后不再犯错误。殊不知，这样做是对学生自尊心和自信心的严重挫伤。犯错误的同学是个别的，学生的错误又是偶然的，不公开学生的错误，教育的效果会更好些。小林同学平时行为规范遵守得极好，比较注意团结同学，懂礼貌，让我们所有人对她印象都很好。所以她的错误，我认为是偶然的，针对她的问题进行个别教育应该更加合适。结果证明，采用这样的教育方法的确有意想不到的效果。

4. 教育学生要将心比心

喜怒哀乐是人之常情，老师也一样。当学生严重违反纪律时，特别是有些学生顶撞老师时，老师往往控制不住情绪而大发雷霆，这时对学生的批评就可能会出现过激现象，语气激烈，用词尖锐，伤害学生的自尊心和自信心。如果发生这种现象，事后怒火消去时，教师要清醒地认识到自己的过激行为是很不妥当的，要站在对方的立场想一想，自己主动找学生谈心，来个推心置腹的交流，来个诚恳的道歉。这样做，其实也是对学生自尊心和自信心的保护，可以排除学生受委屈之后憋在心里的气，消除师生之间的隔阂。否则，学生有余怨，对立情绪不消除，教育工作就更加难以开展。

的确，孩子成长的过程，是一个从不成熟走向成熟的过程。在这个过程中孩子会充满童真和理想，当然也会犯错误，并且有时会认识不到自己的错误。所以，对待孩子的错误，我们不仅应给予宽容理解，更应给予悉心指导，帮其改正错误，而非一味训斥。训斥是不会收到预期效果的，反而会导致恶性循环，助长学生的逆反心理，他们需要的是信任、理解和鼓励。

苏联教育家苏霍姆林斯基说："在影响学生内心世界时不应挫伤他们心头中最敏感的一个角落——人的自尊心。"他主张：孩子的毛病，要让知道的人尽可能少些，要让集体甚至一无所知，这只会有好处。我们与之打交道时，应分外细心和谨慎，慈爱和善良。

我们要尊重学生，尊重学生的自尊心，尊重学生的人格，尊重学生的个性，建立民主、平等无私的师生关系。要把学生当成有思想、有感情、有意志、不容别人忽视的人加以尊重，加以理解和爱护。要用宽容的心态给予彼此沟通的机会，为孩子筑起心灵的护栏。这样，我们才能给自己赢得信任的空间，也给学生战胜自己的空间，可谓"一箭双雕"。

做个有头脑的男子汉

上海市闵行中学　沈瑞红

“叮——”手机微信闪着光，一张图片映入眼帘，一名身穿陆军军服的黝黑男孩，男子汉的笑脸灿烂阳光。我的思绪回到了一年前——

深夜十一点半，刚刚睡下的时候，家里的电话突然响了。

“沈老师，你们班的小戴，今晚不在寝室里，你知道他上哪儿了吗？……”

挂掉宿管老师的电话，我火了：都高三了，这孩子怎么还是改不了自由主义的毛病！前几天没有请假就私自回家，刚教育过没几天，这老毛病又犯了。他爸妈又不在上海，他回家难道又是为了玩电脑去？我生气地拨打他的手机，没人接，玩得忘形了吧。真想直接给他爸妈打电话，也让他们尝尝半夜三更接到这种电话的滋味。可一想到人家家长在外地鞭长莫及，我忍了忍，继续拨打他家里的电话。还是没人接。我不由得着急起来，一遍一遍地拨打电话，心里想着，快接，快接，接了我一定要好好教训你一顿，可是，电话那头始终没有人回应。

当我正在编辑手机短信，准备告知家长时，突然电话响了。

“沈老师，我是宿管老师，你们班的小戴和高二的学生打架，送医院了。”

“什么？在哪个医院？”我一下子感到急火攻心：打架，还惹事了，这下闯大祸了。

“噢，现在回来了，在宿舍休息呢。我怕你着急，告诉你一下。他擦破点皮，没事了，你休息吧。”

“唉——”我长长地叹了一口气，把编辑好的短信发给家长，暗想，这家长也太不负责任了。

挂上电话，我开始失眠了，揣度着各种可能性，心里的火一点点地燃起。这孩子，太让人操心了，逃夜、打架，还有什么比这更过分的呢！我索性不睡了，登陆了微信朋友圈，编辑了一段对此事件的描述性文字，又发泄似地加上“太不让人省心了!!!”并点击了发送键。这才算出了口气！我迷迷糊糊地睡着了。

第二天早上，早读时，他坐在最后一排的座位上，额头贴着一块小小的邦迪，看来没受什么伤呀。他的眼睛一直盯着我，好像急着想诉说什么。我狠狠地瞪了他一眼，心想：“晾你半天，中午再收拾你，现在好好上早读。”他被我的眼光瞪得矮下去一截。

回到办公室，我就开始构思我的教育内容了。我先要把家长叫来学校，然后列数条罪状：第一条，无组织无纪律，擅自逃夜；第二条，屡教不改，目无师长；第三条，竟然聚众打架斗殴；第四条，平时上课不听讲，作业不完成；第五条，家长为他创造了好的教育条件却不珍惜……一下子列出七八条，我舒了口气。

“叮——”手机上闪烁着信息提示光，是班主任群的朋友们。

第一条：“这么晚还被打搅，的确辛苦。别生气呀，姐姐。”是工作室的幺妹一早发来的，让我心里一暖。

第二条：“庆幸吧！这孩子没有出大事，还知道回学校，这就是好事。生气解决不了问题，五妹，制一‘怒’字，理性分析，你不是还写过论文吗？出问题是契机，说不定能借学生问题转化问题学生呢！”这是二哥发来的安慰和提醒，让我冷静了下来。

第三条：“与孩子沟通的经典八问：1. 发生什么事情了？2. 你的感觉如何？3. 你想要怎样？4. 那你觉得有什么方法？5. 这些方法造成的后果会是什么？6. 你决定怎么做？7. 你希望我做什么？8. 结果怎样，有没有如你所料？或者下次碰见相似的情形，你会怎么选择？老五，成功的沟通必须要相信学生。你试试看，不批评，让孩子自我反思一下。”这是大姐发的技术支援，对比我在纸上列出的条条罪状，我惭愧、汗颜了。

我昨夜带着怒气发送的事件描述，对学生带有强烈的指责和批评的意味，还顺带着在心里把尚不知情的学生家长也给批评了一通。可事实是，我还没有向学生询问究竟发生了什么事，却已经给他列出了这么多“罪行”了。哎，我真的是一名合格的班主任吗？我连最基本的信任都没有给自己的学生，对犯了错误的学生太不公平了。

我又想起那条经由微信流传、被我作为座右铭的话：“每天开口给什么？给人希望，给人智慧，给人快乐，给人自信，给人方便。”我重重地划去纸上列出的批评提纲，抄下了沟通八问，然后在微信上回复了一句：“原来我并不是独自在走路，大家的真心陪伴，让我顿觉思维一转天地宽呀，我会客观理性地解决问题的！”

中午一下课，小戴连饭也没有吃就到办公室等我，一脸痛改前非的样子。我拉着他走向食堂：“我也刚下课，咱们边吃边谈吧。”

他莫名惊讶地连声说：“老师我错了，我不该打架，我错了，你罚我吧。”

我伸手摸摸他的额头：“没受伤就好，跟我说说事情的经过吧，再往下点可就伤到眼睛了。”

他见我脸色露着关心，松了一口气："我昨天上完晚自习就到校门外的小店买吃的，我不是回家，老师！"他看了我一眼，又低下了头："我正准备往回走的时候，经过校门外车站，看到后面的树丛里三个人打一个，那个被打的穿着我们学校的校服。"

我真想插一句，那你也不能动手呀。但我闭紧了嘴，先听他讲讲经过。

"我本来想去喊门卫帮忙的。可是，那群打架的指着我骂我们学校的男生全是孬种、书呆子。我想他们人也不多，我打得过他们，所以就……"他一边说，一边观察我的表情，"后来，有几个大人经过，喊了几声，把那几个小子吓走了，我才没吃亏，就送了那个学生去了医院。"

其实，上午我已经去向高二的学生老师询问过大致情况了。看他没有隐瞒我，我赞许地点了点头："看来，还有点见义勇为的侠客精神嘛。那如果那几个大人不经过，你想想会怎么样呢？"

"大概会被他们打倒在地吧，不过，我不后悔。"

看他一副大义凛然的样子，我不禁失笑。这孩子一直有北方男孩的英雄主义情怀，他的课桌里常常放着梁羽生的武侠小说。在班会讨论公交车遇见小偷不作为的事例时，他就曾义愤填膺地痛斥车上人没有血性；劳动委员孤立无援时，他也总是默默留下来。他的骨子里有一种保护弱者的强者姿态，即使吃亏也会打落牙齿往肚子里咽。在我印象中他似乎从来都是敢作敢当的，对错在他心里是楚河汉界，泾渭分明。他尽管有男孩子的顽劣性格，行事粗心大意，学习上疏于自律，却的确没有品行上的硬伤。这是块好钢，却欠打磨。

"小戴，男子汉不能只会挥拳头，还要有钢一般的意志力，有冷静的头脑。你知道钢铁是怎样炼成的吗？"

"沈老师，我看过保尔·柯察金。他勇敢，相信自己的力量，并在任何情况下也不怕困难。他是个革命者，是我爸爸那个年代的偶像。"

"对，钢铁要经过高温淬炼，不断净化才能炼成。人也是如此，经受住一次次的选择和考验才能成长。面对生活中的考验，方法也是不一而足的。钢是一种刚强的存在，但中国古代的学问家老子认为'过刚易折'。你想过吗，柔弱的水有时也能掀翻大船，能以柔克刚？"

我期待地看着他，他若有所悟地说："沈老师，我知道了，就像武侠小说中说的，比武时硬碰硬是一种方法，四两拨千斤也是一种方法，对吗？"

"对呀，你真聪明，一点就通了。这次的事情，你帮助同学见义勇为是好事，但硬碰硬的打架总会两败俱伤，以柔克刚的智取，争取时间请保安帮助是更明智可取的做法。男孩的成长是需要流汗的，但是现在还没有流血的必要呀，男儿的血要流在更需要的地方。”

“沈老师，我懂了，我的志向一直是考军校。我保证以后不会再打架流血了。我要做一个理智的人，打架斗狠我本来就看不惯，保家卫国才是男儿本色。”

我一挑眉，说：“军校可不是那么好考的呀，身体要好，学习更要好才行。”

“沈老师，你相信我，下阶段我会好好抓学习的。我要考上军校，我要让你看看我穿军装的样子。”

师生间的猜忌、不信任在相视一笑中化解，也在小戴对理想的憧憬的话语中消失无踪。

“矛盾的化解最基本的前提是不带主观偏见看人。如果教师在发生问题后就直接将学生设定为不可教育的问题学生，不相信学生，那么在事件判断上就会失去公平的分析和公正的判断。正因为如此，才需要教师客观真诚地敞开心扉，去接受孩子的缺点，去信任他们，在他们的成长之路上为他们分析问题，分担挫折，分享喜悦，助跑梦想。”——这是我回到办公室后，写在微信中的一段话，我把它作为事后的反思和收获，与我的班主任同仁们分享。

看着微信中的照片上男孩帽子上闪烁的徽章，我轻松地笑了。曾经的怒、气、急，仿佛过眼云烟，又如鸟儿已经飞过，天空不留痕迹。我在信息框中写下了回复：“相信你，会做得最好！”

爱哭闹的为为

上海市控江二村小学　王律言

一、基本情况

一日中午清扫结束后，孩子们和往常一样安静地坐在教室里，抄写备忘录，阅读课外书。因为只有几条简单的口头作业，很快，他们便写完了，陆陆续续取出课外书安静地阅读着。

再看为为，不知道何时双手又在课桌里玩着什么，这已经是我第四次注意到他了。第一次，为为被课外书吸引，不愿打开本子写；第二次，将笔套放在嘴里，想心事、发呆；第三次，"哐啷"一声巨响，铅笔盒掉地上了。

我不停地提醒："为为，别看书了！先写备忘录。写得好又快，就奖励'抓紧时间'奖章。"

"为为，笔套脏，不要放在嘴里，抓紧写备忘录了！你不想要奖章了吗？"

"为为，小朋友都写完了，你在忙什么呀？再不抓紧老师要扣奖章了！"

几次提醒，看来都不见效，为为刚写了几个字，又停笔了。我来到他的课桌旁，这才发现，他正在玩折纸，备忘录上只写了一个日期。于是，我拿起为为的奖章本，严肃地说："老师提醒了你那么多次，全班小朋友基本已经写完了备忘录，而你一条未写。扣一个奖章。"说着，我拿着他的奖章本回到讲台。

这下为为急了："不要！不要！"他一边大叫着，一边冲上讲台。看他情急，我又心软了："奖章本先放在老师这里，你下去写备忘录。写完了，老师就把奖章本还给你。"为为根本不听，嘴里不停哼哼："嗯——嗯——嗯——"黏着我，不依不饶。我用手挡着他，一边不由往后退，他继续步步紧逼，贴着我，没有放弃的意思。我提高了声音："听清老师的话，奖章本先放在这里，你下去写备忘录。写完后，老师还给你。老师已经提醒了你那么多遍了，快回座位去写，听话！"为为就是不肯，仍旧黏着我，逼我让步。见他如此不听劝告，最终，我拿起红笔，扣除一个奖章，将本子还给他。

接下来，为为可以说是爆发了，高声哭喊着："不要！不要！不要！"哭闹声惊动整幢教学楼，吸引了办公室的老师纷纷来看热闹……

二、案例评估

为为，一个聪明、活泼、爱思考、接受能力强的小男孩，顽皮、精力充沛，走路从来都是蹦蹦跳跳。课间总能看到他在教室、走廊上奔跑，窜来窜去。他学习习惯有待养成，做作业拖拖拉拉，边做边玩。他来到小学，结识了新同学，但是不能与同学好好相处，遇事爱计较，经常和同桌以及后面的女同学为了小事发生小矛盾。他比较自我，情绪控制能力弱，遇到不顺心的事情爱哭闹，耍赖。他接受能力强，家中爸妈教育比较严格、正统。他懂道理，但是认知与行为发展不平衡，遇到具体情况，很难落实到行动。犯了错、有了过失时，他害怕承担责任，总爱用哭闹来发泄不良情绪，往往把事情弄得更糟。

三、辅导方法

1. 联系家长，了解情况

为为这个时候情绪基本属于失控状态，老师任何的教育、劝说都听不进。他边哭边阻止老师采取任何措施，看到老师要打电话给家长，情绪更加激动，哭得更响。为了不影响教室里其他的孩子，也给为为保留一些面子，我首先而且唯一能做的，就是想办法先请他去办公室。可是，为为不愿意，就是要站在教室里哭。我灵机一动，故意说："我去打电话给你爸爸！"说着就往办公室走。为为一听慌了神，快速跟着我来到了办公室，进了办公室继续黏着我高声哭喊。

为为受不起批评，为了一点小事爱哭闹，这些我都有所感受。因此，今天事发，我原本希望通过一些措施帮助他转移对不开心事情的纠结情绪，但是没有用。这么失控的发作是意料之外的，估计这样的状态绝不是偶然的，也不会是第一次。我需要和家长取得联系，了解情况。

我拿了几张餐巾纸给为为，并让他坐下来哭，然后借口上厕所，悄悄拿了手机来到走廊上，和为为爸爸联系。果然不出所料，为为这种哭闹的行为在幼儿园经常有。爸爸很关注为为这一缺点，原本以为上了小学，孩子会有所改善，不想还是老样子，很是纠结。以前，为为这样发作，一般都得不到家长、幼儿园老师任何的让步、妥协。但孩子生性如此，要纠正的确不是一件容易的事。家长表示会积极配合老师，加强教育。

2. 谈话教育，说明利弊

为为哭了一阵也累了，情绪也发泄得差不多了。他看我没有一点让步的意思，就只得这么看着我，嘴里还是不停地小声哼哼。我见他情绪稳定不少，就开始了谈话。

首先，我告诉为为：发脾气哭闹是小孩子的行为，幼儿园时可以原谅，现在成为小学生了，不可以再有这样的幼稚行为，"我是小学生了"要表现在具体的行动中。

其次，我向为为重申：想要得到奖章，就需要付出行动。没有做到，通过哭闹是得不到的。任性哭闹换来的是小朋友的取笑、老师的批评、爸爸的责罚，得不偿失。我送给为为一句话：想要和得到之间，有很重要的"做到"。希望为为用"做到"来争取奖章。

再次，对于今天哭闹之前自己的行为有什么不对，我让为为重新思考并总结一下。孩子情绪稳定了，什么道理都懂，总结得很清楚：不该拖拉，老师的提醒要及时听。他还巩固了一遍中午该完成的日常任务和要求。小家伙心里都明白，就是不愿按照要求做。

3. 控制情绪，指导方法

从小就有着犟脾气的我很能了解为为：情绪一旦上来，自己很难控制。作为老师，我只能在他理智清晰的时候，不断帮助他认识这么做的危害，希望在认知上能帮助孩子有所提升。我告诉为为，他是班级里最聪明的一个，身上还有很多优点，因为才来小学，来到新集体，小朋友都不了解。他们看到的是一个爱哭闹的为为，内心会怎么评价呢？每个小朋友身上都有优点和缺点，来到一个新集体，互相都不了解，我们正好可以把缺点藏起来。有的小朋友在幼儿园很胆小，也爱哭，到了小学，就积极改正，老师同学就不知道他原先有这样的不足，这多聪明！老师也希望为为能发挥自己的优点、长处，让小朋友都觉得这个同学很了不起！我知道为为在幼儿园时就是出了名的聪明，参加小机灵比赛，为幼儿园争了光，小朋友都很崇拜他。如今来到小学，身边崇拜的目光少了，也是孩子不习惯的一个因素。听我这样一开导，为为目光发亮——我的话似乎说到他心里了。

接下来，我趁热打铁，教孩子控制情绪的方法。

(1) 及时听取老师的提醒，不让不开心的事情发生。

(2) 不开心的情绪上来了，要学会转移注意力，往前看！学着说："我被扣奖章了，没关系，再争取！"

(3) 实在抑制不住心中的难过，可以哭，但不可以发出声音，可以趴在桌上小声抽泣，尽量不让小朋友注意到。

这三条，我让孩子复述了几遍，帮助他记牢。小家伙一会儿又笑了！

四、评价反思

1. 家校配合很重要

为为哭闹事件发生后，作为班主任的我及时想办法从家长处了解相关情况，打下了较为合理的解决此事件的基础。在和家长的沟通中，我不仅确定了孩子在情绪控制方面存在的一些问题，同时也使家长明确了对孩子这一问题的认识与教育，做到了家校教育的一致。造成孩子自我情绪控制问题的因素有很多。就为为的家庭教育情况来看，可以基本排除家庭溺爱这一因素，当孩子企图用发泄来解决问题时，在家里和幼儿园都没能获得支持。可以初步认为，孩子的这一表现有先天的因素。找到了问题的症结，有助于家校共同采取一致有效的方法来帮助孩子学习调控自己的情绪。

2. 平复情绪是基础

做老师20年了，遇到为为这样情绪失控、黏人、不讲道理的孩子还是第一次。首先，在此事件中，我觉得教师情绪的把控很关键。这其中，不仅仅是孩子的情绪，教师自身的情绪也需要有效控制。事件发生后，我严格控制自己的情绪，使其不受孩子影响，确保了我理性教育为为。如果老师也像孩子那样，因生气而一度情绪失控，对着孩子大发雷霆，事情就可能演变得无法收拾。其次，孩子情绪激动时，任何鼓励、表扬、批评，甚至恐吓都是无用的。教师首先要做的是帮助孩子平复情绪。用巧计引孩子进入办公室，使孩子不受众人围观，有助于孩子冷静；找借口离开一会儿，能有效帮助孩子进一步冷静。只有平复了孩子的情绪，让孩子冷静下来，接下来的教育才会有效。

3. 方法指导很必要

此次事件发生后，在家校共同努力下，为为基本明白不可以肆无忌惮地发脾气，有了初步的控制自己情绪的意识。但是控制情绪不是一件容易的事情，实际上当事情发生之后，孩子的表现会有很明显的反复，需要老师在过程中一边教育，一边注意引导。教育的最后，我给予孩子具体可操作的方法，给予孩子最切实的帮助。指导、帮助孩子学会控制自己的情绪，需要教师后天不断地给予关注和方法的指导。我想，家校联手，共同努力，孩子定会慢慢进步，并有效迁移到其他自控能力的提升之中。

用细心叩开教育之门，用智慧浇灌教育之花

上海市西延安中学　杨成思

教师是参与另一群人的生命历程的人，可以轻声地说一声：你们的成长，我来过！

——题记

人们总喜欢将好老师比作妈妈，尤其是班主任更像是孩子们在学校里的另一个妈妈。但是，优秀的班主任都懂得，教育之爱是必须区别于母爱的。教育之爱是大爱，是理智之爱、智慧之爱。

一、爱需要细心

人们常说，现在的孩子是在糖水里泡大的。的确，在家孩子是集万千宠爱于一身的小皇帝，在学校也有老师们的精心呵护和殷殷教诲。可是，我们却发现孩子们对于家长和老师给予的爱很难有深切的感受，更谈不上有多少感恩和回报了。我常思考，这是怎么了？究竟是现在的孩子心太冷还是身在福中不知福？抑或是我们没有教会孩子如何去体会爱？

在我的班级里，有个“鼎鼎大名”的人物——张海安。说其鼎鼎大名，是因为他的名字会无一例外地出现在各科作业缺交的记录本上，出现在班级违反纪律的名单上，而且，几乎一天不落。课下同学的告状里有他，同学之间发生矛盾，他也十有八九是“元凶”：今天把同学的东西弄坏了，明天拿雨伞打人了……更让我这个班主任哭笑不得的是，他在任何一次课的课堂上，都能说睡就睡。这是在刚刚升入中学一个月就发生的问题，我的第一反应就是：这是个厌学情绪很严重并且叛逆的孩子。于是，我语重心长地找他谈了几次话，发现他面对老师时话不多，甚至没有什么情绪上的反应，有时在简单的交流中语言和思维都比较幼稚。在学期初的家访中我了解到这个孩子的父母在多年前就离异了，孩子是在父母家轮流住的。所以我想以此为突破口，便问他喜欢和爸爸还是妈妈住，可他说不知道；问他希望老师怎么对他，他也说不知道；问喜欢和班上哪个同学做同桌，还是不知道。

面对这种情况，我完全找不到拉近师生距离的突破口，又谈何教育呢！

但是，作为班主任，我始终没忘记自己的责任，那就是不能忽视或放弃任何

一个孩子，何况我本能地意识到这个问题孩子的问题来自于不完整的家庭。于是我只能先留心观察，再寻找机会。

因为海安总是无缘由地招惹同学，问起他来却一脸的无辜，无奈我只得找来他的母亲。他的母亲并不和他常住，在学校的见面也少了一份见面的亲近感，多了一份对海安的不满和责怪。言谈中，他的母亲说海安语言表情越来越幼稚，简直和他五岁的表弟如出一辙。海安立刻反问："像表弟那样不是很好吗?"我一细问，原来海安和爸爸住在爷爷奶奶家，同住的还有海安的姑姑和小表弟。小表弟是最得全家的爱护和关注的，哪怕再淘气，换来的也是长辈们的笑声。看着海安一脸无辜又无奈的表情，我瞬间理解了问题发生的原因！

因为得不到父母完整的爱，因为在大家庭里缺乏必要的爱，海安渴望得到大家的关注，所以他招惹同学只是想得到关注，那是他交往的方式；之所以他语言表情幼稚，只是在模仿小表弟，以与他年龄不符的"可爱"博取大家对他的爱。想到这里，眼前的男孩一下子不再令我气愤，取而代之的是心疼。当找到问题的症结，我开始理解他的行为，开始用包容的心态面对他，也尽量让他感觉到老师对他的关心。我平常总是多和他随意说说话，在他犯了错后更多的是对他的引导而不是指责。虽然，海安的问题还在时时上演，但我总觉得他与我对视时眼睛里多了一些以前所没有的东西……

二、爱需要智慧

终于，在不久后的一次周记批阅中，"柳暗花明又一村"。在张海安的周记本上，凌乱的字迹记录着这样一段话："那天我又挨打了，原因是我周末都在玩，直到周日的晚上都没有写作业。爸爸很生气……第二天，奶奶告诉我，爸爸昨晚几乎一夜没睡，而且还哭了！我很吃惊，也很难过……我会为了爸爸不再伤心而努力学习。"我的心里有些许感动——他是个懂感情的孩子；有些许惊喜——这不就是我一直寻找的突破口吗?

我利用放学后的时间，找来海安，用和缓家常的语气从这次周记开始和他聊起天来。我之前知道，因为他的父亲对他比较严格，让他非常惧怕，父子关系犹如猫和老鼠，相互之间非常缺乏沟通。所以，我问他："你知道爸爸为什么哭吗?""因为我不听话，他很生气。""光是生气会哭吗？爸爸不是生气，而是伤心，为你伤心，为自己伤心。"我一边说着一边觉察出他的一丝不解。我接着说："爸爸因为自己没有教育好你而伤心，这是一种失败感和挫折感。一向那么强大的爸爸居然都哭了，你知道你在爸爸心里有多重要吗？……"我说着，他的眼眶湿润了。最后，我向他提了建议：回家和爸爸谈一次心，用自己的实际行动让爸爸放心。他很认真地点了点头。

和他聊完后，我认为此事才做了一半，紧接着又拨通了他父亲的电话。我把儿子的周记内容念给他听，并告诉他儿子对他的感情。我鼓励他保持对儿子的信心，并适当转变自己的教育思路，找到最能打动儿子的方法。他的父亲听后也是百感交集，和我进行了一次深谈，表示也许是自己把生活不顺利而产生的负面情绪加在了孩子身上。当他意识到问题出在自己和家庭身上后，决心重新建立和儿子之间的关系。

之后的一段时间，张海安的表现有了明显的好转，对我更亲近了些，作业也能完成了，上课居然也能时不时举手发言了。虽然到目前为止，张海安的总体表现和优秀同学比还有较大的距离，也仍然会时不时犯错误，但有了之前那件事，他对老师和家长，从之前的惧怕和排斥转变为现在的有了亲切感和信任感。我知道，一颗用爱心浇灌的小种子已经种下；我相信，只要我不断地纠正、引导和鼓励，他一定会慢慢成长起来的。

我们常说学校教育不是万能的。作为老师，必须承认在一些问题上光靠老师的力量的确是不够的。有效地发动家长的力量，引导家长把满腔激情用对路、用到点子上，往往能取得事半功倍的效果。但这也是考验班主任“功力”的问题，绝非一日之功，我想这其中细心和智慧是必备的条件。用细心去发现问题，用智慧去寻求解决问题的方法，这样的师爱才是理智的，有正反馈的。因为我相信，任何一个沐浴在爱的阳光里并能感受到温暖的孩子是一定能健康成长的。

不专业的那些年

上海市曹杨第九中学　吴　晶

打开博客，看着里面的照片和自己以前写的博文，眼前不禁又浮现出我那群既可爱又可“恨”的孩子们……

不知不觉分开已经两年多了，现在的“他们”应该已经快迎接高考了……“他们”是我大学毕业初为人师时所带的第一届学生。那时的我，第一次接手班主任工作，就像个刚报到的新生一样迷茫。学习管理班级事务，熟悉新同学……我每天像个陀螺一样旋转着，忙得竟也不亦乐乎。每天我都在感受着他们带给我的惊喜，带给我的“忧愁”，带给我的感动……

“他，胖乎乎的小脸，短而黑的眉毛下镶嵌着一双灵动的大眼睛……”此刻我的鼠标停留在第一次与学生去秋游的一组照片上。“他”是我踏上班主任工作以后遇到的第一个“难题”，一个留有遗憾的“难题”。

一、案例回眸：一个“掉队”的小孩

“他”叫小坤。小坤不太合群，经常是一副衣冠不整、邋里邋遢的样子。从开学初起，他就以惊人的速度不断刷新着我的承受力：漏写或不写作业、无故逃课、偷窃……愈来愈严重的行为与他那张稚嫩的脸庞毫不相称。班级里的孩子们对小坤也愈来愈不满，很多孩子刻意地疏远他，言行上也开始抵触他。我找小坤一次次地谈话，令我最头痛的是，我入情，他不入理。不管我是关怀他还是训斥他，他就是低着头，一声不吭。

一次小坤的“心情日记”没写，补交过来之后，这篇中英文结合的文章让我看到了他的难过和无奈：“我希望爸爸回来，希望弟弟有完整的家，希望奶奶不要为我操心……”我突然意识到，平日里我对小坤似乎太武断，也太苛刻了。每一次面对他，我总是火气很大，有时恨铁不成钢，有时咬牙切齿，反正只要遇到小坤犯错我就一律“格杀”之。静下心来，仔细分析：小坤的家庭并不完整，缺失了父爱和母爱，每天面对七十多岁还忙于生计的奶奶和十几个月大的弟弟，他心里会徘徊着多少无助！本应该在这个年龄得到的关心和爱护并没有出现在小坤身边，爱的缺失或许就是造成他自暴自弃的原因。

二、问题成因与应对措施

那天放学后，我把小坤叫到办公室。见他面无表情的样子，我笑着拉过一把椅子让他坐下，并顺手把一叠班级同学写的检讨书递给他，让他选出自己的。他有些诧异，颤颤微微地找出十几张递给我。我接过来看也没看就撕掉了，然后扔进垃圾桶里。看着他更为惊诧的表情，我说："奶奶希望看到一个优秀的小坤！老师也期待着一个优秀的你！从今天起，你是我的新学生，撕掉过去，一切重新开始！"小坤抬起了头，低声道："我，真的可以吗？""当然。只要你努力，你会是奶奶的骄傲，更会是弟弟的榜样。加油！"我微笑着大声告诉他。小坤若有所思地点了点头。从那以后，我开始对小坤格外关注。我坚持每天与小坤至少有一次10秒钟的目光交流，以此读出他是否有话想和我说，是否遇到困难；多数情况下我也会有意地和小坤进行温和而简短的对话来了解他一天的状况。只要不出去开会，放学后我都会辅导小坤做完作业再下班。与此同时，抱着找技巧的心态，我开始"啃书"。每每读到万玮老师的文章，我总会羡慕他，羡慕他能轻松地了解孩子们的想法，一针见血地解决问题。到最后我才读懂万老师每篇文章最后的一些感慨。我也慢慢懂得，孩子需要的是交流，是对方的真诚、信任、平等的对待。我细心留意小坤的每一丝进步，及时给予肯定和表扬，而对他犯的小错误，我也会进行适时的批评、教育。几个月的接触不长，小坤渐渐接受了我。而我也发现他的字写得不错，且喜欢看书，他偶尔会抱着书问我各种稀奇古怪的问题，遇到问题会向我求助。有时候我会欣慰于这种交流。尽管他的问题不着边际，他的小麻烦一堆，但我希望能和他慢慢建立信任的关系，带他"走回"班级。

日子在指尖一点点溜走，饱满的一个学期过去了。假期我去小坤家时，小坤的奶奶高兴地告诉我：她家小坤比以前爱学习了；假期中的小坤常帮她出摊、烧饭、照顾弟弟，还会自己默默看书、写字……听着听着我却在想，这是怎样的一个小孩，十三四岁的年龄就要承担这么多！……这更坚定了我不放弃小坤、陪他一起进步的决心！

假期过后，孩子们迎来了新的学期，又都回到了学校。虽然对小坤的教育有了一定的收获，但我知道仅仅这样是不够的，还要充分利用同伴间的互助对他进行积极影响。于是，我先后召开了女生会和男生会，把小坤的现状和我的希冀告诉了孩子们，并请求他们的帮助，孩子们都纷纷表示一定会全力以赴地帮助小坤……女生们的善解人意和男生们的热心相助使小坤变得更加自信、进取。小坤渐渐地开始融入这个集体了,在班级中他也有了自己的一两个好友。

学校的运动会在即,孩子们都很欢乐。小坤主动报名参加跳高。这让人欣喜!跳高比赛时,我挤在人群里,看高年级同学轻松地越过,看低年级同学努力地蹦着。我心想:小坤个子不高,参赛队伍高矮悬殊,结果已然分晓。但是,我错了。轮到小坤上场了,一跳,未过,二跳,轻轻巧巧地过去了!没想到个子小小的小坤弹跳力这么好,动作简洁轻巧。和着大家的掌声,我心里期待着他更好的表现。在连过两关之后,小坤最终还是无缘决赛,但是他的表现绝对是当天的惊喜。回班级的路上,看得出他对比赛的遗憾。进教室后,大家说起这场比赛,全班都给了他赞许和掌声。虽然战败,但我心中却默默地感到欣喜,我想小坤真的"回班"了。

虽说小坤已经慢慢地回归班级,有些许进步且也不再不合群了,但相对来讲,他依旧是班级的"活跃户",隔三差五地出点这样那样的小问题,纪律、作业问题时有发生。值得欣慰的是,现在的他,有时会低着头来办公室向我"投案自首"。每次他低头进来,看着一脸后悔的他,我都尽量压住怒火,陪着他找到问题的源头,引导并帮助他一起解决,陪着他一起,让他心中的好小孩打败坏小孩。有些日子不见小坤出状况了,也许他体内的坏小孩已被打败了。希望他在每一个明天都可以表现得更好,无论是在比赛还是纪律方面。

车尔尼雪夫斯基曾说过:"既然太阳上也有黑点,人世间的事情就不可能没有缺陷。"我想,身心发展尚未成熟的孩子,总会出现这样那样的问题,这是成长的必经阶段。教育是一个漫长而曲折的过程,我们需要学会等待。同时我坚信,每一个人都有从幼稚走向成熟的过程。只要我付出真诚与努力,总有一天,我会看到这些让我欢喜又让我忧的孩子们的改变与进步!

三、成效

看着小坤的行为越来越端正,纪律性也越来越强,我颇感欣慰。但我深知,不能仅仅停留于此,若想小坤"百尺竿头,更进一步",还必须让他树立适当的学习目标,激发他的学习潜力,否则很容易前功尽弃。为了激发小坤学习的兴趣,课上,我时时把关注的目光投向他,尽量挑一些简单的问题让他回答,帮助他树立自信;有时预先把第二天要听写的内容告诉他,让他做好准备,强化他的学习动力。课下,我也经常与他交流。班级中,学习委员小伊还主动当起了小坤的学习互助同伴。就小坤的进步,我也会及时与小坤奶奶交流汇报,这让小坤更多了份学习的原动力。

有好长时间了，课间小坤经常会来办公室问题目，早读时他也格外用心。各科老师也反映，小坤比以前认真学习了……在“心情日记”中，小坤写道：“老师啊，您又要老了一岁了哦！下个月就是您的生日，恰巧也快期末考试了，我一定不会让您失望的。我现在可是十分用功的，一定会考好的。每天教我们您一定很累，课间注意休息。适量吃点零食是好的哟，不要担心发胖，您已经是苗条美女了。我在此献上一块巧克力，虽然不贵，但可是我用零花钱买的，一定要吃掉……”看着小坤的文字，我的泪竟不禁在眼里打圈圈……但我明白，这是感动的泪、幸福的泪！

期末考试默默结束了，很多孩子默默哭了，小坤更是大哭一场，泪水从班里流到办公室。唉！我的心情也很复杂，我要如何对小坤说，告诉他考试只是一种形式，告诉他不是努力一下就可以改变一切的?！……静下心后，我还是和小坤分析了一下这次考试失利的原因，告诉他老师们都看到了他的努力，看到了他的进步，但有些事不是一蹴而就的，只要持之以恒，坚持不懈，最后的胜利一定属于他，老师相信他。最后我在小坤的“心情日记”上写下：“失败能让我们看到自己的不足，明白自己接下去要在哪方面更加努力。眼泪不该留给课堂，应该留给过去的自己。付出定会有所收获。老师相信你可以的！为你加油!!”

孩子是真实的，快乐了欢笑，难过了流泪。虽然小坤这次考试成绩不是很理想，但是我依旧为他开心，为他逐渐复苏的心智开心，为他一点一滴的进步开心！希望他明白，成长路上的一点挫折是难免的，在挫折后能看清前进的方向进而去努力，才最重要。

四、心中的痛与遗憾

时间如梭，转眼，又是一个新的学期。貌似经历一个暑假，我的孩子们都长高了不少。看着他们一张张灿烂的笑脸，我在心里不禁感叹：年轻真好。忙碌一天后临近下班，我回到办公室。一天没有看到小坤的我，打开小坤的那本“心情日记”：“老师，您是我最喜欢的老师。其实您在我心目中已经占了很重要的位置，虽然我有时候很招人讨厌，但我从不会打消爱您的心……”

小坤的奶奶病倒了，而小坤也辍学去打工了！第二年的春天，小坤的一封信翩然而至。信中，小坤说他现在很好，只是有些想念在学校的生活。奶奶身体也还好，他已经成了家里的男子汉，能够照顾好奶奶和弟弟了，他希望自己能给奶奶和弟弟一个安稳的家。如今的他，每天都在为他的理想而努力……那么小的孩子，肩负着这么重的担子！当时的我，忙着给学生们复习，忙着一模、二模及报考的事，我已经忘记自己回给小坤的信的具体内容了。送走他们这一届的第二年，我调到了新的学校。那以后我就再也没收到过小坤的信。

距今已经整整两年了，看着这张我们初识那年的全家福，回想起与他们相处的四年，我高兴过、烦恼过、惊过、喜过、怒过……他们带给我的一切我已照单全收，每一个真实鲜明的他们都已悄悄地印入我的心底。每个孩子都有自己的故事，那时的我曾陪着这四十三位主角演绎着他们的学习生活。他们的故事里，有我的参演；不知在他们的心里，我，又是怎样的角色？……对于小坤，我始终有些许遗憾！或许那时的我应该再努力些，努力让自己变得更强大、更专业，那样也许我就可以适时地、更好地帮助、引导小坤，也许他也不会就那么突然地"消失"，那么突然地辍学了。

我知道，那些年里，他们爱我，我也爱他们！只是，那时的我，还不知道怎样更好地去爱，就像揉碎的粉末一样，怕随风飘散，又怕凝结成块！有点心疼!!

智胜一筹

——做一名智慧型的班主任

上海市浦东教育发展研究院 欧阳书伟

教育智慧从哪里来

教育学者王晓春写过两本书《今天怎样做教师》和《教育智慧从哪里来》，明确提出教师要学会研究，要用科学的方法去分析教育现象，处理教育难题。以往，我们可能更加重视教师的个人道德品质，重视教师的奉献精神。现在，也许应该到了重视教师的教育智慧的时候了。

什么是教育智慧？不同的人有不同的定义。我认为简单来说，教育智慧就是教师对教育规律的透彻理解以及创造性地解决教育问题的能力。可以这样说，智慧的有无决定了一个人对他所从事的职业的理解以及他在从事此职业的过程中所能够达到的高度。

有位科学家给两名助手一人一只灯泡，要求他们用各自的想法求出这灯泡的体积。其中一位很快得出了结果：他找来一只烧杯注满水，把灯泡浸入水中，然后拿出灯泡，根据烧杯中空出的部分，很快就计算出了灯泡的体积。另一位对灯泡用尺子测量，用公式计算，忙了半天也没有忙出个结果来。第二位助手并不缺少知识，但他却缺少智慧。他迷信于课本上那些知识，却不知道灵活地运用。而第一位助手可贵的是，能变善化，把书上的知识与生活的经验巧妙嫁接、有机融合，把棘手的难题转变为简单的操作，使问题迎刃而解。

在我们的身边，也有许多教师具有高度的教育智慧。

一位小学教师发现有一个孩子总是举手，可叫起他的时候却答不上来，引得下面的同学窃笑不已。老师私下问他为什么这样做，他说，如果老师提问时不举手，同学会在课下叫他傻瓜。而后，这个孩子是幸运的。老师和他有了一个秘密约定：当他真会的时候就高高举左手，不会的时候就举右手。渐渐地，这个孩子越来越多地举起他骄傲的左手，越来越多、越来越好地回答出了教师的提问。

苏霍姆林斯基讲过这样一个故事：他小的时候，曾将一把石子递给杂货铺老板"买糖"，杂货铺的老板迟疑了片刻后收下石子，然后把糖"卖"给了他。苏霍姆林斯基说："这个老人的善良和对儿童的理解影响了我的终生。"

教育智慧从哪里来？来自于我们的责任感，来自于我们的实践与反思，来自于我们在实践中永不满足、永不放弃、永无止境的追求。

我们要始终坚持人本

我曾经教过一个小孩子，他很聪明，但是成绩却一般，每次考试都只有七八十分。我觉得这个孩子只要稍微努力一下，就能考九十多分。有一次开家长会，我就跟他父亲说，你的孩子学习能力是很强的，潜力也很大，但是好像在学习上花的时间不是很多。没想到他的父亲却说，我对他的成绩已经很满意了。我很惊讶，说："您的想法倒是与众不同，能详细说说吗？"

他说，他自己小的时候成绩也不是很好，刚刚及格。他现在自己有一家公司，每年都要招聘大学生。有很多大学生，简历很漂亮，成绩单上分数很高，有一些甚至毕业于名牌院校，有一些还是硕士。可是，等到他把他们招聘进来了，才发现很多人能力很差。你让他们做一些呆板的工作，告诉他怎么做，他会做得不错，但是如果要让他独当一面，自己动脑筋想办法去解决问题，就不行了。而且更让人苦恼的是，很多人，你给他机会，培养他，也培养不出来。现在在他的公司里，业绩最出色的，反而是几个大专生。因此，他觉得我们现在的教育方式根本就是扼杀人的能力的，他不想让这样的事情在他的儿子身上发生。事实上，他只要他快乐就行了，成绩嘛，六十分就可以了。

这位家长的话引起了我的深思，他说得有道理啊。我们现在许多学校、许多老师对学生的评价只有一个标准，那就是分数。分数高就是好学生，分数低就是差学生。为了提高学生的分数，许多老师不惜以牺牲学生的和谐发展为代价。其实如果我们眼光放长远一些，我们就会发现一个有趣的现象：我们所教过的学生毕业之后，成绩最好的那批人最后通常都成为学者、教师、科研人员或者白领；成绩中等的一批呢，从政的很多，有些人还做到了很高的职位；而成绩最差的，只好去从商，去做老板，但他们很成功，为社会创造了很多财富。可能有一些例外，但是大体还真是这么回事。

现在各个学校都很强调人文。在我的学校，你一进门，就会发现有一个很大的标语。因为我们是双语学校，所以标语也用英文写，叫做"Treat every individual student with lowing care and respect"，翻译成中文，也就是"尊重关爱每一个学生"。可是我也知道，在很多学校，标语只是标语，怎么做是另外一码事。

我曾经看过一个笑话，是这么说的：新教师第一天上班，校长把他叫到办公室去，告诉他，如果你的学生考试得了A，你要善待他，因为他将来长大后可能成为科学家，获得诺贝尔奖，给我们学校带来声誉；如果你的学生考试得了B，你要善待他，因为他将来长大了可能去从政，甚至成为总统，给我们学校提高知名度；如果你的学生考试得了C，你要善待他，因为他长大之后可能去经商，然后捐给我们学校很多的钱。这虽然只是一个笑话，但是背后的道理却是深刻的。我们强调尊重学生，不管他是好学生还是差学生。作为人，学生与我们是平等的。想想二十年后，学生都是成功人士了，我们会怎么对待他们？像对待成人一样对待学生，应当是我们老师所要牢记的。

我曾经写过一篇散文，叫做《教师的使命》，其中有这么一段：

学校的使命应当是为学生一生的发展做必要的知识准备与心理准备。现在看来，那作为必要的知识准备的部分其实小得可怜。真正所有人都需要的、长大之后缺了它就无法生存的知识只是很小的一块。学校更应该致力于把学生培养成一个人格和心理都很健全的人，这一部分的任务比知识的任务更重要。可是，又有多少学校，是这样做的呢？

英国著名的伊顿公学，以培养出英国许多杰出人才而著名。它的校长Tony Little前不久到中国来，在上海搞了一个论坛，我也去参加了。有人问他对分数和素质的关系的看法，他说，分数是一个pass，是通行证，没有它，你很难进好的大学；但是分数也仅仅是一个pass，进了大学，以及工作以后，决定你的成就的，往往不是分数，而是你的素质，你的能力。他举了一个例子说，伊顿一向注重发展学生的个性特长，学生考试成绩并不是名列前茅。在英国的学校统考中，伊顿的成绩通常都稳定在第七到第八名。有一年，伊顿的成绩一下子变成了第一名，结果，它反而很苦恼，因为有家长打电话来投诉。家长说，我们当初选择伊顿，就是看中了它的办学理念是培养学生的综合素质。现在你们学校的成绩一下子很好了，势必意味着你们减少了在培养学生的素质方面所花费的时间，我对你们学校这种办学方向的转变表示担忧。大家可以看一看，英国家长的价值取向是怎样的，对我们又有什么样的启发？

我们为什么要始终强调坚持人本？因为在许多学校里，我们的做法已经严重偏离了教育的初衷。我们不是为了学生未来的幸福考虑，而是很短视地为了提高那一点点的百分率而无所不用其极。但同时，我们也必须要清醒地意识到，我们并不是为了人本而人本，我们也不要走到人本的误区中去。

比如最近我们很喜欢"发展性评价"这个概念，用发展的眼光对学生或者教师乃至学校进行评价。发展性评价的概念是英国人首先提出来的，可笑的是，我听华师大一位在国内教育评价领域比较知名的教授说:“英国人现在对发展性评价恨得要死。”为什么?自从实行发展性评价以来,英国学生的学业整体水平大幅度滑坡,已落后于欧洲许多国家。英国教育界已经对此开始反思,并且重新实施标准化考试,同时按照统考成绩在媒体上对学校进行公开排名。

我有一个叫方帆的朋友,毕业于广州的中山大学,现在美国加州一所公立“重点”高中任教。他最近写了一本书,叫做《我在美国教中学》,非常有意思。方帆说:“美国上个世纪60年代开始的新教育和文化动乱,把美国的公立教育搞得一团糟。”“其流毒甚至飘洋过海,被不少羡慕美国文化和国力强大的国家视为至宝。”美国人的多数私立学校和一小部分公办学校还是很严谨的,但是“美国社会毕竟不可以靠私立学校、个别顶尖的公立学校,或者引入外国人才和企业外包来维持”。于是,布什总统在2001年推行了《不让一个儿童落后法》,逐渐在各州“设立统一的教学标准,使用统一的教材,建立全州统考制度”,并且还设立了校长负责制——“学生成绩不好的,校长要负责,要被开除……”美国人的这些做法正是向我们学来的。

我时常这样想,世界上很多问题都像是钟摆,永远在不停地摆来摆去。当我们到达一个极端的时候,我们就一定会往回走,而一不小心,又走过头了。

比尔·盖茨曾经写过一篇《给毕业生的忠告》,他给学生们提出十一个忠告,其中第八条忠告是这样说的:

“你的学校也许已经不再分优等生和劣等生了,但生活却仍在作出类似区分。在某些学校已经废除不及格分,只要你想找到正确答案,学校会给你无数次机会。这和现实生活中的任何事情没有一点相似之处。”

近几年,研究西点军校的书籍越来越多,为什么呢?原来,据美国商业年鉴统计,二战后,在世界500强企业中,西点军校培养出来的CEO有1 531名,总裁有2 012名,副总裁一级的有5 000多名。任何商学院都没有培养出这么多优秀的经营管理人才。战争年代,西点为美国培养了一批又一批优秀的指战员;和平年代,西点则为美国商界作出了巨大贡献。有一本叫做《没有任何借口》的书,揭示了西点学员所具有的两大品格:第一是诚实,在西点,任何的谎言都会招致十分严厉的后果;第二则是服从,只因你是下级,你是学弟,你就要无条件地服从上级、学长。当我们着重于强调发展学生个性,不要培养“听话”的孩子的时候,美国人却在推崇服从,推崇像《给加西亚的信》一书中的那样的观点,实在是一件很有意思的事。

理想主义与现实主义

攸敏在《鸟儿中的理想主义》中说，鸟儿被人抓住了，放进了笼子，不同的鸟儿，反应是不一样的。

有的鸟儿很快便接受了被关进笼子的现实，并且很快就妥协了。所谓“大丈夫能屈能伸”，“留得青山在，不怕没柴烧”，它接受主人的喂食，有时也会欢快地歌唱。时间长了，主人可能放松警惕。鸟儿可能从笼子找到突破口，乘主人不备，逃出牢笼，重回蓝天，也可能逐渐习惯被人喂养的生活，改变了自己的生活习性，成为人类的朋友，活得也很快乐。这种态度，我们称之为现实主义。

有的鸟儿也是很快就认清楚了形势，但是，它比较悲观，它不相信自己能够逃出去，也不打算逃出去。它从没有想过妥协，它拒绝主人的任何喂食，连水都不肯饮一口。抓它的人有可能发恻隐之心，放它出去；但更可能的，则是想尽办法诱惑它改变主意，直到看着它死去。这样一种鸟儿的态度，我们称之为古典主义。

还有的鸟儿被关进笼子之后，不相信自己被抓了，亦可能是不愿接受被抓的事实，它在笼子里不停地扑腾，总相信自己能有重回蓝天的那一天。这样的结果是：有可能笼子不够牢靠，被鸟儿啄出一个洞来，鸟儿得以飞了出去；也有可能鸟儿很快精疲力竭而亡，死得很壮烈，但是也死得很难看。这样一种鸟儿的态度，我们称之为理想主义。

我们对于人生的态度，其实是和鸟儿相仿的。现实主义、古典主义、理想主义，很难简单地区分优劣。不同的价值观，不同的信仰，也就导致行为的巨大差别。而既然说到现实主义与理想主义，就不能不涉及哲学。

有的哲学家认为，人生就是苦难的根源，比如柏拉图说，身体是灵魂的监狱。有的哲学家认为，生命是个赘疣，是个瘤，死亡就是除掉那个瘤。这些哲学家主张人应当从被败坏了的世界中解脱出来。这种哲学通常被称之为“出世”的哲学。

还有一种哲学，强调社会中的人际关系和人事。这种哲学只谈道德价值，对于超越道德的价值觉得无从谈起，也不愿去探讨。这种哲学通常被称之为“入世”的哲学。

站在入世哲学的立场上看，出世的哲学过于理想化，不切实际，因而是消极的。从出世哲学的立场看，入世哲学过于实际，因而也过于肤浅。

中国受儒家思想影响至深，在儒家内部，对此问题也有相当尖锐的争执。

孔子之后儒家最著名的两位代表人物是孟子与荀子。孟子是理想主义者，主张“性本善”，而荀子是典型的现实主义者，主张“性本恶”。性到底是善还是恶，一直到现在，都没有争论清楚。

按照冯友兰的理论，中国哲学最终追求的还是理想主义与现实主义的结合。为什么呢？因为儒家思想有“圣人”。什么是圣人？就是要“内圣外王”。内圣，是说他的内心致力于心灵的修养；外王，是说他在社会活动中好似君王。也就是说，他有极高的修养，但又食人间烟火，他在处理日常事务中陶冶性情。

很同意这样一句话：“教育者在立足现实的同时，还需要仰望星空。”然而，理想和现实之间毕竟是有着巨大差距的，怎么弥补呢？只能靠智慧。

什么是《兵法》

常常有人在看完《班主任兵法》之后问我：老师，你是怎么想出那么多的“招数”的？在我自己的成长过程里，有一个信念是一直伴随着我的。美国的一位教育工作者说过这样一句话：孩子，不是你不能学好，而是我还没有找到教好你的方法。说这句话的老师是一位特殊学校的老师，她所面对的是一群智障儿童。特殊学校的老师都有这种信念，我们还有什么借口两手一摊，说：我已经尽力了，可是我没有办法。我自己的信念是：我教不好不代表别人也教不好，今天我教不好不代表明天我也教不好。正是因为有这样的信念，我才能在遇到任何难教的学生的时候，都会动脑筋想办法教好他。即使碰到很大的困难，我也坚信方法是存在的，只是我还没有找到它。

那么，究竟什么是“兵法”呢？我套用一句昔日百战百胜的刘邓大军首领刘伯承的话：没有别的秘密，就是不讲老规矩，不按老路子打。一切看情况，打赢了算数。什么是兵法？怎么赢就怎么打，这就是兵法！多么朴素的话语啊！真理常常就是这么朴素的。我认为，一名优秀的教师，必须具备三个素质，就是仁、勇、智。这是孔子的见解，孔子是这样说的：“智者不惑，仁者不忧，勇者不惧。”《圣经》里从另一个角度对此进行了阐述：对于能够改变的事情努力去改变它，叫做勇；对于不能够改变的事情不去改变它，叫做仁；能够正确地区分这两者，叫做智。我们现在的班主任，可能不缺仁，不缺勇，但是在智的方面还需要提高。

教师的智更多地表现在处理事情的合理程度上。晋朝的大将桓温征讨蜀地时，遇到一个老人，这个人和诸葛亮曾生活在同一个时代。桓温问他：“世人都说诸葛亮了不起，你觉得诸葛亮有什么过人之处？”老人回答：“似乎也没有什么过人之处。”桓温一向比较自负，听到这话脸上就显出傲慢的神情。不料老人接着说：“但是自从诸葛孔明之后，我就再也没有看到过行事像他那样妥当无误的人。”桓温这才觉得很惭愧，因为这世界上的事，难就难在“妥当”二字，能够把所有事情都做得很妥当，一定要有了不起的智慧。

给班主任的几个建议

对于班主任，我有以下几个建议。

一、要善于“笼络人心”

班主任接手一个新班，第一件要做的事情是什么？不是整顿班级面貌，不是处理问题学生，不是马上显露政绩，而是想办法和学生处理好关系，尽可能“笼络人心”，让他们接受你，喜欢你，尊重你，爱戴你。和学生的关系搞好了，后面的工作想不顺利也难。对于学生的逆反情绪，班主任一定不能心急，要通过各种工作让学生理解自己，接纳自己。

笼络学生的方法很多，大体有以下几种：

1. 学生无助的时候多关心

学生生病回家了，住院了，班主任一定要亲自去探望，再忙也得去；学生和他人闹矛盾了，心中苦恼，班主任要及时帮其排解；学生成绩下降，心中着急，班主任要及时帮他分析原因，并且设法帮他补课。

2. 多表扬少批评

任何人面对批评的反应总是抗拒，听到表扬总是开心。班主任经常当众表扬学生可以赢得学生的喜爱，对于犯错误的学生宜私下委婉地批评，批评的时候一定要注意照顾学生面子。

3. 树立自身威信

有人格魅力的教师自然让学生敬服。那么，教师如何树立威信？李镇西说，上好课不拖堂就行了。这话很有道理。通常来说，教师有良好身教，做事公正公平，一定会赢得学生之心。

4. 多关注学生个体

人人都有被关注的需要，教师记住学生的生日，说出学生曾经取得的每一个进步，都会让学生感动。学生觉得某个教师是真心对他好的，自然也会亲近这位教师。

5. 增强集体凝聚力

一个有凝聚力的班级，班主任自然深得人心。班主任要积极参加学生的各种活动，尤其是各类比赛。在师生共同努力取得成功之后，那种师生间的感情，别提多浓了。

6. 借鉴历史做法

班主任偶尔也可以学一学历史，借鉴一下曹操赤脚迎许攸、刘备假意摔阿斗的做法，也会产生不错的效果。

二、教学生学会宽容

无论事情的背景怎样、过程如何，教学生宽容对方、谅解对方，在绝大多数的场合之下，都不是一个错误的决定。

我曾经见到过这样一位老师，他有很高的学识，并且特别喜欢争论，其他老师都说他有“雄辩症”。他是如此热衷于辩论，以至于事情的真相对他来说并不重要，辩论本身才是让他最感兴趣的事情。有一次，他任教的一个班级的班主任错误地批评了一位学生，并且没有经过调查研究就实施了惩罚。学生到他这里来哭诉，他很愤慨，带着学生去找班主任理论，结果发生冲突。他就鼓动学生联名写信投诉该班主任。这个事情后来影响很大。事情真相虽然弄清楚了，但是所有人的心情都非常差。

后来有一次，这位老师自己做错了一件事，学生给他指出来，他不服气，强行辩解。学生辩不过他，非常生气，结果自发联名写了一封信，把他告到校长那里。这位老师在学校里本来已经很孤单，没有老师愿意理他，这次事件之后，学生也不理他了。他非常郁闷，空有一身才学，最后无奈选择了辞职。

对这位老师的遭遇，我用四个字来形容：自作自受。我在班主任工作之中，有一个很深的体会，那就是：你对学生所做的一切，将来都会回报到你自己身上。

你教学生告别人的状，学生总有一天会告你的状；你教学生跟别人争辩，学生终究会来跟你争辩。反之，在别人犯错的时候，你教学生宽容他人，学生也会在你犯错的时候宽容你；你对学生付出爱，学生也终将用爱来报答你。

三、承担师生冲突的百分之一百的责任

师生关系出现问题，教师要有承担百分之一百的责任的勇气，即使对方先有错，即使主要是对方的错。这是一种态度，态度决定一切。

我们学校有一位老师，刚刚来学校工作的时候条件非常好，教生物，但是计算机和英语都很棒，普通话也好听，长相也不错，所有的人都觉得眼前一亮。

可是六七年过去了，她的计算机和英语水平依旧不错，生物课却上得一塌糊涂。她对学生很凶，学生都很怕她。除此之外，她没有任何长进。

她有一个最大的特点，就是喜欢抱怨。你跟她在一起，只要谈到学校的事情，就会听到她的抱怨，抱怨学校的待遇不好，抱怨学生素质低，抱怨学校规章制度有漏洞，抱怨教材编得水平差，抱怨班主任不配合，抱怨家长不懂教育，抱怨领导乱弹琴……所有能抱怨的几乎都被她抱怨光了。

碰到什么问题了，你去跟她商量，她总是一副振振有词的样子，能举出各种理由来证明她是没有错误的。她的思路清楚，言词确凿，你很难反驳她，你只能在心里叹气：一棵好苗子，就这样被她自己糟蹋了。

她这么多年来的不长进其实是可以预料到的。一个人，如果碰到问题总是首先寻找别人的原因，从来不反思自己的问题，那么，他就不会发现自己的问题，也就根本不可能想方设法去解决它。他今天犯这个错误，明天还是会犯这个错误，他的水平永远不会提高，也不可能提高。

学生的行为出现问题，家长有没有责任？当然有！现在学生的很多问题都是由于不良的家庭教育造成的。但是抱怨家长有没有益处？没有！因为每一位家长都有他的职业，他把主要的精力都放在挣钱养家糊口上；而我们教师的职业就是教育，我们是吃这碗饭的，这是我们的工作。有没有医生把病人治死了反过来怪家属的？我们要有一点专业精神，自己教育不好学生，反而怪你怪他，也就难怪别人看低教师这个职业了。

当我们有了承担所有责任的意识，我们才可能深刻地反思自己；也只有对自己进行深刻的解剖和反思，我们才可能在犯过一次错误之后，不再犯相同的错误。于是，当我们犯过的错误越来越多，我们可能犯的错误就越来越少，我们就越来越接近一名优秀的教师。

在班集体活动中培养小学生情商

上海市黄浦区曹光彪小学　蒋雯琼

现阶段的小学生绝大多数是独二代子女，物质生活条件优越，受到众多人的宠爱，加上一些不够科学的家庭教育观念，因此缺乏坚强的意志、吃苦耐劳和团结协作的精神。随着生理和心理的发育和发展，他们在学习、生活、人际交往等方面会遇到各种挫折。有些问题如不及时解决和正确疏导，将对学生的健康成长产生不良的影响，严重的会使学生出现行为障碍和人格缺陷。学生对自身情绪管理能力的强弱是直接影响学生健康人格形成的重要因素；同时，学生良好的情商能力能激发学生浓厚的学习兴趣，进而转化为学习的动力，并为学生今后走向社会奠定良好的心理基础。研究小学生情商培养就是落实"以人为本"教育理念，丰富小学德育内涵，提高小学班主任育人智慧的具体操作性和实效性。

一、小学生情商的十项能力

小学生情商是指小学生在参与班集体活动的过程中在自身情绪的控制、情感的表达等方面的能力。其十项能力见下表。

<table>
<tr><th>年级</th><th>能力</th><th>目标</th><th>指向</th></tr>
<tr><td rowspan="2">一年级</td><td>适应</td><td>指进入学龄期的情感适应，如适应新的环境，适应新的老师与伙伴，适应新的班级集体，建立初步的人际关系等</td><td rowspan="2">使一年级学生能完成从幼儿园到小学阶段情感依恋的过渡</td></tr>
<tr><td>自理</td><td>指在学校生活中能够独立完成应有的教学、活动所需的自理任务</td></tr>
<tr><td rowspan="2">二年级</td><td>同感</td><td>指在人际交往过程中，能态度真诚地倾听，尊重他人的感受，尝试以他人乐意的方式进行沟通，学会体谅和宽容，多一点"换位思考"</td><td rowspan="2">使二年级学生慢慢地学会客观地认识自己、看待他人，从自我中心的情感中解脱出来</td></tr>
<tr><td>悦纳</td><td>指既能正确评价自己，接受自己的优点和不足，又能够辩证地对待他人，善于发现他人身上的闪光点，真诚待人</td></tr>
</table>

续　表

年级	能力	目标	指向
三年级	竞争	指重在对参与竞赛的过程和各种心态的体验感受，而不是对结果的追逐	使三年级学生能在友好相处的前提下实现共同目标，学会理解彼此的观点，把控好竞争心态
	合作	指在“合”中“作”时表现出对他人的尊重，对同伴的欣赏以及为达成目标而妥协的团队意识和友善价值取向等	
四年级	专注	指能够在规定时间内专心做好一件事，遇到困难能排除自身与外界带来的干扰而专心致志	使四年级学生遇事能排除自身与外界带来的干扰，自觉抵抗挫折和困难的能力得以增强
	意志	指在完成任务过程中的责任感，克服困难的勇气和遇事能坚持到底的积极情感	
五年级	分享	指既能了解他人的想法和需求，也能将自己的感受与他人共享，包含着宝贵的平等与博爱的思想	使五年级学生在集体活动中能说说自己的感受，理解他人的想法，并能在愉悦的气氛中与他人沟通、交流
	交融	指在与他人和谐相处的基础上，能与他人进行思想交流，在情感上融洽和谐	

这十项能力，是培养和发展学生整体情商的十个分支。也就是说，每个年级学生的能力都不是孤立的，而是不断发展、相互衔接与交融的。比如，“适应”和“自理”的情商能力放在一年级培养，它们的指向是帮助学生从幼儿园向小学生活过渡；而到了中高年级，它们又有不同的诠释和具体的情商指向。但由于时间与精力有限，我们不在本研究中再做深入研究，而是在后续的研究中继续。同样，每个年级的两项能力也不是割裂的，它们之间也有着密不可分的辩证关系。如中年级的“竞争与合作”中关于竞争的培养并不是指简单地研究怎样教学生竞争，而是挖掘出在竞争与合作的过程中表现出的情商内涵：上进心、求知欲；目标的认同感；健康积极的精神状态；尊重他人和虚怀若谷的胸怀；班级归属感和集体荣誉感；合群的团队意识和友善的价值取向；悦纳自己、接纳他人的心地和气度等等。

二、培养小学生情商的最佳途径——班集体活动

1. 班级是个小社会

小学生在班集体中学习、生活，会产生相互的影响，形成各种相互的关系。在伙伴的身上，他们会找到自己的榜样。在和伙伴交往中，学生一定会遇到各

种各样的情况、问题、纠纷、矛盾，需要自己去学习处理和解决。班集体就是一个未来社会关系的舞台预演场。而班集体活动，就是初步学习社会交往、处理人际关系的最好形式，为学生情商培养提供了现实环境。

2. 班集体活动大大增加了学生之间的交流、互动，甚至碰撞的频率，创造出许多提升情商的契机

小学生可运用自己的聪明才智，协调与伙伴的关系，调控自身的情绪，在此过程中，逐步实现外部评价与自我评价的统一。这种情感调控能力的形成，对学生将来克服挫折情绪有极大的好处。班集体活动就为这种情感调控能力的形成提供了互动的对象。

3. 班集体活动也是学生学习辨识微表情的很好的课堂

在班集体活动中，小学生既能提高自己表情达意的能力，又能逐步提高对他人内心情绪的感受的能力。有了体察心情、感受微细动作的能力，就能在待人接物中掌握良好的分寸感，从而在集体中获得更多的愉悦，保持良好的心境，提高自己的情商。因此，班集体活动为提高小学生情商提供了实践的机会。

4. 班集体活动都有正能量的主题与活动目标

小学生经常在这样的活动中耳濡目染，价值观会逐渐形成趋同性，从而促使班风班貌变得更好。而这样的班风班貌又使孩子受到潜移默化的影响，从而促进每个学生的精神成长。因此，班集体活动是为实现对学生情商培养的正向鼓励或影响。

三、情商培养的有效策略

1. 以“境”成商

学生情商能力的提高，是无法通过说教、灌输等方式来达到的。创设适合小学生学校生活、家庭生活、社会生活的情境，能使学生情绪得到最真切的感受，获得最真实的体验，并积极地投入其中。尤其是好的情感环境，能给健康情感以肯定性的评价，对小学生选择、表达正确的情感起到引导、定向的作用。

2. 以“情”增商

班主任要尊重不同年级、不同性别学生不同的情感基础，既要从问题出发看需要，又要从需要出发看问题。一般而言，凡是符合小学生成长规律的合理的心理需求均应予以满足。在班集体活动中班主任应以情感激发情感，尊重学生的情感基础，关注学生的内在需求，以情感影响情感，从而培养学生良好的情绪管理能力，以充裕的情感提升学生的情商能力。

3. 以“行”品商

情商能力不是与生俱来的，而是后天培养训练的结果。而真正有效的情商训练，必须通过环境中精心设置的体验活动，让小学生有一个亲身实践、内心体验的过程。因此，只要实践训练的平台是贴近学生的生活、贴近学生的实际的，搭建实践训练的平台，就能给予学生更多体验的机会。那么，学生就会在日常生活中懂得如何运用情商，从而不断提升自身的情商能力。

4. 以“赞”固商

当学生在班集体活动中有正面情绪时，当他们能尝试自己解决情绪问题时，班主任应抓准时机给予鼓励，在集体中扩大其影响力，发挥其正能量，使学生在集体中得到的积极刺激，能逐渐成为其稳定的情感和意念。因此，班主任要激发学生内在的情感体验，强化外在的行为表现。这种追求赞扬的心理得到满足，学生的情商能力也就能外显为一种持久的良好行为。

四、在班集体中培育情商能力的原则

1. 尊重学生身心发展规律的原则

要遵循小学生的生理、心理发展规律，寻找有共性的情商能力，制订适切的培养目标，开展适合小学生情商能力培养的班集体活动。

2. 面向全体学生，关注班级差异的原则

要坚持面向全体学生，根据地区差异、家庭差异、年级差异，结合本班级学生的共同特点，采取有针对性的情商能力培养策略。

3. 正面引导与负性刺激相结合的原则

要对学生进行正面引导，激发学生的正能量，促其形成相对稳定的情绪体验；同时，通过情景剖析，让学生了解不良情绪可能造成的后果，帮助他们减少消极的情绪，规避极端的表现。

五、情商能力培育的实施方案

一年级：情商中“适应”与“自理”能力的培养

主题班会课：学做文明的小学生　和小伙伴在一起

主题谈话课：我是服务小明星

班级小比赛：整理小书桌

十分钟微班会：课间十分钟，我们玩什么

班级小游戏：“蚂蚁搬家”

二年级：情商中“同感”与“悦纳”能力的培养

情景游戏：学会说“你真棒！”

主题班会：假如我是他——我能“换位来思考”

雏鹰争章活动：“我的奖章我设计”系列活动

情感教育：别看我只是……

三年级：情商中“竞争”与“合作”能力的培养

雏鹰争章活动：争当帮手，用情感恩

游戏活动课：比比谁的本领大

公益活动：义卖

主题班会：在合作中感受快乐

四年级：情商中“专注”与“意志”能力的培养

十分钟队会：专注训练营闯关活动

主题谈话课：每天进步一点点

主题班会：直面挫折，我能行

课外实践活动：我们都是小勇士

五年级：情商中“分享”与“交融”能力的培养

班级大讨论：如何处理矛盾

主题活动：我眼中的男生和女生

主题班会：我的同学很可爱

综合实践活动：以五年级毕业为契机，开展以“我的毕业典礼我做主”为主题的综合实践活动

小学生的情商培育是一个极其复杂的系统工程。情商培育的研究与提高情商能力的需求、成长过程中的经历、家庭和学校的文化背景、班级的舆论氛围，以及教师本身的情商水平、价值取向、教育理念、教育技巧及教育经验等等都有不同程度的关系。其后续研究还可以有如下思考：

首先，培养序列还可以进一步调整、细化、深耕。我们虽然已经制订了五个年级十项情商能力培养的内容体系，但是小学生的情绪来得快，去得也快，情商教育的反复性特点，使我们需要从长计议。

其次，情商能力的科学评价体系还需进一步完善。即使是小学生，外部的表情也已经有可控和伪装的一面，加上内部的情感体验又有隐秘和独特的一面，这就给我们对小学生情感发展水平的科学评价带来一定的难度。

再次，亟需重视班主任情商培养能力的培训。各个学校，应当把小学生情

商开发、培养纳入教育教学之中，创造条件开设情商培养的课程、活动和编制小学生情商培养的校本教材，给学生以好的情商示范。要制订相关激励和评价机制，鼓励教师以更大的热情投身到相关的研究和实践中来。

此外，学校可开设家长"情商的能力培养"讲座。家长是孩子的第一任老师。在学生情商培养的过程中，家长绝对不能缺席。应让广大的家长接受这一重要的理念，一起参与到孩子情商培养的队伍中来；也可让家长中有这方面特长的成员现身说法，互相促进。

心灵之语架心桥——如何培养真正合群的学生

上海市松江区仓桥学校　蔡晓燕

“单独二孩”政策已经实施，“全面二孩”政策即将放开，由此已经出现和即将出现的问题需要重视。原有的独生子女教育问题依然存在，如生活环境的相对单纯和狭窄，电视和电脑等现代科技产品在一定程度上导致独生子女同辈群体交往的缺失。还有，由于人口流动，随迁子女的比例相当大，这些特殊人群更应得到关心，他们对新环境的融入、对新的生活习惯的适应、新的人际关系的建立等都值得关注。

纵观国内外研究，针对青少年儿童合群心理的研究已有很多成果，但将青少年合群能力的培养与雏鹰争章活动相结合的研究并不多见。同时，在目前全国的雏鹰争章活动中，包含着合群心理培养的相关因素，但其并不是重点。因而，我认为增设心理特色章是有必要的，特别是在社会转型期，创设少先队员合群章有着现实的价值和意义。

一、“合群章”的界定

所谓合群章，是指基于少先队员合群能力发展的需要而创设的雏鹰争章特色章。在快乐的争章活动中，队员能学会交往、乐于交往、善于交往，增强中队凝聚力和向心力，从而促进队员合群能力的发展。简而言之，即个体学会融入集体，集体善于接纳个体；每一位队员学会融入中队，每一个中队善于接纳每一位队员。

二、“00 后”合群现状的调查与分析

（一）“00 后”合群现状的调查

以我校为例，一至五年级的学生 95%以上是 2000 年后出生的独生子女，其中“独生二代”占 20%左右。我们发现主要有四种问题型交往形态。

1. 散沙型

有老师在场时，队员能聚集在一起，和同伴共同参与游戏或者开展活动。可是当老师不在场时，他们就各做各的事，不愿听取同伴的意见，不愿与同伴合作完成活动任务。

2. 固着型

有些队员经常只与固定的四五个同伴玩耍。他们有的以座位为中心，有的以幼儿园认识的同学为中心，结成这四五人的小团体进行活动。

3. 争执型

有些队员在家里只和爸爸妈妈、爷爷奶奶玩，养成了事事以自我为中心的习惯，遇事不懂得宽容和谦让，一碰到问题，就互相争执，互不相让。

4. 单独型

还有些队员总是独来独往。不管是课上还是课后，只瞧见他们总是一个人呆呆地坐在座位上，自己做着自己的事，不与别人说话，也不参与别人的活动。

(二)“00后”不合群原因分析

那么是哪些原因造成了独生子女学生的不合群呢？根据对合群现状的分析，大致有以下几种原因。

1. “只生一个”的国情特色

独生子女已成为富有中国特色的社会现象。现在我校小学生95%以上都是独生子女，这些“独一代”、“独二代”缺乏同龄群，在日常生活中没有更多机会与同伴接触。

2. “独门独户”的生活环境

随着城乡建设的发展，不少家庭搬进了套房或别墅。可独门独户的居住环境大大缩小了孩子的生活范围，让原本就没有兄弟姐妹的独生子女们更缺少与同龄人的交往机会。

3. “人机时代”的悄然来临

电视机、电话、电脑网络等各种媒介极大地开阔了孩子的眼界，可同时也减少了孩子与伙伴面对面交流沟通的机会，导致他们缺乏现实生活中与人进行社会交往的基本技能。

4. “众星捧月”的家庭教养

以前“独一代”是“6＋1”的环境，而现在“独二代”甚至出现了“10＋1”的现象。父辈、祖辈对其的呵护犹如“众星捧月”，使他们以自我为中心的情况更加严重。

5. “要求过分”的家校教育

学生的学习、生活受到分数的约束。学生往往奔波于各类辅导班、培训班之间，又忙于“题海式的作战”。课业负担过重导致学生可自由利用和掌握的时间相对较少，从而与同伴相处交流的机会也越来越少。

(三)“00后”合群心理特点

通过对我校“00”后学生在合群方面的观察与调查后发现，他们的合群心理主要有以下几个特点：

1. 自我中心倾向严重

身处“6+1”甚至“10+1”中的“00”后，他们集万千宠爱于一身，事事以自我为中心，情绪控制力也相对薄弱，一遇问题就冲动，不肯吃亏，凡事都觉得是别人的错，缺乏谦让、宽容精神。

2. 依赖性强，抗挫力弱

有些“00”后学生事事总得依赖家长或老师的帮忙才能解决。他们心理承受能力不强，与同伴交往中出现烦恼与困惑时，不会正确处理，有时会退缩、胆怯。

3. 有交往欲望，但交往能力较弱

有些“00”后学生也很想交朋友，参与伙伴的活动，可是他们在交往中只关心自己，只愿做自己喜欢的事，结果往往是同伴和他玩了一两次后再也不找他玩了。

以上这些合群心理特点也让学生情绪低落，对校园生活的热情逐渐下降。他们在学习、生活等各方面得不到很好的发展。

三、合群章序列的构建

我们利用少先队的“群育”特征，以雏鹰争章为载体，通过研制开发小学一至五年级心理特色章“合群章”的体系，来促进队员的合群能力。

(一) 我校的心理辅导特色

仓桥学校是全国首批心理健康教育特色校，二十多年来已形成心理健康的良好氛围。这既为课题的开展提供了强有力的支持，又为我们创造了良好的学习和实践条件。

(二) 现有争章活动中有关交往的奖章体系

上海雏鹰争章活动目前使用的奖章体系的内容是1994年后历经数次调整修订过的。在对现有奖章进行分析后我们发现，这些章目中虽也含有交往方面的内容，但还未形成一个关于“交往”的完整的奖章体系。因此，我们根据少先队的“群育”特征，以雏鹰争章为载体，研制开发了小学一至五年级心理特色章“合群章”的体系。

(三) 拟定合群章的理念

1. 整合章目，使之融合

我们对现有《中国少年雏鹰行动争章手册》“章目设置表”内出现的一些包

含合群因素的必修章和选修章进行整合，选取其中关于合群方面的争章内容进行梳理归纳，使之融合在合群章里。

2. 纵横相连，层递上升

合群章的争章目标、内容、时间具有内在的逻辑性、承接性、延续性，形成了一至五年级“纵向衔接、横向贯通、分层递进、螺旋上升”的一个合群章系列争章体系。

3. 实践探索，行之有效

我们通过研制开发合群章的争章体系，探索实际的操作方法，丰富雏鹰争章特色章的内容，为结合学校教育特色研制开发特色章提供实践经验。

四、序列化合群章内容的制订

（一）以合群心理发展年龄特点拟定合群阶段性目标

★ 一年级：进入群体

此年级段的队员正好处于幼小衔接阶段。各种群体对于队员来说都是新的，需要他们去适应、融入。所以，当队员进入群体，并适应群体生活后，就会更顺利地完成幼小的衔接。

★ 二年级：结成群体

调查显示，此年级段的队员，他们的内心需求着一个群体伙伴。因此，当队员与同伴结成一个个群体时，就会在结伴同行的过程中慢慢感受合群的快乐，继而开始与同伴游戏，参与集体活动。

★ 三年级：融入群体

此年级段的队员开始从儿童期转入少年期，此时是他们形成自信心的关键期。所以，当队员融入自己的群体，信任自己的群体，他们就能在群体中发现自身价值，获得强烈的自我肯定。

★ 四年级：乐处群体

此年级段是培养学生情绪控制能力、意志能力等的关键期。所以，当队员学会乐于与同伴相处，相互宽容，相互合作，他们就能以健康快乐的心态在群体中生活。

★ 五年级：服务群体

此年级段的队员在心理上渴求同伴的支持。因此，当队员爱上自己生活的群体，喜欢为群体以及群体中的伙伴奉献一份力时，他就会在群体中获得彼此间的信任感、满足感和归属感。

第一阶段目标没有实现或实现不理想，第二阶段的目标就无法实现。合群心理的低级发展阶段是高级发展阶段的基础，高级发展阶段是低级发展阶段的提升，高级发展阶段必须经由低级阶段发展而来。

（二）以“四化”制订合群章

1. 合群章图案和章名设计“自主化”

辅导员应引导队员发挥想象，主动参与合群章图案和章名的设计，这样一方面能扩大整个活动的参与面，另一方面能引导队员在此过程中了解和认识合群章的意义。

队员命名的章名	队员设计的图标	队员赋予奖章的寓意
小蜜蜂章 一(3)中队	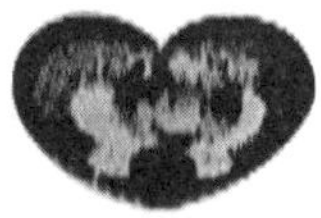	蜜蜂喜欢和朋友住在一个大家庭里，我们也要和小蜜蜂一样快快乐乐地生活在一(3)中队
小蚂蚁章 二(2)中队		小蚂蚁左手握着拳头，右手五指展开，好像在发出邀请，欢迎更多的朋友加入，大家一起玩真快乐
星连心章 三(3)中队		一颗颗闪亮的星星就是我们三(3)繁星中队的一位位队员。让我们 52 颗星星心连着心，手拉着手，快乐地在一起
雁爱群章 四(1)中队		大雁遵守纪律，合作意识强。我们也要和大雁一样热爱集体，乐于合作，一起快乐地生活在集体中
心语章 五(1)中队		人与人之间要常沟通，多交友。心与心之间的沟通才是最好的语言，才能让每个人真正地融入集体

2. 合群章目标和内容制订“序列化”

寻找交集，有机整合：整合现有《中国少年雏鹰行动争章手册》内小学一至五年级包含合群因素的必修章和选修章，将其融入各年级的合群章中。

横向贯通，循序渐进：对每一个年级都提了四个共同的总要求：学会礼貌、学会交流、学会合作和学会服务。我们认为这四个要求是学生在小学年龄阶段的人际交往中所要达到的最基本要求。

纵向衔接，分层递进：根据不同年级的队员在合群能力方面的差异，既注重分层指导，又注重各年级间内在的承接性和延续性。

双向互动，交错进行：因为人际交往都是相互的，既要个体被对方接纳，也要个体接纳对方，因此在序列表中争章的达标要求也体现了双向互动。

3. 合群章达标要求语言表述“儿童化”

队员是争章活动的主体，争章活动的内容只有被队员理解才有效。因此，合群章的达标要求也在活动中不断地修正，语言从成人化慢慢变得儿童化。

一至五年级合群章争章序列表

年级	预设目标	章名	争章目标	达标要求			
				学会礼貌	学会交流	学会合作	学会服务
一年级	进入群体	小蜜蜂章	小蜜蜂交朋友，快快乐乐进群体	1. 学习使用礼貌语言，学会用“请” 2. 队友打招呼时，能有礼貌地回应 【好朋友章】	1. 能和队友说说心里话 2. 队友说话时，能不打断、不插嘴 【说话章】	1. 愿意加入队友的游戏 2. 愿意接受队友发出的游戏邀请 【游戏章】	1. 学会整理自己的学习用品 2. 简单的学习任务能自己完成，不麻烦别人 【自理章】
二年级	结成群体	小蚂蚁章	小蚂蚁爱团结，亲亲密密聚一群	1. 正确使用礼貌语言，主动说“你好” 2. 得到队友帮助后，能及时感谢对方	1. 能把自己的想法清楚地告诉队友 2. 队友说话时，能眼睛看着对方，认真倾听	1. 经常参与小群体的游戏活动 2. 愿意与队友创作一个有趣的游戏	1. 关心并帮助同桌，为他（她）做一两件事 2. 认真完成自己的小岗位 【小岗位章】
三年级	融入群体	星连心章	手拉手，星连心，快乐成一家	1. 熟练使用礼貌语言，做到微笑待人 2. 能学会真诚地赞扬或鼓励队友 【礼仪章】	1. 愿意主动表达自己的感受 2. 能考虑队友的想法，理解队友的感受	1. 积极参加中小队活动 2. 愿意接受中小队活动安排	1. 主动帮助身边的队友，为他（她）解决几个实际困难 2. 能主动为中队做一两件好事
四年级	乐处群体	雁爱群章	学大雁多合作，群体生活乐陶陶	1. 自觉使用礼貌语言 2. 欣赏队员的优点，尊重队员	1. 愿意主动提出自己的意见 2. 愿意接纳队友的合理意见	1. 能与队友设计并主持一次小队活动 2. 在活动中学会协商解决问题 【自动章】 【小主持章】	1. 能到友谊中队开展辅导活动，帮助小同学。 2. 能为中小队建设提出1—2个“金点子”，并被采纳 【小辅导章】

续 表

年级	预设目标	章名	争章目标	达标要求			
				学会礼貌	学会交流	学会合作	学会服务
五年级	服务群体	心语章	心灵之语架心桥，服务你我的“家”	1. 自然地使用礼貌语言 2. 初步了解情绪，学习调控不良情绪	1. 善于表达自己的意愿 2. 共同协商双方意愿	1. 主动与队友设计并组织中小队活动 2. 在活动中学会担当不同角色，相互配合	1. 寻找中队中或远方的“手拉手”小伙伴，并尽力帮助他们 2. 能主动参与学校或社区组织的活动 【手拉手章】

4.《合群章争章手册》和争章园地布置“特色化”

我们设计了《合群章争章手册》，来凸显个人争章“足迹”，体现“中队的文化特色、争章的动态进程及争章的全员互动”，并依据“外观童趣化、蕴涵中队文化、凸显合群章”等教育理念，改进原有简单化、模式化的争章园地，使其体现独特的中队文化。

五、合群章争章活动的实施

(一) 现有争章六步曲的操作和反思

现有的《中国少年雏鹰行动争章手册》中明确标示了“雏鹰争章六步曲”，可在具体操作中也存有一些缺憾，如：过度依赖队员的自主性，辅导员疏于辅导；只重视启动和考核，忽视争章过程。其实，争章活动更应重视辅导员的全程参与，让他们发现问题及时进行辅导，并强化争章过程，从队员的角度出发，多开展达标训练和实践活动，引导队员真正达到自主活动、自主体验。

	争章六步曲	我们的操作关键
一	了解章目，选章定章	不在于出示明确的章目要求，而在于引导队员自己谈理解，确保大多数乃至全体队员理解的一致性
二	聘请辅导，开展训练	不在于队员参与辅导员开展的训练，而在于引导队员和队友一起自主地开展训练
三	策划活动，实践体验	不在于使队员提升策划组织活动的技巧，而在于引导队员在活动中获得体验和感悟

续 表

	争章六步曲	我们的操作关键
四	做好记录，留下足迹	不在于指导队员记录活动过程，而在于引导队员写活动中的感悟和体会
五	成果展示，通过考核	不在于考核的结果，而在于考核过程中队员的自我展示
六	佩章护章，继续攀登	不在于引导队员明白佩章护章的意义，而在于对队员争章后的再激励

（二）争章辅导过程的设计和实践

1. 争章进课堂，加强日常辅导

我们倡导"在课堂中争章，在争章中合群"，即关注队员在课堂中个体与个体、个体与群体间的交流合作，适时地加强队员合群能力方面的日常辅导，让争章活动落在实处、落在细微处。

2. 争章进家庭，重视家校辅导

我们提倡让争章活动进家庭，使争章活动与家庭教育保持一致，让家长参与孩子的争章活动，为争章提供有效的辅导载体，帮助我们构建完整的"雏鹰争章"运行机制。

3. 争章进课程，倡导团体辅导

根据班级学生的原有状况及其发展情况设计并开发的合群辅导的争章心理课程，意在通过团体心理辅导帮助队员学会正确处理人际交往中的矛盾冲突，帮助他们学会建立和保持良好人际关系的技能。可借鉴的课程如下：

一至五年级合群辅导的争章心理课程

年级	学会礼貌	学会交流	学会合作	学会服务
一	和"请"字交朋友	心里话儿说出来	你会加入游戏吗	我有一双勤劳的手
二	快乐的回音	你会倾听吗	一起游戏创意多	我爱我的岗位
三	给个"赞"	假如我是他	小队有我更精彩	自主管理，我在行
四	舌尖上的优雅	听听啄木鸟怎么说	一起来活动	助人也有小诀窍
五	做情绪的主人	学会表达，共同协商	"角色"大家庭	帮助他人，快乐成长

六、合群章争章活动效果评估和思考

(一) 实践效果

1. 来自教育者的反馈

本课题展开研究后，五个中队的辅导员老师、学科老师和家长们都反映队员变得比以往更懂礼貌了，能与同学友好相处，遇到问题也不再冲动，能冷静下来想办法解决。他们也比以往更喜欢集体活动，能与同学合作设计游戏或活动，学习能力也比以往有了提高，为人服务、为集体服务的意识也增强了。

2. 来自受教育者的反馈

为了检验实践是否有效，我们进行了学生交往前后的调查，并考虑学生的理解能力和正向引导，设计了测试题：你喜欢和哪些小朋友玩？以一年级为例：

测试人数	喜欢的小朋友人数			
	1—3	4—6	7—9	10—12
前测：52 人	34	17	1	0
	65.38%	32.69%	1.92%	0%
后测：52 人	10	25	12	5
	19.23%	48.08%	23.08%	9.61%

实验班的测试反映出一年级学生喜欢的小朋友人数增加幅度明显，而对照班的增加幅度则小得多，其他年级的前后测试也支持了这个结论。由此可以证明我们的合群教育是有效的。

(二) 后续思考

本研究虽然已取得了一定的阶段性成果，但要真正提高学生的合群能力是一个长久的过程，还需要继续进行研究与实践。此外，本课题目前主要是辅导员在具体实施，其他学科教师较少参与。因此，今后还需要通过有效方式把所有教师的智慧集中起来，共同参与研究。同时，还需要把研究范围扩大到社区，与社区有机结合，实现学校、家庭、社会三位一体，形成教育合力，为学生将来适应社会、培养良好的人际关系和健康的心理奠定基础。

高品质班级生活中的情商培养

上海市闵行区华坪小学　陆　敏

一、对学生情商培养的认识

（一）查找资料，进行情商的内涵的解读

我们通过查找资料、整理分析所收集的情商资料，对情商进行了解读。

1. 情商的解读之一——情商不等于非智力因素

我们的教育中早就提出要加强对学生非智力因素的培养。非智力因素包含了影响成功的因素中除智力因素之外的其他心理因素。那么情商是否等于非智力因素？

虽然多数心理学家对情商的定义都不相同，但有一个相同点就是他们都认为情商是决定个人成功的重要因素，甚至比智商还要重要。智商和情商合在一起才能决定个人的成功。用公式表示，就是“情商＋智商＝成功”。但我们都知道，影响成功的因素是很多的，就算除去家庭背景、社会环境、运气等不可控因素，除了智力因素之外，还有勤奋、坚强、果断、自信、自制、兴趣、态度、信念等因素。人们普遍接受的是耶鲁大学的心理学家彼得·沙洛维（Peter Salovey）的提法。他将情商能力归纳为以下五类：①认识自身的情绪；②妥善管理情绪；③自我激励；④认知他人的情绪；⑤人际关系的管理。

我们可以发现上面所说的果断、勇敢等性格因素和兴趣、信念等个性倾向性及其他一些因素都不是情商所能包括得了的。所以我们认为情商不是非智力因素。

2. 情商的解读之二——情商的各种能力的复杂性

我们还发现情商的五种能力是相辅相承的。比如，一个人也许有很强的共情能力，他却不会控制自己的愤怒。所以情商具有综合性、复杂性，而且情商与一个人的性格、所处的环境（如家庭背景、交往的圈子）都有一定的关系。同样的活动，每个孩子表现的情商、发生的进步是不一样的。

3. 情商解读之三——提升情商的四个要点和五种能力

通过文献查阅，我们得出了提升情商的四个要点和五种能力。

（1）四个要点

我们在和别人进行语言交流的时候，要遵守四个要点。

第一，要知道自己的情绪；第二，要知道别人的情绪；第三，要尊重别人的情绪；第四，要控制自己的情绪。

(2) 需要提升的五种能力

① 认识自身的情绪的能力：随时随地都能体察自己的情绪，依靠本能的偏好来做出决定；用实际的眼光做自我评价，对自己充满信心。

② 妥善管理情绪的能力：让自己的情绪有利于工作，而不是干扰工作；情绪出现波动时能够很快恢复平静。

③ 自我激励的能力：把自己最深层的愿望当作指南针，在它的引导下走向自己的目标；不管是失意还是挫折都坚持不懈。

④ 认识他人的情绪的能力：善于体会别人的感受，具有同情心，能够接受别人的观点，与大量不同类型的人保持友好的关系。

⑤ 管理人际关系的能力：同他人交往时，能够很好地控制自己的情绪，能够敏锐地判断形势以及人与人之间的关系；做事有分寸；运用良好的人际关系说服、引导他人，懂得靠协商解决分歧，懂得团队合作，能够使团队充满活跃的气氛。

(二) 班主任培养学生情商的方法

1. 调查社会上培养情商的方法

由于情商的重要性，现在的人非常重视孩子的情商培养。通过资料的收集，我们发现，情商培养的方法有很多，比如：有的情商培训机构，设置了很多情商课程指导家长提高孩子的情商，有的专门设置了针对孩子的情商课程，让孩子在课程的学习中提升情商；我们也发现部分学校开始重视情商的培养，有的是由心理老师通过心理活动课程来培养孩子的情商，有的是全员参与，专门进行情商的培养和研究。

2. 寻找并探讨班主任培养学生情商的方法

第一，基于班主任工作来思考。首先，我们探究情商培养方法时必须区别于心理老师，从班主任这个特定的角色来入手。其次，班主任日常要进行很多工作，如学生良好的学习和行为习惯、道德品质等的培养等，如再增加情商培养课程，势必增加工作量，所以不要单独把情商作为一个特定的内容进行研究，情商培养应该潜移默化地渗透于我们日常工作的各种教育之中。

第二，基于情商的特点来思考。在继续查找资料的过程之中，我们发现情商是一种对自我、他人情绪的感知能力，往往是在互相合作、交往生活中自然而然产生的。情商的培养需要一种互相交往的活动，在活动中，让孩子感悟自我、他我。我们还发现情商是非常复杂的，它与一个人的性格、家庭背景有关系，因此情商的改变不是一个短期的活动所能达成的，它需要持续性活动的影响，需要一段又一段生活的浸润。

基于以上思考，我们认为：

(1) 情商培养需要被纳入生活之中

我们认为一个人情商的培养应该内涵于生活之中，而班主任对学生情商的培养则应内涵于班级生活之中。班主任要让学生在日常的班级生活中，通过互相的学习、交往，在体验中获得发展。

(2) 情商培养需要借助高品质班级生活

班级生活对学生的情商发展具有不同的作用，可以是积极的，也可以是消极的。我们在调查中认识到：如果某个班级只注重个体学习，班级只是学习的场所，没有人际交往，学生之间为了学习而互相排斥、恶性竞争，那这样的班级不能促进学生人格的发展，更不能促进情商的发展。因此我们需要研究能够促进学生情商发展的具有积极作用的班级生活。

基于以上原因，我们进行了“高品质班级生活下的情商培养”的研究，通过创设一种有目的、可持续交往、可使道德感上升的高品质班级生活，孩子们的情商在有品质的生活中可得到持续发展。

二、探究高品质班级生活下情商培养的方法

高品质班级生活是指师生共同创设的具有正确价值观引领的、具有丰富交往活动的、具有高尚精神生产功能的群体生活。在这样的群体生活中，学生有共同的班级价值观，对自我认识清晰，有独立判断能力，有较强的人际关系协调能力。

1. 设计系列、长程的活动，把活动转化为一段段班级生活

班主任应根据学生年龄特点、社会发展需求、学生的成长需求来设计系列化、长程化的活动，在活动推进过程中，和班级组织建设、文化建设、制度建设进行综合融通，把一个个活动转化为一段段具体的班级生活。每一个活动，其设计目标可以不针对情商，可以是某一品行的达成，但所呈现的教育成果不应是单一的品行达成，而是多元教育目标的实现，让情商的培养自然而然地浸润在班级生活之中。如：“飞侠乐地带　梦想我来建”系列活动，是王雯老师创建高品质班级生活的抓手。她通过展望“乐地带”、共建“乐地带”、展现“乐地带”等活动，让学生自主设计班级环境布置，根据自己的喜好自主认领负责的项目。

在过程中，王老师还鼓励学生创新班级环境布置的内容，适时地将班级环境布置与学校活动、班级活动甚至学科内容相整合。在一年多的活动中，班级环境变得人文化了，孩子们也变得积极主动。活动提升了学生参与班级活动的积极性以及责任感，同时王雯老师针对学生在活动中出现的一个个情商问题进行了指导，使得他们的情商也有了不同程度的发展，学会了合作，学会了沟通，学会了宽容……

2. 不断地捕捉班级生活中的问题资源，生成教育资源

学生在成长中一定会在原来的人格发展基础上，引发新的道德冲突或心理冲突，在教育的引领下实现新的飞跃。所以情商的培养应该是自然而然、不断连续的过程。教师应该在班级生活中，不断捕捉和收集有关情商的教育资源，引导学生进行阶段性的反思提炼，在碰撞和反思中促进学生情商的提升。然后在下一阶段班级生活中检验第一阶段的教育成果。如：肖老师的班级每两周都会开展"学雷锋"活动。一次，孩子们在社区清除小广告时，因吵闹受到居民的批评。肖老师通过讨论，让孩子体悟到在做好事的同时，不应给别人添麻烦，并引导学生制订《学雷锋活动公约》。在另外一次"小小交通指挥员"活动中，肖老师发现孩子们能用学到的"换位思考"来设计活动，提出了为违反交通规则的车辆和行人设计"罚单"进行提醒的金点子；而且"罚单"的设计是站在被惩罚人的角度思考的，运用了幽默的话语或者笑话来代替空洞的道理。该活动取得了很好的效果。

当然，如果教师在第二阶段的班级生活中又发现了新的问题，可以针对新的问题资源，引导学生进行阶段性的反思提炼，让学生的情商得到螺旋式提升。如：魏老师发现班级孩子平时遇到事情不会谦让、易争吵，为此设计了"两人合作种植一盆花"的活动。在活动中有的孩子因为别人的种种"劣迹"，而不愿意合作；有的孩子因为关注自己的愿望，而忽略了他人的感受；有的孩子因为爱护自己组的植物，想让它多晒太阳而打碎了别的组的花盆。伴随着这些小小波折的解决，孩子们学会了：与人相处时要多看别人的优点；遇事要和伙伴商量，不能一意孤行；要有一颗爱心，爱自己的同时也要用爱心对待自己的伙伴。魏老师在此基础上继续延伸活动的主题，设计了相应的系列后续活动，有小岗位中的合作、游戏中的合作、春游中的合作等活动，从两人合作到四人合作，再逐步过渡到十人的合作。学生在小岗位的合作中，懂得了要善于听取意见；游戏中的合作让学生懂得合作还需要换位思考；在春游中的合作活动则让学生学会了发生矛盾不埋怨，动脑一起解决问题。在一个又一个持续提升的合作性活动之

中，学生为他人着想的体验不断延伸，班级成员逐步形成了互相协作、互相扶助的意识。在班级生活之中他们彼此怀有积极的感情，相互尊重，相互信赖；处于困境中的孩子也能够得到来自他人的帮助。孩子们合作探究问题，互相分享经验，互相汲取智慧。

三、探究高品质班级生活下情商培养的策略

1. 注重培养学生在活动过程中的处事方式和交往方法

如何在创建高品质班级生活的过程中，自然而然地融入"情商培养"？高品质的班级生活，是通过一个个"内生性、长程化、系列性"的班级活动实现的。在实践中我们发现，如果我们仅仅关注活动目标，情商培养往往会落空。因为，情商主要体现在处事方式和交往方法之中，所以，我们总结出来的第一个策略就是注重培养学生在活动过程中的处事方式和交往方法。例如：张婷老师是运用"微节日"活动来构建高品质的班级生活的。她从班级学生上交的照片中发现了一个问题——孩子们不习惯微笑，于是结合"世界微笑日"开展了"把微笑送给你我"的活动。在活动中，她发现有的孩子发生了改变，但还有部分学生还是照旧。在进一步交流中得知，孩子们认为"微笑是一种很傻的行为"。于是她开展了辩论活动——"对家人微笑表示感谢傻还是不傻？"由于在每个活动中张婷老师都很注重培养学生的处事方式，所以能够找到情商问题，并相应解决，取得了很好的效果。

2. 将"学会观察"作为孩子认识自我和他人的前提

每个人都有心情不好或者心情好的时候，对于孩子来说，他们更喜欢把自己的心情写在脸上。老师可以通过观察学生的表情来调整教育方法、策略，但我们的孩子往往很少去观察同伴的表情，更不会去揣摩。作为班主任要引导他们学会观察同伴们在活动中的表现，从对方的言谈举止中感知对方的心理状态，一旦发现对方情绪的变化，就及时调整自己说话的态度语气或做事的方式方法。如：吴老师进行了"圈子化"管理活动。在玩传球活动的过程中，发生了由于"运动圈"的孩子们不会观察，没有发现同伴小 A 的不开心，最终导致其哭泣的事情。于是吴老师通过重新玩"传球"，让"运动圈"的同学明白，活动的时候要注意观察同学们的表情、言谈举止，及时调整传球的方位，让每一位同学都能参与活动，避免不愉快的事件发生。

3. 把学生的人际冲突转化为情商教育的资源

高品质班级生活为学生创造了大量需要交往的情景。如果学生情商不足，

往往会造成人际冲突，所以“冲突”就是一种情商障碍的警示。

我们还可以把在班级生活中发生的冲突，改编成小品或者童话，让学生进行讨论和辨析。共同的班级生活经历使得孩子们的感受更有说服力，更能打动对方。如：王雯老师发现担任宣传委员的小林，责任心很强，为了让班级的“画画园地”更加美观，拒绝让同学有瑕疵的作品上墙，伤害了同学小明的积极性。王老师没有直接批评小林，而是巧妙地设计了一个小品，让学生讨论。有的认为当同学的作品不太完美的时候，应帮助他让他修改得更好，而不是出言伤害；有的认为高要求虽然是对的，但会伤害一些基础比较弱的同学，作为宣传委员可以设计不同类的作品展览——优秀作品展、进步最大作品展等，让更多同学参与班级环境的布置。在同学们的各种建议中，小林懂得了：作为班干部，在管理班级时，要学会艺术地处理问题。

我们还可以用同伴的榜样来影响学生的情商。我们发现在班级生活中，当发生冲突的时候，每个学生外显的情商行为是不同的，有的表现出高情商，有的表现出低情商。为此我们用一些学生在班级生活中的高情商的行为来启发和影响其他孩子。如：六一节学校要求每个班级排练课本剧。在排练节目的过程中，小 A 由于比较自我，对每个同伴都指手画脚，引起了整个团队的不满，但小 A 却一点都没有感受到。当小 A 碰到困难的时候，徐老师引导整个团队去体谅他，并设计了各种帮助行为。同伴的各种行为最终让小 A 感受到了自己的不足，改变了行为。

我们还会根据学生在班级生活中的问题，采用合作做游戏的方式来加强学生的体悟。如张婷老师面对孩子们在理财活动中暴露出的情商问题，通过“拔河”游戏让小张这个从不考虑他人意见的孩子学会了说“我们”；运用“两米长凳”游戏让从不愿意拒绝的可欣同学学会了拒绝不合理的行为；运用“缺了一个的拼图”游戏让不愿合作的同学尝试根据特长来合理分工。

4. 用正确的价值观帮助学生认识“伪情商”

现在社会上对情商的认识有误区，一些人面对一些不好的现象时，因为不愿意得罪他人，就采取不说甚至装作不知道的方式，还称之为“高情商”，这些也影响了我们的孩子。我们在查找资料中发现：情商虽称为情感智商，但其概念主要涉及的是与生理需要相满足、相联系的情绪，而没有涉及与人的社会需要的满足相联系的情感、情操。脱离与人生观等相联系的情感、情操来谈情绪、人际关系的调节，作用是有限的。情绪调节的作用更多地限于一时一地。所以我们在班级生活中，要注意用正确的价值观来引领学生的情商发展。如：吴老师尝试用“圈子化”的管理模式来对班级进行管理。“劳动圈”的小宇运用各种借口逃避劳动；负责点名的管理人员玲玲，面对小宇的一次次请假，一而再再而三地迁就小宇，每次都是自己来帮小宇打扫卫生，她认为这是一种高情商的表现。吴老师告诉玲玲：帮助同学是好的，但这个过程造成了不公平，姑息了小宇逃避值日的毛病。迁就一个同学而不顾更多同学的感受，其实是情商不高的表现。之后，小玲的值日管理工作发生了改变，她会对值日生提出要求。有人请假时，她会询问原因，然后用比较好的方式和同学讲道理，她不再是那个“老好人”了。

四、我们的收获

（一）收获之一——增强了在高品质班级生活的创建活动中的“情商培养意识”

班主任只有具有了“情商意识”，才能在高品质班级生活的创建过程中及时发现情商培养的契机，深入挖掘情商培养的资源。原来我们在开展班级活动的过程中，可能更多的是关注孩子在班级生活中出现的品行或者能力的问题。但现在我们还会关注孩子在活动中的情绪冲突，指导学生管理情绪，合理地处理人际的冲突。在不断解决情商问题的过程中，我们既提升了解读学生情绪的能力，又增强了情商的培养意识。

（二）收获之二——学生的变化

通过半年的情商的培养，我们发现孩子们学到最多的是如何正确认识自我，如何勇敢表达自我，如何管理自己的情绪，如何努力尝试采用多种方法独立解决问题，面对失败如何进行自我疏导来抗击挫折，如何树立目标并努力实现目标，如何运用语言和非语言的沟通去交往、赢得更多人的欢迎……

这些情商能力的运用，能让孩子健康地表达负面情绪，与同学和老师进行良性的沟通交流，提高团队合作能力，营造一个更加融洽的高品质班级生活。而自信心、目标管理、问题解决能力和抗挫折能力，能够帮助孩子更好地应对学业压力，在潜移默化中掌握有效的学习方法，形成良好的学习习惯，从而提升成绩。

（三）收获之三——情商小妙方

我们在情商培养中，和孩子们一起总结了一些小妙方。

1. 温馨小提醒

（1）当他人获得成功时，不要嫉妒，要真心祝贺，为他们高兴。

(2) 当他人遇到失败时，不要嘲笑，要及时鼓励，为他们打气。

(3) 当他人遇到困难时，不要冷漠，要及时相助，共同解决问题。

(4) 当和他人有矛盾时，不要争吵，要学会换位思考，协商解决矛盾。

(5) 不要只看别人的缺点，要多看别人的优点，相互学习，共同提高。

(6) 不要对身边的人或事过分挑剔，要学会彼此宽容和理解。

(7) 当自己很生气的时候，不要说话，不要用语言伤害他人。

(8) 上课时注意听其他人的发言，这是一种尊重。

(9) 发言的时候，对前面同学的发言要给予肯定，这是一种鼓励。

2. 经常告诉自己的悄悄话

(1) 不因小事生气，不随便乱发脾气。

(2) 遇到困难，要保持愉快的心境，相信自己能战胜困难。

(3) 遇到失败，要坚持不懈，不断鼓励自己，动脑筋解决问题。

(4) 成功时，既不洋洋自得，也不嘲笑别人，要学会设身处地地理解别人的感情，并做出帮助的行为。

(5) 不要认为自己可以把每一件事都做好，但要努力把每一件事都做到最好。

高中男生责任心现状研究和培养策略

上海市嘉定区第二中学 丁 馨

“培养高中男生责任心的实践研究”是丁馨工作室的研究项目，这一项目是从长期担任班主任工作的主持人和学员的日常工作困惑中提炼出来的。项目研究从2014年开始，历时两年不到。虽然本届工作室已进入收尾阶段，但我们“星火之家”不会解散，项目研究更不会停止。现将项目研究过程、初步成果及思考总结如下。

一、研究过程

在平时的班级管理中，我们发现进入高中的男生越来越难管理，他们的学习成绩及行为习惯与女生都有明显差异。这些差异集中表现在他们的专注性、计划性、主动性、对自我的正确评价等方面较女生差。为什么会出现这样的现象？这引发我们去思考、探索、研究，于是有了“培养高中男生责任心的实践研究”项目。

我们开展研究遵循的总体思路是：高中男生责任心现状是什么（找出问题）→为什么有这样的现状（找出成因）→怎样改变现状（找出实施方法）→实践效果如何（评价、调整、再实践）→总结推广（形成策略）。

在整个研究过程中工作室强调两点：第一强调定位——“草根化研究”。草根的我们缺少上位的理论知识，虽然工作室聘请专家对学员进行系统的课题研究方法指导培训（具体实施不再赘述），但更多的还是要学员主动学习；草根的我们有的是丰富的实践经验，但我们要用好。我们倡导学员基于建班育人的实际工作，自觉、主动地参与研究，并通过实践和研究改进自身的教育方法，提升自身的素质和能力；鼓励学员进行教育案例研究，通过工作室“头脑风暴半小时”板块，大胆解剖自己，将遇到的成功或失败的教育案例，通过反思、总结、去伪存真、提炼升华，进而探求出培养男生责任心的策略（具体实施不再赘述）。第二强调以人为本。我们研究的是培养高中男生责任心的问题，要取得实效，就一定要了解高中男生的实际状况。在整个研究过程中，我们一直坚持：蹲下去——从“高中男生视角”分析问题，站起来——从“成功男性角度”去引导高中男生，走进去——从“教学相长角度”及时调整我们的培养策略。

两年不到的时间，我们在调查高一年级男生责任心现状及分析现状成因的基础上，根据男生身心发展特征，遵循道德品质形成的规律，结合学校常规工作和学员所带班级的实情，采取教育案例研究法，形成了一些有效的培养策略。

二、研究成果

因时间关系，目前我们的项目研究取得的阶段性成果有两个：一是《高一年级男生责任心现状成因分析》，二是《培养高中男生责任心案例集》。具体如下。

两年来，我们首先在高一年级开展研究。工作室在研究初期编写了《上海市2014级高中新生责任心现状调查问卷》，以十位学员所在学校的2014级高一年级在校学生为样本，进行问卷调查。我们通过对比法分析男女生数据，发现在自我责任心、家庭责任心和学校、班集体责任心上男生较女生都有不同程度的偏差。基于现状，工作室对其产生的原因从家庭和学校两个外部环境进行了比较全面的分析，将调查数据和平时的工作经验相结合展开研究，所得结论为：上海市2014级高一男生责任心较女生有偏差的现状和家庭的教养方式及学校的教育模式有关。

1. 家庭教养方面

在问卷调查中，“从小到大管理你的人主要是?”一项的统计结果显示，有59.96%的学生是由外公、外婆或爷爷、奶奶中的一人或多人带大的，26.88%的学生是由妈妈带大的，12.64%是由父母一起带大的，0.52%是由父亲带大的。从这组数据可看出，随着独生子女政策的实行，我国家庭结构发生了变化，伴随而来的是家庭教养方式的变化。

我们按家庭教养方式分析调查数据，发现责任心缺失的男生，大多来自隔代教养或父教缺失的家庭。比如在爱惜自己的身体方面，学生自己生病时，不想看医生的男生占15.47%，其中8.57%来自隔代教养家庭，5.31%来自父教缺失的家庭；在珍惜时间方面，周一到周五，在家上网打游戏或者聊天超过两个小时的男生占3.58%，其中3.11%来自隔代教养家庭，0.31%来自父教缺失的家庭；在关心自己的自我发展方面，学习遇到挫折时，毫不犹豫放弃的男生占4.5%，其中2.9%来自隔代教养家庭，1.31%来自父教缺失的家庭。从这些数字看，隔代教养和父教缺失是男生责任心缺失的原因之一。另外根据我们的教育经验，我们还发现由强势妈妈带大的男孩责任意识较淡薄。为什么教养方式发生变化会导致男孩的责任心缺失呢？我们通过访谈学生、文献法及案例研究法找到了真正原因。

(1) 隔代教养，过度溺爱，缺失责任意识培养

一个小学男生写了一篇作文《爷爷是我的保护伞》：

爸爸就会说我淘气，其实他根本不管我。我饿了，是爷爷给我做饭吃；我困了，是爷爷给我铺床；我的作业不会做，是爷爷教我做。爸爸如果说我、骂我，我就告诉爷爷，爷爷就帮我骂爸爸。在我眼里，爷爷就是我的保护伞，所以我一点儿都不怕爸爸，有的时候我还存心气他。

有一次，爸爸下班回来，到厨房盛饭，我便偷偷在厨房门口放了一个小凳子。爸爸没看清，被凳子绊了个趔趄，手里的饭碗摔在地上。爸爸非常生气。看到爸爸火了，我连忙跑到爷爷房间，躲到爷爷身后。爸爸气呼呼地跟进来，对爷爷说："这孩子被宠坏了，我必须揍他一顿。"爷爷问明了事情的原委，不以为然地笑了笑，说："你这么大的人了，自己不小心点儿，笨不笨？怎么还拿孩子撒气？好了！吃你的饭去。"我听着就偷笑了。

这是一个发生在隔代教养小孩身上的典型事件。隔代教养是目前普遍存在的现实。随着家庭结构的变化和时代的变迁，在家庭教育上以亲子教育为主的教养方式正在悄悄地向隔代教养转变。

隔代教养的弊端在于，祖辈非常溺爱孩子，表现在对孩子的过度保护和过度满足上。这不管对于男孩还是女孩都很不利，对男孩造成的影响更大。过度保护违背了男孩爱运动、喜冒险的天性，束缚了男孩的手脚，使男孩从小就失去了敢作敢为并勇于承担事件后果的男性气质。过度满足不仅造成了男孩依赖性强和生活自理能力低下的结果，而且还形成了男孩以自我为中心的骄纵。这种物质上太容易满足、精神上缺乏必要挫折的教养方式，使男生在幼童期缺少了对自己负责的责任意识培养。

(2) 父亲淡出家庭教育，男孩缺少同性引导，责任意识淡薄

班上一男生，近来精神萎靡，上课打瞌睡，作业做得很马虎甚至不做。我打电话与家长沟通，他父亲接电话后很无奈地跟我讲，孩子妈妈出差了，平常都是妈妈管孩子，等妈妈出差回来，他会向孩子妈妈反映情况……

这样的事例我们老师经常遇到：似乎教育孩子只是妈妈的事情，与爸爸无关。

美国心理学家罗伯特·西尔斯(Robert Sears)等人对一群男孩和女孩进行的历时二十六年的研究表明：如果父亲能够付出更多的时间，努力介入男孩的生活，特别是男孩进入青春期后的这一阶段的生活的话，那么他将在男孩的情

感发展中起到关键作用。① 从调查数据可看出父亲参与家庭教育的比例较小，这对男孩的成长是非常不利的。

父教缺席，男孩缺失的不仅仅是玩伴、榜样，更多的是家庭中一个成熟男性对另一个成长中的男性的理解、帮助和引导。有人说男人和女人或许来自不同的星球，男女两性之间差异巨大。这种差异是千百万年来进化的产物，就像男性很难理解女性经期的心理低潮一样，作为女性的妈妈也很难完全理解男孩成长中的困惑。而父亲和儿子都属于男性，他们体内涌动着同样的雄性激素，所以父亲的视角更能贴近儿子的视角，父亲更能从根本上去理解儿子在不同年龄段的苦恼。男孩在成长的关键期都有父亲的陪伴和引导，这对男孩的快乐成长及优良品格的形成是非常有益的。相反在父教缺席的家庭中成长的男孩，因为经常和母亲沟通不良，导致叛逆期延长、成熟期延后，这也是进入高一年级的男生责任心较女生有偏差的一个不可忽视的原因。

(3) 强势家长，过度严厉，男孩不敢承担责任

晚上又接到小王妈妈的求救电话，孩子又离家出走了！这已是本学期第三次接到小王妈妈的求救电话。小王妈妈是单位的主管，事业很成功；小王在校是一个言语很少，有点畏首畏尾的男生。第一次接到他妈妈的求救电话时，我很惊讶——这样一位男生在家竟然脾气如此之大！后来我找小王聊天，他说："妈妈在家简直是女王，我和爸爸都要听她的。小时候我一直害怕她，不敢顶撞她甚至不敢和她对视。现在我长大了，我要做回我自己……"

有一种家长，由于自己在事业上很成功，就认为自己的教育理念是绝对正确的。不尊重孩子，不懂得求同存异，一旦孩子没有按要求做好，轻则责骂，重则拳脚相加，这就是强势家长。强势家长会造成男孩没有自我意识，也就没有对自我负责的责任心，具体表现在缺少进取心，不敢有主见，因害怕惩罚养成了报喜不报忧甚至撒谎等习惯。而这些恰恰又是强势家长所最不能接受的，批评、责骂、惩罚随之再来。如此恶性循环，男孩就在这样敢怒不敢言中成长到荷尔蒙分泌旺盛的青春期。这时男孩的特征之一就是：无论外显的还是内隐的，都会通过挑战父母或老师来转变他们与成人的关系。如果此时强势家长还不转变他们的教育方式，亲子矛盾就会总爆发。男孩渴求独立，却不能独立，他们中有部分人会采取对自己、对家庭很不负责任的极端方式与家长抗衡。学员姚静的案例《蹲下来思考》的主角小Z，他的父母都是大学教授，说一不二，在学习

① 孙云晓，赵霞. 拯救男孩[M]. 北京. 作家出版社，2010：136.

上对他十分严格。进入高中后小Z几次离家出走。这就是一个在强势爸妈的教养下出现的问题男生。这样的男生，叛逆期大约从初二一直延续到高二甚至更晚，所以强势家长不给男孩自由空间的严厉管教方式也是部分高一男生责任心较女生缺失的原因。

2. 学校教育方面

当前男女混合学校教育普遍不能做到因性施教，往往忽视男女生差异，用同样的方法在同样的环境下对男女生讲同样的课、考同样的试、做同样的评价。这对男生的责任心培养有很多不利。具体表现在：

(1) 管理模式同一，男生失去快乐

男生在学校里更不受欢迎，男生也更不喜欢学校。我(李文道)2001年做的一项研究表明，男生的同伴评价、教师评价得分显著低于女生；同时，男生比女生更不喜欢老师，更不喜欢同学；在对学校的态度方面，男生喜欢学校的得分显著低于女生，而逃避学校的得分则显著高于女生。[①] 在我们的问卷调查中，我们也得到了相似结果。

我们的好学生的标准通俗点讲就是"乖"、"听话"、"成绩好"。文静听话的女生是老师的最爱，活泼好动的男生是让老师头疼的主儿。殊不知，要做一名和女孩一样乖巧听话的孩子，对于男生何其难！男孩大脑中控制冲动的区域——额叶发育得更缓慢，导致同年龄的男孩自控力往往不如女孩，所以男孩在目前主要以语言—静态为模式的课堂上难以长时间坐着听老师讲枯燥的内容，他们更容易分心，更容易做小动作。这些发育上的差异经常被我们老师漠视，而这些差异带来的行为却被我们当作男孩不守纪律的"缺点"成倍地放大。我们不厌其烦地想凭借我们的"教育智慧"改变男孩，导致男孩每天无精打采地应付着我们的"教育"。老师成了他们的公敌，学校成了他们失去快乐的地方，一个感受不到快乐的孩子还会有责任心吗？

(2) 评价方式单一，男生失去自信

学期临近结束，开始对每一位学生写评语和综合评价。在统计班级学生奖惩情况时，我再一次被震撼：学习成绩位列班级前十名的学生中女生7名、男生3名，"文明学生"十名中女生8名、男生2名，"学科小状元"十三名中女生12名、男生1名(在男生擅长的数学科目上，小状元竟然也是女生)，"校园十大之星"获得者也是女生居多……

---

① 孙云晓，赵霞.拯救男孩[M].北京：作家出版社，2010：11.

虽然素质教育已提出很多年，但以考试为中心的评价方式让应试教育倾向依然很突出。在应试教育之下，纸笔测试的考试成绩几乎成为衡量学生好坏的唯一标准，这对阅读能力、语言表达能力较弱的男生而言是灭顶之灾。据统计，2007 年全国普通高校的本、专科生，女生占 52.9%。2010 年以来，考上大学的女生数量每年都要比男生多出 30 多万。学员金振华的案例《未必所有的判定标准都是成绩》，就是他反省班级一个男孩的成长史后对自己的教育方式和教育的评价机制进行的思考。他在文中追问自己："男孩在这样的单一评价体系中，由于成绩不佳或者调皮捣蛋，经常成为批评和惩罚的对象。这让他们感到泄气，难以建立对自己的信心。一个不自信的孩子怎会有勇于担当的底气，又怎会有责任意识?"

(3) 教育功利化，男生失去锻炼机会

我现在担任高一(4)班班主任，对班级中 37 位同学(男生 18 位，女生 19 位)的档案资料进行研读时发现，在初中担任过班团委的男女生情况为：女生为 10 人，占女生总人数的 52.6%，其中有 5 人担任班长、团支部书记等主要班团委干部；男生为 4 人，占男生总人数的 22.2%，无一人担任过主要班团委干部。在开学第一周，推选班团委，第一步是自荐，仅有 1 位男生自荐，女生有 7 人。而在暑期军训期间我欣赏的 3 位男生(在军训期间我已有意委以重任，让他们协助我管理班级)一个也没自荐，询问他们原因，竟然都是：最后都是让女的当，何必陪她们玩!

其实有很多教育工作者早就意识到男女生有差异，在平时的工作中，也有意识地尊重儿童的身心发展现状，去开展教育教学活动。但在目前较为功利的教育大背景下，教育工作者经常屈服于眼前的利益，不能耐心等待暂时落后的男孩，不愿意花时间培养男生的责任心。比如在班级管理中，女生比较乖巧，做事比较稳当，部分老师在选择班团委或分配任务时，优先选择女生；迫不得已选择男生时，往往将不是太重要的岗位交给男生，而且千叮咛万嘱咐，一副生怕他们出错的腔调。这样不仅进一步强化了男生"我不行"的意识，使男生形成了对班集体无需担当的"被管理"的思维模式，更可悲的是使男生失去了锻炼机会，同时也失去了培养对集体负责的责任心的机会。学员马月波的案例《那一场班服风波》说的是教师通过大胆放手，在实践中培养男生班干部的工作能力，从而培养了男生小孙对班级的责任心。过程虽然艰辛曲折，但全班收获的却是一个能带动班级一群男生前进的有责任担当的男子汉。

(4) 圈养过度，男生失去了释放自我的平台

"早晨起床发现夜里下过雨，顿时觉得不想去学校。上次下过雨后，因球场

有积水，一位同学打球时摔倒骨折，不知什么原因，家长和学校吵了很长时间。从此学校就出了一条鬼通知，下雨天不许在操场打球。一周就这么一次打球的机会也没了，上学还有什么意思？”——这是班级中一位男生在班级QQ空间中的吐槽文。

“安全”是每一所学校的第一管理要素。但现在为了避免安全事故的发生，学校有点矫枉过正。学校的做法就是教育孩子课间不跑不跳不嬉闹，轻声慢步靠右行；尽量减少校内大型活动，取消教育行政部门规定以外的一切校外实践活动……就这样孩子们被圈养成温室里的花朵。甚至有些老师为了便于班级管理，将剥夺孩子尤其是男生的运动机会作为惩罚手段。

运动是男孩的天性。就像雄鹰需要天空，骏马需要草原一样，男孩需要运动！运动可以缓解男孩的消极情绪，释放和升华男孩天生的攻击性；运动可以激发男孩的斗志，培养他们的团队意识和角色意识；运动还会让男孩更具韧性。这些都是一个有责任、有担当的男生应有的基本素养。可惜如今圈养过度，一个培养男生责任心的大好载体被白白浪费。学员陈秋波撰写的案例《乒乓男孩变形记》中，陈老师就是巧用和小朱打乒乓的方式，在推挡、抽杀中，消融了师生间的隔阂和猜忌，拉近了师生心与心之间的距离，最重要的是在汗水中、在博弈中找回了那个自信、有担当的大男孩。

(5) 男性教师缺失，男生失去了倾诉对象

“新生报到那天，我带着好奇和祈祷来到学校：好奇自己会被分在几班，好奇班上有多少是我原来的同学，好奇班主任是谁，祈祷班主任是位男老师。从一年级到初三，遇到的班主任都是女的，我真被她们无微不至的“关心”烦透了！结果，我很沮丧，班主任又是一位女的……”——这是一位高一班主任带过的班级中一位男生的第一篇周记。

男教师缺失对男孩的影响表现在：一方面，学习上的情境、文本和用语都由女教师来开发与讲授，女教师的教育教学自然会带有自身性别的烙印，教学方式和评价方式都倾向于女性化，男孩们所擅长的实验操作、运动技能、抽象推理等能力难以得到充分的认可与展示，自信心受到挫伤。另一方面，和上文中提到的父亲对男孩的影响一样，因为有自己成长的经历作为借鉴，男教师对男孩特有的行为更能理解、更为宽容，提供给男孩的帮助也更为有效。因此男孩更愿意和男教师沟通，他们可以从男教师那儿获得自信，得到帮助，找到榜样，这使他们更愿意接受学校的品德教育。可惜现在男孩一生下来，基本上就进入一个女性包围圈，这对男孩的角色担当意识的形成很不利。

工作室通过第一阶段的调查分析，掌握了高一男生责任心现状及成因。虽然高一男生责任心较女生缺失，学校不能承担完全责任，但学校也有不可推卸的责任。首先我们要改变我们的学生观，要有正确的男生观，目中要有"人"。我们要在家庭教育指导时，实行分层辅导，针对不同类型的育儿家庭进行有效辅导；在学校管理中，有"为了成长，我们甘冒风险"的担当；在研究学生时，有性别意识，改变看待男生的视角，树立多样的人才观，当男孩暂时落后时，理解男生，不抱怨，不放弃对男生的信心，主动帮助并耐心等待男生的成长。简单点就是，让我们参考雄性的本能去教育学生，引导男生找到属于他们的快乐，从而培养出有责任、有担当的中华好男儿！

我们在调查高一年级男生责任心现状及分析现状成因的基础上，根据男生身心发展特征，遵循道德品质形成的规律，由浅入深、循序渐进，"晓之以理、动之以情、持之以恒、导之以行"，开展培养高中男生责任心的实践活动，寻找有效的培养策略。到目前为止，培养策略研究方面较成熟的成果是《培养高中男生责任心案例集》，共有案例三十篇。

三、研究后的思考

通过研究，我们发现男女生的性别差异确实很大。自古就强调的因材施教也应包括因"性"施教，而现在大多数学校是男女混校且男女混班。在这样的现状下，怎样创造适合每一个孩子发展的教育环境，真正做到尊重学生身心发展的基本规律与特征，帮助男女生成为他(她)们自己，帮助男女生在学校和未来的社会中又快又顺地找到胜任感和成就感，从而使学生在生命的每一个阶段都能体验到成长的愉悦，是我们今后要开展的研究。

参考文献：

[1] [瑞士]皮亚杰. 教育科学与儿童心理学[M]. 傅统先，译. 北京：文化教育出版社，1981.
[2] [美]约翰·杜威. 我们怎样思维·经验与教育[M]. 北京：人民教育出版社，2005.
[3] [美]詹姆士·杜布森. 培育男孩[M]. 北京：中国社会科学出版社，2007.
[4] 孙云晓，李文道，赵霞. 拯救男孩[M]. 北京：作家出版社，2010.
[5] [美]迈克尔·汤普森，特蕾莎·巴克. 男孩成长的秘密[M]. 卢春明，译. 北京：中信出版社，2011.

小学生行规养成与情商培养相融合实践研究

上海市杨浦区控江二村小学　王律言

小学教育是基础教育，培养习惯和兴趣是这一学段的主要任务。“好习惯让人终身受益。”在教育实践中，以下现象往往会引起我们的思考。

其一，善于管控情绪的孩子，行为表现往往合度规范；不善于管控情绪的孩子，行为往往也容易偏规失范。可见，学生的外在行为往往与内在情绪相联系。

其二，个性有些内向压抑的孩子，循规蹈矩，但不善交往。只从行为规范的角度看，似乎没有问题，但是从情商的角度看，却并不健康。因此，单维度地进行“行规养成教育”，未必就能培养出学生的健康人格。

心理学家广泛而深入的研究表明：人在一生中能否成功、快乐，主要取决于其情商的高低。

行规教育与情商教育的成效都将影响到一个人的终身发展。两者落实在同一个教育对象身上，必然需要相互渗透、相互融合。如果我们不去理清它们之间的关系，那么在实践中就可能发生相互抵消等不良效应。因此，我们工作室关注行规养成与情商培养相融合的实践研究，依托这一课题项目，开展研修与实践，取得了一些收获。

一、我们的研究之路

围绕核心课题，我们从 2014 年 1 月开始正式启动研究工作，通过集体、个人理论学习、专家指导，重点探索小学生行规养成与情商培养相融合的规律，探究二者相融合的理论与实践操作。我们的研究内容有：总结行规养成、情商培养的含义；借助学生个案研究，分析行规养成与情商培养的一致性与互补性、差异性和冲突性，总结出二者相融合的实施策略；深入课堂实践，研讨如何将两者融合渗透于课堂教学中，以贡献出对一线班主任工作有指导意义的研究成果。

二、我们的研究收获

(一)“行规养成教育”与“情商培养”的含义

1. “行规养成教育”的含义

“行规养成教育”的含义是：根据不同阶段学生的认知特点和成长规律，着眼于小学生的日常行为，以《小学生日常行为规范》、《中小学生守则》为标准，以小学生在日常生活和在校生活中与他人的互动体验为基础，培养小学生良好的行为习惯的教育。

2. “情商培养”的含义

“情商培养”的含义是：促使学生提高情商与对情商的内化，从而形成健康的心理品格的一种体验式引导。它包括：认识自身的情绪；妥善管理自己的情绪；培养自我激励、耐受挫折的品质；认知他人的情绪；管理人际关系。教师应通过一系列的活动体验培养学生控制情绪和运用情绪的能力，即全面激发学生的自信、自强、意志力、沟通能力、交际能力等情商能力。

（二）行规养成与情商培养的一致性与互补性

1. 同在社会主义核心价值观的指导之下

行规养成教育和情商培养同在社会主义核心价值观的指导之下，二者都是社会和谐重要的组成部分，是社会价值观的具体体现和延伸。二者的目的都是为培养具有高度责任感、健全人格的全面发展型人才而奠定基础，这是促进学生身心健康发展，提高德育实效性的必由之路。

2. 教育目的一致

仔细对比行规养成与情商培养二者的概念，不难发现，情商教育中对儿童进行自信心、情绪管理、竞争力、挫折抵抗、沟通、压力应对、人际关系及领导力方面的指导和训练与行规养成中培养学生的良好的生活态度、学习习惯及待人接物礼仪等行为规范不谋而合。行规养成教育和情商培养最终都以塑造学生良好的品质、促进学生的发展为目标。

3. 教育内容互渗

行规养成教育与情商培养在内容上相互包涵，相互渗透。仔细研读《小学生行为规范 20 条》，其中人际交往规范的条例，与情商培养的要求高度重合。行规养成教育的目的就是养成良好的行为规范，而一切行规养成的主观因素在于个人情感意识。情商是决定一个学生是否拥有健康心理、是否能适应社会生活并幸福生活的关键，其影响力与行规养成不分伯仲。行规养成教育中包含着情商培养，情商培养往往也要通过行规养成教育这一载体实施。二者互相影响，互相促进。

4. 培养方式相近

行规养成与情商培养都属后天习得，都与学生的成长环境、与他人的互动有着密切关系。行规养成是一种使自然人成为社会人的过程，这一教育影响自孩子出生起便开始了。儿童的情商培养与养成教育一样，需要日常生活的逐步浸润，是在后天培养和修炼中发展起来的。

5. 教育关键期重合

中小学教育阶段是对青少年进行道德情操、心理品质和行为习惯养成教育的最佳时期。情商形成于婴幼儿时期，成型于儿童和青少年阶段。情商是可以教的，并且从儿童三岁以后到初中是情商开发的关键时期，可见，中小学是行规养成教育与情商培养的关键期。

6. 支持系统相融

教育，是一项复杂的系统工程。育人必须由多方参与、互相合作才能得以完成。学校与家庭、社会之间存在千丝万缕的联系，孩子的成长需要三方的共同作用。情商有遗传因素，但主要还是靠家庭、社会、学校三方来培养。同样，行规看似是给学生定的条条框框，实际也衡量着家长、老师以及全社会的行为水平。只有学校、家庭、社会儿童组织保持联系，互相配合，才能全方位地关注孩子的健康成长。

7. 两种教育之互补

小学生行规是行规范畴中的一个子内容，由许许多多条例组合而成，在日常生活中给予学生一种清晰的行动指南。而情商培养，它并没有太多的官方语言，也不会有一种绝对的说明来诠释，更适合因人而异地去实施。

小学生年龄小，自律能力还不是很强，在成长中，他们既需要来自外部的、明确的、规范化的行动指南作为约束，也需要借助自己的经验对自己的言行自发地提出要求。从某种程度上说，经后天的培养，所有非智力因素的综合导向下的行为，都会由自律到自发、由外驱到内驱，最终就会形成一种行为习惯。相信两种教育相融互补，定能有效促进学生个体的发展。

(三) 行规养成教育与情商教育的差异性和冲突性

1. 差异性

第一，行为指导与情感体验。行规养成教育，偏重行为训练，有具体的要求、细则作指导，标准明确。情商培养，偏重情感体验，没有具体的要求与标准，没有终点，教师要做的只是改善和提高。

第二，共性规范与突显个性。行规养成注重共性要求、共性规范，引导孩子遵守共同的规范。情商培养坚持从个体入手——了解自我、自我管理、自我激励，突显个性。

第三，理性指导与感性感化。行规养成，偏重较多的理性指导，根据小学生具体、直观、形象地认识事物的年龄特征和心理发展规律，通过各种手段与途径，让学生明确是非，提升认知，约束行为。情商培养，主要是通过非理性因素的挖掘，促使学生更好地看待事物，对生活充满积极性，领悟人生真谛，偏重于感性。

第四，外显与潜隐。行规养成，成果外显，教师可根据学生外显的行为表现，来决定之后是否还要对学生进行行规养成教育的训练。关注学生行为并进行一段时间的有效训练，即能看到成效。情商教育，往往是内敛的、潜移默化的，学生接受情商教育并将其落实到行动上需要很长一段时间。情商教育的效果显现是延时的，潜隐的。

第五，外部强化与体验引导。行规养成，通常会运用奖励和惩罚，这类有效的外在力量通常起到强化作用，从而帮助学生形成和巩固良好的行为习惯。情商培养更多的是体验式引导，侧重于通过倾听、认可、整合、支持来赋予学生更多的力量，而单一的强化手段只会起到画蛇添足的负效应。

第六，与智力因素的关系。智商是情商的基础。任何情商都必须建立在一定的智商的基础之上，没有基本的智商，就不可能存在任何情商。智力活动可以转化、产生情感智慧，智商在对情商的影响和制约上起着非常重要的作用。行规养成教育对智力基础的要求则没有情商培养的要求高，只要能按照要求约束自己的行为即可。在现实生活中，行规好但智力并不高的学生大有人在。可见，行规养成与智力因素关系不大。

第七，及时评价与延时显效。行规养成教育中，及时反馈、评价起着至关重要的作用。它是促进学生良好行为习惯养成的重要手段，起着激励、强化、导向、监督等作用。而情商教育主要针对的是人的内心，更偏重于情绪的调整、控制，因此并没有可以参考的具体评分标准。情商的教育效果相对滞后，较为隐性，因此不能做出及时的反馈、评价。

第八，被动与主动。站在孩子的角度来看，行规教育中的条条框框的内容未必都是他们喜欢的。学生的行为源自于“要我做”，处于一种被动的状态。情商教育从内在出发，其所引发的学生的一切行为都源于自我需求，其所做符合自我价值观，是主动的体验过程。

2. 冲突性

第一，强制性与自然性。行为规范是社会认可和人们普遍接受的具有一般约束力的行为标准，不仅可用于调节人际交往，而且还可用于实现社会控制，维持社会秩序。对学生来说，它具有一定的强制色彩，而非以自己主观意志为调整的。

情商培养因人而异，教师应在具体的情境中给予适当的指导，通过挖掘学生认识事物的驱动力，使学生自觉产生我该怎么做、不能怎么做的自律。情商教育没有任何的强制色彩。

第二，压抑约束与内在自主。简单地说就是：行规教育是“要我这样做”，情商教育的目的是“我要这样做”。行规教育需要强调规矩的重要性和必要性，而情商教育则更关注学生的内在自主性，鼓励学生亲身参与和体验。

（四）行规养成教育与情商培养相融合的策略

1. 要有正确的价值观引领

行为规范是社会成员在社会活动中所应遵循的标准或原则，是社会价值观的具体体现和延伸。培养情商，引导学生正确认识自我、认识社会，就是为了帮助学生树立正确的世界观、人生观、价值观，使学生成长为一个心智健全、人格完善的人。行规养成教育和情商培养同在社会主义核心价值观的指导之下，二者的价值导向都与社会道德相融。

2. 教育的动力、原点是爱

爱是教育回归本真的命脉与血液。无论是在行规养成教育还是情商培养中，“爱”这一本原都不可缺少——教师要以爱为基础，从爱出发，做好孩子的榜样，用心让孩子懂得爱是平等的，是相互付出和相互受益的。教师、父母的爱的付出，应以孩子健康成长为目标，这样才能指引孩子在成长道路上走得更好。

3. 要激发向上的动机

动机，在心理学上一般被认为涉及行为的发端、方向、强度和持续性。动机是行为的原因，每一个行为的引发，都需要通过动机的形式表现出来，所以行为和动机的关系是非常紧密的。因此在行规养成与情商培养相融合的教育中，教师要关注学生行为动机的研究，要根据学生不同的愿望，针对学生个体情况，努力激发其向上的动机，有效提高行规水平和情商水平。

4. 良好的家庭教育至关重要

家庭是孩子首要的教育场所，父母更是孩子第一个、也是终身的老师。很多家长等孩子出现问题之后才开始关注家庭教育，等孩子过了最佳受教育期，才开始想办法弥补，这可能要花费成倍的精力与努力，而效果却往往不尽如人意。作为教师，不能仅仅关注学校教育这一块，更要深入研究家庭教育的相关理论，给予家长切实的家庭教育指导，携手家长共同帮助学生健康成长。

5. 注重班干部的情商培养

班级小干部的情商培养不容忽视，小干部的情商培养主要靠学校教育。作为班主任，在培养小干部的过程中，除了关注学习、行规、工作能力外，情商的培养不容忽视。情商的高低，直接影响到小干部的工作能力和他在同伴中的威信。培养的过程中应注意：培养班干部要准确定位，主要是要提高其适时调整情绪的能力，使其善于协调伙伴关系，不断砥砺图强的意志并保持平常之心。

6. 对突发事件处理的启示

日常生活中，学生由于各方面因素的共同影响，会出现情绪失控、行为偏激的状况。孩子有自己主观的感受，有自己独立的人格，任何人都不能替代另一个人的感受。所以对孩子的情绪和感受，教师首先应该无条件地接纳与包容。接纳孩子的情绪就是无论孩子处在哪一种情绪中，都要对他的情绪给予关注、尊重和理解，而不是反对、压制，甚至恐吓。接纳孩子的情绪能有效帮助孩子释放负面情绪，回到冷静思考、处理问题的轨道上来。这一过程，对学生和教师自身都是一种提升。

三、我们的体会与思考

经过较为系统的理论与实践研究，我们对行为表现与情商之间的关系有了进一步的认识与理解。

1. 行为水平低的孩子，一般情商也不高。情商不高的孩子，大多行规水平也较低

我们研究发现，情商与性格没有必然相关。心理学家荣格(Carl Gustav Jung)根据人的心态是指向主观内部世界还是客观外在世界，把人分为两种类型：内向与外向(也称内倾与外倾)。

在现实生活中，很少有绝对的或者说典型的内向(内倾)或外向(外倾)型的人，大多数人属于中间型，并且在不同的时期或不同的场合会表现出不同的性格特征。可见，情商的高低与性格的内外向没有直接关系。

行为水平低的学生通常表现为：自我控制能力差，不能与同伴友好相处，不能很好地遵守学校行为规范等。这些孩子往往意志力不强，不能很好地控制自己的情绪，自我意识过强，人际关系差。而高情商的典型表现为：①自动自发；②目光远大；③情绪控制；④认识自我；⑤好的人际沟通技巧；⑥对自己有清醒的认识，能承受压力；⑦自信而不自满；⑧人际关系良好，和朋友或同伴能友好相处；⑨善于处理生活中遇到的各方面的问题；⑩认真对待每一件事情。

因此，我们认为：行为水平低的孩子，一般情商也不高；情商不高的孩子，大

多行规水平也相对较低。

2. 行规表现好的孩子，情商未必高

一部分“听话”的孩子，可能天性就很温顺，比较胆怯，不敢或很少坚持自己的意见，对家长或老师言听计从，不会有任何的反对意见。因此他们的行为习惯表现较好。但这样的孩子情商却不一定高，反而独立性差、没有自信心，也使他们内心容易积累负面情绪。实践行规养成与情商培养相融合，能使班主任更为关注班级里这类“乖”孩子的教育，积极引导、帮助孩子形成健全的人格。

3. 情商高的孩子，一般行为水平较高

现代心理学的研究已经发现，一个人的心理活动有三要素：认知、情感和行为。其中，情感是起主导作用的。情感是人类一切行为的原动力，认知和行为都是依赖于情感的。这里所说的情感是情绪与情感的统称。启动行为的，首先是情绪，而非理性。

情商高的孩子善于控制自己的行为，能在合理的范围内做出行为，因为他们善于控制自己的情绪，促使头脑冷静、行为理智。一个人能抑制感情的冲动，克制急切的欲望，及时化解和排除不良的情绪，就能使自己始终保持一种良好的心境，心情开朗，胸怀豁达，心理健康。当遇到让自己感到烦恼的事情时，他们自己可以及时化解，绝不会做出一些极端的事情来。由此，我们发现，要求学生行为符合规范，要求他们在适当的时候做出适当的行为时，除了传统的加强行规教育外，更应关注学生的情绪，指导学生学会管理自己的情绪。情商培养的意义就在于此。

让学生在微笑中接受批评

上海黄浦区卢湾二中心小学　郑　颖

班主任批评学生的意图，在于唤起学生对自己不良行为的警觉，让其改正不良行为，并帮助学生朝着正确方向前进，这也是教育学生的“常规方法”。因此，恰当使用批评，能指点迷津，启迪心智。但是事物总是辨证的：“直来直去，直言不讳”形容一个人心底坦荡，待人真诚，常常被认为是一个人的优点；即使对对方有所冒犯，也会因为“良药苦口利于病，忠言逆耳利于行”而得到谅解。可“直言”并非处处适用，事事可行。如果批评学生不当，不但达不到教育的目的，反而可能使班主任与学生之间产生摩擦，增添隔阂。而真正富有教育魅力的批评，不是伤害学生的心灵，而是培养学生的尊严感，激发学生的上进心，促进学生道德上的自勉。由此可见，批评不但是教育学生的一种手段，也是一门艺术，更是一门科学。

一、批评必须目的明确

批评必须以关心、爱护学生为出发点，以学生身心健康发展为目的，和颜悦色、轻声细语、循循善诱、步步深入。批评是教育学生的一种手段。批评不是解恨发泄，不是为自己的利益扫除障碍，而是为了让学生健康地成长，呼唤学生心灵的一种教育手段。批评应该像习习的春风，总是饱含着使万物复苏的温暖。所以，从班主任口中道出的批评应该是出于对学生真心实意的关怀，这样，学生才会乐意接受。

二、批评必须投入情感

古人云：“感人心者，莫先乎情。”班主任只有像对待自己的孩子、朋友那样，怀有真诚，理解、尊重、信任和爱护学生，才能使学生亲近和信任班主任，才能让学生和盘托出自己心底的秘密，心悦诚服地接受班主任的批评和指点。

那些惰性心理、依赖心理较强的学生，他们的行为往往难以得到别人的肯定，犯错误后又容易受到班主任的训斥。长此以往，这些学生总觉得自己不被教师理解，从而产生了一种惰性和逆反心理，有时甚至会与班主任对抗。碰到这样的学生，班主任在教育批评时更应加强情感投入，并在平时对他们的学习、生活多加关心，做好心灵疏通工作，晓之以理，动之以情。只有这样，他们才会满含期待地接受老师的批评，才能起到事半功倍的效果。

我曾经教过这样一名学生，他叫小马。他经常不做作业，上课在座位上随便说话，下课常欺侮同学，对待班主任的批评总是一副不以为然的样子，还常强词夺理，与班主任争论，在班上造成了不良影响。这样的学生，如果一味训斥，只能越训越僵，越训越使其失去自尊心。为了转变他，我首先从沟通师生情感入手。他犯错误时，我总是心平气和地单独与他谈话，帮他分析错误的危害。他觉得班主任对他不讨厌、不嫌弃，而是很平和、很平等、很真诚，他慢慢就对班主任亲近了。我用情感的“缰绳”套住了这匹难以驯服的“小马”。在日常生活中，我慢慢诱导他走上道德规范之路。我在学习生活方面关心他，给他创造为集体做事的条件，让他把班主任的要求变为自己的道德标准。现在，这匹“小马”懂事多了，做事能顾及别人的感受，做到心中有他人了，在行为上则能用《小学生守则》来约束自己了。

值得注意的是，当学生有缺点和错误的时候，教师不能使用侮辱性语言，不能当众训斥学生。如果班主任一味“狂轰乱炸”，学生接受的只是班主任怒不可遏的所谓“批评”，只会敢怒而不敢言；至于班主任说话的具体内容已变成次要的信息了。这样学生怎会受到真正的教育呢？我觉得，班主任有时适当使用沉默，会比直接训斥更能起到教育学生的作用。

记得我班有一个学生小妮，为人诚实，虽不善言辞，却能与同学融洽相处。她学习勤奋，成绩优异，是大家心目中的好学生。有一次考试时，我无意中发现她将一张写满答案的纸条预先放在铅笔盒里。当时，对她这种出乎意料的举动，我可以说是十分惊讶，难道她每次考试的成绩都是抄来的吗？我正想对她狠狠地训斥一通，但此时此刻，我严厉的目光和她的目光相遇了，我发现她脸红了，并悄悄地低下了头。这时，我极力控制自己的情绪，悄悄地收了纸条，慢慢地转过身。后来，她主动找到我，对其错误做了深刻的检讨，并向我敞开了心扉，道出了其中的原因。原来她的妈妈对她许诺，若期中考试得双百，就奖励她一辆自行车。她怕考不好，就采用了这种不正当的手段，以期得到高分，了却心愿。就此，我和她共同分析问题，端正她的看法，她表示诚恳接受，坚决改正。

试想一下，那时我如不能克制自己，匆匆忙忙对她直接训斥，势必产生不良后果。在教育过程中，我认识到态度生硬、语言过激，加上那种盛气凌人的气势，很容易造成学生心理上和思想上的压力，会形成师生之间的对立情绪，导致学生的逆反心理，从而很难达到教育学生的效果。适当使用沉默，冷静地思考问题，实际上既是为学生创造自我认识、自我反思、自我行为调节、自我教育的空间，也容易形成一种和谐的师生关系，这是一种无形批评，是对学生实施教育的前提和基础。

三、批评必须讲究艺术

批评是教育学生的一种手段，恰到好处的批评，能够有效地纠正学生的不良行为和缺点；但是，掌握不好尺度，则会使学生失去自尊心，自暴自弃，起到事倍功半的效果。所以说，苦口良药学问深，作为班主任应该抓住时机，采取适当的批评方法，才能药到病除，收到良好的效果。归纳起来，我对批评的认识有以下几种。

1. 批评要寓于故事之中

低年级学生天真幼稚、年龄较小，对道理的理解往往不容易到位，他们有时还不能清晰地意识到自己存在的错误。班主任对他们可采取旁敲侧击的方式，寓批评于讲故事、打比方或意味深长的动作、言语之中，促使学生深思、自责，让学生在微笑中接受批评。著名教育家孙敬修见几个孩子在折树枝，便把耳朵凑过去，装出听什么的样子。孩子们好奇地问孙爷爷在听什么，他说是在听小树苗哭泣。“小树苗也会哭吗?”“是呀！你们折了它，它当然要哭。它们说，它们长大好为大家做贡献呢，请你们不要损害它们。”孩子们听了，羞愧得脸也红了。后来，他们自发组织起护林小组。孙先生未发一句责备的话，却取得了一般批评所难以取得的效果。我有时也采用这种方法。

2. 批评要寓于建议之中

建议性的批评是指在批评时带有商量、讨论的口气，它是与学生交换意见的批评，也就是让学生在微笑中接受批评。一般的做法是班主任以商量问题的态度，把批评的信息传递给学生，与学生交谈时，平心静气，创造一种宽松、愉快的氛围，使学生打消顾虑，与班主任配合，达到圆满解决问题的目的。学生有时是幼稚的，常在主动工作和做好事的时候犯一些错误。对于这种由于想得不周到、顾此失彼而产生的错误，决不能简单否定、讥笑。班主任要热心为他们提出一些建议性的意见，在他们面临失败的时候，帮助他们获得成功。或者班主任要带有强烈的惋惜的感情色彩来表示自己的批评态度，如“你什么都好，就这方面存在不足，实在可惜”，“你要是不犯这个错误，那该多好啊”。这种方式既达到了批评学生的目的，又体现了班主任对学生的理解和爱心，寥寥数语，效果却异常明显。

3. 批评要寓于铺垫之中

批评之前，要做好使学生愿意接受批评的铺垫工作，让学生在微笑中接受批评。我经常利用晨会课，讲讲面对错误的正确做法；树立榜样，讲讲名人在错误面前是怎样改正的；在班级里反复强调勇于接受批评是学生的美德；讲讲"闻过则悲"、"闻过则闹"的危害。我从多方面提高学生对批评的承受能力，逐渐使班级形成自觉自愿接受批评的风气。

4. 批评要寓于表扬之中

著名教育家陈鹤琴先生说："无论什么人，受激励而改过，是很容易的；受责骂而改过，是不大容易的。而小孩子尤其喜欢听好话，不喜欢听恶言。"因此，尤其对于那些自尊心受到严重挫伤、丧失上进心、破罐子破摔的一些学生，狠狠地批评根本起不了任何作用。班主任用表扬代替批评，让学生在微笑中接受批评，不失为一种良策。这样既保护了学生的自尊心，又使学生看到了前途和希望，还让学生感觉到班主任的公正。当然，使用这种批评方式，班主任要做深入细致的调查研究，从后进生身上找到闪光点，一分为二地分析问题，而在表扬时也要恰如其分，不夸大其词，不轻描淡写。

5. 批评要寓于暗示性之中

暗示性的批评是指班主任用语言、神态、人格等作为暗示手段的一种批评方式，班主任的语言内容多为点拨提醒之类的话，主要适用于心细、敏感、自尊心强、能知错就改的学生，让学生在微笑中接受批评。只要班主任稍稍给予指责信号，略作点拨，他们就会立即改正错误。如我班的学习委员小聪一向表现不错，但在一节语文课讨论时，却与好友高声谈笑，影响了他人的学习。于是，我在他到办公室领取作业本时顺便暗示他，作为班干部要树立自己的形象，做同学们的榜样。这样点到为止，就能收到良好的效果。反之，如果不注意场合而乱批评一通，就达不到应有的效果。

总而言之，班主任应有太阳一样光明磊落的胸怀，把自己的光和热送到每一个学生身上，不能厚此薄彼。对学生的缺点，不论是好学生还是后进生，都不应偏袒，要一视同仁，公平相待。

班主任教育学生是一个复杂而细致的过程。利用批评这一方式时应以理解、信任、尊重、关怀、鼓励为基础，把自己看成一名学生，常与学生进行心理换位，理解学生，做学生的知心朋友，只有这样才能让学生在微笑中接受批评，只有这样的批评才会收到意想不到的效果。

初中生行为问题成因分析及转化策略研究

上海外国语大学闵行外国语中学　徐美红

“师者，传道授业解惑也”，为师之责首要在于传道。著名的教育家叶圣陶先生曾言道：“什么是教育？简单的一句话，就是要帮助学生养成良好的学习行为习惯。”因为好的习惯能让人终身受益，而坏的习惯则贻害无穷。初中生尤其初中低年级的学生，刚刚从懵懂的小学阶段走过来，对五彩缤纷的初中生活充满好奇和模仿欲。他们活泼好动，但未能形成相对成熟稳定的人格，对社会的复杂性缺乏清醒的认识，很容易为外界所左右，从而沾染上一些不良行为习惯。因此这一时期的德育任务正是要给他们“立规矩”，要能及时发现苗头并甄别他们出现的行为问题的类型，对他们的行为习惯方面的问题进行及时而有效的转化引导，避免其行为问题在不断重复中得到加强，从而逐步固定化、自动化，形成一种坏的习惯，否则将非常不利于他们身心健康成长。

国内外有许多专家对青少年的不良行为表现和成因做了研究，提出了许多转化策略，这对于我们今天的德育工作依然具有重要指导意义。然而，一方面，时代发展到今天，各种思潮并起，泥沙混杂，海量的信息借助铺天盖地的网络和即时通信工具无时无刻不在冲刷浸染着青少年的大脑，影响着他们思想和人格的发展成型；另一方面，有赖于我国几十年改革开放带来的经济和文化发展的积淀，新一代的中学生越来越多地以独特个性、创新性、国际化等面貌展示给全世界，这些都对我们今天的德育工作提出了新的要求。此外，我校初中学生生源较为多样，既有来自交大教职工及其家属的子女，也有学校所处街道地段的生源，还有部分外省市来沪务工人员的子女。这些学生来自不同的社会阶层，受着不同家庭背景环境的影响，展现出不同的精神面貌，学习基础和学习能力也参差不齐，传统的“一刀切”的德育方式很难对这些学生产生全面的正面效果和影响。唯有对其进行深入调查研究，认真分析，才能做到因材施教。

一、我校初中生行为问题的典型特征表现

通过资料查阅，我们发现初中生不良行为涉及的范围广泛，目前缺少统一的明确的定义，但基本可以认为是在日常生活、学习、人际交往中，同法律法规、公民道德规范、中学生守则、校规校纪等相违背的非偶发的不良心理状态和行为。显然，触犯法律法规的不良行为在我校初中学生日常生活中极为罕见，倒

是一些影响个人学业进步及干扰其他学生正常学习发展的轻度行为问题比较突出。这些行为相对而言危害程度和后果严重程度很低，尚未达到严重不良行为习惯的程度，往往在日常德育工作中不容易引起重视，但却是最常见、引发面最广、最具有共性的一类行为，这些行为处理不好的话就会进一步向严重不良行为转化。

本次调研向我校预初、初一两个年级 10 个班级的共 420 名学生发布了调查问卷，收回 396 份，其中 389 份答卷有效。这说明绝大部分学生和家长是非常重视并愿意配合学校开展德育工作的，这是我们德育工作能取得最终成功的重要基础和根本保证。

表 1 是我们这次调研的一些主要相关信息的汇总。通过表 1 可以看出，我

表 1　我校初中生典型行为问题调查汇总

范围	常见行为问题表现	比例
学习态度	对学习提不起兴趣	25%
	对学习能力缺乏自信	23%
	遇到困难容易退缩	31%
	不能按时完成作业	22%
	上课容易打瞌睡	23%
	偶尔有抄作业现象	41%
	考试偶有作弊现象	18%
	曾经模仿家长签名	13%
	手机娱乐日均超 2 小时	43%
	曾有过逃学现象	2%
行为规范	曾经无礼顶撞过家长	58%
	曾经无礼顶撞过老师	25%
	在课堂上经常有小动作	33%
	常与同学发生不愉快的争执	13%
	曾对老师撒过谎	42%
	曾对家长撒过谎	38%
	曾破坏公共财产	12%
	曾破坏公共秩序（乱扔纸屑、乱涂乱画、践踏花草等）	12%
	曾有过偷盗行为	0%

校初中生行为问题的典型表现是出现厌学惰学情绪、害怕困难、作弊抄袭、玩手机、上课讲话、对家长老师偶有撒谎等，而少有打架、斗殴、偷盗等严重行为问题。

二、我校初中生行为问题成因分析

初中生的生活轨迹大都是“两点一线”，家庭、学校和朋友圈是其思想和人格成型过程中最主要的三个生态环境要素。因此我们也主要是从家庭环境、学校教育和朋友圈影响三个角度来调查分析其行为问题的成因的。

1. 家庭环境影响

家庭是学生成长的第一环境，父母是孩子的第一任老师，生活在父母身边的孩子最容易受到父母言行的潜移默化的影响。学生的绝大部分行为问题都能从父母身上找到影子，比如自私自利、过于自我、言行粗鄙、随地吐痰等。家庭环境对学生行为问题形成的另外一个重要影响在于父母的教育方法。由于自身家庭教育素养方面的偏缺，导致家长面对孩子出现行为问题时往往缺乏可行的教育方法，不能及时纠正孩子的错误，有时甚至会采取默认的态度。

应该承认，这些年随着改革开放，经济快速发展，人民生活水平不断提高，越来越多的家庭重视孩子的教育和全面发展，绝大部分家长都乐意为孩子的学习提供各种物质条件，让他们参加各种课外兴趣班等。但我们同时要看到的是许多家长在家庭教育上的认识仍还比较肤浅，只有不到30%的家长认为教育孩子主要在于家庭，而60%以上的家长认为教育主要在于学校，甚至有个别家长还认为，义务教育阶段学校就得为孩子全面负责。从表2的调查结果来看，家长普遍认为孩子的“身体健康”和“学习成绩”是最重要的，而“道德品质”却相对不被看重。这既体现了社会世俗的认知局限，也从侧面警示了德育工作的重要性和艰巨性。另外一个值得注意的方面是，家长们在家庭德育上的方法往往欠科学，缺少正确引导。有65%的家长基本不太主动过问学生在外面的思想行为表现，采取放手式管理。而一旦遇到问题，训斥批评甚至打骂体罚仍然是常见的教育方式。还有40%的家长未能意识到言传不如身教这个道理，业余时间打麻将、看电视而疏于对孩子进行沟通教育，甚至干扰孩子的正常学习。因此总体而言，家长的教育理念、教育方法及自身行为规范等等均有可能导致学生行为问题的产生乃至恶化。

表 2 家庭环境对孩子行为的影响力调查

<table>
<tr><th colspan="2">家庭环境对孩子行为的影响</th><th>比例</th></tr>
<tr><td colspan="2">家里有独立学习空间</td><td>84%</td></tr>
<tr><td colspan="2">家长会及时为你添置必要的学习用品</td><td>99%</td></tr>
<tr><td colspan="2">家长鼓励你参加各类假期兴趣班</td><td>87%</td></tr>
<tr><td colspan="2">家长关注你每天的学习情况</td><td>78%</td></tr>
<tr><td colspan="2">家长关注你每天的行为和心理状况</td><td>35%</td></tr>
<tr><td colspan="2">遇到问题时，你愿意及时和家长沟通</td><td>53%</td></tr>
<tr><td colspan="2">放学后回到家里，家长会主动和你进行沟通</td><td>62%</td></tr>
<tr><td rowspan="5">行为问题发生后家长对你的态度</td><td>殴打/责骂</td><td>12%</td></tr>
<tr><td>批评</td><td>33%</td></tr>
<tr><td>分析指正</td><td>43%</td></tr>
<tr><td>不关注</td><td>15%</td></tr>
<tr><td>帮你圆过去</td><td>7%</td></tr>
<tr><td rowspan="4">家长平时和你沟通最多的是</td><td>行为表现</td><td>30%</td></tr>
<tr><td>学习成绩</td><td>75%</td></tr>
<tr><td>个人能力</td><td>45%</td></tr>
<tr><td>身体健康</td><td>73%</td></tr>
</table>

2. 学校教育影响

学校是学生接受课堂教育的最主要的场所。虽然一直以来大家都在呼吁用素质教育取代应试教育，但是实际上大多数学校还是以升学率和分数排名来评价老师(学校)的工作成效。培养德智体美劳全面发展的学生还亟需学校教育特别是在德育方面进行改善。

现在的学生个性都非常强，有自己独特的想法，创新性较之以往时代的学生而言更为突出，这其实是好事情；但老师往往因为工作繁重，习惯性用“一刀切”的方式去开展德育工作。事实上，信息时代背景下的学校教育更需要注重因材施教，德育工作尤为如此。

苏联教育家苏霍姆林斯基说过：教育的效果取决于学校和家庭教育影响的一致性。如果没有这种一致性，那么学校的教学和教育过程就会像纸做的房子一样塌下来。在德育工作方面尤为如此。事实上，学校这些年来采取了不少新举措来加强和家长们的沟通，比如说，每学期的家长会不仅仅局限于期中考试后的一次，而可能是多次安排；老师利用周末或者假期出去家访，也得到越来越多的鼓励；很多老师还充分利用家长 QQ 群、微信群、飞信群、家校通短信等现代化网络沟通渠道来增加和家长的沟通机会。当然也有些老师反映，形式上老师可以采取多种方法手段来和家长建立即时性的联系，但仍然很难做到与每位家长进行沟通，首先是班主任的精力有限、时间有限，其次是家长们往往已形成心理上的定式，认为学校找家长意味着孩子在学校犯了错误，因而从心理上一定程度地排斥学校教师的主动联系等等。

表 3　学校教育对孩子行为的影响力调查

<table>
<tr><th colspan="2">学校对孩子行为的影响</th><th>比例</th></tr>
<tr><td colspan="2">老师平时经常和你沟通</td><td>66%</td></tr>
<tr><td colspan="2">遇到困难后，你愿意向老师求助</td><td>33%</td></tr>
<tr><td rowspan="4">你觉得老师平时最关注你的</td><td>考试成绩</td><td>78%</td></tr>
<tr><td>行为表现</td><td>33%</td></tr>
<tr><td>学习态度</td><td>52%</td></tr>
<tr><td>为班集体服务</td><td>28%</td></tr>
<tr><td rowspan="4">犯了错误后老师通常对你的态度是</td><td>批评/责备</td><td>15%</td></tr>
<tr><td>分析指正</td><td>63%</td></tr>
<tr><td>冷处理</td><td>13%</td></tr>
<tr><td>不关注</td><td>9%</td></tr>
<tr><td rowspan="4">老师是否经常会和你家长联系？</td><td>很少</td><td>18%</td></tr>
<tr><td>有事才联系</td><td>47%</td></tr>
<tr><td>经常联系</td><td>33%</td></tr>
<tr><td>基本不联系</td><td>2%</td></tr>
</table>

3. 朋友圈影响

初中生的朋友圈已经具备了社交圈子的雏形，对学生本人的思想、人格的成型具有不可忽视的重要影响。特别是对于这些还处在逆反期的半大孩子，朋友圈往往成为他们的一个宣泄情绪的通道。好的朋友圈对形成正面的行为规范具有促进作用，而一个负面的朋友圈则往往成为涉世未深的初中生们养成不良行为习惯的泥潭。

表 4　朋友圈对孩子行为的影响力调查

朋友(同学)圈对孩子行为的影响		比例
你每天都和朋友联系交流		97%
你和朋友间的主要联系方式	网络	76%
	手机	56%
	见面	28%
	其他	17%
你和朋友之间的主要话题涉及	学习情况	31%
	班级事务	52%
	社会新闻	18%
	个人心思	29%
	其他	19%
你遇到困难是否愿意向朋友求助？	愿意	55%
	不愿意	30%
	看心情	15%
你是否认同你周围朋友的观点？	完全认同	18%
	基本认同	43%
	不大认同	34%
	绝不认同	5%
相比于家长和老师的建议，你是否更愿意接受朋友的建议？	是	38%
	否	27%
	看情况	35%

对初中生朋友圈的影响力的调查表明：越是和家长老师沟通较少的学生，同朋友(同学)的沟通越多，而且对朋友的观点认同程度更高；一些负面的非理性情绪更容易在初中生朋友圈中传播，而且更容易得到认同，比如说“父母很少关心我，我为什么要帮他们学习？”“我家里那么有钱，干嘛要学得那么辛苦？”“辛辛苦苦考上大学还是找不到好工作，成绩好不如拼爹实惠”等等。但是朋友圈中如果能形成正面的观念传播，则将非常有助于良好习惯的养成。

三、转化策略及个案实施验证

从上述调查分析可知，初中生行为问题的养成有着多方面的必然或者偶然因素的影响，而要进行转化，仅仅靠某一方的改善是很难取得实效的，必须要学校、家庭和本人共同努力，形成改良的合力，构建培育良好行为习惯的生态环境。在当前的教育实践过程中，当孩子出现行为问题时，仍然有些家长自觉不自觉地完全寄希望于学校老师的努力而自身不愿意做出改变，这样往往收效甚微，甚至可能积重难返。学校老师也不能一如既往地仅凭整体划一的传统德育模式去转化每一个学生，更不能把学生往家长那里一推了事，而应该对症下药、因材施教。学校要充分发挥德育工作中的先锋引领作用，带动家长提高对德育工作重要性的认识，增强对德育技能方法的掌握，有意识地和家长多沟通、达共识，构建好由家庭、学校、朋友圈组成的德育统一战线，及时掌握并反映学生的思想行为动态，发现各种思想变化的苗头，从改变学生行为习惯养成的生态圈（家庭、学校、朋友圈）入手，及时处理、化解青少年学生还处在萌芽状态下的行为问题，采取最有效的干预措施来帮助学生走出困境。

预初(4)班学生小A是个全身充满活力的男生，但也是个天不怕地不怕的、令老师头大的捣蛋鬼。他常常在课堂上大声讲话插嘴，在课下玩着玩着就对同学动武，且屡教不改，数次被批评之后依然如故。班主任家访后，了解到小A的父亲虽然是交大“海龟”教授，但出身陕西农村，自幼接受“斯巴达”式教育，信奉“棍棒底下出人才”，因此从小就对小A相当严厉。当小A犯错或者顽皮时，免不了“棍棒伺候”。渐渐地，小A也觉得挨打和打人都是再正常不过的事情。小A妈妈虽然对丈夫的教育方式很有意见，心疼儿子，却也无可奈何。为了及时帮助小A转化，班主任首先和他妈妈做了详细深入的沟通，在她的配合下，决定先从改变小A爸爸开始。和爸爸直面沟通后，班主任请他暗中观察小A在学校的表现，让他亲眼看到儿子在学校的表现同他理解中的“正常”表现有多么大的不同。此外，班主任还向妈妈推荐了一些家庭教育指导书籍，请爸爸一起阅读讨论，并制订了家庭教育公约，严格禁止“粗暴执法”的现象。在学校里，班主任和小A进行了谈话，列出他目前身上存在的必须做出改正的问题，并要求他每天放学前总结一天的行为表现，尤其是课堂和课后休息的表现。班主任每天在备忘本上对小A一天的言行进行简评，反馈给家长；家长针对简评进行教育，然后借助备忘本和老师及时呼应。至此，小A在学校和家庭共同一致的关注下，学习和生活进步飞快，成长为重点高中具有领导魄力的班干部。在对小A攻击型人格障碍的转化过程中，教师充分调动了学校、学生以及家长的参与积极性，和家长形成合力，共同作用于学生个体，三方共同努力，最终取得了理想的教育转化成果。

四、总结

本研究采用的研究方法，与以往同类研究通常采用的分析、推理、论证的定性方法不同，尝试通过设计问卷的方式对我校初中生行为问题的典型特征、表现及养成成因进行调查和定量分析，结果更为客观可信。在此基础上我们提出了构建由家庭、学校、朋友圈组成的德育统一战线的综合转化策略并进行了个案实施验证，取得了令人满意的实施效果。限于个人能力和精力，此次问卷的设计偏于简单甚至有些粗糙，对问卷的调查结果的分析也不够深入。但是这个方向的研究是值得进一步深入探索的。今后的研究在问卷设计方面还可以更细化、更科学，调查结果的分析可以更深入，比如对家庭、学校和朋友圈三要素之间的相互影响还可以借助 SPSS 软件等进行科学统计分析，以便我们的德育工作更科学，取得更好的成效。

参考文献：

[1] [苏]B·A·苏霍姆林斯基. 给教师的建议[M]. 北京：教育科学出版社，1984.
[2] 李新. 初中生行为问题矫正探究[D]. 长春：东北师范大学，2007.
[3] 王甜静. 个案工作方法在初中生不良学习习惯矫正中的运用[D]. 苏州：苏州大学，2013.

每朵花都有自己的美丽

同济大学第二附属中学　李　岩

冰心说过："世界上没有一朵花不美丽。"不管是火红的芭蕉，粉白的梨花，还是路边不知名的小野花，都默默地用自己的方式绽放，诠释着生命的美丽和大自然的魅力。

由于每朵花适合生长的环境不同，成长的周期、需要的阳光、盛开的时间也都不一样，园丁在培育的过程中给予的关照和呵护也不尽相同，如果偶遇干旱、水涝、污染等极端情况，还要及时调整培育方法，确保给花园里每一朵花最适合的照顾。

而作为班主任的我们，也有这样一座花园。花园里的花有的调皮，有的乖巧，有的懒散，有的热爱运动，有的擅长艺术，有的酷爱科学。他们是不一样的生命，具有不一样的特质，生活在这个高速发展、日新月异的世界，呵护他们健康快乐地成长是我们的职责。

一、谨言慎行，呵护每一个心灵

据说在美国俄亥俄州有一座非常独特的房子。下雨时，落在屋顶北侧的雨滴与下面的小溪汇合后流入位于加拿大的圣劳伦斯湾；而落在屋顶南侧的雨滴，最终流入位于美国南部的墨西哥湾。

在这座房子的屋脊的最高处，两边雨滴的落点常常变幻不定。许多应该落在南侧的雨滴落在了北侧，或者应该落在北侧的雨滴落在了南侧。这些最初相距不过咫尺的雨滴经蜿蜒流淌最终抵达大海后，彼此之间的距离达到了 2 000 多英里。

令人惊讶的是，决定这些雨滴最终去向的不过是雨天从屋顶轻拂而过的一缕微风。这一微妙的自然现象时刻提醒着人们，生活中看似微不足道的举动或话语，往往在不经意间影响着自己或他人，并最终改变一个人的命运。

在教育学生的过程中，我们老师的言行，就如那微风，不知道会在什么时候改变与我们相遇的那个生命的轨迹。所以，老师要管好自己的行为，杜绝粗暴简单的育人方式，用心与心的交流引导他们寻找生命中的北斗星。

二、因势利导，抓住每一个契机

有人说："教育无小事，事事皆教育。"我们班主任每日的常规工作都是琐碎的小事，却又是关系到学生成长的大事。面对着行为习惯的规范教育，面对着学习习惯的养成教育，面对着个别学生的转化教育，我们虽然常抓不懈，却感到收效甚微，时常有挫败感和无力感。在班级管理的过程中，我们还会时不时遇到意想不到的突发事件。这些都是无法避免的存在，如若处理不当，不仅会影响班级文化建设、师生关系，更会影响一个孩子的成长。

我们身边就有这样一个孩子。小昊是预备班的一个男生，他性格暴躁，一点小事就可能激怒他；他脏话连篇，常常在班级歇斯底里地大叫，还动手打同学，甚至抡起椅子砸同学，即使老师在场他也控制不住自己。有一次他又去惹同班的小宁，小宁嫌烦骂了他一句，他就动手打人，把班级里的桌子都推倒，推搡中把小宁的胳膊弄骨折了。班主任找小昊谈话，他总是说是别人先惹他的，打人是因为别人先骂他。

这样的描写，给人的第一印象是这个孩子没救了，他几乎是所有坏习惯的集大成者。从字里行间，我们也可以看出老师已经给他贴上了坏孩子的标签，所以在判断的时候有先入为主的嫌疑。果不其然，在后期的跟踪了解中，我们发现他冲动爆发都是因为别人招惹他；而在日常生活中他还是很正常的，还能主动帮班级擦黑板。也许这就是我们寻找的契机和切入口。很多时候，这些貌似不起眼的小细节，往往就会成为解决问题的关键。

解决问题的办法有很多种，但最适合、最有效的方法只有一种。了解学生的需求，分析事情发生的原因，寻找解决问题的契机，顺水推舟、因势利导、化堵为导，在最恰当的时候给予最需要的建议和支持，才能让我们的教育有效。有时候如果需要，在师生对弈的过程中我们亦可以退后一步，给学生留出慢慢自我疗伤的时间和空间，这更是一种以退为进的教育智慧。

三、扬长容短，尊重每一个生命

在应试教育的压力下，我们老师和学生成了分数的奴隶。质量是生命线，在中高考面前每个学生、每个家庭都输不起。每次质量分析，平均分、优良率、合格率、标准差都是衡量一个班级、一位老师教学质量的指标。但，不管我们怎么努力，总会有那么几个学生没有考到理想的成绩，也会有同一个学生各科发展不均衡的可能。排除态度的因素，也有学生个体智力水平、接受能力等方面的差异。而我们要做的是，除了帮助学生扬长发展之外，更要接纳学生的不足和在某方面暂时的落后。

奥托·瓦拉赫(Otto Wallach)是1910年诺贝尔化学奖获得者。在开始读中学时，父母为他选择的是一条文学之路。不料，一个学期下来，老师为他写下了这样的评语："瓦拉赫很用功，但过分拘泥，这样的人即使有着完美的品德，也决不可能在文学上有所成就。"父母只好尊重儿子的意见，让他改学油画。可瓦拉赫既不善于构图，又不会润色，对艺术的理解力也不强，成绩在班上倒数第一。老师的评语更是令人难以接受："你在绘画艺术上是不可造就之才。"面对如此"笨拙"的同学，大部分老师认为他成才无望。只有化学老师认为他做事一丝不苟，具备做好化学实验应有的品质，建议他试学化学。于是，瓦拉赫智慧的火花一下子被点燃了，在同学当中，这位在文学和绘画艺术上的不可造就之材竟然成为公认的在化学方面"前程远大的高材生"。

在我们身边也许还有很多像瓦拉赫一样的学生，请多给一点理解，多给一些等待。每一位学生都是一个丰富的生命体，他们的成长是一种可塑、可变的过程，让我们静待花开，用培养花苞的心态陪伴孩子成长。

四、积极应对，关注每一次改变

随着科技的快速发展，我们面对的世界发生了翻天覆地的变化，面对的学生也更加多样化、个性化。社会对教育的要求，时代对人才的需求，学生对自我发展的诉求也发生了变化。身处变化中的我们，要与时代同步发展。

变化虽然带给我们一时的困扰，但也带来了突破与发展的空间和机会。随着家长受教育程度的提高，越来越多的家长通过各种方式参与到学校教育中。家长对学校教育也提出了更高的要求，也期待得到更为专业的家庭教育指导。与此同时，互联网乘着科技发展的东风得到了快速发展。据统计，到 2014 年 9 月，我国网民达到 6.32 亿人，其中青少年学生网民超过 2.56 亿人。网络已经成为生活的一部分，以网络为代表的社会传媒对学校传统的教育提出了挑战。

面对新的形势、新的挑战，我们的教育也要因势而动，顺势而为。我们在正视这些变化和影响的同时，更要利用互联网这种新的交往方式、生存方式和生活方式，加强与社会、家庭、学生的沟通交流，形成教育的合力。简单地把网络看作"洪水猛兽"的自我封闭、拒绝排斥的教育，是伪科学，是与教育的目标相悖的。

每一朵花都有绽放的理由，每一朵花都有自己的美丽。也许每个人都有自己的精彩或无奈、优点和不足，也许成长的道路不会一帆风顺，但请相信，每一位学生都能找到属于自己的春天，总有一把钥匙能开启他们智慧的大门。

让我们对话心灵，呵护成长，静默等待，携手同行，化身为一叶载梦的扁舟，一缕拂面的清风，陪伴着学生在求真、求知、求善的道路上砥砺前行。

第三章　家校沟通：搭建学校与家庭教育一体化的桥梁

在孩子心中种下梦的种子，让迷失的羔羊找到方向

上海市大场镇小学　陆丽苹

“每个人心里一亩一亩田，每个人心里一个一个梦，一颗呀一颗种子，是我心里的一亩田……”每当内心空空的时候，我总是喜欢听三毛作词的这首《梦田》。梦想是人类对于美好事物的一种憧憬和渴望。有时梦想是不切实际的，但毫无疑问，梦想是人类最天真、最无邪、最美丽、最可爱的愿望。有梦想的人是幸福的，追梦的过程是快乐的。能在他人心里开垦一块梦田，让他种下一颗梦想的种子，那一定很快乐，很满足，很幸福……

一、突发事件——孩子失踪了

早上要出操了，森森的座位还是空空的。平常他总是很早到学校的，今天没来，也没请假，我随即拨通了他妈妈的手机。通话后，才了解到现在孩子回到父亲这边生活，母亲已回老家准备和男友结婚了。于是，我又打电话给他父亲，电话那头，讲话声音很不清楚，说话颠来倒去。父亲否认了母亲的说法，不承认与孩子同住，说不知孩子的去向。事情很蹊跷，我立即汇报给校长。

一会儿，校长来告诉我，孩子在警局。昨天夜里，他独自一人跑到警局报案，说他父亲酗酒后打他，还要用刀砍人。他在警局过了一夜。

下午，森森来上学了。他身上看不出任何的情绪波动，还是平时一贯的面无表情、无精打采的样子。谁也看不出，昨晚，他经历了怎样的惊心动魄。他的这种“淡定”、“无视”让人心酸，“麻木”已成了习惯。

经民警调解，他暂时借居同一小区的姑妈家，由民警和居委对他的父亲进行劝说和教育后，再让他回去。

二、案例背景——酗酒的父亲、改嫁的母亲、多余的森森

森森出生不久，父母就离异了。他随母亲回老家生活，没有接受什么学前教育。错过了入学的年龄，母亲又把他带回上海来读书，所以他比班里其他的孩子都要大，却在学习能力上和他们相差很远。沪籍的父亲脾气暴戾，喜欢酗酒，对他母亲意见很大，也常借酒在森森身上泄愤。母亲现在有了结婚的对象，

原本经济不宽裕的她，想借此把孩子“丢”给父亲。

无论是和整日酗酒的父亲生活，还是和借居出租屋、经济困难的母亲生活，森森的生活环境都很不稳定，显然在各自重新成家的父母两边，他都成了多余的一个。他的“冷”，他的“淡”，他的“无精打采”，都是因为生活带给这个孩子太多的冷漠无情！

三、辅导策略——种梦

1. 垦荒——与家长沟通协调，改善外因

森森，排在队伍的最后面，很显眼，不仅仅是因为鹤立鸡群的个子，还因为他黑灰的肤色和大得出奇的眼睛——说不上是难看的长相，但却是那种让人看了一次就印象深刻的模样。高高的个儿显露了他的“大龄”，特别的肤色、偏瘦的身子，让人不由得联想到了非洲的难民，有点营养不良的样子。他整天一副无精打采的样子，好像对什么都不感兴趣，面无波动，一脸茫然。

每次和森森交谈都有点费劲，每个问题，他都要反应半天才能答复你。旁边同事笑称可能是酒精的祸害。在谈话中，我了解了森森的想法，他畏惧和父亲同住。父亲经常会酗酒，之后，在半夜里把他从床上拖起来训话，有时还会打人。难怪有时会看到森森在课上犯困，打瞌睡。他还是想和妈妈住在一起，虽不能保证衣食无忧，但至少是安全的。

我给森森的母亲打了一个长长的长途电话，努力说服她回上海来带回孩子。我肯定了她一直以来在孩子身上的付出，告诉她，孩子很想她，生活改变后，孩子很辛苦、很可怜，又把责任、亲情、感恩的话题与她一一交流。电话那头，犹豫了一阵，松口了。

我和森森的父亲又见了一面。满身酒气的他，见到老师，就开始高谈阔论，还不时地甩出几句英文，称老师为“second mother”。我顺水推舟，和他谈孩子的教育问题。后来，他勉强同意让孩子和母亲同住，由他每月补贴生活费。

森森回去和母亲同住了，可能是我介入了他的私生活，他对我多了份亲切，还有信任，森森和我讲话也多了。

（森森的家庭环境对他的成长造成了很大的影响。父母离异后，对他的教养是忽视的；他的生活环境也很不稳定，对他的健康成长非常不利。在对比权衡之下，我顾及孩子的感受，通过与他父母的沟通与协调，让他同母亲一起生活，以便他能得到相对稳定的生活环境，有利于自身的成长。）

2. 除杂——个别谈心，端正态度，纠正内因

森森每天都能按时来上学了，但是经常不写家庭作业，学习上一贯很“老油条”，门门功课开红灯，任课老师对他都有意见。而他照样上课萎靡不振，下课和同学吵吵闹闹。还有同学揭发，森森来学校很早，常常抄别人的作业。森森学习成绩不好与他的学习态度有直接的关系，他对学习抱着无所谓的态度，对自己也没有任何要求，没有目标，也没有动力。

我找来森森，打开他空白的家庭作业本问他。森森愣在那儿，半天挤出了几个字：“我……不会……”

“好吧，以后不会的题目可以空着，第二天来问老师或者同学都可以。”我和颜悦色地说，“但是，语文和英语那些抄抄写写的作业应该可以做吧？”

森森似乎很意外，点头“嗯”了声。

回教室后，利用午会，我在班里帮他找了个学习小助手。看到大家那么热情，他也欣然接受了。

（森森暴露在学习上的问题，虽有家庭因素的长期影响，但主观上的放任更为关键。但是根据他的实际情况，我并没有对他的错误过多指责，而是降低作业的难度和提供帮助，给他一个近期较容易达成的可行目标。

针对森森的情况，我更多地用宽容和真情感化他。课余时间，经常与他进行交谈，关心他的生活和学习情况，与他建立朋友般的师生关系后，再循循善诱地帮他端正学习态度。）

3. 播种——抓闪光点，在表扬中建立自信心

学期结束了，按常规，在班级表彰大会上，我一一表扬了在一个学期里表现出色、有进步的同学。最后，我拿出了一个纸袋，取出了一件 T 恤，那是我双休日特意去商场为森森挑选的。我点了森森的名字，让他上台来领奖。森森怔住了，机械地走到台前。我展开 T 恤，一边在森森身上比划，一边自言自语：“嗯，正合适！”看着森森一脸意外、疑惑的表情，我大声地宣布：“森森同学这一学期进步很大，改掉了不做作业的坏毛病。尤其是在考试期间，作业很多，他也坚持每天完成作业。因此，他这次的期末考试都及格了。让我们一起来祝贺他！”面对大家热情洋溢的笑脸，在振奋人心的掌声中，我看到森森黑黑的脸上泛起了红晕，嘴角挂着一丝笑意。

从那以后，森森的学习态度有了转变，他真的每天自己做作业了，他开始要学习了。课间，他会主动去问同学题目；课堂上，他举手发言了。对老师，他变得热情了，特别喜欢帮老师做事。渐渐地，任课老师那边也陆续传来对他的

好评。

而后，只要看到或听到有关森森的闪光点，我就会在班级里公开表扬他，扩大对他的赞赏，让他感受到老师一直在关注着他，给他更多的行动力量。在生活上和学习上也是多多地给予关心和照顾：气温变化，提醒他该穿什么衣服；午饭时，看到他挑食就提醒他，还要看着他都吃下去；有什么好吃的点心，悄悄把他叫到办公室塞给他吃；放学了，拍拍他肩膀，催促他早早回家；交作业时，告诉他字写得很认真，读题还要仔细点；每次教修辞手法，我总是叫他来回答，因为全班就他搞不清楚，就算猜也从来没猜对过。每次大家都是屏息听他回答，比自己回答还紧张。那次，讲评考卷上的一个修辞手法的题目时，我又点他来回答。在众人瞩目下，他终于答对了，总算搞明白了这个知识点。全班都笑了，那是充满善意、温暖的笑。就在这样的班集体里，有这样的同学，这样的老师，森森被关注，被重视，被温暖着。这孩子真变样了，精气神也足了。

一次课间，森森拿着一本杂志，指着一段文字问我是什么意思。我快速浏览了一下，是一篇讲理想的文章。他指的那段文字，大意是说人们可以通过努力把自己的兴趣爱好发展成为一种特长，最后成为自己的一种职业。听了我的解释，森森若有所思，回到了座位上。不过一会儿，森森又过来了，非常认真地问我："陆老师，北电是干什么的?"我一听，有点意外，想了想告诉他，那里是出演员和导演的大学。"哦。"森森点了点头，那副严肃的样子，好像做了一个重要的决定。"怎么啦?"我好奇地问他。森森看着我，眼里闪动着光芒，兴奋地说："陆老师，我决定以后要当演员，我要考北电！"我听了，不禁笑了，但看到他一本正经的样子，我也认真地朝他点点头，夸赞道："嗯，有志气！那你从现在开始好好努力吧！""好！"森森信心十足。

（森森是个缺乏父母关心、缺乏家庭温暖的孩子，老师对于他的关注，就会让他产生快乐、幸福、满足和亲近感，进而产生一种积极向上的动力。在老师的不断鼓励下，他的闪光点一一得到了放大，他的自信心也逐渐建立起来。当他通过自己的努力，得到了成功的体验后，就激发了对自我发展的需求。森森从一个对自己没有要求，什么都无所谓的孩子转变为一个有梦想、有追求的孩子。鼓励和支持森森对自己的人生设定目标并努力追求，有利于他构建一个积极健康的心态。）

4. 辅导效果——追梦

森森变了，变得有精神、有活力了。他每天都做家庭作业了，而且坚持到现在。虽然有时叉多，钩少得可怜，让老师哭笑不得，但是他真的跟之前有了天壤之别。课堂上，森森很卖力，开始积极地举手发言，参与课堂学习，回答错了也不气馁，下个问题照样把手举得高高的。集体朗读时，声音特别响，他毫不羞怯地展示已经开始变声的小公鸡似的嗓音。老师每次暗示他控制音量，他只略作控制，不一会儿，他的声音又冒出来了。那个已经开始变声的大嗓门，虽然很不和谐，但是那股执着认真的劲儿却让人不忍多加指责。森森学习态度的转变也让他的成绩有了很大的进步，原来三门功课时常开红灯，现在都能及格了。最难能可贵的是，他的学习是完全独立自主的，没有家长的辅导和关心，完全靠自己的努力。他在学习上自觉独立，已经可以不受环境的影响。

在这三年里，母亲和父亲的矛盾时有发生，他的生活环境常有变化。生活的波折不断，但他已能稳定自己的情绪，正确积极地面对。前一阵子，他母亲又回乡下去了，把他独自一人留在上海居住。森森独自生活，晚饭偶尔去舅舅家搭伙，每天的早餐自己买来吃。森森很坚强，也很自立。森森对自己的要求也在不断地提高。他不满足于及格的分数，他告诉我，他要考 80 分以上，他想考一所好的中学。在最后一个学期的期中考试中，他的语文破天荒地考了 81.5 分，他自己也很开心。森森有追求，森森很努力！他在追寻自己的梦想……

（在转化森森的过程中，他的内心变化是巨大的。老师的鼓励，伙伴的帮助，带给了他温暖，让他能认识错误，改正不良的习惯。长期得不到关心的森森，“给点阳光就灿烂”，每次都能及时地把得到的鼓励转化为积极上进的动力，并能在不断的重复中，逐渐形成一种稳定的良好的习惯，在内心积聚一定的“正能量”，从而不再轻易受外界波动的影响。森森的成长正向着健康、稳定的方向发展。）

四、案例反思

森森这样的身世和遭遇在我们身边是很罕见的。自幼父母离异，生活上和学习上缺少家人的关心和温暖，让森森有种被遗弃的孤独感，冰冷的现实让他“冷”、“淡”、“麻木”、“无所谓”。针对他这种消极的人生态度，我们要从多方面来改善。

1. 环境的改善

(1) 改善家庭环境

父母离异，家庭的不完整，家教的缺失，都对森森造成了极大的伤害。通过与家长的多次沟通，老师为他争取了一个相对稳定的生活环境，还经常与他母亲联系，关注孩子的生活起居以及学习情况，并能时常给他母亲进行一些家庭教育的方法指导,改善亲子关系。

(2) 改善学校环境

班里的师生送了森森一根学习的小拐杖——“一帮一”的学习小助手,给学习上存在困难的森森提供切实的帮助;披了一件生活上的小棉袄——在生活中,老师和同学们的关心让森森感受到集体的温暖。一件新衣,一份小点心,一套文具,一句句嘘寒问暖的叮嘱……融化了那颗冰冻麻木的心。

2. 态度的端正与习惯的养成

(1) 谈心交流,改变认识

老师通过谈心的方式,经常与森森交流沟通,建立一种朋友般的师生情。在朋友般的交谈中,森森认识到自己的不足,并能改变认识,产生改正的愿望。

(2) 制订计划,落实行动

根据森森的实际能力,老师为他制订近期较易达成的可行性计划,并将其落实到行动。

(3) 循序渐进,把偶然变成必然

在转化的过程中,在达成目标后,老师不断鼓励森森,给予他信心,并关注森森,不断发掘他的闪光点,让一次次的偶然在反复中再反复,变成必然,最终使他把良好的行为变成一种习惯。

3. 目标的牵引

(1) 重视成功的体验

刚开始时我们降低目标的难度,注重获取成功的体验,这让森森在初尝成功的甜蜜后,获得信心,并能持之以恒。

(2) 引导自我发现

每个人的内心都有着无穷的潜能,当森森建立自信心,对自己的能力认可之后,便发掘了内心的潜能。森森对自己有了新的认识,也对自己的人生有了重新定位。这样的一种自我发现,让他产生了自我的要求,在自立自强中找到了自我成长的力量。

五、结束语

在转化森森的过程中,他的内心变化是巨大的,如同一只迷失的羔羊重新找到了方向。森森在自己的心田种下了一颗梦的种子。“每个人心里一亩一亩田,每个人心中一个一个梦……”与森森一起经历的成长蜕变,正如此歌,是心田里一个最美的梦,但很真实,很美好……

学校家庭人心齐，“礼仪之星”初养成

上海市曹杨二中附属江桥实验中学　蔡青桔

俗话说：“金无足赤，人无完人。”每个班级总会有各种各样的问题学生。班主任带好一个学生容易，但是如何带好一个问题学生，一直以来却是各界探讨的难点与热点。

一、案例回顾

主人公基本情况及问题介绍：

夏某某，男，13岁，家庭是三口之家，父亲是上海人，母亲为外来媳妇，父母均为公司职员。该生喜欢说谎，学习成绩很不理想，基础较差，写作业动作很慢，经常缺交作业；个性比较偏激，喜欢看军事类、恐怖类等一些充满血腥暴力的书籍和节目，行为也比较暴力，并自制了一本“仇人录”，只要记录在本子上的人他都要去找其麻烦，还常因一点小事就与同学打架。除了本班同学外，他还经常去别的班级挑衅，成了年级的“名人”。同学们都不敢惹他，也不愿意与他交往。但他又特别希望有朋友跟他交流，故有时会采取一些不正常手段如大规模请客、给钱、威胁等，让别人跟他做朋友，行为相对有些幼稚。

从近二十次与学生家长接触的经历来看，该生出现的问题行为与家庭环境均有很大的关系。

据夏某某的父亲说，他自己的个性也比较偏激，在单位经常与同事发生争执，后来干脆调到一个技术部门，专门做技术，基本不与人打交道。他习惯用暴力解决问题，对儿子的教育也是非打即骂，故孩子非常反感父亲的教育，跟父亲的关系可以说是水火不容。发展到后来，父亲对孩子的事情基本是不管不问，完全放弃了。而该生的偏激性格跟他父亲有时简直如出一辙，估计有一部分是受到了父亲的影响。

夏某某的母亲是一家服装公司的管理人员，对儿子期望很高，喜欢教育人，自认为比较通情达理。但在我这个旁观者看来，她对孩子的教育有些过于啰嗦，很会讲大道理，有时连我这个老师听着都觉得有些不耐烦，而且很多都是停留在口头上。很多事情她明明已经答应孩子要做到，但却经常以工作繁忙为理由来搪塞。久而久之，孩子对母亲的话也渐渐不再相信，经常与其顶嘴吵架，教育工作很难进行下去。

而且该生比较爱说谎，经常报喜不报忧，使唯一承担教育责任的母亲无法真正了解孩子的成长过程，再加上母亲过分关注孩子的学习成绩，每次教育只会说要好好学习，很少关注孩子在为人处世方面的问题，长期下来，孩子在为人处世方面受到的教育越来越少，问题也越来越多，经常走极端：要么与同学发生矛盾，甚至打架威胁，希望用暴力解决一切问题；要么花钱买“朋友”。在心理学看来，这些其实是非常典型的缺乏自信的表现。

二、策略应对与实施过程

1. 策略应对

根据小夏的具体情况，我有针对性地采取以下应对措施。

(1) 对该生投入更多的精力与关注，努力发现他的闪光点，持续不断地表扬、激励他，并动员全班同学一起与他做朋友，多关心他，逐渐帮助该生树立起自信心。

(2) 不断地让他负责一些班级中的事情(如卫生工作等)，培养他的责任心。其实每个学生都有一定的虚荣心，时不时地让他负责班级中的小小的卫生工作，他会觉得老师比较重视他。同时通过让他负责检查，培养他良好的学习习惯和关心班集体的责任心。

(3) 通过各种方式(家访、电话联系、电子邮件)加强与其父母的联系。每周至少联系两次，及时与父母沟通学生在校情况，杜绝其一切“报喜不报忧”的机会，逐渐减少其说谎的次数。同时，使家长建立正确的教育理念，与家长共同探讨合适的教育方法，让家长重视对学生在为人处世方面的教育。

(4) 家长、学生和老师三方齐聚一堂，共同商量一份行为合同。合同中既包含对学生的要求，也包含对家长和老师的要求，要求三方必须履行。

(5) 动员家长一起做好打“长期战”的心理准备。在一定程度上接纳学生的问题行为可能出现的一些反复，对待他的一些反复行为，一定要有耐性，不能半途放弃，要慢慢帮助学生和家长一起克服，引导学生长期发展。

2. 具体实施过程

(1) 转变观念

在摸清了学生基本情况后，我与该生母亲进行了一次详谈。一开始他的母亲就很急切地向我表明了她对儿子的希望——希望孩子能考上重点高中。说实话，刚开始听到这个期望我非常吃惊，夏某某的成绩并不突出，每门学科都在及格线上下徘徊，不要说重点高中了，连能否拿到毕业证都成问题。不难看出，其母亲对孩子的现实情况并不是很了解，期望值有些过高了。我只能尽量客观地将孩子的现状告知其母亲，并指出相比学习成绩，孩子的行为问题更值得关注。但无论我如何苦口婆心，其母亲虽然表面上接受了我的观点，但还是事事不离学习成绩，可见她并没有意识到孩子行为问题的重要性。

一个多星期以后的一件突发事件，终于让夏某某母亲意识到了事情的严重性。一大早，一位学生家长就气势汹汹地来找我，一定要与夏某某家长交涉。原来长期以来，夏某某总是不时就要欺负一下该位同学，甚至发展到了掐脖子的行为。昨天下午我去开会了，放学后因为一言不合，夏某某就将该位同学推到墙角，使劲掐他脖子，差点使其窒息，后来还是在同学们的拉扯下才松手的。我本来抱着“大事化小，小事化无”的想法，希望能凭自己的劝说熄灭这位家长的怒火，后来转念一想，这次如果我帮了夏某某，那以后再发现此类事件怎么办？而且这不正是一个能引起夏某某家长重视的契机吗？于是我把夏某某的母亲叫到了学校……在事实面前以及同学们的一致证明下，再加上多位同学的周记（很多同学都写了对夏某某的不满），家长终于意识到自己孩子问题的严重性，愿意接受我的建议——先从改变孩子的问题行为开始，让孩子先学会做人，学会如何与人相处。

（2）转变教育方式

此后，我不断与夏某某母亲联系，适时反映学生的在校表现，让学生没有撒谎的机会，同时，在学校加强对学生的关心，一旦发现闪光点马上进行表扬，并不时给他分配一些小任务，让学生感受到老师对他的关心和肯定。对于与人交往问题，我则要求学生不允许使用“收买”或威胁的方式，一旦发现，严惩不贷。对于夏某某的母亲，我也提出了一些要求：无论工作多忙，答应孩子的事情一定要做到；尽量不要当着孩子的面说“你就像你爸，偏激”之类的话，也不要当面与孩子父亲吵架；尽量多表扬鼓励，但不能太啰嗦；经常陪孩子去图书馆看书，多看一些与人相处之类的轻松点的书籍，尽量少看或不看暴力类作品；同时，要不时与老师沟通，多学习一些柔性的教育方法。此外，我对自己也提出了要求：每天必须与夏某某谈心一次，尽量心平气和，用自身行动去感染学生；当学生有冲动行为时，应及时分析，找原因想办法，绝对不能发火动怒；善于发现学生身上的闪光点，一旦发现，马上进行表扬鼓励。

（3）初显成效

一段时间下来，在家长、学生、老师三方的共同努力和监督下，夏某某的问题行为有了明显改善，从以前基本每天一到两次冲动行为，变为一个学期后的基本每两周一次，有时很长时间他都没有冲动行为发生。很多同学都觉得他变了，慢慢地又有同学愿意跟他交流了。虽然有时他还有些不当行为，但已经有了很大改进。尤其那一次我在全班同学面前说了这么一段话："一个人犯了错误不要紧，最主要在于你是不是在不断改进。就像夏某某同学，虽然他以前做了一些错事，但他最近的变化大家都有目共睹，希望我们能多给他点信心，多给他些鼓励，让他越来越优秀。"全班同学热烈的掌声响起时，他的表情让我再一次体会到了工作的价值。他是那么地激动而又充满感激之情，甚至连手都在发抖，这不正是他受到触动，迫切需要得到大家的正面鼓励的最好证明吗？下阶段一定要继续加强巩固，不要让他的问题行为出现反复。

随着夏某某各项行为规范的好转，他在同学们心目中的形象已经越来越好，人缘也越来越好。而同时，我不再对他的爱好进行"限制"，反而积极鼓励他去发展自己原有的兴趣爱好——研究军事及国际形势；但有一个条件，希望他能把自己感兴趣的讯息与同学们多多交流。随着交流次数的增多，他在班级同学面前的表达能力也有了极大的提高。在面对一些极端情况时，他学会了用言语去分辩，不再像以前那样只用拳头解决问题。

在此之后，班级进行了一次"礼仪之星"的评选活动，夏某某竟然以全票当选为当月的"礼仪之星"！这真的是对我们长期以来的教育工作的最大鼓励，也给予了我无比巨大的信心！相信只要继续努力，夏某某这位"礼仪之星"一定能继续保持下去！

三、反思与启示

这个案例，使我得到了许多启示。

1. 虽然目前社会都在提倡素质教育，但在升学压力的影响下，很多老师和家长对孩子的学习成绩过于关注，往往忽视了对孩子在做人方面的关注与教育。这个年龄段的孩子正处于价值观、人生观发展的关键时期，一旦忽视，孩子的行为就难免出问题。在我看来，教会孩子与人相处，培养他们良好的学习习惯、学习兴趣，树立他们的自信心、责任心，远比追求成绩更重要。本案中的学生母亲刚开始明显就是完全忽视了对孩子为人处事方面的教育，一味注重成绩，而且方式也不当，自然收不到好的效果。而且进入初中阶段的孩子已经有了自身的思考能力，逆反心理也越来越强烈，有了自己的主见，这个阶段对于孩子的教育更应该重视言传身教，而不是像本案中的母亲那样，单纯地说教，这样只会让孩子越来越反感。

2. 表扬、鼓励是使孩子健康、全面地成长的法宝，我们在表扬、鼓励孩子方面决不能吝啬，但也不能过于频繁，过频则失去了表扬应有的效果。而且表扬鼓励的时候要注意措辞，不要过于夸大，应该实事求是，让大家都觉得心服口服，尤其是面对那些比较敏感的教育对象的时候。只有这样，表扬才能取得最佳效果。

3. 曾有人说过"一个问题学生的背后必然存在一个问题家庭"，虽然有些过于绝对，但大多数情况下确实如此，家庭教育对孩子的成长是至关重要的。再好的学校教育、再好再负责任的老师，如果没有家长的配合，到最后也只能是事倍功半，甚至是全盘皆输。故在对学生进行教育的时候，争取家长的配合是至关重要的。在本案中，家长刚开始对学生的做人问题并不在乎，而且也没有意识到自己孩子在这方面的问题。如果单靠教师一个人努力，可想而知会多么无力！所以，本案中我首先要做的就是让家长意识到孩子所有问题的根源所在，在此基础上再争取家长的配合。家庭、教师、学生三方共同努力，组成一个牢固的、不可动摇的三角形，共同制订行为契约，共同遵守各项约定，同时对于学生出现的闪光点及时表扬，这样又何愁学生的问题行为不会改善呢？

那一把神奇的“钥匙”

上海市曹杨第二中学附属学校　祁克莹

都说“一把钥匙开一把锁”，要解开他的心结，打开他心里的那把锁，钥匙又在哪里呢？我不是一个锁匠，但我是他的班主任啊，面对沉默的他，我必须要找到那把钥匙，或者我可以为他打造一把神奇的“钥匙”吗？

一、案例回顾

那一年，我担任八年级某班的班主任。接班没几天就发现，班级里有一个非常沉默的男孩小林。上课的时候，他总是用手撑着他的脑袋，即使老师在黑板上写板书，他几乎也不抬头看。他不喜欢记笔记，习题讲评课他也只是将正确答案很随意地在选项上一涂。课后，我问他对上课内容是否听懂，为什么不记笔记，他总是低头“沉默”着。没过几日，我找机会与小林谈学习以外的话题，他很勉为其难地从牙缝里“蹦”出几个字来，或者就是点头、摇头。

小林在班级中朋友很少。午饭后，常看见他一个人独自望着窗外。我不想怀疑什么，但我的确因为不明就里而感到很迷惑。我的直觉告诉我，他的沉默绝不是一两天形成的，他沉默的背后一定有着某种缘由。

我向其他学生打听缘由，他们叹着气、摇着头，没有一个能走进他的世界。

“老师，他就是个怪人。”

“老师，他的名字叫‘沉默’！”

“老师，你就当他不存在好了，他不会跟你多说话的。”

一个周末我来到了他的家。他的父母马上就告诉我，这个儿子在他们家是三代单传。他父母亲都是大学本科学历、祖籍山东的外地引进人才，能在“大上海”工作实属不易，总想着要给儿子最优越的条件，于是对儿子呵护备至、宠爱有加。

我看着一旁沉默的小林，轻声地问：“这个周末，你是怎么安排的呀？”

小林抬头看了我一眼，似乎开始思考我的问题。可一旁的妈妈马上说：“他这个周末啊，……”

小林又低下了头，既然妈妈替她说了，他思考的闸门自然也就关上了。我看着小林又问了几句，妈妈依然是抢先回答，儿子依然是沉默不语，连眼神也失去了光泽。我似乎明白了，在这个家里妈妈具有很强势的“发言权”，儿子从小就是在妈妈的“千叮咛、万嘱托”中长大的。

“老师，你不知道，我们这个儿子从小什么事情都不用他做。现在他爸爸每天早上都为他系鞋带，就是害怕他自己系鞋带系得很松，万一绊倒摔一跤那后果难料啊！”我几乎惊呆了，如果不是亲耳听到，我是绝对不会相信一个16岁的大男孩还要爸爸替他系鞋带。

还没等我说话，这位母亲又接着说：“老师，我现在想带他去逛超市他都不肯跟我去，和他说话也总是嫌我烦，就喜欢一个人看电视。一天都没几句话的。”面对着喋喋不休的妈妈，我有点理解小林的“沉默”了。也许只有在沉默的世界里才能听到自己的声音，才能拥有属于自己的思想。

“小林，告诉老师，你喜欢看什么电视节目啊？”

“老师，……”

“小林妈妈，请让小林自己告诉我吧。”

小林妈妈被我打断了，不得不和我一起看着小林。小林想了一会儿，低着头说：“财经频道。”

“小林，头抬起来，看着我说，大声点，好吗？”

小林搓着手，看了我一眼，又低下头说了一遍“财经频道”。声音倒是比刚才清楚了许多。

小林喜欢看“财经频道”，喜欢研究股市和金融行情，这在该年龄段的孩子中并不多见。作为小林的老师和家长，要站在孩子的角度，多为孩子考虑，这样就可以真正走进孩子的心灵。

“小林，你最喜欢财经频道的哪个主持人啊？”

“小林，最近财经频道哪个节目好看，你能为老师推荐一下吗？我回家可以看回放。”

“小林，我只在周末看电视，平时我要做家务的，就像你要做家庭作业一样。”

几次这样的谈话之后，我发现他偶尔会抬头看我一眼。那眼神清晰地证明，我正在慢慢“走近”他的世界，虽然离“走进”还差许多，但我看到了希望。我赶紧因势利导，向小林的父母支了几招，果然在两周后接到了我期待的那通电话。

小林的父母在电话里告诉我，小林只在吃晚饭的时候看“财经新闻”，做完作业就准时在九点半睡觉了，但周末喜欢回放一些精彩节目，集中看上一个小时。他父母觉得这样挺好，有时还会在周末和儿子一起看。尤其是爸爸在炒股遇到困惑时还可以找儿子帮忙解决，父子俩的话渐渐多了。而母亲发现，就这样静静地看着这对父子，不多说什么，并没有使儿子与她疏远，反而让儿子更愿意听母亲的建议了。

结合学校各阶段对学生思想品德、行为规范、学习态度等方面的教育，我开设了一个“今天我主持”的十分钟“脱口秀”活动：利用中午或放学前十分钟的时间，由我和学生聊一个小故事，或者聊几句名人名言，也可以由学生聊聊他们感兴趣的事，或者他们学习中独特的方法。每次主讲的同学都是自愿报名，自己事先准备好十分钟里要和大家交流的话题。

我看见几次下来，小林都是认真地听着，但还是很少抬头。我知道他在思考着大家交流的话题，一定有着自己独特的看法，但他不敢报名，在大家面前大声流利地说十分钟的话对他来说实在是太难了。但我不能放弃，我一定要想办法让他当一次“主持人”。

“同学们，你们朝夕相处，但你们知道身边的同伴平时都喜欢做些什么，他们的兴趣爱好是怎样的吗?”

“老师，我的同桌喜欢打篮球。”“老师，我们班长喜欢集邮。”大家七嘴八舌地议论开了。

“老师，小林他喜欢看财经频道，而且知道很多财经信息呢!”（其实这位同学就是我事先安排好的“托”。）顿时，同学们中很多个“哇!”响起，很多钦佩的目光齐刷刷地投向小林。

小林抬头看了我一眼，那眼神里有几分惊讶，也有几分自豪。那眼神我似曾相识，但比先前更多了一份大胆和坚定，多了一份自然和亲切。

得到同学们的认可和羡慕之后，小林开始准备做“主持人”，参与脱口秀活动。小林后面的主持也是我和他的小组同学设计和策划好的，自然是达到了我们预期的效果。师生群策群力的共同帮助，终于让小林在那一个雨后的下午站在了大家面前……

窗外的一切经过雨水的冲刷显得更加清亮了，教室里的小林似乎也是那般清亮，大家都在专心致志地倾听着他有关财经的专题“脱口秀”。我忽然发现他的眼神里又多了几分清澈，多了几许期待。

二、措施与成效

小林的变化，让我初尝成效，由此我进一步调整了第二个学期整个工作的重点与重心。开学不久，同学们说，小林变了，午饭后他和几个同学去操场散步去了，不再一个人呆呆地看着窗外的风景，不再低着头沉默不语装“酷”了。因为有了自信，小林学习态度也端正了许多，理科成绩有大幅度的提高。我心里清楚，教育就是要让每个孩子都做一颗闪亮的星。

邻居们说，小林变了。看，他陪妈妈去超市了，手里拿着自己为家庭开的购物单。寒假里，小林还参加了社区"家庭理财方法"的大讨论。他在财经方面的独到见解让那些大人们也刮目相看，你能想象出这就是半年前那个沉默不语的小男孩吗？我心里清楚：家庭教育是关键，只有家长认同了学校的教育理念，并且与老师的教育形成合力，才能管而有方，严而有度，爱而不溺。

"小林，你真的变了。"一天，我在他的备忘录上这样留言。

"老师，我是变可爱了吧！呵呵！"第二天我在批阅备忘录时发现这句话旁边还画了一个笑脸。

"那当然，老师喜欢你这种变化，相信你还能变得更好！"这真的是我的肺腑之言，要转变一个人是多难的一件事，但只要用心，没有打不开的锁。

三、案例反思

1. 细致入微的观察是打开孩子心门的捷径

小林刚开始的沉默，显然并不能代表他的内心世界。从上述案例中我们可以看到，只要有合适的"土壤"与"雨润"，"花朵"一定会开放。

2. 走进内心，多方协作

特殊的孩子往往有特殊的爱好，沉默的小林其实也有一些优点，只是长期在父母的羽翼下他的个性已经受到了压抑，他的特长已经"懒得"去展现。在家里，由于父母过度唠叨，小林没有了"话语权"；由于父母过度宠爱，小林缺乏必要的生活自理能力。学校里遇到的学习困惑，他懒得与父母交流，成绩越来越落后的他很难再找回自信。没了自信，小林看不到希望，只能选择"沉默"，于是一个恶性循环的怪圈就悄悄地在他周围形成了。

苏联著名教育家苏霍姆林斯基曾把儿童比作一块大理石。他说，把这块大理石塑造成一座雕像需要六位雕塑家，其一就是家庭，其二才是学校。看来要打开小林这把沉默的"锁"，就要与家长一起合作，从尊重孩子的个性发展入手。

3. 平等与合作是打开心灵的最好姿态

一旦老师和家长放低姿态，和孩子交上朋友，那么教育的有效性也会大大提高。一旦孩子的兴趣爱好得到成年人的赞同和分享，那么心与心的距离就会被大大缩短。我们要让孩子感受我们发自内心的爱，而不是生活上简单的"包办代替"，也不是教育上纯粹的"理论说教"。

4. 要给孩子展示与表现的机会

在上述案例中，小林并不是真正“沉默”，事实上他非常想表达、想表现，只是家长、学校并没有给他机会。真的想不到，一个沉默寡言的孩子是那样珍惜这“十分钟”的主持机会，是那样迫切地想得到大家的认可。就在他走下讲台的那个瞬间，他又看了我一眼。这一次，我在他的眼神里读到了一份感谢。“小林，今天你主持得真棒！”大家的掌声证实了我们共同的感受，我相信这次掌声一定可以打开小林的心结，一定会让小林记忆深刻。孩子，你的名字从此不再叫“沉默”！

四、结语

作为一名德育工作者，我很注重培养学生与人沟通、交流的意识和能力。因为这不仅是他们智力发展、健康成长的需要，更是他们日后在社会上生存和发展所必需的素质。教师和家长都应该做孩子的朋友，应该和孩子建立起“亦师亦友”的融洽关系，让孩子融入家庭活动，让孩子融入学校教育，这样才能帮助孩子在结束一天紧张而繁忙的学习之后，像小林那样兴致勃勃地加快回家的步伐，第二天又迎接新的开始和新的期待。

通过小林的转变，我更加深切地认识到：在学生的成长过程中，个体内心的成长才是最重要的。只有通过自我激励、自我成长，学生的综合素养才能真正有所提高；只有通过价值观和兴趣爱好的认同，学生才能真正走出个体的孤单、走出胆怯，树立健康的社交心理，融入班集体乃至以后的社会。而要使学生内心得到成长，首先要让学生感受到和谐的家庭氛围，其次才是接受学校教育工作者的传道与解惑。师爱是需要付出的，但更需要技巧，抓住学生的个性特长、立足学生的心理水平则显得尤为重要。正如我们学校校长曾说过的：“我们面对的每一位学生都是蕴藏着无穷智慧的生命，他们五彩斑斓，身上折射着七彩的光芒——这就是他们自身的特点和优点。”

“教育应当是心灵对心灵的感受，心灵对心灵的理解，心灵对心灵的耕耘，心灵对心灵的创造。”我知道“冰冻三尺，非一日之寒”，沉默的学生的背后是非常固执的个性和难以轻易拉近的距离。既然教育的路是通往学生心灵的，那么打开心灵的路就要走得更坚定，更持久。开启学生心灵的是一把神奇的“钥匙”，在开启那份“沉默”的同时，我也同样经历了一次次思想的升华，经历了一次次欢喜与欣慰的馈赠。都说“教学相长”，此时此刻，我只想对小林说：“感谢你，让老师有了更深层次的思考，让老师在教书育人的道路上看到了别样的风景，收获了别样的感动。”

牵一只“蜗牛”去散步

上海市曹杨第二中学附属学校　卢园芳

每个孩子都是上帝派来的天使，他们带着独特的天性降临人间。当我们擦亮双眼，带着一颗清明、觉知的心去接纳他们，他们就能焕发出生命的活力，成为最好的自己，世界在我们眼中也会变得异常美丽……

“咚咚咚”三声轻轻的敲门声后，一个圆圆的小脑袋从门后探了进来，笑容溢满眼角：“老师，要抱本子吗?”看着这个可爱的小家伙，我的思绪又飞回到了两年前……

一、案例回顾

“小窦，小窦，轮到你了，快点呀……”在大家七嘴八舌的催促声中，一个胖乎乎的小男孩才把他的目光从手指上移开，四下张望，最终落到了我的身上。我微笑着看着他：“轮到你自我介绍了。”他上来憋了半天，吞吞吐吐冒出一句：“我叫小窦，嗯……”就再也没了下文。很显然，他刚才根本就没听我的要求和大家的介绍。接着，他又低下头，蹙着眉，两根食指不停地绕来绕去，一副很紧张的样子。

就这样，二年级接班第一天，我就记住了他——小窦。直觉告诉我，这是一个特别的孩子！果不其然，带了一段时间后，他的确让我“刮目相看”。

开学一个星期，除了体育、音乐老师之外，其他所有老师都反映：小窦上课不听课，做事极其磨蹭。其实，我何尝不知道呢？每节课，他听着听着就走了神，桌垫、铅笔、小纸片，甚至手指头上的一块死皮，都能吸引他的注意力，让他抠半天。看他写作业更让我头疼，每节写字课，就听我不停地“念经”：“小窦，快写呀!”“小窦，别抠笔了!”……没办法，你不说，他就一个字都不动。至于收拾学习用具、扫地、吃饭等，如果不督促，他也要比别人慢不止一拍。“小窦，就差你了”成了大家的口头禅。

多次教育无效后，我与他家长取得了联系。他妈妈叹着气告诉我：“我们家小窦就是不爱学习。他还特别不自觉，你不看着，做什么事都磨磨蹭蹭！老师，你知道吗？昨天家庭作业，就查五个生字，他查了两个多小时，真是慢得像蜗牛！有时我们也表扬，也奖励，可他好像也无所谓。我们也纳闷，你说我和他爸爸都是挺要强的人，做事也是雷厉风行的，怎么生出这样一个孩子呀，真是愁死我了！……”

面对家长的无奈，听着他们对孩子的负面评价，我眼前又浮现了小窦那张圆乎乎的小脸。一个二年级的孩子，就已被父母扣上不爱学习、不自觉等“大帽子”，他需要承受怎样的压力？我一阵心疼！可他真是一只“小蜗牛”吗？

那段时间，课上我需要不断把他从自己的世界里拉回来，放学要留他下来补课堂作业。接触多了，我对他也越来越了解。他很单纯，平时非常爱读课外书，知识面很广，说什么都一点就通，是一个很聪明的孩子，并不像他妈妈说的那样不爱学习。专注力差倒是真的，一牵扯到要动手、动脑，他就不能按照自己的目的和意志把注意力集中起来了，导致做什么事都滞后。而注意力是所有能力之母，没有它，将会给他的生活带来多大的影响啊！

“黑夜给了我黑色的眼睛，我却用它寻找光明。”——我暗自下定决心，要帮他找到“光明”。

从那天开始，我使出浑身解数：课下谈话、小纸条鼓励、同位提醒、敲五角星，收拾书包比赛、一分钟写字比赛……他也很努力，可在手忙脚乱之后，最后一名还是他……

仿佛这些活动，就是为了让他向大家证明：我不行！

看着他低垂的脑袋、沮丧的神情，我对自己产生了怀疑：这真是为他好吗？

二、问题探究

“上帝为你关上一扇门的同时，会为你打开一扇窗。”一次有关幼儿注意力问题的讲座点醒了我。

“小窦妈妈，小窦会走之前是不是不会爬呀？”

“老师您怎么知道的，他是剖腹产，从小身体不好，没舍得让他爬过。”

“那平时你们让他做家务吗？”

“做家务？他现在鞋带还要我们系呢。再说，他动作那么慢，哪有时间？光家庭作业就要写到半夜了。”

“没上学前呢？”

“那么小，哪会做呀，还不够添乱的呢！”

问题找到了，剖腹产的孩子“感统失调”的概率本来就很高，充分的爬能发展他的身体协调能力，对他的本体感缺失进行弥补。因家长不懂，他错过了！当孩子渐渐长大，有了自己要做事的愿望时，妈妈又怕孩子做不好，给自己添乱，事事包办代替，导致孩子现在动手能力极其差。殊不知，孩子在各种家务活动中能统合神经系统的发育，锻炼大小肌肉的能力。在日复一日有规律的重复活动中，孩子的内心能得以专注和安宁，这能免除日后“注意力缺失多动症”的危害，也是克服“感统失调”的最好、最简便的方法。

更可怕的是，从小为了不让孩子哭，他们经常把孩子交给电子“保姆”。他们认为，让孩子看看益智类节目，玩玩小游戏，既省心，孩子还能得到智力开发，是一举两得的事。可这些声光，却恰恰是专注力的“天敌”。

上学后，当他不愿动手、不能专注时，家长着急了，天天在孩子耳边唠叨：“动作快些。”“上课要认真听讲。”可动手能力、专注力哪里是几句叮嘱就能培养起来的呢？它们需要在合适的环境中，通过合适的活动慢慢建立起来。换句话说，是要靠孩子“做”出来的。

回想小窦说的“我控制不住自己”，我竟然还以为是他在找借口。这是一个孩子在潜意识中向我们求助呀！对于这样一个从小就被“贴标签”，从未被家长、老师真正理解的孩子，当务之急不是行为纠偏，而是接纳。作为老师，我做了些什么……

懊恼、羞愧一股脑儿涌上心头！

三、寻找对策

“蜗牛”自有“蜗牛”的可爱！我开始放下对他不切实际的要求，允许他做回他自己。

“爱孩子就让他如他所是，而不是如你所想。”当我用欣赏的眼光看他时，他身上的优点一点一点显现出来：他待同学和善，喜欢助人；他很爱劳动，尽管做得不好；他尊敬老师，不管在哪里看到老师都会主动问好……这些都成了我表扬他的理由。笑容又重新回到了他的脸上。

我聘请他做图书管理员，负责在课下整理图书，记录图书借阅情况。有一次，班中一本图书破了，他默默地自己带回家粘了起来。第二天，他把粘得皱巴巴的书放在我面前，难过地说：“老师，我想把这页字对起来的，可胶布没对准，想撕也撕不下来了。”看着他失望的神情，我摸了摸他的小脑袋：“你能把书主动带回去粘，说明你是一个很负责任的图书管理员。老师看出你很用心。老师第一次粘书时，还不如你呢，粘了撕，撕了粘，最后书上的字都被我撕掉了。”我夸张地比划着，希望能给他带来些自信。他的眼里开始有了神采。我接着说：“做任何事，过程比结果重要，只要你努力去做了，就不能算失败！”听了我的鼓励，他用力点了点头。没想到，那天他作业写得异常认真。中间除了钢笔不出水，打了一次水，其他时间都在埋头写，没像往常那样要我不停地提醒。课后，我给了他一个大大的拥抱。看着他羞涩的笑容，我感受了被接纳的喜悦。

“有心栽花，花不开；无心插柳，柳成荫。”从那以后，我经常让他帮我做事。“小窦，帮老师数数，今天本子齐了吗？”“昨天值日生桌子没对齐，小窦，你来得早，帮他们对一对。”……他俨然成了我的小助手，尽管开始他也做得手忙脚乱，中间还打打岔，我需要手把手地教他。锻炼一段时间后，小家伙就驾轻就熟了。

四、成效与反思

随着他动手能力的提高，我开始通过“传声筒”、“看谁看得快”等小游戏提高他的专注力。为了提高他的敏捷度和竞争意识，在进行“一分钟写字”、“扫地”、“收拾书包”等各项比赛时，我专为他设立了“最大进步奖”。看他捧着奖状，神气地站在讲台上，我知道，他已在发生变化了……

在“做”中，他自信了；在“做”中，他专注了。

小窦的父母看到了孩子的进步，也对自己的教养方式进行了反省。在我的影响下，他们不再给孩子负面的评价，手把手地教孩子生活的技能；学习之余，全家也一起玩一些提高专注力的小游戏，耐心等孩子成长。

两年过去了，小窦的动手能力慢慢增强了。有了父母和老师的接纳，他的目光不再游离，内心开始充满力量。对于我们的信任、期待，他也开始以他的方式回馈：上课开始听课了，有时问题回答得非常精彩；看到同学们作业快写齐时，能加快速度去追赶大家了。更可贵的是，他热爱为班级服务，待人和善……虽然与别人相比，他还有距离，但跟以前的他比，已是判若两人。

是呀，每一个孩子都是独特的，他们以自己的节奏成长着，不以成人的意志为转移。我们能做的，就是顺应！看到慢吞吞的小窦，我庆幸没有轻率地给他定性，因为我深知，“问题孩子的背后，一定有一个问题家庭”。意识到这一点，我试着从他的家庭教养方式上，寻找他行为问题的根源。我看到了幼儿时期身体的禁锢，给他带来的焦虑；看到了父母的不理解、不接纳而给他带来的压抑。当我跳出教育看教育时，我开始从一个人而不仅仅是一个学习者的角度来看待他。我不再把目光集中到他外显的行为问题上，我试着去接纳他，帮他弥补幼儿时期的缺失，满足他对爱的渴望，允许他做自己。这样他就成了最好的自己！是啊，当我放慢脚步，把自己主观的想法放在一边，我倾听到了这样的声音：

“我听到鸟叫，我听到了虫鸣，我看到满天的星斗多亮丽。咦？以前怎么没有这些体会……我恍然大悟。原来，上帝叫蜗牛牵我去散步……”

用真心唤醒梦想

同济大学第二附属中学 王 林

“中国梦——我的梦……，我的梦想是当一名慈善家，通过我的努力，帮助更多的人实现他们的梦想……”看到徐小铭充满自信、慷慨激昂的演讲时，我“偷偷”地笑了，思绪不禁回到了一年前……

一、案例简略

1. 表象

“王老师，气死我了，有个叫徐小铭的学生，我感觉他在课堂上从头到尾就没听讲，一个最简单的问题，都答不出来。这可是他初中阶段的第一节英语课呀。”开学第一天，英语老师一回到办公室就立马向我“告状”了。

她的话再一次提醒了我，在数学课上，小铭也是无精打采、左顾右盼的，难道这是他刚进入初中出现的不适应？还是有其他什么事情影响了他？

带着这些疑问，我找来徐小铭，准备和他好好聊一聊，帮他解除困惑。

“小铭啊，刚开学，就有老师向我反映你学习不是很认真哦，是不是还没有适应初中的生活呀？还是有其他什么心事啊？”我试着开门见山，走进他的心里。

“没什么不适应的，我就是不想学习，学习也没啥用。”他一脸不屑地回答道。

“什么？你……你刚才说什么？”我简直不敢相信自己的耳朵，更不敢相信这是一个刚进预备班的学生讲出的话，我被他的话震住了。此时，初出茅庐的我有点不知所措。

“滴铃铃……滴铃铃……”课前两分钟预备的铃声响了，它就像“及时雨”一样，缓解了我们之间的尴尬气氛。

“那你先去上课吧，回头我们再聊。”我赶紧收拾好自己混乱的情绪，故作镇定地对他说道。

“哦”，他一脸满不在乎的样子，头也不回地离开了办公室。看着他渐渐远去的背影，我满脑子都是“问号”。作为班主任的我，决定当一回福尔摩斯大侦探，弄清楚才 12 岁的徐小铭，为什么会有如此令人意外的消极心态……

2. 真相

我翻开徐小铭的学籍档案，试着从中找出一些“线索”。果然，我在他的成绩单上发现了“疑点”：他在小学一到四年级成绩都比较好，各门功课都是优良。

可是到了五年级，成绩不知怎么地就突然往下掉，而且几乎是全军覆没，没有一门功课是良好的，简直和以前有天壤之别。

是什么原因让小铭“堕落”成这样？他身上到底发生了什么事情呢？

带着这些“谜团”，我敲开了小铭家的门。

“徐小铭在家吗？我是他的班主任王老师。”

“来了，王老师。”只见一个年纪不大但满脸憔悴的女士开了门。

“老师请进，我是小铭的妈妈。您请坐，请喝水。”小铭妈妈带着一丝略显紧张的语气招待了我。

“谢谢。”

“老师，是不是小铭在学校犯什么错误了，是和同学打架了还是……？”还没有等我开口，小铭的妈妈就焦急地问道。

“哦，没有什么事情，就是小铭在学校表现得蛮低落的。而且他开学以来，学习一直进不了状态。我来就是想和你们家长沟通沟通，了解了解情况，一起想想办法。”

“哦，这样啊。”

“哎，对了，怎么没有见到小铭爸爸在家啊？”我随口问道。

“唉！王老师，你不知道，小铭他爸爸在去年出了车祸，现在还在医院治疗呢。”说到这些，小铭妈妈哽咽了起来，“去年暑假，小铭的爸爸为了给小铭报一个兴趣班，回来的路上被出租车撞了。小铭知道后，非常伤心，觉得是自己学习的事害了他爸爸。从那以后，小铭就讨厌学习，不愿上学，还经常逃学去医院找他爸爸。”

“为了能让他好好学习，我不知道和他吵了多少架。我也和他小学的苏老师一起做过他的工作，跟他讲道理。但这孩子就是想不通，就认定是自己害了爸爸，害了我们的家，他一直非常自责，意志也一天比一天消沉。”也许是触到了伤心处，小铭的妈妈不经意间流下了眼泪……

不知不觉，一个小时过去了，我也慢慢了解了小铭，原来一个幼小的心灵受到过如此大的打击，这让我心疼不已……

二、对策探索

1. 信心与感情的培养

“知己知彼，才能百战不殆。”通过我的努力，我得到了徐小铭的第一手资料，了解到他其实具备成为优秀学生的潜质，只不过他暂时被困惑遮住了心灵，看不见光芒，失去了方向。我暗暗下定决心，要用我的爱去拯救他，帮他走出困境，找回自己。

正所谓“亲其师才能信其道”，我经常利用课间与他谈心、交流，询问关心他的一切。课堂上，我总是抽他回答一些简单的问题。每当他回答正确时，我总是对他竖起大拇指表扬他，不断地给他信心。放学后，我就留他半小时，帮他辅导，希望能够通过自己的行动感化他，慢慢地走近他的世界。

可是，不管我怎么努力付出，对小铭都好像毫无作用。他还是那么沉默寡言，课堂上还是默默地发呆，作业练习依旧是班级里最差的那一个。而我，也觉得疲惫不堪，辛苦的付出得不到一丁点的回报。

工作越来越忙碌，生活一天天重复着昨天的故事。

初冬的一个早晨，学生们做广播操的时候，我突然看到小铭脚上那双有点破烂的球鞋，我的心微微一颤，猛然地意识到我该做点什么。

借着下午没课的空档，我出去买了双棉鞋，我估摸着四十码差不多。我请营业员帮我包好，还写了张纸条：“圣诞老爷爷很久之前就能听到善良孩子的心声，所以他托我提前把圣诞礼物送到你的身边。”

第二天一早，我就看到桌上有一张卡片：“敬爱的王老师，谢谢您，这是我亲手做的，也提前祝您节日快乐！”我心头顿时涌上一种冰山正慢慢融化般的温暖……

2. 重拾信心

我又一次请小铭的妈妈来到了学校，一起商量着，想了很多办法，希望帮助小铭重拾信心。为了激发他的斗志，我们共同商定了“三计”。

第一计——“瞒天过海”。“心病还需心药医”，我们和小铭的家人商量好，让小铭的妈妈告诉小铭，爸爸在他期末考试前就能大致康复了。为了能让爸爸开开心心出院，妈妈提出让小铭考出一个好成绩，作为礼物送给爸爸。

果然，小铭在得知这个消息后非常高兴，满口答应，一改平日垂头丧气的状态，学习开始变得主动了……

第二计——“趁热打铁”。看到小铭明显的好转，我兴奋不已，也更加坚定了实施“计谋”的决心。当然，我也没有闲着，一有时间我就帮他确立目标、改正习惯、补习功课。时间长了，我们也越走越近了。

也许是受到他爸爸的激励，或者是小铭自身实力潜移默化的改变，他的成绩突飞猛进，很快到了班级前列，令人刮目相看……

第三计——“以逸待劳”。此时的我们能做的只有等，等着期末考试的来临，等着小铭拿着优秀的成绩单找我们。正如我们设计的一样，小铭做到了，他来了……

“王老师，这是我的成绩单。”小铭气喘吁吁地报告着。

“不错，老师没有看错你。”我假装镇定地说道，此时我的眼睛情不自禁地湿润了。

“呵呵，明天我就能去接我老爸回家了，想到这个我就开心不已，还有我这独一无二的礼物。”小铭沉浸在了期待明日的喜悦中……

不知是不是小铭的努力和诚意感动了苍天，小铭爸爸的身体真的好转了，不久就康复了……

看到他们一家三口又像以前一样开心幸福地在一起，我悬着的心也终于落了下来。

三、追逐的梦想

“王老师，我真心地感激你，要不是你的不抛弃、不放弃，我可能就会一直沉沦下去了，我的梦想可能就没法实现了……”小铭给我发来了一条微信。

“你的梦想是？”

“我的梦想就是爸爸的身体能够康复。我以前真的是太不懂事了，原来爸爸最希望看到的就是我的成功……老师，谢谢您！”

“哈哈，客气，你的进步最重要的还是你自己的努力，靠的是你辛勤的付出。好好加油，像《士兵突击》里的许三多一样，坚持自己的理想，你肯定会成功的。”我回了一条。

“可我是徐小铭，不是许三多，呵呵。”

“那徐小铭同学，下个月学校有个‘中国梦——我的梦’主题演讲比赛，你有没有兴趣参加啊？”

“我行吗？”

“相信自己！你的梦想很伟大，记得把那个奖杯给我捧回来哦。”

“嗯，保证完成任务，王老师准备给我庆功吧，哈哈。”……

“……我的梦想是我的爸爸能够健健康康，能够看到将来的我成为一名慈善家，用自己的力量帮助更多的人实现他们的梦想……”

四、反思与感悟

徐小铭的转变，使我深深地感受到，每个问题学生背后真的都有“问题”，我们老师要善于去发现问题，分析问题，解决问题。

这一方面需要我们教师对他们倾注更多的爱心和耐心，更多的真诚和宽容，更多的理解和支持。每个学生都是有感情有思想的人，心灵的桥梁要用情感去架设，用尊重、信任、体贴去充实。

众所周知，爱是人类普遍具有的心理需要，每一个学生都希望得到周围人的关爱和温暖。马斯洛需求层次理论也告诉我们：学生有尊重的需要，尊重需要得到满足，能使人对自己充满信心，对社会满腔热情。记得苏霍姆林斯基说过："我敢拿脑袋担保，如果学生不愿意把自己的欢乐和痛苦告诉老师，不愿意与老师开诚相见，那么谈论任何教育都终归是可笑的，任何教育都是不可能的。受教育者向他爱戴的教育者敞开自己的心灵，是一个彼此使思想和感情高尚起来的过程。"可见，学生心灵的打开，离不开爱心。

另一方面还需要我们老师采取科学合理的方法。教师只有广泛、深入、细致地了解问题学生，并且进行正确的归因，才能做到对症下药。在给予他们关心爱护的同时，又要向他们讲明道理，使他们认识自己的优势与不足。教师要循循善诱，并对他们提出一定的要求，帮助他们确立奋斗的目标，充分发挥梦想的作用。

梦想能催人奋进，梦想能使人进步，梦想能让人成长。苏霍姆林斯基曾说过："道德教育的核心问题，是使每个人确立崇高的生活目的……"作为老师，我们是学生梦想的启蒙者和引路人。特别是初中阶段，正是学生们身心走向成熟，开始追逐梦想的黄金时段，但由于他们的成长环境和天资秉性的差异，致使他们在追梦的道路上会遇到这样或那样的问题。这就要求我们老师"一把钥匙开一把锁"，努力掌握每个学生的特性，帮助他们清除障碍、校正方向。教师要用自己的爱心和诚心为梦想保驾护航，让祖国的花朵绚丽多彩，为实现伟大的中国梦培养栋梁！

变　味

上海市铜川学校　秦　莉

“今年我在老家给您送上节日的问候——教师节快乐！感谢您在我人生道路上的第一个转折期帮助我并陪伴我度过，您是我心中永远的明灯！”读着在又一个教师节收到的祝福语，我的思绪如打开阀门后的波涛，顿时向过往时光的河流奔涌。

一、公交“囧”遇

“老师好！”我转头看到身旁站着一位个子不高、头发浓密的带着“铜川”校徽的男孩子，便习惯性地回复了一句：“你好。”但过一会儿我又打量了他：偏长的刘海遮住了前额，裸露在外的面孔显得又黑又粗糙，青春痘还占了一席之地，让我印象最深刻的是那两撇小胡子，俨然一幅进城务工的“农民工”形象。

出于礼貌，我主动与他交谈了起来，但是他一口浓重的带有苏北口音的普通话引来周围乘客的频频回首。他们的目光让我觉得有些丢脸，真想找个地洞钻下去。

有着美丽的容貌不一定有着美好的灵魂，但粗糙的贝壳却可能孕育着珍珠。

教育札记：作为一名教育工作者，一名光荣的人民教师，我怎能以貌取人呢？

二、轻易“戴帽”

世事难料，一个月后我竟然成为这个有着一面之缘的“农民工”学生——小腾的班主任了。

上课时，我总能闻到教室里有时浓时淡的异味，所以后来每次走进教室，我做的第一件事就是开窗通风。渐渐地，班级里的同学们也养成了这个习惯。

有一次，下课铃刚响，我班的“小喇叭”（一个女同学的绰号）就开始广播了：“开窗通风！”。还有几个男生边笑边附和着“给我点新鲜空气吧，我要憋死了！”……我习惯性地看着孩子们快乐地说笑着。

这时，“啪”的一声，只见小腾同学把书本猛然地使劲往桌上一敲，站起身扭头就往教室外走去……

“他怎么了，发生了什么事?”我莫名其妙地看着教室里的其他同学，他们也面面相觑，谁也没有说什么。

不管发生什么事情，他都不该随意发脾气，况且老师还在教室里呢。联想到平时他上课跷着二郎腿，倚靠在墙上的坐姿，我更主观地认为这个学生没修养，缺家教!

教育札记：冰冻三尺，非一日之寒，事情的发生往往都是有前因后果的。

三、真相大白

(一直以来，我喜欢用“周记”架起师生沟通的桥梁。)

摘录着同学们在“周记”里提到的情况，我发现有好几位同学都提到了小腾：“他总是制造噪音，比如用书敲打课桌，用脚踢椅子……”“他说话有时很难听，总爱说‘要你管’、‘我高兴，怎么了!’之类的话……”“课余时间我们在班级里排练节目时，他总在一边嘲笑我们……”“老师，你知道吗?教室里的臭味是小腾身上散发出来的，因为他家是卖鱼的……”

我一下子明白了那天小腾在教室里闹情绪的原因了。那天我对同学说笑的默许是不是让他觉得我们都在讽刺他呢?那我每天习惯性的开窗动作不是无形地伤害了他吗?想到这些，我感到焦虑不安、懊恼万分。该怎么办呢?

教育札记：作为一名教师，我们应该公平地对待每一位学生，更不能用戴着“有色眼镜”的目光看待学生。孩子，我为自己的行为无意间对你造成的伤害而向你道歉!

四、另一个他

像往常的双休日一样，我走在去菜市场的路上。“秦老师……”我循着声音一看，是小腾。“你好!去哪儿呀?”“……去菜场，爸爸的鱼摊。”他避开了我的目光。

“鱼摊?”自从那件事后，我就一直想找机会和小腾好好谈谈，以表达我的歉意，今天正好是个机会。

“老师今天有空，我可以一起去看看吗?”

“……可以，不过有点脏。”

“小腾，老师要向你道歉。”

他诧异地看着我。“那天同学们拿‘开窗通风’当借口取笑你，我……”

“那事，我早就忘了。反正我也习惯了……”

我的心一下子酸溜溜的。“习惯了”平平淡淡的三个字，表明小腾长久以来一直承受着同学们这样那样的嘲讽，从伤心、气愤到不在乎，他承受了多大的心理压力啊。

当我和他父亲在交流时，小腾在一旁帮妈妈做生意。那还是我认识的小腾吗？全然一个有礼貌的孩子：微笑着，说着“谢谢”，多么亲切。

在回家的路上，小腾对待顾客的神情反复重现在我的脑海：自信、热情、好客。虽然我不能挽回小腾以前受到的心灵伤害，但是我知道自己可以在以后的日子里做些什么，来修复给他造成的伤痕，尽力让他融入班级同学中。

在心里，我暗暗对自己说：“小腾，让我来帮你，我们一定可以化解误会和矛盾的，请相信我。”

教育札记：尊重学生的最高境界是忘记自己是老师，和他们自然地成为一起探讨人生和科学的挚友。孩子，对不起，我不会再让你感受孤单了。

五、秘密合作

经了解，小腾是在六年级时随父母一起迁移到上海的。尽管他在上海生活已经有两年，但是生活习惯、举止谈吐在一定程度上仍带有农村生活的气息。文化程度并不高的父母为了维持生计，无论是教育能力还是在为关心子女所投入的时间上都有所欠缺。面对新的生活学习环境，人人都会表现出紧张、焦虑的情绪，只不过有的人善于调整自己，能很快适应环境，所谓“适应性强”罢了；而小腾恰恰相反。一直这样生活的小腾不知道自己哪儿出了问题，即便听到同学的闲言碎语，想改进也无人可求助。在无助的情况下，他只能采取消极的心理应对策略——逃避、压抑自己。（心理学认为，压抑是个体为了避免体验到消极情绪而采用的一种防御机制或应对方式，是一种远离或回避有威胁性的想法、冲动或信息的行为倾向或特质。）

小腾真的不在乎同学们的嘲讽，真的无所谓吗？他一直都没有融入同学之中的愿望吗？青春年少，谁不希望有朋友和自己一起分享喜怒哀乐。更值得我思考的是，如果将来他踏入社会，他会不会也习惯做“缩头乌龟”，遇到困难就躲进自己的壳里呢？

第二天赶在同学们到校之前，我在小腾的课桌肚里放了一套洗发露和护发素，并附上一张小纸片：记得天天用！

周末，我在他备忘录上留了言：放学后我们一起去剪发吧！

隔了双休，我一进教室就听到有人说：“你们看，小腾换发型了！”

“真的，头发剪短了！”

小腾抬头，看了看我，随即又低头整理课桌了。他抬头的一刹那，我意外地看到他的嘴角上扬，可能连他自己都没有意识到吧。

我知道，小腾内心的那堵冰墙开始松动融化了！

我和小腾的秘密合作正在进行着……

“每次洗衣加入适量的彩漂，不仅可以除异味，还会让衣物更鲜亮，试试吧！”

“要换季了，整理衣物时别忘记放些樟脑丸！”

“我们改变不了自己的长相，但是我们可以通过阅读来充实自己的精神世界，提升自己内在的修养。试着和书做朋友吧！”

“推荐一本书《提高中学生自我品质的128个修养故事》，很值得一看！”

“高尔基曾说过：我读书越多，书籍就使我和世界越接近，生活对我也变得更加光明和有意义。与你共勉！”

同时，我也争取了小腾家长的支持：尽量不把工作服带回卧室。

教育札记：爱绝对不是感情上的消遣，而是一种精神上的鼓励。我要用自己的行动和自己的心陪着你一起走，做在你心灵深处耕耘的人。

六、脱颖而出

苏霍姆林斯基曾经说过：“世界上没有才能的人是没有的。问题在于教育者要去发现每一位学生的禀赋、兴趣、爱好和特长，为他们的表现和发展提供充分的条件和正确引导。”

小腾能获得改变，内驱力固然必不可少，但同学们对他的认可却能彻底崩解他心中的高墙。

当同学们沉浸在学农的兴奋中时，“谁愿担任寝室长”的问题却让兴奋不已、在家不干活的独生子女们都退缩了。

我巡视班级一圈，当和小腾的目光相遇时，他显得躲躲闪闪。我用诚恳的眼神鼓励他，小腾终于鼓起了勇气，说了声“我来当”。

在学农后的周记里，同学们表扬小腾的话“络绎不绝”……

“小腾当寝室长很负责，每天泡水、打扫寝室卫生。”

“我不会套被套，是小腾帮我套的。”

“我发现小腾的独立生活能力很强。”

“我军训昏倒时，小腾不仅帮我送午餐，晚上还时不时地问我有没有不舒服。”

“虽然小腾不是班干部,但是这次他的表现比有的班干部强多了!”

教育札记: 一个鼓励的眼神,一声亲切的问候,能帮助一个孩子走出一道亮丽的人生路。

七、喜讯捷捷

单个的人是软弱无力的,就像漂流的鲁滨逊一样,只有同别人在一起,才能完成许多事业。

从那以后,自信的种子在小腾心田里发芽,蓬勃的青春在小腾的生活中飞扬。

同学有困难时会找他;

学习互助组邀请他参加;

篮球对抗赛推选他为选手;

学校运动会,他为班级拿回两个第一;

主题班会,他负责节目彩排;

闹元宵活动,他组织大家动手包汤团……

成长后的小腾站如松,说话规范,处事相当沉稳,有着领导者的风范,没变的还是那两撇小胡子,只是更浓了……

和你一同笑过的人,你可能把他忘掉;但是和你一同哭过的人,你却永远不忘。

教育札记: 展翅的雏鹰,高高的云际在等着你。

八、教育感悟

美国著名心理学家亚伯拉罕·马斯洛(Abraham Maslow)提出了马斯洛需求层次理论,亦称“基本需求层次理论”。马斯洛认为,人有七种基本需要。学生最缺乏的是爱和自尊的需要的满足。

随着年龄的增长,类似小腾这样的城市外来人口的孩子们已经感觉到了城市孩子与自己的差别。一方面,他们希望自己能受到和城市孩子一视同仁的待遇;另一方面,他们的确会感受到现实面前种种的差别而又很难逾越,因此缺乏安全感、认同感。有时同学之间甚至会无形地制造等级、差距。这些都不利于孩子健全人格的养成。

正如著名的教育学家苏霍姆林斯基所说的:“让每一个孩子在学校里抬起

头来走路。”只有在学生自尊的需求得到了满足之后，教育才能有效开展。反之，我们的教育就会显得苍白无力。

回顾和小腾共同走过的日子，他最初的不敢在同学面前抬头，在经历了一段时间的彷徨与不安之后，在老师、家长的配合下能比较坦然地接受和面对现实，之后修正自身存在的不足，用平和的心境正常地与同伴们一起学习和生活。我做的事很值得，因为这对一个孩子今后正确的人生观与和谐的人际关系的形成发挥了应有之意。

每个学生都是一本深奥的书，你可以选择走马观花，随意地翻阅它，也可以选择潜心地阅读它，但请你千万记住：这本书只有一次阅读的机会。

她，在自信中成长

上海市进才中学北校　汪　华

成长的道路上有风有雨，老师啊，不要忘了把自信、自尊、自爱的阳光洒满学生的心灵，因为他们还是孩子。

一、案例回顾

1. 表象描述

她是一个文静清秀的女孩，高挑的个子配上姣好的面容，使初见她的人都比较喜欢她。当我刚接中预这个班级时，总是会多看她几眼。可每当我和她对视时，她总要红着脸低下头去。我心想，她真是个害羞的女孩。

几节课下来，我发现她上课非常认真，作业字迹工整，正确率也不错。可一次很常规的提问却让我措手不及。听到我叫她回答问题，她的脸"刷"的一下变白了，好不容易慢慢地站了起来，头却快低到桌面上。教室里突然变得异常安静。沉默良久，我有些纳闷：如此简单的问题对她来说应该不是困难的。终于，她像下了很大决心似的，慢慢地低头小声说道："这这个这个问题……"全班像炸锅一样笑翻了天，我马上意识到出了什么问题，急忙问道："还没有想好，是吗？"她头还是低着，慢慢坐了下去。我虽然用改变话题扭转了局面，但心里却怪自己太粗心。这节课她再也没有抬起头，我想她一定受到了伤害，我的心也因此隐隐作痛。

中午，吃完饭我走进教室。正巧她不在，她的一个小学同班同学对我说："老师，她小学就这样，有点口吃，一说话就紧张。上课回答问题就更紧张了，越紧张越说不出话。小学的时候老师都不太点她回答问题的。""而且她自尊心特别强，也不大愿意和别人说话的。"另一个同学也说道。听到这里我只觉得心头发紧，并深深为她感到惋惜。走出教室，课堂上小婷的窘态一直萦绕在我的脑海中，挥之不去。她是天生的？还是后天的疾病造成的？抑或是家庭的原因？此时的我特别想走进这孩子的内心世界。

2. 追根探源：对缺乏自信的学生的引导

放学后我找了她，似乎感到很意外的她，慢慢地走到我面前，又把头低了下去。我轻轻地扶起她的头说："老师为今天的事向你道歉，可是我觉得你不能永远沉默下去！"她的身体猛地一震，脸一下子涨得红红的，一层水雾立即漫上她美丽的双眼，小声地说："老——师，我我我真的没没有怪你，我只怪怪我自己，从小，他他们——就笑我……”看着她抽泣的样子，我心里难受极了，这孩子的心里经受着怎样的煎熬啊！我为她擦掉泪水：“不要靠封闭自己来掩饰自己的缺点，敢于挑战自己的人才是任何人也打不倒的人……”看得出来，这番话对她真的起到了触动作用，她那晶莹的眸子似乎在问：“我行吗？”我立即用眼神鼓励她：“你行，你一定行！”

晚上我去她家里家访，通过和她爸爸的交谈，对这样一个不幸的女孩，我终于找到了她口吃、沉默、封闭的根源。原来小婷很小的时候也是一个很开朗的孩子，一切变化从她妈妈离开的那一刻开始：得不到母爱的她日渐内向，不爱与人说话，不愿与人交流；她爸爸也是一个寡言少语的人，平时工作繁忙，经常让小婷一个人在家，她即使有心事也不知和谁倾诉，渐渐地，便养成了沉默寡言、在公众场合不出声音的习惯。久而久之，一与人交流她就紧张，越紧张就越口吃，以至恶性循环。

病症找到后，我和她爸爸深谈良久，希望他能够在生活上、思想上关心小婷；他也认识到了为人父的不足，表示今后会多关心她。平时在家里，她爸爸学会了倾听，尽量营造聆听的氛围，做小婷忠实的顾问。每天小婷回家以后，她爸爸坚持做到和孩子聊十分钟，问问孩子在学校的情况，交谈时也尽量多体验孩子的内心，多站在孩子思考的点和面上去感受理解孩子。在后来的双休日里，我又提议和她爸爸一起带她到游乐园去玩，让她感觉爸爸和她是好朋友，同时增进她和外人的交往。还要求她爸爸在家里多和她交流，多进行疏导，多增加她的自信，告诉她口吃并没有什么的，只要不紧张，就一定行的。我要求她爸爸做她忠实的听众，多鼓励孩子，多对她说一些鼓励的话。当她取得成功时，可以说：“想不到我的女儿如此优秀，继续努力，一定会更好！”当她紧张时，可以说：“小婷，放松点，没关系，只要说出第一个字就一定可以的！”当她犯错误时，可以说：“爸爸相信你不是故意的，没关系，以后多加注意就可以了！”

二、对策与措施

为了让她有更多的机会表现自我，课堂中我经常让她回答一些简单的问题。此后我又鼓励她：“上课你能不能主动举手回答问题？”她笑着摇摇头，我不死心，继续追问：“先从一个字两个字的答案回答行不行？”她又笑着点点头。我故意拉下面孔：“回答我！”她赶紧大声回答：“行！”在接下来的日子里，班级中的所有活动——主题班会、数学竞赛、假日小队、实践活动等，我都一一鼓励她参加——让她体验更多的成功！

记得有一本书上曾经介绍过，有的孩子虽然口吃，但是一唱歌就和正常人一样了。不知她唱歌怎么样？从音乐老师那里我了解到，她从不大声唱歌，但仔细听还是可以发现她音色不错，音准很好。我能不能从这儿找到突破口呢？我于是准备在班级里举行一个歌唱比赛。在比赛之前我找到她，问她："你想参加比赛吗？"她红着脸，习惯性地摇摇头。我没有立即说什么，只是期待地望着她笑。她很快就明白了我的用心，很快又点点头。我的心顿时一阵轻松。我轻轻抚摸着她的肩膀说："你要敢于挑战自己，要相信自己，你行的，一定行的！"

在我的精心准备下，班级的歌唱比赛开始了，比赛中我用目光悄悄地搜寻她，可她却一直低着头。我告诫自己千万不能急，要耐心等待时机。整个比赛，我都努力在调节着气氛，一直保持轻松快乐的氛围。比赛要结束时，我问道："这次比赛同学们的表现都不错，都很积极踊跃，都一直在表现自己。还有没有唱歌的同学吗？"我偷眼望着她，正好她也在偷偷看我，我会心一笑，转而对全班同学说："让我们大家欢迎小婷同学为我们唱首歌怎么样？"同学们热烈地鼓起掌，她红着脸站了起来。在优美的伴奏旋律中，她终于开口了，我悬着的心总算放了下来。一开始她还有些紧张，随着旋律的起伏，渐渐地她沉浸于歌曲美妙的旋律中，她好像变成了另外一个人，那样的从容，那样的生动。同学们非常震惊，掌声久久不息。她的脸又红了，不过这次，她脸上荡漾着幸福，笑得那样轻松……从那以后，她敢主动和我打招呼了，每次下课都帮我拿东西，我发现只要在放松的环境中，她几乎不怎么口吃了。

三、成效：她抬起头，笑了

从此，她的变化让人欣喜：她不再怕同学笑她"结巴"了；在课上她愿意主动举手发言了，连她爸爸脸上的笑容也多了；也愿意和同学交往了，有一次，我竟然在课间休息时看见她拉着另一个同学在尽情地旋转。刹那间，她抬起头，笑了，笑得那样从容，笑得那样轻松，笑得那样幸福。今天，她变得自信了，她敢抬头说话了，她的口吃现象也不那么明显了。每次数学课她都扬起脸听我讲课。每当我的目光和她相对的时候，我们都会会意地相视一笑。她的数学天赋也得到了充分的展现，数学小报的制作和难题的屡次解决让同学们都对她刮目相看，她得到了百分百的肯定。

这件事让我真正懂得了为师者要善于用心去拨响孩子们的心弦，给他们多一点鼓励，多一点宽容，多一点耐心，多一点理解。这样，他们就会多一点自信，多一点轻松，多一点快乐！

骚扰电话背后的故事

同济大学第二附属中学　李　岩

夜半时分，电话铃声又一次响起，睡意朦胧中，我拿起听筒。出乎意料，电话那头的人一个字也没说，听筒中只传来若有若无的呼吸声。我突然间意识到，这是她！是那个让人烦恼让人牵挂的小刘！我的思绪一下子回到了一年前的那个中午……

一、案例回顾

1. 突然遭遇的"隐形炸弹"

记得那天，一阵急促的电话铃声把我催进了校长室。书记愁眉紧锁地对我说，去年因病休学、让大家躲避不及的小刘同学又来学校吵闹了。鉴于家长的再三要求和学校的反复讨论，领导就把这个"宝贝"交到我这位年级组长兼班主任手里。之前，虽然我没有亲身经历过传说中的半夜电话骚扰、无理谩骂、无辜挨打的情况，但她那轰动整个校园的种种行径还是让我很担忧。毕竟我带的是一个初三毕业班，是一个公认的优秀集体。况且，班级里相当一批学生很有冲刺市区级示范高中的实力，在中考面前谁敢掉以轻心啊……

为了让大家和睦相处，我预先召开了班干部会议和主题班会，旨在创造温馨的环境，热情地接纳她。就这样，第一个星期安然度过。这份安宁和平静，竟然让我相信我能用我的真诚陪她度过接下来的日子，为她的生活增添一份美好的回忆。毕竟，她也是个可怜的孩子。

2. 我在痛苦中手足无措

然而，貌似平静的生活并没有持续几天。在她来校读书后的第二个星期，门卫室的电话打破了这份平静。原来，她在那里大哭大闹，要求拨打 110 来抓我，而原因就是我找她收作业，问她上课听不听得懂，要求她体育课出去走走、晒晒太阳……面对着这样的指控我一时哑然无声，难道对她表示关心也做错了吗？真不知该如何与她沟通！

而闻讯到来的家长也听信一面之词，恶狠狠地恐吓我，让我少管闲事。就在我向家长解释之际，小刘同学突然蹿到我面前，一边辱骂我，一边举起拳头朝我挥过来。说实话，做老师这么多年，我还是第一次遇到这样的场面。也许是被吓到了，也许是觉得受委屈了，我的眼泪再也止不住了。我决定从此再也不管“闲事”了。

当时觉得这样可以减少冲突。可现在回想起来，这确实是一个错误的决定，这使我和刘某的心离得更远，更不利于问题的解决。也许我一开始就对她抱有一定的抗拒心理，并没有真正地接纳她，而这次事件正好让我找到一个借口。

在随后的日子里，我刻意不和她直接接触，平时有什么通知都是靠班级其他同学传话。自认为这是为了给我的四十几位学生创造一个良好的学习环境，为了保全大家的利益，可事实证明，这只是我逃避困难的又一个借口，我并没有用心去寻找导致我们冲突的根源。这也更加剧了她对我的敌对情绪。

于是，教室的墙壁成了她发泄的平台，学校公共教室的黑板上都是她写的“大字报”。走到哪里，她的骂声就传到哪里，几乎到了骂声“不绝于耳”的地步。甚至在便样检查时，她把装大便的盒子放在我的桌上，还扬言要把大便抹在我身上。也不知是从哪里得到了我家的电话号码，她竟然每天一放学就狂打我家的电话。有时我还没到家呢，骚扰电话已经打了好几个了。最让人痛苦的是夜半铃声，有时候竟然可以响到半夜三更。与此同时，她又相继和我们班级的数学老师、物理老师、政治老师发生了冲突：也许是跑到办公室掀翻你的办公桌，也许是追着你骂、追着你打，搞得全班上下人心惶惶。同学们对她百依百顺，生怕惹她不高兴而遭受与老师一样悲惨的下场。

那时的我真是万分沮丧、千般无奈，直后悔当初为什么不坚决拒绝接纳她！那时那刻，我还认为自己很无辜，自己是受害者。除了向领导抱怨之外，也没有采取积极的化解措施。一味地逃避、消极抵触使事态迅速扩大，对班级正常的教育教学活动的开展造成了很大的干扰。我很担心……

3. 我的良心抉择

寒假期间，我决定去家访。也许全面了解她的成长经历，才能找到解决她“犯病”的症结所在。家访的那天她和她母亲不在家，奶奶接待了我。原来由于年幼时父母离异，使得她很仇视母亲现在的男朋友，总是与母亲作对。单亲母亲除了要谋生还要照顾一个不是很听话的孩子，平日打骂较多、关心太少。长期的内心压抑和孤独造成了她易怒、敏感、爱猜忌和极度自卑的性格。据她奶奶说，她总是想象有人要害她。这对她正常的思维和认知产生了很大的干扰，造成她思维混乱，使她分辨不清什么是想象，什么是真实存在。至于她经常做些大人意想不到的事情，那也是用来引起别人的关注，希望得到大家的关心和爱护的手段之一吧。

二、应对与成效

我为自己以前对她的漠不关心深感愧疚……我决定用我的爱心和真情挽救这位“可怜”的孩子。

虽然找到了“病因”，但想治愈她还是不容易的。她像刺猬一样，时刻竖起满身的刺，对我依然是很敌视很冷漠。但是我相信事在人为，温暖的怀抱总会消除内心的寒冷。只要我一直向她传递“老师很关心她”的信息，并创造机会让她能够感受到这份关心和温暖，她一定会接受我的。恰逢体育考试训练期间，我刻意在班级表扬她训练认真刻苦，找理由叫叫她的名字。对于我叫她的名字，她从刚开始的抵触变为后来的期待，我看到她听到名字时嘴边荡漾开来的笑容。慢慢地她不再大闹课堂了，也不再随便乱发脾气了。在她能够平静地面对我之后，我决定在与她近距离讲话的时候，适当地加入肢体接触。我揽揽她的肩膀，牵牵她的手，摸摸她的头发，她刚开始很僵硬，后来变得温顺。每当有活动，我和同学们都会安排专人负责陪伴她，让她感受到来自集体的关爱与温暖。而这个时候，她就像只温顺的小猫咪。

以前的失败让我明白，完全忽视学生会对他们造成心理伤害，而过分的关注也会造成负面的影响。对于学习我只是给予适当的关注，生怕关注太多会给她增加太大的压力，会让她产生恐惧的心理，进而排斥我。所以，貌似无意地问一声，看似不在意地指导一下，都能够在她身上起到明显的作用。她在尽自己所能为初三的毕业努力着，慢慢地，她也愿意接受其他教师的帮助，也经常自愿到办公室问问题，师生之间的矛盾渐渐得以化解。同时，每一位同学都去主动地接触她，成立了帮助小组，帮她解决每天的作业和疑难问题，她也愿意与同学交流了……

功夫不负有心人，中考中她的所有功课竟然全部达到了合格线，还考入一所有名的中专学校。那一刻我流泪了，那是作为一名老师的幸福的泪水。我记得当大家问她后阶段为什么能够与人和睦相处的时候，她想也没想地说：“李老师管我了，同学也与我好了，我就不搞了。”是啊，简单明了的话却道出了一位单亲家庭子女内心真正的需求。这不是很深奥的道理，也无需大费周折去调查研究。只要我们用心去观察，用爱去营造，用宽容去呵护，没有什么解决不了的问题，也没有什么攻克不了的心理堡垒。我们可以为他们做很多很多……

三、反思与感悟

家庭是社会的细胞，完整的家庭不仅是个人美好生活的起点，也是优良人格形成的源头。婚姻家庭关系越牢固,教育子女的条件就越好。然而在今天,由于社会经济结构的不断发展变化,越来越多的孩子生活在单亲家庭之中。单亲家庭子女缺少完整家庭的爱,导致他们常常心理失衡。小刘同学的母亲要独自承担沉重的家务,为生计而奔波,教育孩子时就显得力不从心,造成了家庭教育的欠缺。由于小刘在成长发育的关键时期,无法得到完整的父爱和母爱,导致了她心理惶恐不安、焦虑、孤僻的性格,不愿与人接触、交流,自控能力较差,冲动好斗,甚至做出危害别人的事情。由于她在生活中缺乏父爱和母爱,处于一种严重的情感缺失状态,她的内心极度渴望得到他人的关爱和重视。只有爱的滋润和亲情的呵护才能解决她的心理问题。由此,我产生了三点深深的体会。

1. 全面了解情况,贴近受伤的心灵

面对着严重心理失衡的行为偏执的单亲家庭子女,班主任要及时家访,全面了解情况。不仅要了解学生的居家状况,更要了解家长对子女的态度及感情,了解家长的性格特点及教育方式等。对于所获得的信息,要做好归因分析,以便有针对性地进行心理疏导。同时,用心去感受学生的痛苦和焦虑,设身处地地为他们着想。只有这样,我们才不会以旁观者、局外人的角度来看待学生,才会理解和原谅学生的各种异常行为。也只有这样,我们的心才能更贴近学生的心,为今后的工作搭建心灵交流的平台。

2. 冷静面对困难,宽容失衡的心灵

一般单亲家庭子女处在极度的自卑之中。他们敏感脆弱,老师不经意的言辞在他们眼中就会被"放"得很大,这会使他们产生抵触心理和防备心理,继而用过激的行为来保护自己。面对单亲家庭子女的异常心理和行为,教师切忌简单粗暴或者漠不关心,更不能找各种借口逃避困难,任由事态恶化。教师必须用理智去冷却心火,用理智去走进表象背后的真实,用一颗宽容博大的胸怀去接纳学生,耐心等待他们向我们敞开心门。

3. 发动集体力量,走进孤寂的心灵

我认为,营造一个温馨和谐、团结友爱的集体生活环境,对单亲家庭子女的行为纠偏很重要。大家庭同伴的互助和接纳,有助于消除他们的抵触心理和防备心理,让他们走出阴影,敞开心扉与人交往,从而消除他们的自卑心理,改善他们的人际关系,进而改变他们对生活和人生的看法。

四、结语

上述案例中,我们不难发现,理解、宽容、关爱是单亲家庭子女教育中不可缺少的三大要素，它们能帮助我们找到单亲家庭子女心理失衡的轨迹，促进我们全面了解他们、尽力走近他们、热情关爱他们，让他们感受到被尊重、受重视，体验到家庭中缺失的情感体验和感情交流。如果我们把集体的温暖、同学间的友情、老师的关爱巧妙地融合在一起，必将产生无穷的能量，必能走进单亲子女受伤的心灵。

改变孩子，先改变父母

上海市大同初级中学　陈　涛

又是一个秋高气爽的教师节。依然沉浸在不久之前的节日氛围中的我为几届学生们一句句真诚的问候而感到由衷的欣慰。尤其是想到一向“桀骜不驯”、对老师“惜字如金”的小孙居然在教师节那天脸孔涨得通红地向我道了声“节日快乐”，我就更感快乐与满足。

一、案例回顾

小孙是班里比较特殊的一个学生。曾经，他张狂的个性与不羁的言行让许多同学和老师厌恶。通过我一个学期不懈的坚持教育，小孙各方面的表现渐渐地发生了良性的转变。这种改善的趋势让小孙在成功改变自己在同学心目中的形象的过程中，心甘情愿地摈弃了过去的许多陋习。同学们的眼睛是雪亮的，大家都将小孙的表现收入眼底。学期中期的班干部选举中，小孙脱颖而出，成为一名小干部。这不仅是他的成功，也是我的成功。

然而那天下午，一通电话却给我的这份志得意满当头浇下一盆冷水。“陈老师，我想和你谈谈我们家这个小子的情况……不知道你是否知道他最近和一个女孩子走得挺近的？……我担心这小子是不是早恋了呀？……”

其实就在进入本学期不久，我的耳边便不时传来一些关于小孙和年级里另一班级的女生小芝之间的“绯闻”消息。刚开始时我也并不以为然——毕竟进入青春期的少男少女们有些许对异性交往的渴求还是比较正常的，这也符合这个年龄阶段的心理特征。一方面，我自认还不是一个古板保守的“老古董”；另一方面，“早恋”这个词汇实在太过敏感，将之硬扣在学生的头上可能造成的负面影响也委实让我踌躇。于是我选择暂时按兵不动，静观其变。或许，问题根本就没有有些学生想象得那样严重。

然而想不到，一观察倒还真的看出点问题来了。首先，我发现小孙近阶段的情绪波动特别大，经常会不明所以地情绪低落。这对于性格外向、一贯张扬的他来说绝对是十分反常的表现。其次，多位任课教师都认为小孙近来的学习成绩有下降的趋势，本来好不容易才出现的上升态势渐趋于无。而且无独有偶，从小芝的任课教师那里也了解到，她的学习成绩在近阶段同样明显下滑。出于教师那种与生俱来的敏感，我不由得对这些事实之间是否存在内在的联系产生疑问——莫非小孙和小芝真的已经陷入了“早恋”的泥淖？莫非成长过程中最敏感的烦恼悄无声息间已经降临到我的学生身上？

就在我还没来得及找小孙进一步了解情况时，小孙爸爸的这个电话似乎证实了我之前的担心与猜想。不过我深知小孙和爸爸之间存在比较严重的隔阂，两人的沟通交流不太成功，常常会擦出不和谐的火星。所以我没有正面回答小孙爸爸的问题。我在电话里安抚了他的情绪，表示会抽时间和小孙交流的；同时也希望家长不要轻率地将“早恋”的标签贴到孩子的头上，以免将孩子向着与我们的希望相反的方向越推越远。

挂了电话，我不禁心潮澎湃。一个才有着不错上升态势的学生，突然发生这样的情况，如何处理的确颇费心思。言为心声，发生这种疑似“早恋”的行为，和学生进行正面交流是不可或缺的途径。只有知道了他最真实的想法才有可能进行疏导与教育。我选择了一个午休的间隙将小孙找来谈心。交谈的气氛是放松的，我表扬了小孙前阶段的不错表现，也鼓励他要继续努力，继续进步。谈着谈着，我话锋一转：“最近大家经常谈论你。来，和老师聊聊你最近有什么得意杰作让大家把目光都聚焦到你的身上啊？”他似乎突然感到了些什么，脸色有点紧张，支支吾吾了半天也没说出什么。我在眼角的余光里发现他偷偷地抬头打量了我一下。我微笑着，依旧不作声，只是又意味深长地看了他一眼。脾气向来急躁的他从我的眼神里发现我可能知道些什么了，急得马上辩解道：“老师……老师，我没干嘛！你别听他们胡说，我和小芝根本没有什么。我们只不过……我们很正常的……”我笑了：“我知道，我知道，你别急，好好说。告诉我到底是怎么回事。”

于是他颠三倒四地将前因后果说了一遍。大概意思是他本来和那个女生小芝并不认识，只是因为经常同车，偶尔搭话才结识的。随着交往的深入，又经常一起进出，同学们便嘲讽他们是在“谈恋爱”，时间一久，似乎年级里都传开了。不过他最后还是特别强调了“我们真的只是好朋友罢了，没什么的，老师你别瞎想……”。

我明确地告诉他，我对中学阶段男女学生之间的正常交往持肯定的态度，身为老师的我绝对不会捕风捉影。但是我也向他提出我的疑惑不解之处——为什么明知其他同学对他们的交往有这样那样也许是曲解的看法，他却没有因此与小芝有丝毫的疏远。

或许这个问题问到了他的内心深处，他的情绪看上去有点激动：“老师，你知道我脾气不好，班里我几乎就没有要好的朋友。难得我和她很谈得来，我觉得没什么嘛……别人怎么说是别人的事，只要我开心就好，管他们呢！如果因为闲言碎语我就疏远小芝，那我不就失去一个好朋友了吗？陈老师，从小到大，我真的都很寂寞！——我爸妈都忙得要死，人影都看不见。上回一家三口在一张桌子上吃饭还是上个月的事情……哼，我也懒得和他们说话。平时一个人的时候真是无聊死了……"

稚嫩的话语里，"寂寞"二字深深地撼动了我的心灵。坐在我面前的是一个还未满 14 岁的男孩，这个年龄的他本该无忧无虑才对。他和"寂寞"这个浸透了世故沧桑的词汇根本就不该搭上半点关系。但是事实并非如此。一个男孩在自身性格、家庭教育等诸多因素的影响之下，居然提前品尝到了本不该那么早感受到的负面情绪。于是乎，我也就不难理解他的疑似"早恋"行为了。

寂寞是属于比较成人化的负面情绪，被提前感染到的他便寻求以一种合适的方式去排解前者为其幼小心灵洒下的阴霾。与父母交流，从他的家里实际看来明显存在障碍。与老师交流，偏偏师生之间又似有无形的隔阂，彼此壁垒分明。于是他只能将这种诉求转到朝夕相处的同学身上。这个时候偏巧有那么一个对篮球场上身姿矫健的他颇有好感的小芝出现了。两人言语的投机、同学舆论的不良导向再加上现代娱乐传媒耳濡目染的影响，这一切形成了一个巨大的合力，将他们往一条禁忌的路上越推越远。

心中有了底，我便正色地告诉他，如果正常的交友能够帮助他排解他的寂寞与无聊，那么我绝对支持他和小芝继续这种知心朋友的关系。但是怎样才算正常交往呢？我给了两个标准：一是不要太专一；二是要保持必要的距离。中学生异性交往，太专一就有"不正常"之嫌。中学生异性同学之间可以是比较好的朋友，大家在一起可以无话不谈，在思想上可以相互沟通，相互之间也可以给予帮助，但要保持必要的距离，不要过分亲密。

"若是为了排解寂寞与无聊而选择了不合适的方式，将来让自己陷入更深的寂寞与无聊中去就得不偿失了。"——这是我给他的忠告。他当场信誓旦旦地向我保证一定会按照我的标准去和小芝交往，绝不会越雷池半步的。能有这样的承诺我自然略感宽慰，不过我很清楚事情绝不会就这样在谈笑间消弭于无形的。我还有很多工作需要去做。

二、追因与应对

正如小孙所说，他的交友行为缘起于他"寂寞"的心理感受。首先他在家庭里就缺少与父母的交流。尽管霍林渥斯(H. L. Hollingworth)曾形象地将青春期称为“心理上的‘断乳期’”，即所谓心理上的摆脱父母的监护，成为独立人的时期。但是从实际情况来讲，青少年学生就心理的成熟程度来说离真正的“断乳”还存在不小的差距。在他们叛逆表现的背后隐藏的是对父母关怀的渴望。这对生活在父母工作极其繁忙的家庭中的孩子来说尤其如此。小孙的家庭家境富裕，父母各自在政界、商界有着自己的事业。随着事业的越做越大，他们陪伴孩子的时间就越来越少。尽管物质条件极其富足，可是小孙的精神世界却非常贫瘠。老师的疏导、同学的陪伴都无法从本质意义上消除这种贫瘠，真正能给孩子精神世界以慰藉的只有他的父母。

于是我与相比之下和孩子交流多些的小孙母亲通了电话。在电话里我和她交流了对小孙与小芝交往的看法。和小孙爸爸的反应很相似，小孙妈妈也很焦急，反映小孙最近在家里也大反常态，吃完饭就把自己关在房间里煲电话粥，拒绝和父母交流。这位母亲越说越焦虑，最后居然说是不是要让孩子父亲好好揍他一顿让他清醒。

我忙不迭地对这种可怕的想法予以否定。“小孙的脾气你们是知道的。如果硬来的话只会激起他的逆反心理。如果他到时候负气，真的选择用‘早恋’的方式来和家庭抗争的话，那这个孩子就真的难教育了。”我将小孙在那次交流中和我诉说的“寂寞”的话语转述给了他妈妈。我告诉她，从小孙的话语与周记里都能发现他的内心世界非常空虚，一颗稚嫩而寂寞的心灵亟待家长的抚慰与关怀。

“如果可能的话，我希望你和他父亲可以在百忙中抽出时间多陪陪孩子。这样的亲子交流既有利于增进父子、母子之间的感情，也有利于帮助孩子顺利度过充满复杂心理变化的青春期，更有利于孩子完善人格的健全发展。一个长期缺乏家庭情感关怀的孩子，即便家长在物质上再怎么不惜血本地满足他的任何需要，他在人格方面也是有所欠缺的。你们如此辛苦地打拼，当然不会希望自己的孩子是个人格有所欠缺的人吧。”

电话那头陷入长长的沉默。一分钟之后我似乎听到了隐隐的抽噎，这位商界的女强人被孩子心灵上的那道怵目的伤痕震撼了。她大概也明白了自己长期以来毫无保留的付出在孩子的眼中原来竟然是如此残缺不全。孩子的话语中透露出的那丝恨意让一个母亲深受打击。

“陈老师，我想我大概理解了孩子的言行背后是我们的失职。我回去会和孩子爸爸好好交流一下，我们打拼都是为了他。如果他不能活得开心，长得健康，那么我们再成功也没有意义。”小孙妈妈最后如此向我表态。

我继续密切关注着小孙的一举一动。让我比较宽慰的是他似乎遵守了先前与我谈心时的承诺，没有和小芝走得太过亲密。而更令我惊喜的是在不久后的一次周记作业里，我读到了这样的文字——

"我爸妈最近回来吃饭的次数史无前例地增加了。除非万不得已，他们都坚持回家吃晚饭。我的老天，这在过去是不可想象的呢。老爸好像也比过去开朗多了。老妈的脸也不那么臭了，看起来还是挺温柔的嘛。但愿他们不是三分钟热度……"

看来小孙的父母的确是开始关注孩子的内心世界了。我能从小孙的话语中真真切切地感受到他的喜悦与满意。但我也明白同桌吃饭或许可以加强亲子交流，但如果父母无法真正走进孩子的心灵，那么他的寂寞感依然无法得到真正的释放。

我将小孙的周记传真给他的父母。文件发送后不到半小时，小孙的父亲就给我来电，听得出这位见惯大场面的政府官员竟为孩子的一篇周记彻底打动。他非常感谢我给他们夫妻的建议，他们也觉得孩子最近在家里的表现似乎比之前好多了。而且他坦言这种一家人和乐融融的感觉也让他和妻子享受到了天伦之乐。不过最后他还是对孩子是否在"早恋"感到担心，他承认因为长期的缺乏沟通，他和妻子都不敢和儿子面对面地谈论这个敏感的话题，生怕好不容易和谐起来的家庭氛围就此破坏，很有点投鼠忌器的味道。

面对这个对孩子束手无策的家长，我建议他不仅要在空间上拉近和儿子的距离，还要在心理上拉近和儿子的距离。我告诉他小孙喜欢篮球，喜欢赛车，做父亲的大可抽空陪他看篮球、看赛车。体育运动的激情与对抗往往可以引发男性间的共鸣。一旦小孙从情感上彻底接纳了父母，那么交流任何话题都不用投鼠忌器了。"要想改变孩子，先得改变父母喔！"小孙的爸爸高兴地接受了我的建议，并且承诺一定会尝试着把儿子的心拉回来的。

之后的半个月里，小孙似乎每天都有一定的变化。最直观的表现是他的周记越来越多地以父母为抒写对象——"今天老爸带我去看赛车了。""今天老妈给我挑了几套爱看的推理小说。""老爸居然拉我打篮球，被我'草割'了。"……看着小孙的父母真正地把心思投到孩子身上，我知道他们之间的隔阂正在一点点消除。假以时日，小孙疑似"早恋"的问题就一定能得到解决。

又过了一个星期，某个中午小孙敲开了我办公室的门，说想和我谈谈。我心中不禁窃喜，我知道一定是他的父母和他进行了深刻的交流。果不其然，小孙沉默了一会儿说："老师，我想我大概知道自己究竟要的是什么了……"他告诉我，在周末和父亲一起打完乒乓球后，父亲和母亲带他回了一趟海边的老家，带他漫步在他们当年学习、工作、恋爱的地方。那天小孙的父母在儿子面前回忆了他们的美好青春，又真诚地告诉儿子，他们担心他会早恋，但他们又都真的相信自己的儿子应该知道自己要的是什么。

小孙说这个问题彻底对他的心灵进行了一番拷问。“要是他们把我骂一顿，或许我一点感觉都没有。可是那天的感觉太温馨了，我觉得他们是真的相信我，真的关心我。所以我想了一个晚上——自己是真的像别的同学所说的那样陷入了早恋的泥潭，还是根本只是在虚荣感与寂寞感的作祟下硬充门面呢?”

“那么思考的结果呢?”其实我已经明白他的思考结果，只是我更希望听他自己亲口说出来。

小孙坦言他已经想清楚了。事实上他和小芝根本还不能算是在谈恋爱，只是两个在学业负担下备感无聊的中学生之间走得比较近罢了。同学的评价和自己对成人化的情感世界懵懂的向往使两人间的关系变得有点说不清、道不明的暧昧。这其中还夹杂了一点向父母示威的味道，又或许希望这种行为能引起父母对他的关注。所以他决定与其为了不太现实的想法让自己泥足深陷，还不如勇敢地直面自我，将本已有点偏离轨道的关系重新纳入正轨。

我对他给我的回答大为赞赏，也对他的父母的如此理性与温情的教育方式备感欣慰。看着眼前这个懵懂少年那还略显稚嫩的脸庞，我相信经历了这次的风波，他的人生道路会走得更加平稳与宽广。

三、反思与余论

在我又一次为对小孙的教育获得成功而感到由衷欣慰的同时，我的反思也是极其深刻的。事后想来，其中许多环节是很值得我反复咀嚼的。

法国启蒙运动的猛将卢梭曾讲过：“青年期是一个狂风暴雨的危险时期。”中国学者沙莲香等人的研究则表明：青少年在心理能力方面的发展(如记忆、判断、推理及学业成绩)，并不与身体的发展相等。一个身体成熟的青年，其在心理方面未必达于成熟的程度，因为心理能力依赖于生活经验的积累和文化知识的熏陶。在情绪体验方面，青少年则较任何一个时期都为紊乱，面对各种难以应对的新刺激，他们常有各种不适当的情绪反应，而感到一种莫名的烦恼。小孙事件其实也就是这种烦恼的集中体现。

对于这些表现出思想偏差的学生的教育，拿捏尺度的准确与否很大程度上决定了教育最终的成功与否。在小孙事件中，我想我做得最成功的地方即在于从一开始坚定地相信家庭教育的力量，始终站在一个指导者甚至是朋友的立场上向他的父母介绍教育经验和教育手段，平和地表达自己的观点与意见。

首先，我在交流中适时地平息家长过分的怒火。我不但明智地在家长的情绪不够稳定时没有推波助澜，还力劝家长要用理性的态度对待孩子的各种偏差。我认为家长要掌握批评与惩罚的艺术，要保护孩子的自尊心。当孩子有了过失行为时，家长们可以通过批评的方式去纠正，但需掌握批评的分寸和原则。社会心理学的研究表明，父母使用严厉的惩罚往往会导致孩子具有很强的攻击性。严厉的家庭惩罚也容易使孩子脱离家庭的“引力场”，从而走上歧途。事实证明，在处理整件事的过程中，小孙基本上没有出现过分的抵触情绪。而没有抵触才有进一步进行交流与教育的可能。

其次，我引导家长充分认识到重视孩子精神世界的重要性。青春期孩子身心的快速发育，给孩子心灵带来的振荡是巨大的。他们既有面对剧变时因迷茫而陷入孤独的一面，同时又有渴望得到别人谅解、关怀、指导的一面。家长们要正视孩子这一精神需要，克服封建意识和难为情的心态，主动承担起缓解孩子情绪压力的责任。

再次，我提倡家长要尊重孩子的独立意识，构建亚平等的亲子关系。亲子关系失谐往往是由于父母对子女的错误认识造成的，错误认识导致了父母对子女的异常态度。在所有的亲子关系中，亚平等是最健康的一种，它表现为父母和子女的关系基本平等，既有父母子女亲情，又有朋友之间的友谊。小孙的父母正是认识到孩子是独立的个体，并以平等的方式同他进行互动，才让小孙享受到充分的民主。他们努力在家庭中所营造的相互信任、理解、尊重的心理气氛是小孙后来能够迷途知返的关键因素。

早恋，是一个让无数中学教育者头痛不已的敏感问题，也不知有多少老师和家长在这个问题上铩羽而归。可是如果我们真正地从心理学的角度去看待这些问题，可能眼前会豁然开朗。在心理学上，从少年的懵懂无知，到青少年的情窦初开，到青年的恋爱婚姻，是一种发展，是一种认知的改变，是一种心理的成熟。早恋的发生实际上是青少年生理与心理成熟的标志，是对性意识的明晰和体验的结果，是个体发展的一种现象。所以老师们根本不必过分紧张。面对中学生可能是洪水般汹涌的情绪体验，我们不应该成为堵在他们面前的堤坝。我们应该充分考虑其言行背后所隐藏的家庭教育方面的缺陷。我们要想改变孩子的某些错误的言行，就必须先改变其父母的家庭教育方式及教育思想。只要家长和师长能以包容的态度接受他们的错误表现，以谅解的态度缓解他们的抵触情绪，以关怀的态度减轻他们的心理负担，让学生那些或对或错、不可名状的情感体验都流入师长亲人的宽容的情怀中来，并以我们的爱心与耐心为他们排解烦恼，缓和矛盾，指明方向，那么我们的每一个学生就一定能在家校合力的教育氛围之下健康成长。

特别的爱，特别的保护

上海市闵行区中心小学　马莉莉

重新思考这份爱

九月底的一个早上，家长QQ群里一片哗然。雯雯妈妈说："豪豪妈妈，你儿子在体育课上用绳子勒我女儿的脖子，这太危险太暴力了。"豪豪妈妈立刻道歉："会好好教育的。"接着，又有几位家长也都向豪豪妈妈抱怨："你儿子一直要追我儿子，而且边追边推，躲也躲不了。""单凭老师教育是不够的，你们家长也要好好教育。""你儿子上课时一直抢我儿子东西，我们根本没法上课。"……豪豪的妈妈除了道歉，就是保证会好好管教儿子。

豪豪是个自闭儿，6岁才刚开始蹦字词，句子根本说不连贯，智商测试44分，属于二级智障。由于父母不愿承认儿子智障这个事实，硬是让他晚一年进入正常学校就读。在过去的四年里，同学们都对他一些奇怪的举动友善对待，从不斤斤计较，还会主动去帮助他，父母也是全心全意付出。因而他的学习成绩处于中等偏下，各方面的行为习惯也基本正常。但这学期开学一个月内，好几位老师反映他影响课堂纪律。特别是体育课，他满校园地跑，有时大家一节课都在寻找他的踪迹……

其实，我们的家长并非如此不宽容，像这样的"集体告状"还是首次。以前他惹事，其他家长总是笑笑说："没关系的。"这次肯定是家长们对他的行为到了忍无可忍的地步。

说实话，在家长反映的事件中，只有少部分我知道，也进行了教育，还有大部分事件孩子们根本没有向我反映。为什么呢？

第二天，我就找相关的同学和班干部核实情况，一切属实。"那你们为什么好多事都不跟老师说呢？"我责问他们。"老师，你一年级时就告诉我们不要跟他一般见识，有时他的恶作剧没啥大影响我们就不反映了。""他跟我们不一样，我们要去宽容他，何必跟他计较呢！"听到这里，我内心很感动，这是一群多么善良的孩子，这个集体多团结。"他们来打我们，我们就躲啊！""我妈说，老师对于他这样的孩子也没有办法，让我自己保护好自己！说了也没有用。"我的内心像被针刺一样，我这个班主任只能保护这个自闭儿，却不能为其他孩子做主。

我又把豪豪找来，问他这些事情是不是属实，他一阵傻笑，说："是的。""为什么这样做？”“他们是坏人！”“大家这样帮你、保护你，他们怎么是坏人？”我生气极了。“他们不跟我玩！”“不跟你玩就是坏人？那我现在在教育你，我是好人还是坏人？”“坏人！”他毫不犹豫。他正在用他自己的思维方式判断着好人坏人，并用自己的方式惩罚着“坏人”。我陷入了沉思：我的教育哪里出了问题？

自闭症儿童最明显的一个特点是孤独离群，不会与人建立正常的联系。他们与同龄儿童之间难以建立正常的伙伴关系，不会和小朋友进行交往；找小朋友玩的时候常常突然拍人一下或者拽一下衣服，然后自己转身就走了；看见一些儿童在一起兴致勃勃地做游戏时，没有去观看的兴趣或去参与的愿望。一年级时，他与大家的相处就是那样的格格不入，只会说“是”、“不是”，对周围的环境很漠然。所以一年级时我就对大家进行多次教育：要主动去帮他，不可嘲笑他，不可欺负他，在他周围安排的全部是乖巧懂事的女生和班干部，对于帮助他的同学也会大力表扬。任课老师开玩笑说：你们豪豪就像贾宝玉，大家都帮他、让着他。他突然在教室里大喊大叫时，班干部会拉着他的手安抚他；他因小事不满躺在地上时，班级男生会哄他，把他拉起来；饭不会吃或不想吃时，我这个班主任会喂他……久而久之，他真的有进步，很快地融入了学校生活。

粗看，他跟大家并无差别。但现在我觉得这份特殊的爱给得太多，起初的确帮助他适应了环境，也让他融入了集体生活。但在时光变迁中，他也在变化：他把这种同学对他的爱当成了理所当然，一有不满意，他就会“横行霸道”。而且，我也注意到，他的情商、沟通能力等与大家差了一大截，所以和大家根本玩不到一块儿，他总是在游戏中自说自话、破坏规则。刚开始由于同学们服从权威，思想单纯，就被动地带他玩；但进入高年级后，大家都有了自己的伙伴圈，他明显孤独了，就把不愿跟他玩的伙伴们看成了“坏人”。越是这样的孩子，越是想去引起别人的关注，所以他会恶作剧式地去欺负他人，激起他人的反击，那么他就有“玩伴”了。这一现象的本质就是他还不会与他人和谐相处。

我必须承认：在我的教育中，这份特殊的爱是让他很快乐，从不敢交流到愿意交流；但这份保持一个基调的爱也阻碍了他在正常教育中面对挫折时的学习与成长——没教会他明事理，导致他不会反省自己，不会与人和睦相处。再这样下去，他会被孤立起来，我们原先所要给的特殊保护也将成为“利剑”伤害他。

重新定义这份爱

我把豪豪支开，带领大家对“豪豪现象”一起探讨对策。

第一，大家一致觉得我们要把这份“宽容”变成“严爱”。浩浩说：当他真的有困难时，我们要去帮助他；但当他犯错误时，我们要严厉指责他，并且该道歉的就道歉，该赔偿的就赔偿。上次他踢飞了我的银筷子，我没让他赔，但下次要让他赔，必须要让他知道损害别人物品要赔偿，那么他就不会这样想做什么就做什么了，要给他一定的惩罚。大家都列举了好多例子，看来大家也已经想“教训”他了，只是在给我这个班主任面子。

第二，大家觉得他在集体中也要有所承担：劳动时要给他安排重要岗位（以往总是擦门这种简单的工作）；在班级集体活动中，不能因他动作不协调而照顾他，他必须要积极参与，要有所担当……只有参与了，他才会珍惜劳动成果，这也可以让他与大家一起互动。

第三，他的父母必须严格管教。回忆以前，他的父母更看重学习习惯与成绩，总是把行为习惯的教育交给老师，此外父母也经常表示他没有办法与正常人一样交流，便在人际交往培养上放弃了。接下来，父母也必须配合学校的教育。

最后大家表示，要站在统一战线，不可心慈手软。

在一次中午自习课上，豪豪拿着语文书在大家的脑门上一个个拍过去。这时，全体班干部出场，夺过他的语文书并没收。当我进教室时，班干部正在要求他向全班同学道歉。他看着我，以为我会“救”他，但我认同班干部的做法。班干部厉声让他道歉，其他同学也说不道歉就不原谅他。他当场有点害怕，照平常，他会大哭大闹，但当时的氛围下，他只是抽泣了两声，然后只得道歉。

又有一次，小怡在喝汤，他就故意把手指伸进碗里。小怡不得不倒掉重新盛一碗，警告他别再恶作剧了。谁知，他又是那样。小怡又生气地把汤倒掉，把豪豪没喝过的汤倒进自己的碗里。豪豪见了开始生气大叫，大家都厉声指责他，他反而不敢吭声了。他想再盛汤，生活委员告诉他：他已经浪费了两碗汤，已经没有添汤的份了。

在运动会拔河比赛中，由于他的块头全班最大，大家就让他承担“后位选手”。体育委员教他如何把绳子尾部绕在腰上，怎样站位、抓绳等。刚开始他不听指挥，体育委员就反复教他、训练他，直到他完全理解、配合为止。

我也与豪豪父母建立了飞信联系，争取他们的配合。我每天会把他的在校表现如实反映，有表扬，也有批评，也把需要指导配合的方法告诉他们。如体育课上，他不会跳绳，更拒绝练习，我告知家长每天必须练习，这是考查内容。在两周的练习后，他一口气能跳 62 个了。放学时，被豪豪“欺负”的当事人也可以有礼貌地向每天来接他的外公如实反映。因为这个孩子，外公教育得最多，这份严爱中少不了外公的配合。

这份爱更加闪耀

因为大家对豪豪的态度有了转变，使他更渴望被关注。“有表扬有批评”的教育策略，使他不敢轻易造次，而是努力遵守班级班规，与同学和睦相处。在十月份运动会的开幕式上，他在上学途中发现自己没有穿校服，就一定要爸爸回家去拿，理由是不穿会被大家骂的。原来他上次红领巾放在书包里不肯戴，被纪律委员狠狠地批评了一通。

在十月份的“表扬信派送”中，经大家推选，他也因遵守课堂纪律得到了一封，并得到了热烈的掌声，他当时兴奋不已。

也许他还没有集体荣誉、友爱同学等这些词的概念，但他已经知道做大家不喜欢的事情，他会被讨厌，他在言行上明显有了自我克制。

我们在教育中，都知道要学孔子进行“因材施教”，并在努力实践。但我们往往容易忽略一点，就是针对同一个孩子不同阶段的成长变化，我们要及时调整教育策略，而且要结合不同的事件性质与环境，改变教育方式，这才是真正的因材施教。否则单一的教育策略就会滞后于成长，阻碍学生的健康成长。

不管是有缺陷的孩子，还是正常的孩子，都是特殊的个体，不要认为一味仁爱就是教师的最高境界。在对他人友善前，我们要明确对方真正需要什么，怎样的友善才能保护好对方的自尊又真正帮到对方等。所以在教育孩子时，我们班主任要仔细观察，静心思考，明白孩子到底需要怎样一份特殊的爱，而并非我们自认为他们需要什么爱。总之，要从孩子真正的需求出发去教育。

有意的伙伴教育尤为重要。也许他们会闹矛盾，也许他们会哭哭啼啼，但这是他们成长中的“蜕变”过程。曾在一篇文章中看到过这个观点：在调皮捣蛋的班级中，同学感情更深厚。起初，我觉得整天打打闹闹，没有集体荣誉感，怎么可能感情深厚呢？现在细细品来，在摩擦中成长，更是他们自我调节、自我反省的一个过程。所以很多时候，我们不要去“包办”，而应让大家在伙伴教育中自然生长。

家校合作下的教育才能达到效果最大化。由于家庭的千差万别，家长教育子女的目标、成才的观念各不相同，因此家长对子女的教育理念也不相同。所以家庭教育必须在学校教育的配合下，具体分析每个孩子的实际情况，正确引导孩子成才，让孩子健康成长，成为有用之材。另外，我们在采取某一教育策略时，要与家长沟通好，并取得信任与配合，让孩子充分享受来自老师和家长的关怀，使教育给孩子带来欢乐。

为不同孩子保驾护航的主题家长会

上海外国语大学松江外国语学校　葛　慧

义务教育阶段（一至九年级），横跨孩子从7岁到16岁的成长期，孩子从第一天上学背上小书包，到经历重重考试、成长成人，这中间经历了多少成长的蜕变。面对孩子不同的成长阶段要经历和面对的不同问题，家庭教育和学校教育要关注孩子成长各阶段的需求，通力合作。家长会是家校沟通的主要途径，以学生各成长阶段的特点为内容展开的主题家长会，就是要为家校提供有效的交流载体，更好地为学生的成长保驾护航。近些年来，我有一些体会与积累，现与大家分享。

一、主题家长会的优势

1. 满足学生成长的需要

学生成长阶段有许多关键期，比如一年级入学是适应期，教师要注意学习兴趣的培养，关注自理能力；七年级学生普遍进入青春期，学生比较敏感，心理需要引导；九年级学生进入中考复习期，有效复习、缓解压力是重点。每个成长阶段都是不一样的，都是丰富多彩的，所以我们的学校教育、家庭教育要满足学生成长的需要。

2. 满足有针对性的家庭教育指导的需要

家长了解自己孩子的个性，这是一个纵向问题；老师更了解孩子的共性，这是一个横向问题。横纵结合，才能对孩子有更立体的了解，便于抓住成长期的关键。隔行如隔山，家长有时面对孩子的早恋问题束手无策，面对孩子的叛逆问题暴跳如雷，如果他们了解这些问题都是孩子这个年龄段成长经历的正常现象，并且早早地与老师和家长伙伴们分享策略和经验，那么家庭教育就能得到更好的指导。主题家长会在每个年级开始的时候，可以为家长和老师提供一个以主题为中心的交流学习的平台，有针对性地解决大家的困惑，让大家交流策略。

3. 满足家长会实效性的需要

当前很多家长会陷入瓶颈期。老师工作忙，开家长会是完成学校任务，说说成绩、布置任务、谈谈问题、感谢家长参与……从一年级到九年级大多是这个流程。家长参加家长会之前就知道老师要说什么，每次都差不多，很是厌烦。家长会大都开在期中和期末考试结束后，评价学生考试成绩，让学生恐惧。这样的家长会，老师是被逼着开的、家长是被逼着来的、孩子回家后是被逼着学习的，失去了实效性。

主题家长会，可以根据孩子不同年级的成长需要，每个学年设立不同的主题，设计合适的形式。例如九个年级，十八个学期就至少可以有十八个主题的家长会，使家长会切实成为针对孩子问题的、交流的、丰富的、恰时的、有效的家长会。

二、家长会的主题选择

家长会的主题，一个年级可以相同，也可以不同，只要抓住一点——以学生需要为中心，探讨普遍存在的问题。下面提供几种选择主题的方法供大家参考。

来源一：观察学生学习和活动中普遍存在的、比较重要的问题，如果不是单靠学校能解决的，是需要家长一起协作的，就可以考虑作为家长会的主题。

来源二：进行问卷调查，根据学生和家长需求选择主题。

在家长会之前可以做一些学生问卷，或者在网络平台上做好家长问卷，收集学生和家长的困惑，也可以了解许多具体的情况，收集到许多宝贵的信息，作为家长会的切入点，从中提取家长会的主题。注意：问卷的问题设计要合理、有效，除了客观选择题外，也要涉及开放性问题，这样才能更好地收集到家长的建议和意见。

来源三：观察家长交流平台，选择家长讨论的热点作为主题。

现代班集体，大都有家长 QQ 群、微信群、家长委员会等家长交流平台，供家长自由发言。从家长的留言和讨论中，我们能发现家庭教育中的普遍困惑。可以整理、收集这些信息，也可以与家委会代表协商讨论，确定家长会主题。这样的主题，就是家长关心的、及时需要的。

来源四：班级阶段性普遍问题。

班主任就像孩子在学校时的家长，了解孩子；科任老师遇到教育问题也会反映到班主任老师这里；孩子心里解不开的结，也会求助班主任老师。所以班主任老师像把着脉的中医一样，对于学生问题了如指掌。这些琐碎的问题，需要整理，需要提取和设计，使它们围绕着一个核心展开，从而提取出家长会的主题。

来源五：专家指导。

现在有些学校会请教育专家给老师上课，或者直接给家长上课，这是很珍贵的资源。专家来自教育管理部门、教育研究部门，或者是教师中的经验型教师，所讲授的也是教育热点问题。专家不能年年来，因此根本的问题是我们要学以致用。合适的专家教育报告，经过自己的整理，也可以作为家长会的主题。

来源六：其他。

教师可以根据班级、学校活动的需要，根据分层家长会的需要等，或以活动目标为切入点选择家长会的主题。

三、主题分享

梳理九个年级孩子们成长所经历的生理和心理的普遍问题，可以帮助我们整理出学校相应的培养重点、家庭教育的教育重点，两者统一结合才对孩子的成长更有利。教师可以根据学校教育、家庭教育的结合点，设计主题家长会，为两者统一结合提供交流的平台。以下为为“基于学生成长需要的家长会(家校合作)”所做的选题。当然，在实际工作中最重要的是根据实际，有针对性地进行设计。

表1　各年级家长会“参考主题”选择一览表

	成长特点	学校培养重点	家庭教育培养重点	家长会参考主题
一年级	① 期待小学生活，觉得做一名小学生很了不起 ② 不习惯小学学习、生活方式 ③ 注意力集中时间短 ④ 特别信任老师	① 兴趣的培养；多鼓励 ② 习惯的培养与规矩的建立 ③ 注意力集中训练 ④ 爱学校、爱班级、爱老师	① 培养认真完成作业的习惯;学习预习、复习的方法 ② 合理的作息时间 ③ 自信心的培养 ④ 正确地评价班级的事	① 做好中小学衔接 ② 注意力的训练 ③ 亲子运动会 ④ 亲子家长会——“才艺小舞台”
二年级	① 形成自信的关键期，在乎他人评价 ② 出现竞争意识，出现强烈的集体荣誉感 ③ 喜欢与小伙伴做游戏，遇到矛盾不会解决 ④ 有独立的欲望，又有较强的依赖性 ⑤ 学习习惯、学习态度从可塑性强逐渐转向定型的重要过渡阶段 ⑥ 逐步适应小学生活，形成了一定的行为习惯	① 选拔小干部，鼓励进步 ② 善于发现优点，表扬进步 ③ 为参加活动搭建平台，关注到每一个孩子 ④ 利用小竞赛鼓励学生养成好习惯 ⑤ 培养辨别能力，明确哪些能做，哪些不能做	① 给孩子指示和告诫，明确方向 ② 有效的学习和积极的玩乐，坚持运动 ③ 培养阅读的习惯 ④ 孩子完成学习任务之后，家长及时检查评价 ⑤ 和孩子一起动手操作，同时鼓励孩子自己尝试，并给予积极评价 ⑥ 与老师多交流，了解孩子的在校性格	① 合理的陪读方式 ② 我爱读书汇报展 ③ 校园安全流程 ④ 亲子家长会——“你是我的骄傲”

续 表

	成长特点	学校培养重点	家庭教育培养重点	家长会参考主题
三年级	① 知识量大，知识面宽，学习压力增大 ② 做事积极，不易持久；情感外露、浅显 ③ 显示出独立的个性。父子、母女之间的沟通通常被忽视，矛盾与代沟开始出现	① 指导和培养必要的学习方法；鼓励孩子找到解决问题的方法 ② 培养孩子养成踏实、勤奋的学习态度 ③ 鼓励积极性，关注成果，培养持之以恒的精神 ⑤ 利用班队会培养正确的偶像观	① 表扬、鼓励也要注意方式，应该多精神的、少物质的 ② 随着交往范围扩大，学习差距扩大，认识能力不断提高，孩子的各种困扰也随之而来，开始产生不安情绪，需要家长的悉心陪伴和耐心引导，及时帮助孩子解决问题	① 科学面对三年级的分化 ② 做孩子进步的军师 ③ 小技能亲子展示 ④ 亲子家长会——“我有一个心事”
四年级	① 儿童期的后期——大脑内部结构发育和功能完善的关键期，是培养学习能力、情绪能力、意志能力和学习习惯的最佳时期 ② 儿童时期向少年时期的过渡期——对孩子今后的成长、性格的养成，具有深刻的影响 ③ 思维开始从模仿向半独立和独立转变	① 要学习的知识点已经变多变深，开始进入小学阶段的第一分化期，需及时帮助孩子发现问题，解决问题，树立信心 ② 培养孩子演算、检查的习惯 ③培养思维的独立性和发散性，而独立性和发散性是创造性思维的必要条件	① 培养学习能力的关键期——不要只盯着分数，多与孩子一起分析原因 ② 培养情绪控制力的关键期——平等沟通、以身作则；让孩子学会宽容和忍让，善待他人 ③ 让孩子自己做出选择，并承担相应后果	① 学习问题背后的原因分析 ② 培育孩子的优秀情商 ③ 家庭小目标的设计和落实汇报 ④ 亲子家长会——“你的独立让我欣慰”
五年级	① 更关注学习成绩，对于学习优秀的同学开始产生敬佩之情 ② 独立能力增强，喜欢自发地组成小团体 ③ 学习技能需要提高 ④ 性成熟现象出现，尤其是女孩子 ⑤ 学生进入变声期，尤其男生能比较明显地感觉到	① 教会学生总结知识的能力；找到知识点或题型之间的联系、区别，灵活应对综合问题 ② 培养正确竞争的意识 ③ 鼓励学生参与社会实践 ④ 建立进取的人生态度，促进自我意识发展	① 小升初的准备期——家长要开始关注小升初信息 ② 性成熟要正确面对，注意孩子可能较早出现的生理现象 ③ 提供接触社会的机会 ④ 培养完整的做事能力 ⑤ 注意对孩子了解信息的渠道加以监控和引导	① 升学信息和时间节点预告 ② 让孩子学会选择 ③ 关注孩子的朋友圈 ④ 亲子家长会——“一起去做志愿者”

续 表

	成长特点	学校培养重点	家庭教育培养重点	家长会参考主题
六年级	① 六年级学生的短时记忆力不低于成年人;记忆准确率也比较高 ② 中小学的差异,思维特点和学习方法上的不同,使学生焦虑 ③ 新鲜感和紧张感的统一——对新环境、新老师、新同学、新学科感到新鲜,乐于成为好学生,有伪装的行为	① 中学学习习惯的培养,学习效率的提高 ② 关注学生的心理变化,关注心理健康发展 ③ 提供展示才能的机会 ④ 选拔小干部,建立合理的班级制度,锻炼综合能力,调动积极性 ⑤ 爱班、尊师教育	① 建立家委会,积极配合老师的工作,明确家校一致的重要性 ② 在新环境中,帮助孩子建立目标,科学推进,关注进步 ③ 提供锻炼综合能力的机会,使孩子积极参加活动 ④ 教育孩子尊敬老师,团结同学,学会选择交友	① 中小衔接问题 ② 家校合作一致性 ③ 家长沙龙——"我的教育观" ④ 亲子家长会——"新的起点"
七年级	① 生长发育加快、性别特征明显,学习不易集中,对异性好感增加 ② 心理发育没跟上,思想幼稚、不愿受管制 ③ 偏科现象开始显现 ④ 开始注意塑造自己的形象,希望得到老师和同学的好评 ⑤ 想标新立异,又担心脱离集体,注重同学关系更多一些	① 直面青春期教育——可以男、女生分别教育 ② 正能量教育——引导学生树立良好的个人形象 ③ 引导学生分析自己的学习现状,多次进行学习方法的交流引导,避免偏科 ④ 引导良好的班风,建立互助共进小集体,利用学生力量	① 与孩子多谈心,不限于学习上,可探讨人生、评价社会 ② 关心孩子的学习问题,及时跟进,给孩子更多鼓励,帮孩子分析问题、思考对策 ③ 因孩子判断力差,要给予明确的要求,不良行为要严格管理 ④ 与老师建立良好沟通,全面了解孩子	① 直面青春期 ② 鼓励塑造形象 ③ 成绩背后的品质 ④ 亲子家长会——"有效作业"
八年级	① 青春期的烦恼 ② 开始思考升学问题;学习内容变深、变难,学习科目增加;学习上的区分度明显加大,开始注意个性化补课;成绩落后的学生,易转化为行为问题生	① 引导学生、家长关注学习的问题所在,使之有针对性地改进 ② 关注男生教育问题,如学习上、行为上的问题,因为男生教育的成败影响全局 ③ 开展励志教育,让学生明白付	① 对怎样认识爱情进行正确的引导 ② 家庭教育素养不同,孩子行为差异明显,良好的家教有助于学生对价值观的选择 ③ 与学校教育保持一致,避免把	① 重要的八年级 ② 责任心培养 ③ 分化的危机 ④ 亲子家长会——"回到 14 岁"

续　表

	成长特点	学校培养重点	家庭教育培养重点	家长会参考主题
	③ 懂得一些游戏规则和行为准则，有时故意反其道而行之，或者制造假象迷惑家长或老师 ④ 独立性有较大的发展；不盲目地接受教师权威，会评价教师，有时还对师长的正当干涉反抗抵制；对家长特别逆反 ⑤ 情感情绪易激动暴躁，爱凭感情用事；自尊心、好胜心急剧增强	出和收获的关系；开展责任感教育，让学生认识到行为的后果、要承担的责任 ④ 尊师教育——尊其师而信其道 ⑤ 与学生多进行个别交流，关心学生的具体问题，保护学生隐私 ⑥ 提高自身素质，做好榜样；在学生当中也要树立榜样，交流互助	学生个人问题变成家、校之间的问题 ④ 相信老师，重视老师提出的问题，积极转化 ⑤ 面对学习分化，耐心分析问题，积极乐观地鼓励孩子进步，树立高中目标 ⑥ 面对逆反，不要暴躁，也不要无为，要关心孩子的需求，与孩子在活动中建立积极的亲子关系	
九年级	① 升学紧迫感——学生想升入理想的高中，学习态度普遍较好 ② 学生一改初二时的强烈逆反心理，开始对班主任产生心理上的依赖，他们期待班主任能够给予关心、鼓励和方法指导 ③ 学习后进生易有放弃表现，若干这样的学生易结成小团体 ④ 作息时间不当，学习效率不高 ⑤ 学习目标确定不切合实际，造成烦躁心理	① 让学生对自己的初三生活进行远景和近期目标规划 ② 在学生每一阶段考核结束后，认真分析学生目前存在的问题，与学生及时沟通，帮助学生及时调整下一阶段的学习重点 ③ 与学生进行个别交流，关心学生学习中的困难，进行个别心理疏导 ④ 关注中等生、稳定后进生 ⑤ 初三的成败是由整体各学科决定的，作为班主任，要为任课老师多做事情，对他们的合理要求要全力支持 ⑥ 与学生平等相处，班级事务多与学生商量，让学生做主	① 不要过度关注考试分数，而要多花精力帮孩子分析还有哪些提升空间。要有一个准确的定位，并对下一步的升学目标有清醒的认识 ② 尽量早回家，创造良好的学习环境，并帮助他们养成良好的学习习惯 ③ 要学会当好孩子的心理老师；家长和孩子都容易急躁，家长要控制好自己的情绪，并帮助孩子解决心理问题 ④ 不要包办学校选择问题，可以替孩子搜集学校信息，给孩子提建议 ⑤ 要督促孩子坚持锻炼身体 ⑥ 做称职的后勤部长	① 升学信息和时间节点 ② 分层家长会——“目标、计划、进步” ③ 做好后勤部长 ④ 报考志愿填写

四、主题家长会的形式

主题家长会形式的选择要为内容服务，要适合主题，以实现家长会目标为中心。主要有以下几种形式：

1. 专家报告式。针对专业性比较强的主题，比如医疗健康、灾难处理、心理咨询等可邀请行业专家直接指导，可以利用家长的人脉资源。

2. 亲子共会式。亲子沟通一直是家长的困惑，学校可以举行亲子活动或者亲子家长会，增强亲子直接交流、展示的机会，而不是说教。

3. 一一式。可以根据需要开分层家长会或者像国外一样的一对一的家长会，解决难度较大的问题。

4. 沙龙式。这是家长经验交流的最佳方式，可以让家委会家长担任主持，教师作为嘉宾。

对各年级主题家长会问题的梳理，使家长会实现内容分层，更适合学生成长的需要，内容更加丰富和立体，形成家长会主题体系。家校合作是当今教育的热点问题，对主题家长会的思考和设计是我们优化家校合作的具体行动。

孩子的立身教育——正视“问题学生”背后的家庭问题

上海市虹口实验学校　李　莹

家庭是孩子首先接受教育的地方，父母是孩子的第一位老师。因此，家庭教育对孩子的成长极为重要，甚至会影响孩子的一生。而指导家庭教育，则应该是班主任不可忽视的一项重要任务。

一、问题描述

在多年的班主任工作中，我接触过的家长中有相当一部分都认为教育就是学校的事情，孩子交到你学校的手上了，你学校就应该把他教育好。至于你提出的家庭教育，他则会一脸不屑地说：“家庭教育？教育都变成家长的事了，还要老师做什么？还要把孩子送到学校做什么？”正因为这种观念，使得家庭教育和学校教育存在不和谐。孩子们因为缺乏恰当的家庭教育，在学校中的某些行为表现也有偏差；还有一部分年轻的家长还不会进行恰当的家庭教育，自己还像个孩子，或是由于家中只有一个孩子(4 对 1 甚至 6 对 1)，将万千宠爱集于孩子一身，却忽视了家庭教育的根本目的——品德养成教育。等到入学后，家长就把焦点转移到智力教育上，对作为孩子立身之本的规范教育、礼仪教育却嗤之以鼻。所以，现在学校里成绩优异、竞赛拿奖的学生不懂礼貌、不知礼仪、不会谦让、没有责任心的不在少数；此外还有相当一部分家长因为社会竞争压力大，忙于工作而无暇顾及家庭教育。虽然班上的孩子家庭情况各不相同，但是有一句话大家不知道是否有同感：问题学生的背后都有家庭问题的影子存在。因此当班主任在进行育人教育的同时，万不可忽视家庭教育的重要性。只有争取到家庭教育的配合，才能起到事半功倍的效果。班主任不仅要处理好班级事务，教育好班级学生，还需要争取家长的认同并开展家庭教育的指导。(当然，不仅是班主任，还有学校、社会都应该对家庭教育进行正面有效的指导。只有家庭教育、学校教育和社会教育各尽其职，做好本分，我们的孩子才能真正成为人才，既立德又有才。)

二、正确把握家庭教育指导的目的与目标

加强家庭教育指导的目的不是为了让家长配合学校来完成学校教育任务，而是帮助家长并与家长合作完成家庭教育的任务。只有把家长当成指导活动

的主体，才能使家长在实施家庭教育的过程中把孩子当成教育活动的主体，在充分尊重主体的基础上，发挥孩子的主观能动作用，实现教育的最高价值。

作为班主任，首先要帮助家长树立正确的家庭教育观念。家庭教育能否取得成效，家长的家庭教育观念正确与否是关键。家庭教育观念决定着家庭教育的走向。因此，班主任指导家庭教育的当务之急，是从观念入手。在指导家庭教育的过程中，班主任应特别关注家长的家教观念，积极向家长宣传现代教育理念，并使之入脑、入心，使家长形成正确的亲子观、人才观、教育观、儿童观，从而使之成为家庭教育的行动指南。正确的人才观显得尤其重要。笔者曾经碰到这样的两个学生家长，他们同在一个单位，互相攀比，一定要自己的孩子超过"对手"，似乎这样自己才有面子。这两位家长常找我，不仅询问自己孩子的情况，也很急切地打听"对手"的情况，弄得两个孩子压力很大。每次家长来访，我都热情接待，也热情地向他们介绍孩子的进步，诚恳地劝他们用平常心对待孩子，赏识孩子的优点。只要孩子有进步，就要鼓励，没有必要总是和别人的孩子比。盲目攀比，会给孩子过重的心理负担，对孩子没有好处。我们像朋友一样沟通，他们也向我介绍孩子在家里的一些情况，共同商讨教子方法，效果很好。

其次，班主任要承担起指导家庭教育的职责。在为家长排忧解难、指点迷津的同时，需要利用多种形式，让家长学会"学习"，学会教育孩子。这是家庭教育指导的最佳境界，是家庭教育指导孜孜以求的目的。

再次，作为班主任，还需要对家长进行家庭教育方法或策略的指导，指导家长以身作则。当有些家长要求孩子多学习少娱乐，自己却沉迷于电脑之时，我就会直接指出其不足之处，要求家长给予孩子榜样的力量。

相信在同家长形成教育合力的时候，解决一切教育孩子的问题都变得游刃有余了。

家庭教育指导的深入，光靠学校的群体教育是不够的，必须深入开展个别指导——个案研究。通过对某个学生的个案研究，来对个别家长进行具体的家庭教育指导，具有十分重要的意义。我在平时的工作中会进行个案分析研究工作，大量的教育案例不仅给我带来喜悦，也给我带来震撼，并促使我在家庭教育指导中去寻求更大的突破。

案例：朱某，男，八年级学生，成绩较差，尤其是这学期以来，成绩逐步下降。他课堂注意力不集中，一直昏昏沉沉、无精打采，老是趴在课桌上；不肯写作业，不写家庭作业；有时干扰同学上课，同学们不喜欢他。他的父亲在外地工作，不常回来，无暇顾及他的学习，看见他这么不争气也没有心思管他，对他放弃了。

母亲常常加班，即使想管他，也没有能力管，因为母亲说什么他根本不听。由于害怕学习，不想完成作业，又不愿意接受同学的帮助，他的学习成绩越来越差，导致恶性循环，丧失学习兴趣，对学习越来越害怕，反而对游戏上了心。对他来说，走进学校就会感到讨厌、害怕、无力，丧失了对整个学校生活的兴趣。

其实这样的现象逐渐呈现增多的趋势。纵观整个社会，中学生厌学情绪随年级升高呈上升趋势。好多学生或许还没达到严重的程度，但也常会感到学习累、心里烦，对某些科目感到无兴趣，对学习缺乏热情，学习既不刻苦也不主动。还有的学生常会找出“头疼”、“头晕”等借口逃避学习，做起作业来磨磨蹭蹭的，学习总是没有效率。

产生这种情况的原因是多方面的：

1. 学校方面，老师对学生的要求过高，加重了学生的课业负担。并且，以成败论英雄的考核标准，不但容易让孩子丧失继续追求成功的热情，也为孩子的心理健康问题埋下了祸根。

2. 父母教育孩子时能够投入的时间非常有限。有这样一段话很是发人深省：“爸妈没时间管我，每天只问我功课写了吗，让我上课要认真听。天天如此，我到底成绩怎么样他们根本不清楚，也没空关心。”

3. 有的家长虽然管教的时间不多，但是对孩子的要求却不低。这样不但给孩子带来巨大的心理压力，而且容易让孩子产生挫折感。对于有的孩子来说，尽管自己已经尽了最大的努力，可还是不能达到家长的要求。但在家长的眼里，只看到成绩不理想、没有达到他们的期望这一结果，却没有看到孩子为此所付出的努力。而一旦没达到要求，有的家长往往会失去信心，彻底放弃，冷言冷语。长此以往，学生的学习兴趣荡然无存。

4. 孩子的耐挫力不强，一遇到困难、压力就想要逃避。有的孩子对于挫折总是倾向归因于外界或者他人，从来没有意识到自己应该承担的责任。久而久之，很容易养成推卸责任、怨天尤人的不良习惯。

三、指导家庭教育的途径与方法

班主任要考虑学生和家长的实际情况，对症下药，开展家庭教育活动。总的来说，开展家庭教育指导需要从以下几方面着手：

1. 平时要持续、有连贯性地利用“家长学校”或家长会的时间，做好家庭思想指导工作，指导、帮助家长形成正确的家庭教育的观念

常常会遇到很多家长抱怨：“我挣钱不都是为了孩子吗？”但是很多家长会

进入一个盲区：他们不了解孩子真正的需求，也不知道自己在孩子成长道路上应该扮演什么角色、应该做些什么，只在物质生活上进行关心而忽视了精神方面的交流。因此他们在家庭教育中的缺失会让孩子离他们越来越远。我常对家长说的一句话就是："你们辛苦工作是希望给孩子创造更好的条件，但是当孩子需要你们的时候你们却都不在身边，或是孩子往不好的方向发展而你们却不知道，那种遗憾是再多的钱也弥补不回来的。"我想要告诉家长的就是，一个温暖、有学习氛围、沟通良好的家庭环境对孩子的成长是非常重要的，希望父母多花点时间关心孩子的学习与成长，家校合作，共同承担起教育孩子的责任。同时我们也要让家长明白，教育孩子是一项长期而艰巨的责任，我们不能仅仅停留在孩子的学习成绩上，更要关注孩子的心理发展，发现问题要及时教育、疏导，使他们成长为具有健康人格的学生。

2. 关注学生，学会倾听，经常沟通

有老师肯定会觉得奇怪：为什么要关注学生？不是家庭教育指导吗？其实在日常工作中我发现好多家长会听孩子的话，孩子喜欢的老师，家长也喜欢；孩子不认可的老师，家长也不会欣赏。当然并非所有的家长都是这样，但我们和家长接触的时间不可能比孩子多，有时候家长对我们班主任的印象会来自于学生的反馈，所以我们不能忽视与学生建立情感，这也是家庭教育指导成功与否的很重要的一部分。而且请别忘记我们只有在了解自己的学生、关注他们言行的基础上，才有可能发现问题，才能针对问题有的放矢地去指导家长开展家庭教育。而一旦发现问题后要经常与孩子沟通，通过倾听和交流，拉近和孩子的感情距离，让孩子喜欢你，也喜欢和你"聊天"，愿意把心事告诉你，以便我们全面了解其想法和心理状况、问题行为产生的心理原因，为后续教育工作做铺垫。

3. 了解家庭背景，掌握详尽的一手资料，了解家长和学生各自的需要，搭建学生与家长之间的桥梁

老师要在了解基本情况的前提下，找准切入点，对不同类型的家长采取不同的沟通方式，争取家长对班主任工作的支持与认同。我们可以通过家访、电话联系、家长到校面谈等多种方式与家长保持联络与沟通，切忌一打电话就是告状，而是要让家长觉得你对他的孩子非常关注，你的出发点是希望家长了解自己孩子在校的表现(好或不好都需要反馈)，一起为孩子的成长共同努力，而非告状式地命令家长做什么。家长也是有不同类型的，但不管家长的态度如何，我们做班主任的必须要表示出对家长的教育态度的理解，表达出我们的善意和想要取得家长共同配合的意愿，让家长感觉到他对孩子的教育是非常重要

的，班主任非常需要他的配合与帮助。在此基础上把从孩子那里了解到的情况与家长进行沟通与交流，以便针对问题的症结共同商量对策。对于漠不关心、过于宠溺或常批评、打骂等不当的家庭教育方式，要进行具体指导。所以在班主任工作中要常常了解学生的家庭教育状况，对类似以上的情况要和家长多做沟通，指导家长从细微处管起。请他们多陪伴孩子、多关心他们的学习与生活，如：定期检查孩子的作业；指导学习，帮助孩子解决学习中的困难；多抽时间与孩子交流，带孩子出去旅游，对孩子的进步给予及时的鼓励等。

通过对家长进行家庭教育方法上的指导，让其注重培养孩子良好的学习和生活习惯，创造良好的成长环境和融洽的家庭气氛，这是使孩子保持健康情绪的重要条件。教师要要求家庭多给孩子温暖与关爱，多和孩子沟通，了解孩子的想法，共同做好教育或转化工作。当然也要要求孩子主动和家长交流，使家庭成员的沟通能够畅通无阻，良性发展。

其实，孩子有许多毛病都是家长惯出来的。家长过分细心的照顾，让孩子完全忘记了原本应该自己记着去做的事情，比如准备文具、整理书包等，因为家长把这一切都代办了。过分的体贴照顾会让孩子丧失自主能力。要改变这种局面，说教是不起作用的。最有效的办法就是家长要从细微处管起，持之以恒、不厌其烦。千万不能“有病治病”，当孩子出现了问题再来教，有时间了就管一管，没时间了对孩子的错误就睁只眼闭只眼。甚至有的家长认为：我教孩子做一件事，要不停地说，孩子做得又慢，比我自己做累多了，还不如我来做。久而久之，家长的惰性和大而化之，就养成了孩子依赖的坏习惯。

上述案例中，我把小朱的想法与家长进行了沟通，请家长多抽时间陪伴、关心他，不要过分关注他的成绩，给他压力，而是要看重他的品行，关注他点滴的进步，多留心他的闪光点。而我也抓住教育契机多鼓励表扬小朱，双管齐下，增强孩子的自信心。同时通过各种方式，帮助孩子远离电脑，并建议家长有空一起做亲子活动、外出旅游，增进家长和孩子之间的情感，让家长和孩子多沟通、多交流，少发脾气，不要轻言对孩子放弃……小朱感受到父母、老师的关爱，渐渐有了变化。虽然由于基础问题，成绩还是不佳，但是他玩游戏的时间大幅度减少了，愿意和父母沟通了，还主动要求参加补习班。这点滴变化是家校合力的结果。

人的教育是一项系统的教育工程，包含着家庭教育、社会教育、学校教育，三者相互关联且有机地结合在一起，相互影响、相互作用、相互制约。这项教育工程离开哪一项都不可能，但在这项系统工程之中，家庭教育是一切教育的基础。苏联著名教育学家苏霍姆林斯基曾把儿童比作一块大理石。他说，把这块大理石塑造成一座雕像需要六位雕塑家：①家庭；②学校；③儿童所在的集体；④儿童本人；⑤书籍；⑥偶然出现的因素。从排列顺序上看，家庭被列在首位，可以看得出家庭在塑造孩子的过程中起着很重要的作用。尤其是在新型社会对各类人才都有需要的条件下，我们要以促进孩子的发展为目的，以发挥家庭教育的主体价值为目标，构建合理的、可行的、有效的家庭教育运转机制，在民主的、和谐的、双向互动的实施过程中，帮助家长建立正确的教育观念，掌握系统的养育知识，学会科学的教子方法，实现学校、家庭、社会整体育人的“三位一体”格局。

当今学校教育承担的历史使命更加艰巨，学校教育要兼容家庭教育。为此我们班主任应当主动承担起指导家庭教育的责任，把指导家庭教育纳入到班主任工作中，与家长联手共进。只有这样，才能促使学生更快更健康地成长。最后，不管各位现在已经是班主任，还是将来会做班主任，我衷心祝愿各位能从班主任工作中感受到成功和收获的喜悦。

从幼小衔接谈小学一年级班主任工作重点及其相关素养

上海市江宁学校 刘蓓芸

每次接手新的一年级班级都会有这样的体验：孩子们入学后的表现差异很大，有的很快适应小学生活和学习的节奏，有的则会在最初入学的新鲜感过后表现出种种的不适应，或者是情绪上的焦虑不安。他们中的一部分甚至仍停留在幼儿园生活的习惯模式中，对于小学的学习生活迟迟进入不了状态，也难以融入新的集体之中。

同样的焦虑也发生在这部分孩子的家长身上，无论是听课情况、人际交往，还是课间活动、用餐表现——他们往往希望尽可能多地、及时地从老师那里获知应对孩子出现的入学不适应的解决良方或者相关的家庭教育指导。因而这个阶段班主任老师的电话常常成为家校联系热线。

上述问题可以说是每一个一年级班主任在工作中必然会遭遇到的，那么我们不禁要问：是什么造成了学生、家长之间的差异，班主任又该如何改变现状？以下为笔者根据自己多年来的工作体验而获取的经验，与大家分享，敬请指正。

一、幼儿园与小学学习生活的种种差异

从幼儿园进入小学的校园，对于幼儿来说，是其发展过程中所面临的一个重大的转折，可以说是人生道路上的第一个转折点，需要在生理、心理以及能力等各方面做好准备。从目前一年级新生入校情况来看，主要有以下几种不适应的情况：

1. 不能适应学习和人际环境的变化

幼儿园的活动室，一般布置得美观、形象和富有儿童情趣，而小学教室一般只有桌椅，虽然也会通过黑板报、园地等形式布置一些学生作品等，但总不如幼儿园的活动室来得丰富。在小学中，学生的座位一般是固定的，这虽然方便了教学活动的开展，但也相对缺乏吸引力。在大部分的学校中，学生上课的地方是随着课程的变化而改变的，比如唱游课、美术课、体育课、电脑课，学生需要去不同的教室或是操场上课，这就要求学生在短时间内适应不同的教学环境。陌生的校园、教室、老师和同学，这些在给孩子带来新奇的同时，也会造成情绪上的焦虑与担忧。

2. 不适应学习方式的变化

幼儿园的生活以教养为主，教学环境相对轻松活泼；小学则属于义务制教育阶段的范畴，统一的教学大纲规定了学生所学的课程内容，教学环境显得更为严谨。学习科目的增多会使孩子出现疲劳、害怕等现象。

3. 不适应作息时间的变化

小学与幼儿园相比，作息时间上出现了很大的变化。对于习惯午睡的孩子而言，下午的听课效率显然难以保证。

二、当前幼小衔接的现状与存在的问题

入学初期，我对本班新生以及家长进行了问卷调查。问卷内容除了包括一些对家长和孩子的基本情况了解之外，还涉及在孩子即将进入小学时家长感到最困扰或是最担心的问题以及孩子在幼儿园中已经做的入学准备的相关情况。通过问卷数据的整理，我们可以看到如下情况：

1. 关于入学，家长感到最困扰或担心的事情。

能否按时完成作业，养成良好的学习习惯	能否适应新的环境，专心听讲，大胆发言	能否跟得上学习的进度	能否与同学和睦相处或尽快找到新朋友
81.5%	62%	53%	42.5%

2. 入学前，家长给孩子在学习上做了哪些准备？

基本加减法	认字、书写	拼音的认读	英语口语、字母认读	正确的读写姿势	学习兴趣激发
92.5%	88%	76%	65%	42%	46%

从问卷调查过程以及我实际带班过程的现状中，不难发现当前一年级学生在幼小衔接中出现的较为突出的问题。

(1) 重知识准备，轻能力培养。不少家长似乎只关注孩子学前认识了多少字，会做多少算术题，却对孩子本身的学习兴趣、学习习惯及学习能力重视不足。

(2) 关注生理健康，忽视心理健康。家长往往较少关注孩子独立生活的能力、交往能力、承受挫折的能力等。事实上，能力不是与生俱来的，而是人在适应环境的过程中逐渐形成的。心理学研究表明，儿童能力的发展有一个关键

期。在关键期内，儿童的能力易于养成。过了培养期和关键期，儿童能力的培养就显得特别困难。

总而言之，相对于幼儿园而言，小学一年级最集中的特征是它与社会的逐渐对接。尽管学校仍然是学校，和社会相差甚远，但是从小学一年级的生活、作息时间范式来看，已经具有明显的社会性。学习成为孩子生活的主题。这是与幼儿教育最大的不同。如果说幼儿园教育以"抚育"为主，兼顾学习，那么，小学一年级教育则完全转向了学习；如果说幼儿园更多地强调"呵护"与"照顾"，那么，小学一年级则更注重"自理"和"自立"；如果说幼儿园的孩子更多的是"朦胧"，那么，小学一年级则是由"朦胧"逐渐走向"清醒"。贯穿其中的自然是"学习"的深化与完善。这既是两种根本不同的行为特征，也是伴随着孩子们的成长而自然形成的教育转变，是其自身的规律使然。上述种种不同恰恰反映出小学一年级学生由心理"断奶"到"自立"的艰难历程。

三、对策与建议

根据问卷情况分析以及在实际带班过程中的观察，我详细制订了自己的班主任工作计划，将做好幼小衔接作为一年级上学期班主任工作的重中之重。经过实践，整理出以下一些行之有效的对策和建议：

1. "成功换位"第一步——从教室环境布置入手

一年级的孩子刚从幼儿园进入小学，比较喜欢富有儿童乐趣的教室环境布置。对于一年级班主任而言，除了要让教室环境做到干净整洁之外，更要在布置上让孩子们有一个过渡，同时也要考虑到充分展现自己学校甚至班级的特色，这对于孩子们尽快适应小学生活是有帮助的。

基于这样的考虑，我整合了学校对于教室环境布置的要求以及自身的班级文化创建的想法，进行了整体化的环境布置。

首先，在入学准备课上让每位新生准备个性化的名牌（包括照片、名字和极为简单的文字介绍），将它们一一张贴在教室的墙面上（可移动版面设计），"从今天起，我们在一起"的主题板报就这样形成了。孩子们可以随时从板报上了解身边新伙伴的名字、爱好，甚至可以将喜欢的新朋友的名牌与自己的放在一起。这种简单的做法很容易拉近彼此的距离，使一张张"生面孔"尽快发展成"熟面孔"。

其次，让教室的每个角落都生动起来，让每一面墙都能够"说话"。参观过幼儿园的人们都会被那里充满童趣的布置所吸引，相信原先幼儿园中某一个角落的布置一定也是牵动孩子记忆的缘由。于是我动员小朋友们一起来想想：你最喜欢幼儿园中的哪个角落，我们能不能把它搬过来？孩子们七嘴八舌说开了，有的说到了生物角，有的讲了图书角，还有的提了玩具屋。根据大家的发言，我让孩子们进行区分：哪些是适合放在小学一年级的教室里的呢？大家很快意识到幼儿园与小学的区别，玩具屋显然不适合了。这样的"结论"由孩子们自己发现并指出，显然也是幼小衔接中的一个重要环节。就这样，生物角、图书角、棋牌活动区一一出现在了教室之中。

这些孩子们既"熟悉"又"新鲜"的教室布置出现在眼前，很大程度上激起了他们对新的小学生活的向往和期待。

2. "成功换位"第二步——从行为规范的养成教育抓起

"播种行为，收获习惯；播种习惯，收获性格；播种性格，收获命运。"由此可见，抓好一年级学生的养成教育有着更为重要的意义。在这个阶段，班主任老师必须花大力气对他们进行行为规范的一日常规教育，时刻提醒他们，让他们懂得在学校里就要遵守学校的制度。

利用朗朗上口的儿歌对孩子进行行为规范的养成教育是行之有效的方法之一。我把"上学礼仪、上课要求、预备铃准备、下课游戏、个人卫生"等行为规范的具体要求编写成通俗易懂的儿歌，让孩子们在课前读一读、背一背、演一演，加深理解与记忆，从而起到督促、指导行为的作用。考虑到小朋友的年龄特点，这些行为规范的要求说得尽可能细致清楚，便于操作。例如：《预备铃》：听到上课铃声响，快快坐到位子上。文具课本放整齐，等待老师把课上。《上学歌》：按时上学不迟到，衣着整洁讲仪表。校门前，先立正，主动问好有礼貌。

提出要求后，还必须有相应的检查和评价措施的跟进。通常，我会将行为规范的各项要求细分成评比项目，然后用五角星、红旗或是奖章来进行奖励。这对于低年级的小朋友而言是很有成效的措施，他们很在乎每一枚小小的奖章，也愿意为此付出努力。我给每一个小朋友准备了专门的争章本，用于记录奖章数目以及作为兑换相应奖品的依据。这样的做法使孩子们渐渐养成良好的行为习惯，慢慢向成为一个合格的小学生这一目标靠拢。

3. "成功换位"第三步——从丰富多彩的活动中体验

相对于幼儿园的生活来说，小学的学习生活要紧张得多，内容上也要丰富得多。在一年级的起始阶段，各种丰富多彩的校园、班级活动是培养和锻炼孩子们的各种能力，帮助他们尽快适应学校生活的重要平台，同时也是建立班级文化的重要途径。一年级上学期，结合班级小家务建设，我们开展了"我的班级我做主——班级小岗位申报”活动，通过申报安全员、卫生员、礼仪员、节能员、防近员、绿化管理员、报刊发行员、多媒体管理员、午餐管理员、图书管理员等多项小岗位，激发大家为班集体服务的热情，发挥各自的才能。“小岗位”的活动让每一个小朋友都感受到自己是班集体中的小主人。虽然这些服务性的小岗位工作难度并不大，但对培养孩子们的责任意识有很好的效果。在这一活动的实施过程中，我同样结合了少先队奖章的评比，争满奖章的孩子还有轮岗的机会，可以体验不同岗位，锻炼不同的能力。“说说我的假期生活——语言实践活动”则为孩子们相互间进一步了解搭建了平台：让小朋友走上讲台，说说国庆假期中的生活，增进彼此的了解，建立友谊。“亲子运动会”、“儿童团入团仪式”等活动，是在学校层面上开展的大型活动。通过这些有意义的活动，孩子们体验到小学生活的丰富多彩，初步形成爱校、爱班级的情感。

在这一系列的活动中，“我的班级我取名”活动是一次比较令人满意的全新尝试。按照学校的要求，每个班级都要有自己的班级名称和班级标志。以往在这个环节的操作中，一般就是班主任在班会课上与大家讨论，最后得到一个方案。要一年级的小朋友想出一个好听而又有意义的名字，实在不是件容易的事情。但如果只是我一个人决定，那又失去了一个集体凝聚力建设的好机会。最终经过认真思考，我利用自己班级博客的渠道，通过活动动员——民主征集——精心筛选——投票决定——奖励跟进等多个环节，不仅成功完成了班级名称、标志的设计，还收获了家长、学生的热情参与、广泛好评。最重要的是，通过这样的活动，老师、家长和学生形成了一股合力。家长对班级工作的认同与支持是班主任今后工作得以顺利开展的重要基础，而班级文化建设也正是通过这样一次次的活动积累慢慢形成的。

4．“成功换位”第四步——从有效的家校互动中巩固

帮助小朋友从幼儿园顺利衔接至小学生活，还需要得到家长的大力配合与支持。有效的家校互动，可以使幼小衔接工作事半功倍。那么一年级班主任老师在家校互动中主要能做些什么？

最有效也最为传统的做法当然是家访。新生入学初期，老师要完成对全部小朋友的家访工作。通过走访，了解孩子的家庭环境、家庭成员、孩子在家中的表现、性格爱好以及家长的教育理念等。面对面的交谈能够拉近师生、家长之间的关系，容易使彼此达成信任与理解。另外，家访也便于向家长传递正确的教育理念，进行有效的家庭教育指导，这些都可以帮助新生顺利度过适应期。

班级博客、班级 QQ 群、飞信群、微信群、家校互动平台等也是如今家校沟

通的渠道，它们更为快速便捷，成为现今家校互动不可或缺的平台。新生年龄小，能力弱，很难将学校要求正确地传递给家长，而家长又非常希望了解学校生活的方方面面。因此在这个阶段，各种信息平台成为家校联系的最好方式。在这次新接班一年级时，我尝试了班级博客的沟通方式，通过博文、图片等方式，让家长及时了解学校生活、学习要求、班级行为规范评比项目以及教育理念与方法等，得到了家长的大力推崇。结合幼小衔接的关键期，我先后推出了“你问我答”说入学准备系列篇（内容涉及小学生活的方方面面，从家长的提问入手，由老师一一做出解答），以及入学初期的“今日备忘录”系列篇（内容主要是入学初期每天老师的入学准备课内容和需要家长配合的一些温馨提示）。实践证明，这些细致入微的提醒，能让新生家长尽快了解学校生活，并有效配合老师，帮助孩子尽快适应。在度过了最初两周的准备期后，我的博文内容开始更多地涉及班级活动、学科教学内容等。建立在真诚平等基础上的沟通模式，以表扬鼓励为主的博文内容得到了家长们的一致认可。在学期末的调查中我发现，家长对于班级博客的支持率、参与率均达到 100%。不少家长坦言，光顾班级博客、了解班级动态已成为每天的必修课。通过这样的平台，家长能有针对性地配合老师对孩子进行家庭教育，从而有效帮助孩子顺利度过幼小衔接阶段。

四、教师素养的修炼

为应对上述诸方面的挑战，笔者认为，低学段的教师应在以下几个方面做好准备：

1. 解读学生、理解学生的能力

从幼儿园进入小学，对于孩子而言，是一种转折，一个跨越。老师应当认识到这个阶段孩子的年龄特点，真正从其认知发展水平出发，解读学生，从教育学的视角理解学生的成长需要，体现教师应有的人文关怀。

2. 将班级事务转变为教育活动的能力

教室环境布置、班级名称设计、十大员选举等这些班级事务，如果仅仅将其看作一种自上而下布置的任务，那么就无法关注到其中的教育价值。这就需要我们换一个视角，将其看作具有潜在教育价值的资源，以激发学生产生更多思考，给他们提供更多锻炼的机会，从而营造更为广阔的发展空间。

3. 开展丰富多彩的活动的组织策划能力

活动始终是贯穿学校生活的重要组成部分，活动的内容和形式的选择、开展过程乃至最终的结果都会对学生产生影响。对于班主任老师而言，如何组织策划成功的班级活动是非常重要的能力之一。根据一年级学生的实际情况，班级活动的开展基本上还是以老师组织策划居多。怎样整合资源，使活动真正达到预期的教育效果，是班主任需要具备的工作能力之一。

4. 有效沟通的能力以及网络运用的能力

日新月异的信息时代，给予人们更多交流沟通的方法和渠道。面对更多年轻的80后家长，老师应该学会运用网络环境，及时有效地与其沟通交流，传递正确的教育理念，进行有效的家庭教育指导。要让更多的家长参与班级建设之中，参与对孩子的教育之中。只有这样，才能使学校教育得到事半功倍的效果。

对于从幼儿园刚刚进入小学的孩子而言，做好幼小衔接工作是每一个班主任老师必须用心完成的重点工作。它需要我们用爱心去浇灌，用责任心去实践，凭借自己的专业知识和能力，帮助学生走好入学后的第一步。

参考文献：

[1] 上海市教育委员会教学研究室.上海市幼儿园幼小衔接活动的指导意见.[M].上海：2008.
[2] 王雯.关于幼儿园幼小衔接工作的讨论[S].当代学前教育.2008(4).
[3] 赵淑明.关于“幼小衔接教育”的理性思考[J].山东教育.2010(36).
[4] 黄琼.幼小衔接，我们在乎什么[J].上海教育.2011(11).
[5] 张玉宏.加强幼小衔接意义重大[J].新作文(教育教学研究).2011(19).

第四章　班主任的专业成长：永不停歇的实践历程

参与孩子的成长就是一种幸福

上海市奉贤中学　宋海英

在成长道路上，帮助过我的人很多，但影响最大的要数学生。当班主任真的是在与学生的生命一起成长，在不断的更新和创造中，更新自己、丰富自己、成就自己。“学生是老师的一面镜子”，从当班主任的第一天起，我就对自己这么说。我心里清楚，自己是一个班 48 个学生的“头”。我整天给他们讲要注意行为规范，要注意个人修养，要树立君子风度、淑女风范，自己总得做个样子吧！学生说“你咧嘴傻笑的模样特别能感染我们”、“你的新发型很 fashion”、“老师你让我既喜欢又害怕”……慢慢地，我发现自己的胆子没那么小了，脾气没那么急了，也可以娓娓而谈了，站在那里也不会东摇西晃了。我最初的本意是为人师表，为了不辜负学生的期待，为了不辱没教师的真正形象，结果却改变了自己！和学生一起进行战胜挑战的成长体验，分享学生成长过程中的喜怒哀乐，从而不断丰富自己对人生、生命的理解和体验，这无疑是一笔巨大的精神财富。

一、理解：班主任教育、管理、引导学生的基础

老师理解了学生，就会体谅学生的苦衷；老师理解了孩子的内心世界，就会被孩子从心底接受。

（一）案例

我新接了一个高三班级，据前任班主任介绍，班级孩子比较乖，就是学习成绩不理想。学生的消息也灵通，之前就有学生给我打过电话、问过好。十多年的班主任工作经验，使我有信心带好这个班级。

7 月 20 日是高三学生第一次返校的日子，流程之一是检查作业。为了给新班主任留个好印象，几乎所有的学生都完成了规定任务，还有不少同学超额完成。我边检查边交流，边努力把作业和早已读过几遍的名字联系起来。一切和老班主任介绍的一样，学生比较听话，男生的完成情况也良好，毕竟是高三嘛，暑假也过了 1/3 了！而标记着数学 2 天、化学 0 天的学习情况，语文、英语草草涂鸦了几页的作业本的主人，是一个大眼睛的女生。我一愣，凭着教师的职业敏感，马上意识到这位学生可能是令老师和家长头疼的女生。为了维护她的尊

严，我没有当场质问，而是请她放学后到办公室来。她应该早已知道返校是必须要检查作业的，却连造假都不愿意，估计是个难缠的孩子。出乎我意料的是，坐在我对面的她始终低着头，一脸无辜的表情，俨然是一副“我错了”的样子，说是贪玩、看电视把时间浪费了。经过耐心了解情况、交流，我俩轻松地达成了协议——补上作业，老师“电话跟踪”。

很快地，我了解到了她的一些具体信息：父母是再婚，中年时有了她，而后又离婚，再各自结婚。关键是在离婚协议上谁都不要她的抚养权。经过协商，父母达成统一意见，高中以前由妈妈抚养，高中后由爸爸扶养。就这样，自高中以后，这个小皮球被踢给了爸爸。我第一个感觉是应该马上家访，了解更多的信息。拨通她爸爸的电话：“我是孩子的新班主任，你看什么时候方便，我想来家访一下。”电话的那头，嘈杂的人声中冒出一句：“老师啊！我改天请你喝酒，家访不必了。”我直接吃了个闭门羹。

一晃开学的日子到来了，我在人群中一下就关注到了她。她正和其他同学一起有说有笑，我的心一下放下了很多，原来是我多虑了。作业检查的汇总单上，她又是作业基本没做。中午约她到了办公室，我给她倒了杯水，开始了下面的对话。

教师：“为什么不做作业？我们不是约好的吗？”

学生：“没时间。”

教师：“那你的时间去哪儿了？”

学生：“补课，还有看电视……”她始终低着头，依然的胆怯，和在教室的表现完全不同。

教师：“爸爸妈妈提醒你做作业吗？”她摇摇头，突然轻声说：“你不是知道的吗？”在我再三询问下，从她略带不满的叙述中了解到，就在我给她爸爸打电话的那天晚上，他爸爸回家后把她狠狠地揍了一顿，原因是认为她肯定是犯错了，不然老师不会来家访。

教师：“对不起，老师不知道。”我抱了抱她轻微颤抖的肩。

学生：“老师，你能不能替我保密，我不想让同学们知道。”

我顿时明白了些，人前她为了保护自己，把自己伪装起来，甚至比其他学生更活泼、开朗。只要一谈及她的家庭，她就自卑、胆怯、恐惧。

教师：“那现在的妈妈给你做饭吃吗？”我转移了下话题。她摇了摇头，眼里满是泪花。想着自己家孩子衣来伸手、饭来张口，我顿时说不出话来……

教师：“孩子，老师知道，自己的出生是不能选择的。但现在你快要 18 岁了，脚下的路要靠你自己走。老师知道你是个聪明的孩子，思维也很活跃，平时在学校的表现也很好，就是周末一回家就不做作业。”

学生：“我也想做作业，可是家里没人，我害怕。只能看电视，一看就停不了，没时间做作业了。”

教师：“那你愿意让老师帮助你吗？从现在开始，你能答应老师，敢于正视现实，接受挑战吗？爱自己就要栽培自己。”

学生：“老师，我知道，可是……这很难。”

教师：“如果所有的事情都很简单，那么人生就没有了任何挑战。如果你战胜了自我，你的人生将比别人多一笔财富。”

（二）教育措施及启示

在接下去的学习生活中，我履行着承诺，根据相关情况制订了一系列帮助她的措施：

1. 共同协商，达成共识

考虑到一下子扭转不太可能，从第一周开始，我和她约定，她回家后先完成作业基本量，再看电视，慢慢养成少看电视的习惯。

2. 开班会，为其树立正确的舆论导向

我在班里开了一个主题为“高三需要一种精神”的班会，让学生小结开学一个月以来的高三学习。我让大家明确：为了心中的梦想，我们才整装出发，没有经历过高三历练的人生是不完整的。学生们梳理了高三我们需要哪些精神。最后，我总结道：高三生活，考验的是忍耐力。在喧闹的环境中，你是否能静下心来，独自学习？在长达两个小时的自习中，你是否能一直低头专注于手头的事情？在家学习时，你是否能抵住电视、电脑的诱惑，持续较长时间的学习？最重要的是，你能否忍受高三几个月的忙碌，忍受这艰难的高考冲刺期？你是否能拿出忍耐力，抵住一切干扰，专心致志地学习？

3. 日常生活中多帮助她，为她创造表扬机会

开运动会之前，我特意把她请到办公室，对她的体育成绩和技能给予了充分肯定，希望她为班级争光，在运动会上勇挑重担，报名参加让几乎所有女生望而生畏的1 500米。她当时特别爽快地答应了。体育老师反映，她多次向老师讨教，找机会训练长跑。运动会上，她就像一头飞奔的小鹿，为班集体1 500米长跑拿下第三名，为体育节优秀组织奖添砖加瓦。运动会后，在班会的总结中，我大力表扬了她。她体验到了成功的喜悦，人也更阳光和自信了。

4. 发挥同伴的力量，用爱心温暖人心

同学的帮助对她来说，是必不可少的。同学的力量有时胜过老师的力量。

同学之间一旦架起友谊的桥梁，他们之间就会无话不说。我想让她感受到同学对她的信任，感受到同学是自己的益友，感受到同学给自己带来的快乐！同学的教育、感染，不仅能促进同学间的情感交流，也可以让她明白我们是一家人，她并不是一个人在战斗！

每个人都会面对很多的无奈，如我们不能选择自己的出身、家庭，但如果能形成良好的心理素质，那么也无所畏惧了。在毕业生信息统计中，问到独生子女情况时，她能在班级大声喊出："老师，我这种情况算独生子女吗?"我会心地笑了，她已经能接受现实，调整自我，自信、阳光地面对了。

正是因为我站在孩子的立场设身处地地为她考虑，动之以情、晓之以理、导之有法，才能帮她解决实际问题。所以，爱学生就要理解学生，用正确的方式爱学生。

二、班主任：学生早期成长的引路人

作为班主任，要全面关心学生成长：不仅要关心学生的当前发展，还要关心学生的未来发展；不仅要关心学生的身体健康，还要关注学生的心理健康。

在教育实践中，我一直注重"南风效应"所体现的基本原则——北风与南风打赌，看谁的力量更强大，它们决定比一比谁能把行人的大衣脱掉。北风无论怎样猛烈，行人只是将衣服越裹越紧；而南风只是轻轻拂动，人们就热得敞开大衣。南风效应告诉人们，宽容是一种强于惩戒的力量。教育孩子同样如此，那些一味批评自己孩子的父母，最终会发现孩子越来越听不进他们的话。每个孩子都可能犯错误，父母和老师要容忍孩子的缺点，在客观、理智、科学地处理日常生活中出现的各种问题、体谅孩子的同时，从自身入手，做好自己的修养工作，这样才能更好地教育孩子。这一教育原则是流传千年的教子智慧，是让人受益终生的教育圣经。

(一) 案例

那天是 8 月 31 日的晚上，按照惯例，班主任下班布置工作，对新学期提要求。我也跟往常一样走进教室，环顾了一下四周，给每位学生投以一些注视的目光。但教室里却有两个空位置，小卢和小张，还记得下午领书时也没见到她俩。现在还没来，是不是路上出什么意外了？我的心一惊，作为寄宿制学校，这可是件不小的事。向同寝室的同学打听，据说她们上午报完名后去街上买裤子去了。联系了父母，都说上午去学校后没回过家，身上也没带手机。我想，现在出去找不现实，又联系不上，所有能做的只是等待。30 分钟后听到了"报告"声，我出去说：

“怎么这么没有时间观念?”没想到气喘吁吁的小卢非常流利地说了一通迟到的理由。尽管编得很流畅,但理由却十分牵强,我知道,这里边肯定有事。

课后我找她俩到教师休息室,要求她们再讲一下今天这件事情的原委。小卢还是像报流水账般报了一下今天一天的行踪,主要是逛街、吃肯德基,晚上迟到的理由是逛街忘了时间。我问:“在哪里逛?都去了那些店?”小卢忙说:“都是一些不知名的小店。”而小张却闭口不谈。我觉得事情没那么简单,但面对现状,没有调查,没有确凿的证据和十足的完好处理的把握,我没有追问,只强调了一点:不管做什么事都要有较强的时间观念、集体意识,做什么都要考虑事情的后果。

在休息的时间,我把小张叫到了休息室,问起开学初的学习情况、生活情况。小张局促不安地说:“老师,那天对不起。”这话正中了我的下怀:“那那天到底有什么事?”在我的追问下,小张道出了原委。原来小卢下午约了男朋友见面,为了掩人耳目,拖了小张一起去。“老师,你千万别说是我说的,否则我会死得很惨的。”我答应了她。后来,我又陆续从小卢同寝室的同学处了解到,小卢确实有一个要好的男友,而且是上班族。难怪小卢的成绩会狂退不已,难怪小张对自己的高考梦想越来越没信心……

了解得越清楚,我越自责,整天把班级荣誉、学生发展在嘴上,可是学生的心理状况、发展状况我又了解多少呢?现在出现了问题,我又该如何处理好呢?我思索着……

我找到了小卢,为了保护小张,我单刀直入:“星期天我看到你和一位男生在逛街,他是谁呀?”“朋友!”我被她那安静平和的心态所震惊,有点心慌意乱地把心里想了好多遍的慷慨激昂的大道理给搬了出来。当我自我感觉良好地说完之后,我发现她的眼睛有点湿润,我不禁得意于自己的绝佳口才和教育效果。小卢带着我的“满意”走了,可她不久之后捎来的一封信泼了我一身冷水:“老师,我明白你的好意,理解你说的意思。可是,和他在一起时,我很快乐,很开心。在他身边我可以尽情表达喜怒哀乐,离开他,我不知道会怎样。关于我的未来,我会努力的。”我愣了,我满意的火被浇灭了……

(二) 教育措施及启示

但我没有放弃,我采取了用爱心去教育、用爱心去引导的教育思路。

1. 尊重学生

尊重学生是引导学生的前提。

(1) 不在公众场合和众人津津乐道她早恋的事。

(2) 不把早恋视作学生难以被赦免的一种过错，当作把柄抓住不放。

(3) 为学生严守谈话内容。

(4) 在大众场合下，不直接批评，给学生留有余地。

例如，有一次周五小卢又晚回家，她爸妈找到了我。回校后，我没有批评她。当天，小卢感冒得厉害，我只用一两句玩笑点一点："小卢，你最近可是重感冒，不要传染给别人，而且自己也要好好休息。"

2. 旁敲侧击

我经常从《心理世界》、《读者》、《班主任之友》等刊物或网上找一些文章读给学生听，例如《学会放弃》、《对面的女孩看过来》等等，让学生在听读中理解、思考、感悟、自我疏导。

3. 平等对话

如果当头一棒将其激昏，这样你将难以与学生交心。只有你承认小卢的这种感情是正常的，是可以理解的，才有可能打开她心灵的大门，才有可能去疏导。找她谈话时，不要求承认什么，保证什么。我只是给她提些建议，讲些责任，脚下的路还要靠她自己走。

小卢在我的爱心攻势下，终于说出了："我现在想通了，路在我脚下，有些事情只有等到经历之后，才会恍然大悟。"

教师应理解学生的早恋，面对这种恋爱的早期状态，应该指导而不是指责，教育而不是教训，才能走进学生的内心世界。我强调了两个观点：一、人生尽管有许多步，但最关键的，是把人生每一阶段最重要的事情做好。高中阶段最要紧的一步、最重要的事是"学会做人，学做学问"。二、不能糊涂恋爱。糊涂的恋爱、婚姻不能带来一生的幸福。真正的爱是互相成就，彼此提升，要学会如何成就对方。在过程中我会经常给出合理建议：如何学会把爱放在心底？如何利用日记的方式发泄情绪、反思行为？如何委婉拒绝对方的表白？等等。

教育思想是正道，尽管班主任工作要求对班务样样管，但我们不能分散注意力和精力，不能使我们的工作茫无头绪，失去重心。

"要孩子是为了什么？传宗接代？养儿防老？不，是为了参与一个生命的成长，有机会和健康的孩子在这个美丽的世界上同行一段。参与意味着付出和欣赏。"这是之前我在微信上看到的最令人感动的一句话。参与孩子的成长就是一种幸福，而我们比一般人更幸福，因为我们是班主任，参与了更多孩子的成长。

幸福地行走在教育的园地里

——我的成长故事

上海市青浦区庆华小学　丁菊英

有人说，喜欢跟别人谈论过去的人，已经老了。当我拿起笔回忆过去的时候，蓦然发觉自己已不再年轻。回首自己二十八年的教育之路，一个个蹒跚的脚印，或深或浅，或曲或直，记录的是我成长的轨迹，积淀的是我人生珍贵的精神财富。我无怨无悔，因为我始终觉得自己正幸福地行走在教育的园地里。

一、着眼常规：立足班级稳定

良禽择木而栖，人，都渴望诗意地栖息。1984年从师范学校毕业的我，多么希望能够留在青浦城区工作，然而生活却往往没有那么诗意，我偏偏被分配到了非常偏远的蒸淀小学任教。

初为人师的我，什么都不懂，不像现在的新教师那么幸运，第一年有师傅签约带教，区里还建立了新教师培训机制等等。好在周围的中老年教师都很热心，他们不时告诫我：对学生要凶一点，进教室要板着脸，不能有笑容；不然的话，学生会骑到你的头上来的。为了能够站稳讲台，我牢牢地记住了老教师的经验之谈，并付诸自己的实际行动。我效仿着老教师的样子，以严师的面孔出现在学生面前，不给学生好的脸色看，这样果然镇住了学生。那时在我看来，语文教学是我的主业，班主任工作只是副业，学校领导布置什么工作，我就按部就班地去做什么，我的很多精力都花在了处理班级日常事务上，根本没有自己的思考。每天朝七晚五：早上一跨进校门，我就径直来到教室，监督学生打扫和早读；中午我一丢下饭碗，就浸泡在教室里看管学生；放学后盯着学生做完值日生，才放心地离去。

曾记得因为某生在数学课不小心吞下了异物，我和数学老师只能陪伴在医院里，直至深夜；不知有多少次，因为埋头于班级中的琐事，我竟忘记到幼儿园去接儿子，害得儿子孤零零一人在门房间苦苦地等候，那时我的心中充满了愧疚……就这样，日复一日，年复一年，在这十二年里，我尝遍了做班主任的甜酸苦辣。我像个消防员似的，哪里着火了，就去哪里灭火，始终处于一种警觉和应急的状态，忙于应付，无心欣赏沿途的风景；像个法官似的，高高在上，根本不知道学生在想些什么，他们渴望些什么；又像头老黄牛似的，默默耕耘，只求付出，不问收获，整天忙忙碌碌，身心俱疲。但是让我感到欣慰的是：自己苦心经营的班级都很太平，班级管理工作有条不紊，教学质量也一直走在前列，因此我也赢得了社会的信任，家长们都愿意把孩子送到我的班里。我的敬业精神也得到了学校领导的肯定，工作第三年就获得了区记功奖励。（当时全乡镇只有两位教师获奖，另一位是学校领导。）当时我很满足于这样的现状：踏踏实实做好一名事务型的班主任。

二、着重反思：寻求工作突破

然而有一件事却打破了往日的平静，使我很震惊。事情是这样的：班中有位叫小丽的学生，她学习成绩不太好，我总是抽出时间来为她补课、谈心，去她家家访。她呢？也挺亲近我的，总是帮我拿这拿那；有时我喉咙哑了，她会关心地对我说："丁老师，您嗓子哑了，注意休息。"然而，在我眼里这样乖巧的一个学生，小学毕业后，有一次路上遇到我，她却故意不理睬我，当时我觉得很纳闷。后来一次偶然的机会，她带着情绪对我道出了真相："因为我恨你……你自以为是为我好，但是你伤了我的自尊心。你还记得我曾经写过一次检查吗？"哦，我想起来了。五年级时，因为她违反了班规，我出于严格要求，责令她写了一份检查，并让她当着全班同学做了检讨。当时这样做确实起到了杀鸡儆猴的效果。但我没有想到，小丽却一直耿耿于怀，这件事在她心里留下了阴影。此时，小丽一语惊醒梦中人，我开始对自己驾轻就熟的那套"管、卡、压"的做法产生了怀疑，我脑中原来那种根深蒂固的观念也随之发生动摇：仅仅有爱，并不能保证我们的教育是万无一失的。有时候，我们出于对学生的爱，甚至会做出有悖于爱的事情。在这种情况下，爱实际上成了对孩子的一种伤害。因此，师爱应基于对学生的尊重和理解，教师不能伤害学生心灵中最敏感的地方——人的自尊。当时我还看到这样一份调查，它对我的触动也很大：超过90%的教师认为，自己很爱学生；而只有10%左右的学生认为，老师很爱学生。老师的爱为什么得不到学生的认可呢？因为我们往往以爱的名义，在无意中伤害学生的自尊。

为了探索班级管理的新方法，为了追求爱的艺术，我开始注重自身的学习。尽管当时孩子小，家务重，但我坚持每天挤出时间来读书学习，不敢有丝毫懈怠，常常是明灯陪我过半夜。我坚持走近教育经典，先后阅读了苏霍姆林斯基的《给教师的一百条建议》、《杜威教育名篇》等教育名著，从经典中汲取养料，滋养丰厚自己的底蕴，以此来指导自己的教育实践。我的书架上还多了辽宁的魏书生、四川的李镇西、上海的黄静华等优秀班主任的著作。我通过书本跟这些教育名家进行对话，沿着名师的足迹前行，不断提高自身的教育艺术。比如，阅读了《陶行知名篇精选》这本书后，陶先生高超的教育艺术对我产生了很大的影响，我曾效仿他的《“四块糖”的故事》处理过这样一次偶发事件。一次我在上海开会，得知班上三个男生在逛超市时顺手拿了三支喜欢的笔。尽管知道他们已知错、认错，但回来后我还是匆匆赶去超市买了三支新型的、精致的笔，送到了三个男生的家中。孩子们见了我，开始都很不安，低着头准备挨批评。我想，如果此时狠狠地批评他们，反而容易使他们产生自暴自弃的心理，因为犯了错的孩子更渴望得到我们成人的宽容和信任，这时要特别注意呵护他们的自尊。于是我把笔递到了孩子们的手里，并告诉他们，以后需要什么，可以对爸爸、妈妈讲，也可以对老师讲，可千万不能再干出这种糊涂事了。三个孩子拿着我给的笔，都流下了悔恨的泪水。此时我没有斥责，没有批评。因为我想我们每个人都是在犯错中长大的，孩子的错误也是美丽的，更何况孩子此时已经认识到了自己的错误，无需再作严厉的批评。此时无声胜有声的举动，起到了教育无痕的效果。

教师的专业成长最重要的是内心的深度觉醒，我努力做一名反思型的班主任。正如美国教育心理学家波斯纳(Michael Posner)所说：“成长＝经验＋反思。”曾子也曾说过：“吾日三省吾身”。为此，我每周都要对自己提出三问：一问，你爱你的学生吗？二问，你会爱你的学生吗？三问，你的学生感受到你的爱了吗？天道酬勤，经过不断地学习、实践和反思，我渐渐掌握了爱的艺术——会爱，即智慧地爱，得体地爱，恰到好处地爱，努力走进学生的心灵世界。

例如，每学期开学初，我都要让学生对我的工作提出意见和建议。我倾听学生的呼声，在班中设立了“无批评日”，让学生享受到了尊重。又如，2008年我任教于一个毕业班时，发现不少学生在升学压力下有点紧张、焦虑，这时北京奥组委向全球征集笑脸的活动触发了我的灵感，于是我就和学生一起在班中布置了一面“笑脸墙”，营造了一个宽松、和谐的氛围，使学生舒缓了压力，露出了久违的笑脸。

三、着力创新：形成管理特色

我深知教育是一门艺术，其生命在于创新。创新是一种教育智慧，这种智慧是在日常工作中不断积淀的。班主任工作不能停留于埋头苦干和一腔热情之中，要体现在创造性的劳动之中。

记得 2005 年 9 月我新接了一个三年级的班级，这个班级的学生很松散，大家都以自我为中心，对集体的事不闻不问，集体主义观念很淡薄。为了改变这种现状，我注意捕捉教育的契机。秋天的一个中午，我无意中看到不少学生在校园的大树下捡落叶。我灵机一动，就在班级中策划了一个“做一片美的叶子”的教育活动。同学们纷纷用树叶装扮教室中的那棵“大树”，在活动中不知不觉领悟到了“心中装着大树，心中装着集体”的道理。事后我把这项活动写成一则教育案例，投给全国核心期刊《班主任》杂志，没想到竟发表了。尝到甜头以后，我更坚定了继续实践探索的决心和信心。

近几年我有幸参加了“国培计划——全国中小学骨干班主任培训班”、“区骨干班主任专业研修工作室”、区“‘馨德苑’特级教师工作室”等学习。在专家和名师的引领和指导下，在任务的驱动下，我静下心来，将自己二十多年的班主任工作进行了比较系统的梳理、总结和提炼，确立了“我是学生的公仆，是为学生服务的”的工作理念，并逐步形成了“崇尚民主、注重激励、协同育人”的教育特色和风格。

第一，崇尚民主。民主是个好东西，民主管理是我当班主任的一个法宝。实行民主管理有利于群体智慧的激发。因此，我凡事跟学生商量，班中人人参与决策，把班级管理权还给了学生。我每接一个新班，都要向学生广泛征集班名、班级目标等，还引导学生自主制订班规，使班级管理由“人治”走上了“法治”的轨道。为了充分发掘学生的潜能，我还在班中实施了职能部管理制，使每个学生都能参与班级管理，做到“班级的事，事事有人干；班级的人，人人有事干”，人人成为班级的主人。

第二，注重激励。教育评价历来都是一个难点，为了突破这个瓶颈，我根据教育学中“跳一跳摘果子”的教育原理，尝试设计了“成长果园”这种全新的评价模式。它是一种发展性的学生评价，凸现了评价的激励性。我们班的“成长果园”里，枝头上挂满了各种果实，每一种颜色都代表了一种果实，有红色的礼仪果、紫色的进步果、蓝色的互助果等等。我还拟订了每一种果实的评价标准。同学们只要经过努力，就能摘到一个令人羡慕的果实。通过“成长果园”的评价激励，每一个学生都收获了属于自己的进步，班级形成了奋发向上的氛围，同学之间互帮互助也蔚然成风。

第三，协同育人。家长参与办学是教育的一大进步。因此，我在班级管理中一直比较注重发挥家长的作用，让家长成为教育的同盟军。我在班中推出了“学生和家长满意工程”，为他们提供优质的教育服务。班中每周设立一个家长接待日，全天候接待每一位来访的家长，热情地为他们“答疑”、“解惑”，满足家长的教育知情权；每学期举行一次家校开放活动，家长可以到班级随堂听课。在班级家委会的提议下，班中还设立了“手拉手”基金，为家庭困难的学生提供营养午餐、订阅报刊、资助春秋游活动费等。我还充分利用家校互动平台和班级家长的QQ群，坚持每天晚上回答家长和学生的问题，为他们排忧解难。例如，一次，小伟的妈妈在网上向我“求救”：孩子进入毕业班后，晚上一做作业就感到疲劳不堪，食补、药补、增加睡眠都不见效，家长心急如焚。我告诉她这可能是“心理疲劳”所造成的。我给家长提了一些建议，让家长对孩子施行“减压”疗法，结果孩子的状态很快恢复了正常。我用网络为学生和家长提供了便捷的服务，网络拉近了我与家长之间的距离，也架起了我与家长沟通的桥梁。

回眸二十八年的班主任生涯，其中有付出之乐，也有获得之乐；有助人之乐，也有创造之乐。只要不放弃对幸福的追求，我们就会把心融入其中，把情感和智慧融入其中。一个具有自觉教育意识的人，眼中所见，都可以是教育，他善于抓住每一个教育契机，把握每一个教育环节，不放过每一个教育细节，从而收获意想不到的教育效果。这样的人，是真正生活在教育中的人，是幸福地与教育一起成长的人。我愿意成为这样的人，幸福地行走在教育的园地里！

轻松走过班主任适应期

上海市奉贤区教育学院　钱　红

随着教育改革发展的需要，很多“新教师”加入到班主任队伍中来，在为班主任队伍注入新鲜“血液”的同时，也为班主任专业化发展带来了一些现实、亟需解决的问题。我们通常把刚踏上工作岗位，处在入职阶段、新手阶段，即初步学习、积累教育实践经验阶段的班主任（通常为 1—3 年），称为适应期班主任。本文通过分析适应期班主任在班级管理方面存在的一些共性问题及原因，梳理并提出适应期班主任在班级管理中需掌握的一些常用工作技能，帮助适应期班主任尽快认清工作角色、教育行为以及自我定位，提高班级管理水平，加速其专业成长的步伐。

一、适应期班主任班级管理面临的主要问题及原因

（一）主要问题

通过日常观察以及与他们的沟通交流，我们发现虽然适应期班主任工作理念比较新，有入职初期的热情，渴望得到大家的认同，但在具体的班级管理、教育实践等方面经验比较缺乏，主要问题如下：

1. 班集体建设面临的问题

适应期班主任所带的班级通常比较散，班主任工作缺乏系统性、连续性、针对性，面对头绪繁多的工作无所适从，抓不住重点，凭一时的冲动，想起什么就做什么，学校要求什么就做什么，没有长远的规划和近期的目标。例如：制订班主任工作目标只是为了完成任务，还不能够理解制订计划的真正目的。制订班级计划的时候根本不去或很少考虑本班学生的特点、班级的现存问题与现有的基础。当计划与现实工作脱节的时候，也不能按照计划中所说的去做班级工作。

2. 教育各类学生时面临的问题

他们对班干部的培养和运用尚未有充分认识或有认识但缺乏方法，使得班干部不能发挥其应有的作用。有的适应期班主任工作热情非常高，或是亲自动手去做大量的班级工作，成为“大班长”；或是采取“放羊式”的模式，对学生不去教育或不会进行应有的教育，尤其是对学生干部缺乏必要的指导和约束，不能凝聚班集体、班干部集体。

他们对于学生中容易出现的问题缺乏预见性和足够的方法，出现问题之后往往实行简单化的批评，缺乏相应的教育。他们在激发各类学生的上进心、荣誉感、学习兴趣方面，缺乏针对性的措施。掌握不好逐级上报的尺度，有时一些问题报给学校时已经很严重，处理起来难度很大。新班主任管理班级的方式基本上是填鸭式，向学生灌输学校、年级组的各种要求。

3. 处理各种关系时面临的问题

他们对凝聚家长、科任教师、学校领导的力量，形成合力共同建设班集体的问题往往缺乏足够的认识和方法，处理各种关系时在态度和方法上容易出现问题。例如：听不得科任教师反映班级问题，让人觉得“护犊子”；有时对家长态度傲慢，像教训学生一样“教训”家长；对学生或是故意端架子，或是太过亲密，常“混成一团”。

(二) 存在问题的原因分析

1. 班级管理面临新问题

当前班主任在班级管理方面，遇到了一些前所未有的新问题，比如生源、独生子女、性别比例的变化以及家庭教育等问题日益突出。同时随着科学技术的发展，教学手段和设备日趋先进，电脑网络、多媒体软件、信息高速公路等使学生眼界大开，学生掌握的知识和信息有时甚至超过了自己的老师。面对这些情形，作为班级管理核心和素质教育主要实施者的班主任该何去何从呢？很显然，如果不进行培养和提高，使班主任自身素质登上一个新台阶，大多数班主任，包括适应期班主任，都将无法面对班级管理过程中新的机遇和挑战。

2. 适应期班主任缺乏专门的培养

由于适应期班主任没有接受过班级管理方面的专门培养，缺乏班级管理的基本理论知识，更缺乏班级管理的基本技能和经验，在具体的管理过程中容易盲目冲动、凭感情用事，或者凭借当学生期间的一些感性认识来解决问题，缺乏技巧，往往事倍功半，有时还会因一件事处理不好而引发新问题。因此，为了适应社会发展对学校教育和班级管理提出的要求，适应期班主任必须加强业务的学习和培训，改变传统观念，掌握专业知识和技能，提高班主任的素质和班级管理工作的科学化水平。

二、适应期班主任班级管理技能的培训与提高

如何帮助适应期班主任尽快熟悉班级管理工作，提高管理工作水平，促进专业成长呢？对于适应期班主任而言，一方面，要加强事业心和责任感教育，使

他们明确班主任的作用、职责和任务，明确班级管理在学生成才中的作用，明确新时期班级管理和学生工作的要求，从思想上重视并热爱学生工作，提高班级管理的主动性和积极性。另一方面，进行一些岗位基本知识和常用技能的培训，对于新上任的班主任由不会工作到会工作，由不熟悉工作到熟练开展班级工作，尽快进入角色，顺利承担起班级管理的重任是非常必要和重要的。适应期班主任常用技能的培训主要是进行班级个体教育技能及群体教育技能的培训与提高。

（一）适应期班主任个体教育的常用技能

班级管理中，适应期班主任不可忽视对个体学生的教育工作。做好个体教育工作，对班风的形成和巩固具有重要意义，我们必须加强适应期班主任个体教育技能培训。学生个体教育不仅仅指对问题学生的教育和突发事件学生的教育，还包括对优秀学生的教育。个体教育技能培训与提高应侧重如下几方面：

1. 了解学生的技能

（1）学会观察学生

了解学生是班主任施行教育的前提。适应期班主任要达成对个体学生的教育，必须学会观察学生，即通过“听其言，观其行”来掌握学生的情况。班主任应学会一些观察方法，通过与学生直接接触与感知学生各种信息，或通过阅读档案，分析现象并挖掘有用的信息。这些技能要求班主任注意信息的客观性、真实性、全面性，使个体教育具有针对性。

（2）提高谈话艺术

掌握和个体学生谈话的艺术是班主任了解学生的主要技能之一。班主任与学生谈话，一般分为正式和非正式两种。无论采用哪种形式，班主任都要紧扣目的，谈话要有情有理，做到平等对待学生，真诚关心学生，尽心尽力为学生服务，让学生把自己的真实想法讲出来，从而进一步了解学生。

（3）学会分析书面材料

适应期班主任要学会利用已有的书面材料来分析学生基本情况，了解学生外围环境，从而在分析原因时更周到深刻，解决问题时更能抓住本质。就目前来看，书面材料主要有入学登记表、班级日记、入团申请书、操行评语、作业、日记等。

2. 注重典型学生的教育技能

（1）培养高素质的学生

高素质的学生是班集体中有某种特长或品学兼优的学生。班主任要为他们创造良好的条件，使他们得到充分发展，培养他们的集体主义精神，通过树立典型，使这些学生成为班级学生学习的榜样。

(2) 转化问题学生

问题学生是素质不高、学习成绩较差，或品德不良、缺乏个性，或存在心理障碍的学生。适应期班主任要学会根据学生实际，正确引导问题学生积极解决自身问题，用强烈的事业心和高度的责任感去教育他们，做到"动之以情，晓之以理，导之以行"，促使问题学生尽快转化。

3. 提高处理突发事件的技能

当突发事件出现时，适应期班主任要有足够的心理准备，沉着冷静，处理得体，不至于把事态扩大。首先，要巧妙运用班主任身份，尽可能化解矛盾，不激化矛盾。其次，必须公平、公正，客观看待突发事件，不能带有偏见、成见，仅凭思维定式妄下结论。最后，还必须深入学生调查了解情况，做到以事实为依据，以教育为目的，恰当地处理突发事件。

(二) 适应期班主任群体教育的常用技能

班级管理中，班主任的主要任务是对班级群体的教育工作，搞好班级群体教育，可以直接促进班级管理目标的实现和班级教育目标的达成。因而，加强适应期班主任群体教育的技能培训与提高，使班主任工作忙而不乱、井然有序，使班级群体尽快发展成良好的班集体，具有非常重要的作用。适应期班主任群体教育技能培训，主要应侧重如下几方面：

1. 建立班集体的技能

班主任接到新班级，应从建立班集体出发，做好以下几项工作。

(1) 全面了解班级学生现状

班主任通过查阅学生档案资料、走访教师或家长，同时通过谈话和观察来了解学生，摸清每个学生的基本情况，这是建立班集体的前提。

(2) 确立班级奋斗目标

班主任在了解学生情况的前提下，须结合本班实际确立班级奋斗目标。一个共同的奋斗目标可使集体中的成员产生凝聚力和向心力。班级奋斗目标是班集体形成的基本条件，是班级前进的方向和动力。目标的确立，要求实事求是，符合班级发展实际，符合时代发展要求。适应期班主任要学会在广泛征求同学们对奋斗目标的意见和建议的基础上，形成民主的、学生可接受的班级奋斗目标。

(3) 形成集体领导核心和健全的组织

健全的组织体现在：配齐班干部，分工明确，做到班内事事有人管，件件有交待。班干部是班集体的骨干，班主任的得力助手，创建良好班风的关键。适应期班主任要在了解学生的基础上，发现优秀学生，通过民主选举的办法产生班干部，做到公平、公开、公正。对班干部要认真培养，大胆使用，思想上严格要求，工作上热情支持，方法上耐心指导。

(4) 制订科学的班级工作计划

适应期班主任应带领全班学生为实现奋斗目标而制订切实可行的班级工作计划，使班级工作具有明确的目的。在制订计划时，应注意从工作内容、时间安排、实施方案及应注意的问题等方面来操作。

(5) 制订严格的规章制度

一个集体为了实现共同的奋斗目标，必须有严格的规章制度作保证。适应期班主任应从实际出发，结合校规校纪，经全班同学共同讨论，制订出切实可行的规章制度。制度一经公布，就要求学生严格遵守执行，这是建立班集体必不可少的环节。

2. 适应期班主任组织各种活动的常用技能

班集体只有开展丰富多彩的有教育意义的活动，才能真正实现班级奋斗目标，这是符合青少年学生身心发展特点的。因而适应期班主任应注重自己组织各种活动的技能的培养与提高。活动对增强集体凝聚力、增长学生知识才干以及学生团结友爱、互相帮助、热爱生活等方面有着重要意义。适应期班主任组织各种活动的技能表现在以下几方面：

(1) 组织指导班会的技能

班会是班主任对全班学生进行集体教育与管理的主要形式，分为日常班会和主题班会。适应期班主任每次召开班会，应做好充分准备，对班会的内容、解决问题的途径和办法都有具体意见，以增强班会的目的性和计划性。适应期班主任还应做到在班会上言之有理，言之有意，点评恰当，多鼓励少批评。

(2) 组织指导校内外各种集体活动的技能

适应期班主任应突出强调计划性、时间性、纪律性，还要强调安全意识、集体意识。

(3) 组织学生家长会和开展家访活动的技能

进行家长会和家访活动前，班主任要确立好家长会主题和家访内容，精心备课，注意和家长和谐沟通，多鼓励少批评，做好家长会和家访工作后的总结和反思。

总之，适应期班主任班级管理技能的培养与提高是一项时效性和长期性相结合的工作，是班主任管理过程中的核心工作，是班级管理取得长效发展的重要基础。我们应根据学校实际、班级学生实际，以教书育人为宗旨，以技能培养为抓手，晓之以理，动之以情，在学习和工作中反思，在反思和实践中发展，引领适应期班主任自觉走上专业发展的道路。

基于能力模块的班主任校本培训序列化探究

上海市松江区仓桥学校 王卫明

以校为本的班主任培训实践与研究已经成为班主任培养的重要途径。然而，班主任校本培训的现状堪忧，其基本问题在于班主任校本培训被混同、湮没在一般的教师校本培训中班主任校本培训应该具有自身的特点与规律，简而言之就是班主任校本培训的序列化。班主任校本培训序列化，是指以提升中小学班主任的专业素养和教育境界为核心，根据中小学班主任成长的特点与规律，理顺中小学班主任专业素养发展的序列和以此为据的校本培训开展的序列，将两个序列科学化、规范化、制度化，并由此循序渐进、螺旋上升。班主任校本培训序列化，既有阶段性，又有连续性，阶段性和连续性是统一的。在看到班主任专业发展的阶段性的同时，必须看到它的连续性，即下一阶段的一些发展特征在上阶段已开始萌芽，而上一阶段的一些发展特征在下一阶段开始时常常还留有痕迹。基于校本培训的实践，我们对班主任培训的序列化进行了如下探究。

一、班主任专业成长序列

教师职业生涯发展的周期可以作为划分教师专业发展阶段的时间标准，但不排除个别和少数教师发展的特殊性。综合国内外教师专业发展周期论，我们认为班主任专业成长可以分为六个不同阶段。

表 1 班主任专业成长序列

工作年限	不同阶段	不同要求
第一年	见习期班主任	熟悉班主任工作的所有业务
第二至三年	初任期班主任	能够按照学校要求完成班主任的所有工作
第四至五年	合格期班主任	能够根据学情有针对性地开展有效的教育活动
第六至十年	成熟期班主任	能够培育优良班集体并发挥其育人作用
第十年以后	骨干期班主任	能够引领并帮助其他班主任开展工作
	研究期班主任	能够开展研究并有所创新

需要说明的是：班主任有着不同的发展阶段，前一个阶段是后一个阶段的基础，后一个阶段是前一个阶段的提升。阶段之间的发展是不可逾越的，但每

个阶段的发展并不一定存在时间的界限，每个阶段的发展时间主要取决于班主任自身的努力和自主发展的能力。有的班主任由于自己勤奋努力，刻苦钻研，在第五年以后就进入骨干班主任行列。

我们按照工作年限来划分，这是与我国教师评职称的年限紧密关联的。教师在第五年、第十年左右，正是晋升职称之际，正好有其内外的驱动力。一般来说，第十年左右正是班主任自己的孩子小学入学的时期，也是班主任重新认识教育和审视自己教育行为的时候，我们称之为“彷徨期”，这时候形成的班主任教育信念对班主任后续的发展有着重要的作用。中级职称评好后，是一个长期的“平静期”，也是职业发展的“瓶颈期”，各种机遇、自身能力和发展愿望纠结在一起，关键看是积极因素还是消极因素发挥了主导作用，从而影响班主任后续的发展。从学校的发展来说，我们期望所有的班主任都能达到“骨干期班主任”应有的水平。但事实上，很多班主任只是停留在“合格期”与“成熟期”之间，这与职业倦怠有关。

判断班主任处在哪个发展时期，不应以班主任工作年限为指标，要看他的工作能力是否达到了相应的工作要求。不同发展时期的班主任有相应的不同要求。有的做了五年班主任，假如事务性工作还没有理清楚，班级发生的问题又多，就建议不要担任班主任了。需要注意的是，现在这个时代正是大量独生子女开始工作的时期，我们的年轻班主任也是独生子女，社会上将其戏称为“独生子女教独生子女”。

二、培训者的培养序列

在班主任培训中，由于本级被培训者往往又是下一级培训的培训者，所以培训者不仅要完成有关知识与技能的培训，同时还要将相应的培训方法有意识地传授给被培训者，即所谓的“对培训者的培训”，使他们能在下一级培训中熟练应用这些方法。

目前班主任校本培训最缺乏的就是合格的培训者。从我们了解的情况来看，在班主任校本培训中不能清晰地找到这个专门的角色。现实情况是，目前培训者主要由学校领导充当，这伴随着培训的全过程。这是一个尴尬的角色，班主任绝不会把领导看作培训者，依然会习惯性地将其当作领导。尽管领导本身曾经也可能是优秀班主任，但优秀班主任并不一定是天然的合格培训者。再看班主任校本培训的一个最常用、最基本模式——“师徒带教”：优秀的师傅并不必然会带教出一个优秀的徒弟。虽然其中的因素很多，但也由此证明“优秀”并不会想当然地“代代相传”。

目前，“对培训者的培训”有“国培计划”和“市级计划”，但对所有学校的班主任校本培训来说，依然是杯水车薪。我们认为，班主任校本培训序列中，理应加入“对培训者的培训”的内容。我们坚持认为，在班主任校本培训中，“对培训者的培训”还要再进一步。目前班主任校本培训最无奈的就是没有跟进培训，目前的“对培训者的培训”无法满足现在的大量培训需求。

三、班主任专业能力序列

对于班主任需要具备的能力，仁者见仁，智者见智，各家都有自己的见解。我们将各种相关表述大体分为两类：“能力数量论”和“能力层次论”。上海市特级教师马兰霞将此划分为由低到高的五个等级：(1)组织管理能力；(2)一般教育能力；(3)教育引导能力；(4)教育创造能力；(5)自我发展能力。

结合“能力数量论”和“能力层次论”，主要参照马兰霞老师的论述以及班主任要履行的岗位的职责要求，我们建立了自己的“班主任能力阶梯”。

表 2 班主任能力阶梯

<table>
<tr><th colspan="2">能力阶梯</th><th colspan="2">能力分解</th></tr>
<tr><td rowspan="2">1</td><td rowspan="2">建班能力</td><td>清楚表达意图的能力
安排班级事务的能力
控制学生纪律的能力</td><td rowspan="6">自主发展能力：
(1)主动获取有效信息的自学能力
(2)教育的自我监控能力
(3)主动探究能力</td></tr>
<tr><td>培训学生干部的能力
协调生生关系的能力
开展集体活动的能力</td></tr>
<tr><td>2</td><td>育人能力</td><td>观察了解学生的能力
师生平等沟通的能力
据实设计活动的能力
指导集体建设的能力
辅导特殊学生的能力
捕捉教育时机的能力
处理突发事件的能力
家校协调合作的能力</td></tr>
<tr><td rowspan="2">3</td><td rowspan="2">研究能力</td><td>情绪自我调控的能力
教育效果觉察的能力
教育方法改进的能力</td></tr>
<tr><td>研究实践问题的能力
研究教育难题的能力</td></tr>
<tr><td>4</td><td>创新能力</td><td>挖掘教育资源的能力
创意教育设计的能力</td></tr>
</table>

需要说明的是，自主发展能力是核心能力，这个能力贯穿于其他能力的发展之中。如果自主发展能力缺乏或者比较弱的话，其他方面能力的发展就要受到影响，也可以这样说，其他能力的发展也会较弱，或者不会发展。

四、校本培训方式序列

不同发展阶段的班主任，对于校本培训的内容、方式有着各自不同的倾向性，也就是对于校本培训的需求是不同的。我们建立了相关的培训序列，见下表。

表3　校本培训序列

<table>
<tr><th>不同发展类型</th><th colspan="4">班主任校本培训方式</th></tr>
<tr><td>见习期班主任</td><td rowspan="9">整体性培训</td><td rowspan="2">带教式培训</td><td>尝试型培训</td><td>学着做、从旁协助</td></tr>
<tr><td>初任期班主任</td><td>指导型培训</td><td>跟着做、主动求助</td></tr>
<tr><td rowspan="2">合格期班主任</td><td rowspan="6">跟进式培训</td><td>案例式培训</td><td>他人案例、自己遭遇案例</td></tr>
<tr><td>参与式培训</td><td>抛出问题、主动征询意见</td></tr>
<tr><td rowspan="2">成熟期班主任</td><td>个案式培训</td><td>成功个案、个案辅导跟踪</td></tr>
<tr><td>互助式培训</td><td>同伴支招、专项经验分享</td></tr>
<tr><td rowspan="2">骨干期班主任</td><td>针对式培训</td><td>寻求改进、聚焦问题反思</td></tr>
<tr><td>专题式培训</td><td>探讨介入、承担部分任务</td></tr>
<tr><td>研究型班主任</td><td>自主式发展</td><td>课题研究</td><td>破解难题、丰富相关理论</td></tr>
</table>

如仓桥学校班主任工作室的成员，大部分都是属于“成熟期班主任”，因而我们是以这样的方式开展班主任校本培训活动的。

仓桥学校班主任工作室

一、自主研讨——确定问题

（一）受训者提问：如何关注班级里学习落后的学生，帮助他们提高成绩

（二）培训者提炼：工作室培训主题——让班中暂时落后的学生取得进步

（三）受训者确定需要帮助的学生名单，进行个体情况描述；培训者指导收集相关学生资料

二、理论学习——学困生辅导

（一）培训者：1. 百度查阅；2. 中国知网查阅；3. 开出书单

（二）受训者：收集资料、自主学习

（三）交流学习心得

三、草根研究——明确方法

（一）尽可能了解学生成长背景

访问以前的班主任：以前的学习状况、伙伴交往、性格、兴趣

家庭访问：出生史、出生顺序、成长史、病例卡、突发重大事件、身体状况、家庭经济、居住环境、家庭人口、父母婚姻状况……

询问学生：与伙伴的交往情况、游戏、用钱……

相关知情人：家庭隐秘情况……

（二）倾听学生的心声

周记、QQ 聊天、谈话、作文……

（三）做自我教育的态度、情绪、方法分析

回忆具体情境下与学生的交往状况，包括说了什么话、做了什么动作……

（四）关于前任班主任的教育态度与方法的分析

回顾：前任班主任采取过什么方法？有什么效果？

总结：我有什么需要避免的？有什么需要改进的？

反思：如果以前的方法无效，我又该想什么办法？

四、实践检验

我有什么方法帮助学生？

方法怎么实施？

什么方法有效果？——学生的行为变化、成绩变化、情绪改善、态度转变……

反思：我的哪些话、哪些教育行为可以让学生感觉好些？我的情绪变化情况如何？

五、评价反馈

（一）培训活动时交流辅导学生的情况

我的记录：我的学生有了什么变化？我的感受是什么？我的改进措施是什么？

培训者的意见是什么？

（二）下一阶段，我的行动是什么？

评价学生：学生有了什么进步？下一步的目标是什么？

评价自己：我得到了什么启发？我最近的感受怎么样？我的行动对我有什么帮助？

培训者引导“积极想法”：

我有什么弥补损失的方案？

最快的解决问题的方法什么时候可以出现？

事情解决后，我会有什么收获？

什么人、什么事有助于问题的解决？

为了解决问题，我现在可以做什么？

我怎样想和怎样做对自己最有利，并最有利于解决问题？

班主任校本培训序列化，既是校本培训理论联系实践的关节点，又是班主任校本培训开展的起点，还是取得实效的保障点。班主任校本培训序列化，可以保证班主任培训从形式层面深入实质层面——对于班主任校本培训的关注不仅仅要停留在培训目标、培训内容、培训模式、培训制度等这些显性方面，而是要深入关注班主任校本培训的培训状态、培训效能等隐性的方面，关注班主任专业成长与发展的实际进程。

班主任校本培训的草根探索：多元实施途径与策略的构建

上海市崇明区教师进修学校 郭春飞
上海市崇明区东门中学 郁东培

班主任的专业素养直接影响班级良好班风与学风的形成，而每个班级良好班风、学风的形成又是整个学校良好校风、学风形成的基础和保障。因此，抓好学校班主任队伍的业务培训，有助于学生完善人格的形成，促进学校内涵发展。对此，教育部在《关于进一步加强中小学班主任工作的意见》中明确指出："中小学班主任工作是学校教育中极其重要的育人工作，既是一门科学也是一门艺术"，"各级教育行政部门应将中小学班主任培训纳入教师全员培训计划，学校也应制订班主任培训计划，有组织地开展岗前和岗位培训，定期交流班主任工作经验，组织班主任进行社会考察，提高班主任的政治素质、业务素质、心理素质和工作及研究能力"。可见，以学校为基地开展班主任专业发展校本培训，是促进班主任专业发展的一个极其重要的途径。

一、班主任专业发展校本培训的价值

（一）适应班主任专业化发展的需要

班主任专业化是现代教育发展的共同特征。班主任专业化包括班主任个体专业化和班主任职业专业化两个方面。拥有专业自主能力是班主任职业专业化的必要条件，而大力提高班主任专业技能是实现班主任专业化发展的必然要求。研究表明，班主任专业技能的形成主要不是在职前，而是在职后，是班主任职后实践训练以及自我反思、自我提升的结果。因此，要提升班主任专业自主能力和水平，一个重要的途径是"以校为本"、"从教中学"，加强班主任的实践训练，即班主任通过对一个又一个具体教育情境的分析与研究，做出相应的教育决策，从中不断地感悟、积累和提升。这样，通过校本培训，班主任能够联系并依托具体情境，系统而敏感地探索学生的本质及教育的效果，从而使班主任更能理解和处理复杂的情境，使班主任的专业自主能力得到提升。

（二）满足班主任个性化培训的需要

现代教育的基本特征之一是尊重个体，张扬个性，体现人文关怀精神。班主任培训走向个性化培训是现代教育发展的必然趋势。一方面，随着学校办学主体地位的确立，培养善于反思、能适应学校发展特定要求的教师成为学校的自主意识。这就要求班主任专业发展校本培训要尊重校情的个别化特征，通过紧密结合学校实际的培训，促进班主任改进教育方法，提高学校整体育人质量。另一方面，班主任是一个个鲜活的个体，他们不仅仅是社会的存在、学校的存在，而且也是自我的存在，班主任培训也应当尊重班主任的个体需要，促进班主任自主发展，帮助班主任“自我实现”。可见，班主任专业发展校本培训是学校个性化培训要求和班主任个性化培训要求相结合的最佳培训形式。通过开展班主任专业发展校本培训，可以在满足学校发展需要的同时，满足班主任个体发展的需要。

鉴于以上的认识，笔者认为要实现班主任的专业化及其发展，需要对班主任加强培训，而校本培训是实现班主任专业成长的有效途径之一。因此，学校应根据德育工作相关理论，联系班主任工作的实际，努力创设并积极构建班主任专业发展校本培训的多元实施途径，促进班主任专业化的发展。

二、班主任校本培训多元实施途径与策略的构建

班主任专业发展校本培训的主体是学校的班主任，但这并不意味着这是班主任个人的事。实际上，班主任个人、同伴、德育专家构成了学校班主任专业发展校本培训中的“三位一体”关系。这三者在班主任专业发展校本培训中所扮演的角色及所起的作用各不相同，个体的自我行动研究是有效实施班主任专业发展校本培训的前提，同伴的协作互助是有效实施班主任专业发展校本培训的基础，专家的专业引领是有效实施班主任专业发展校本培训的重要条件。三者既构成了班主任专业发展校本培训不可或缺的三种基本力量，更是实现班主任专业发展校本培训的三种有效途径。

（一）自我发展途径

1. 实践体验策略

实践体验是指班主任个体在参与班主任工作的实践过程中亲自体验，在体验中了解与掌握学校班级管理的特点与功能，明确当代班主任应具有的能力与素质，提高自身班级管理的技能技巧。班主任专业发展是在班主任工作的实践中实现的。基于实践，在实践中发现问题、解决问题、积累经验、形成属于自己的“实践性理论知识”，成了班主任专业发展的基本路径。离开了专业岗位的实践就离开了班主任专业发展的本源，就离开了班主任赖以存在和发展的基础。因此，班主任专业的发展离不开自己的工作、离不开自己的学生、离不开自己的班级。教育学生、管理班级、组织班级集体活动这些具体的工作实践，不仅是班

主任专业发展的基本手段，也是班主任专业发展的目的。歌德曾说过："理论是灰色的，生命之树常青。"只有亲身实践体验，才能有自己或成功或失败、或快乐或痛苦的故事。这些都蕴含着哲理，是班主任德育工作的源泉。有了深刻的体验，才能进一步思考总结自己的实践操作，才能感悟班主任专业化的内涵，意识到班主任应关心、理解、尊重、信任学生，对学生的成长负责，关怀学生的心理生活、道德情操、审美情趣，关怀他们的精神生活状况……这些都是班主任专业化的必然要求，而真正学会，就必须经历"实践体验"这个过程。

2. 自我反思策略

自我反思是促进班主任专业发展的一个不可或缺的策略。自我反思是指班主任通过写反思日记、心得体会、教育随笔等，对自己参与的班级管理活动及其效果进行认真思考的过程。实践证明，班主任专业提升的一条重要途径是在教育中不断地进行反思。这种头脑风暴和思维碰撞，既是沟通实践与理念之间的重要桥梁，又是总结经验、提升班主任专业素养的有效方法。为此，笔者认为"反思"是班主任专业发展校本培训的一个重要策略。班主任应养成对自己的教育进行分析的习惯，而作为优秀班主任则应具有极强的反思能力，能事事以研究者的眼光审视、分析和解决自己在教育实践中遇到的问题，把日常的班主任工作与教育研究融为一体，处处反思自己的教育过程、教育行为、教育结果。学校应大力提倡班主任撰写"教育日记"、"教育故事"、"教育案例"，并将之定期上网或编印成册，提供给学校其他班主任学习交流。

自我反思策略的过程是：首先，班主任个人主动地诊断自己的专业素质和学习需求；其次，制订好自己的班主任个人发展规划；然后，选择所需要的学习资源，运用合适的学习策略进行自主学习；再次，遵循"反思——学习——调整——反思"规律，在行动过程中进行自省；最后，总结评估自己的学习成效，推广运用自己的行动成果。

以上两个策略使我们懂得：班主任只有坚持自身实践与反思才能得到不断的成长。波斯纳教师成长公式为："经验＋反思＝成长"。这个公式更适合班主任的成长。班主任的教育智慧来自于教育实践经验的积累和提炼，但经验的简单机械积累，未必都能产生教育智慧，其中最重要的一点就在于有的人不善于在实践体验中反思积累。因此，勤于反思，会使自己养成对日常班主任工作与学习进行探索的习惯，保持一种积极探索的心态，不断改进自己的德育工作并形成理性的认识，其过程是班主任专业化成长的过程。通过反思，对自己的教育行为及结果进行审视，并不断改进自己的实践，这大大有利于班主任改善原有的心智模式、增强专业智能、提升人格素养，逐渐成为能够自主发展的专业人员。

（二）互助合作途径

1. 对话参与策略

对话参与是指彻底改变传统的以“授—受”为主的“大课式”班主任培训方式，而代之以构建民主、平等、人人参与的对话策略，以深层调动每一位班主任在专业培训中的主人翁意识。为此，学校应要求班主任在重视个人学习的同时，重视与同事的对话互动，开展切磋，协调与合作，互相学习，彼此支持，共同分享经验。把教师参与对话的意识、态度和实践行为列为班主任专业发展的评价项目，真正把班主任专业培训，看成班主任的一种不可缺少的生命对话。如有的学校开展“班主任教育论坛”、“班主任技能大比武”活动，为班主任之间进行信息交流、经验分享和专题讲座提供对话平台；也有的学校充分利用校园网等现代媒体，开设班主任网上论坛，为班主任的校本培训服务。班主任将自己在班级建设和管理中最感困惑或最想解决的问题挂在网上，然后其他班主任自由跟帖，通过相互交流研讨，使各种思想相互碰撞，在碰撞中让班主任明确事理、增长知识、更新观念。而学校的德育室和校园网管理人员，在论坛开展过程中适时做好组织引领、提供资料、点评、小结梳理等工作，使整个论坛既充分自由，又有序、有效地开展。

2. 师徒带教策略

师徒带教借鉴了新教师培养的模式与成功经验，是指由老教师负责对新班主任在业务上进行“传、帮、带”。这是每个学校都使用的一种师资培训策略，它的问题是如何使师徒带教能有效地得到落实，使新班主任对老班主任的班级管理进行观察、模仿，并在具体的教育实践中不断反思和实践，从而逐渐体悟和习得班主任职业的隐性或缄默的理论知识与实践经验，提升自己作为班主任的专业技能和水平。

在实施班主任师徒带教的过程中，首先要做好“师”的选择工作。一般应注意两点：一是选择有丰富的班主任工作经验或校级以上的德育骨干教师；二是尽量做到所选择的带教班主任与新班主任在同一个年级，这样便于师徒间的相互交流。其次，在班主任师徒带教实施的过程中，应遵循学生的认知特点与班主任工作的性质，分三个循序渐进的阶段进行带教。

第一阶段：观摩学习阶段。其主要任务是让新班主任以副班主任的角色进入“师”所在班级，进行为期一年的观摩与实习，并尝试在“师”的指导下处理一些班级管理的常规问题。

第二阶段：初任班主任阶段。师徒的角色要发生一些转变，新班主任开始从“幕后”走向“台前”，而“师”则以观察者、辅导者和激励者的角色出现，要敏锐地观察新班主任在工作中的一些表现。对于遇到的一些难以解决的问题，师徒可相互切磋、分析，“师”可给予一些指导性的意见或建议。

第三阶段：反思与成长阶段。这一阶段“师”要从引领新班主任对班级管理技能、技巧的追求，向形成班级管理理念提升，向形成个性化的班主任风格迈进。

以上两个策略使我们懂得：在学校班主任团队中有效开展同伴互助，是促进班主任专业成长的又一种重要的校本培训方式。为此，学校应设立班主任专业学习型组织，让班主任共享个体经验教训、互助解决问题、催生工作智慧。实践证明，从身边他人的教育实践中学习灵动的智慧是十分重要和有效的，在学校班主任团队中进行案例研讨是富有活力和效力、深受班主任欢迎的。对于新班主任，学校尤其应以“师徒”模式引导其制订专业成长计划，帮助他们尽快适应工作，尽早进入提升期。

（三）专业引领途径

1. 指导诊断策略

指导诊断是指班主任在教育专家的指导下，有目的地对自身的班级管理过程进行严谨而理性的观察分析，通过专家的会诊发现自身的问题与不足，进而提出改进方案的一种班主任专业发展校本培训策略。其具体的实施步骤如下：

第一步：指导。教育专家深入班级，在初步调查研究的基础上，向班主任介绍有关班主任工作的理论，引导班主任发现自身的问题与不足。

第二步：诊断。教育专家到班级听课，与班主任共同分析班级管理过程中存在的问题及相关的教育理论知识，提出反馈意见。

第三步：改进。班主任在对自己班级的管理实践行为和整个诊断过程进行反思的基础上，与教育专家共同讨论和制订改进的策略与措施，并对照原先确定的目标检查改进的成效与存在的不足，总结此次行动研究的得失。

2. 课题推进策略

课题推进是指学校根据学校改革与发展的需要，邀请有关专家进行诊断性调查，针对发现的问题，设计学校德育龙头课题，使每位班主任都能参与子课题的研究。只要班主任用心去参与研究的整个过程，一定会对其专业素质的提升起到极大的推动作用。实施课题推进策略的具体步骤如下。

第一步：理论学习。学校可邀请专家来校作德育与科研理论方面的讲座或报告，如在科研方面，如何确定课题、如何进行教育实验设计、如何实施研究、如何撰写研究报告、如何鉴定和推广科研成果等。

第二步：确定德育研究课题，拟定课题实施计划。

第三步：组织实施课题计划。在组织实施的过程中，班主任应积极争取专家的帮助，运用恰当的研究方法，解决课题研究中遇到的问题。

第四步：结题，撰写研究报告。总结自己的教育经验与成果，反思工作中的不足，明确努力方向。最后，将德育科研成果在校内作交流推广。

以上两个策略使我们懂得：校本培训也是一个教师学习的过程。在开展班主任专业发展校本培训的活动中，班主任必须放弃自我封闭的心态和对外来支持的抵触，保持开放的心态，乐于且善于从外来的专业力量中寻求帮助，获得发展的资源和灵感。但与此同时，班主任也必须坚持自己在教育研究中的主体性，摆脱对专家的依赖心理，积极寻求与专家的专业对话。因此，在专家的引领中，班主任必须有足够的信心将自己置身于一个与专家平等的地位上，摆脱自卑心理和权威意识的束缚，以积极主动的姿态寻求与专家平等的对话，促进班主任的专业化发展。

“要我做”何以变为“我要做”

——班主任专业队伍成长的实践探索

上海市曹杨二中附属江桥实验中学　蔡青桔

每学年初，有一件事情最让学校头疼，那就是聘选班主任。“一个优秀的班主任，就是一个教育专家。”“一所学校如果选好了班主任，就等于完成了学校工作的大半。”这些名人名言都说明了班主任工作在学校工作中的重要性。“当老师就要当班主任。”这句话更是道出了全体老师的心声和追求。按道理，班主任应该是老师们争着去做的一个岗位。曾经，只有优秀的教师才有资格担任班主任工作，能当上班主任是教师的一种荣誉，更是对教师能力的一种肯定。然而，时过境迁，在社会和家长对学校越来越关注的今天，很多教师却反而对“班主任”这一崇高的岗位望而却步，聘选班主任成了很多学校开学准备工作的一件难事：有资历、有能力的老教师不愿意做班主任，甚至有些青年教师也不愿意做班主任，最后还得学校千方百计地劝说才愿意上岗。有些学校甚至将班主任工作经历与职称评定直接挂钩，可还是收效甚微。班主任岗位似乎慢慢变成了“要我做”的烫手山芋。

因为有一部分班主任是学校“要我做”的，在实际工作中，这一部分班主任的工作积极性很难得到提升，甚至有些抱着敷衍了事的态度在进行工作，抱着一种“反正是学校让我做的，大不了不做了”的态度在进行班级管理。最后的结果可想而知，学校各项工作很难得到贯彻执行，班级的有效管理就更不用说了。

一、班主任的苦衷

（一）任务重

班主任教学与德育“一肩挑”，工作量大、负担重。调查表明，许多班主任都是优秀的一线教师，教学、管理一肩挑，不仅当着科任老师，更担负着班上几十个孩子的管理任务，承受着孩子父母们的殷殷期待。班主任工作强度大、工作负担重、工作时间长、工作内容繁琐具体，已成为普遍现象。

（二）责任大

人们常常开玩笑说：班主任是世界上最小的主任，而这个小小的主任身上所承担的责任却有千万斤重。确实，所有的工作，只要与学生教育教学相关，甚至凡是涉及学生的事务，都会由各条线、各个部门汇总到班主任那里，通过班主任的工作落实下去。但是一旦出了问题，班主任又要承担主要责任。而 2015 年 5 月 6 日的一则新闻，更是引发了我的思考：5 月 6 日，湖南醴陵市王坊镇联盟中心小学一名 6 岁学前班小朋友，在教室与其他小朋友玩耍时，被教室一台落下的电视机砸成重伤，不治身亡。事故发生后，教育局启动了追责制度，对班主任老师做出了先行辞退的处理。对此事故处理合理与否我不予评价，因为我并不清楚其中的详情。但从这个案例中，不难看出班主任工作的繁重与劳心，不仅要教育、教学双线作战，更是整个班级的第一责任人。一旦自己所管理的班级出现了一点意外事故，班主任就要承担责任，这种心理压力对班主任来说是非常巨大的。

（三）地位低

与繁重的工作与巨大的责任不相称的，是班主任老师在学校的地位普遍不高，似乎是个人人都可以支派的角色。班主任队伍资历结构不合理，年轻教师、低职称教师较多，使这一问题更加突出。所以，教师在积累了一些业绩资本，或者解决职称问题后，就会首先考虑离开班主任岗位。

（四）成就感缺乏

曾几何时，做班主任是一件很光荣的事情，因为那是工作突出的优秀教师才有的待遇，是对工作能力的一种肯定。而现在呢？在这种大氛围的影响下，学校在实在找不到更好的班主任人选时，只能退而求其次。班主任队伍越来越低龄化，有些学校甚至 50%以上都是三年以内的新班主任。对于班主任的聘任已经没有别的要求了，只要你愿意做就行，老师们甚至觉得“只有资历不够的人才做班主任”。在这样的恶性循环下，面对如此低的地位，班主任又怎么能找到工作中的成就感呢？

总体来说，任务重、责任大、地位低、缺乏成就感，四大因素使得相当多的班主任在工作中容易积累负面情绪，对上级部门的安排多有怨言。所以，根本问题不解决，仅凭个人能力和积极性，仅凭学校的硬性安排，想要让老师们真正产生“我要做班主任”的想法是很难的。即使“被逼”上岗了，心不甘情不愿，工作积极性与工作效率又怎能保证？学校的各项工作又怎能蒸蒸日上呢？

二、增强班主任队伍吸引力的策略

教师不愿担任班主任，给学校的管理工作带来了很大的难度和变数。若不改变这种现状，学校的总体工作将很难全面地开展下去。为了解决教师不愿担任班主任这一难题，我个人认为学校应采取积极的措施，变被动为主动，加大人文关怀力度，充分利用制度的杠杆作用，增强班主任岗位的吸引力。

(一) 转变管理观念，营造全员育人的教育氛围

如果学校领导只管安排工作，科任教师只管教书，教育学生、管理班级、组织活动完全由班主任个人完成，学校的管理水平是不可能提升的，班主任的生存状况也不会有任何改观。所以，从观念上要加强教育和培训。学校要大力营造全员育人的氛围。学校的领导首先要有此意识并以此影响每一位教师。领导或科任教师要明确自己首先是一名教师，其次才是负有管理责任或者是具体教授某一门学科的专业人士。教育学生不是班主任的专利，而是每一名教师、每一个领导的基本职责。如果在一个学校内，所有的科任教师和领导都参与具体的教育活动，班主任就不会处于孤立无援的境地，滋长干群矛盾的土壤就不复存在了。同时，教育的力度会大大增强，效果会有明显提升，班主任个体面对的压力也会减小许多。

一个班的学生，从早到晚，全靠班主任管理，班主任就会被捆在班上喘不过气。因此建立全员育人的管理机制是减轻班主任负担至关重要的一环，特别是细枝末节的小事要落实到人，确保班主任不在时也有人管。全员育人的氛围不是靠宣传动员，更不是靠教师的个人努力就能营造的，它需要动用行政力量自上而下地推动，也就是需要有全员育人的机制。建立这个机制的指导思想就是"明确责任，分工协作，互相支持"。要建立班主任与科任教师横向的、班主任与领导纵向的交流互助平台。比如设立课间操、值周或值日教师制度，建立午间值班制度、教师首席负责制度等，都可以促进全员管理网络的形成。有些学校的成功经验值得借鉴，如班级管理小组制(班主任为组长，科任教师、学生、家长均有参与)、导师制(领导及科任教师直接担任一些学生的导师)，等等。

(二) 为班主任减压，建立合理的组织结构与追责制度

长期以来，学校的班主任工作以单打独斗居多——独立管理班级、独立处理班级事务、独自面对学生教育的各种难题，出了问题基本上靠自我消化，除非问题严重到班主任个人无法解决，才上报到学校。也就是说，学生的教育管理工作对班主任的个人能力要求很高，而学校缺少对班主任工作的辅助、支持系统。这种组织结构存在很大的缺陷，也是学校管理改革的重要内容，需要引起领导的重视。我们学校目前采用的两级管理模式就很值得借鉴：年级组长直接统领整个年级的各项工作，班主任有事情可以先与年级组长商量，年级组长整合各方资源进行处理，让班主任多一个支持系统，效果很不错。

教师们不愿意做班主任的一个最大原因就是心理压力太大，时时刻刻担心班级学生的安全。如果学校能在这方面进行改进，我想这也是一个非常大的进步。班主任最反感学校强调“这个班交到你的手里，就是你的责任了，出了任何事你都要承担责任”。如果学校一直是这个思想，有问题、出事情就找班主任，那就完全站在了班主任的对立面，变成了班主任的“警察”，班主任的心理压力能不大吗？他们又怎能心甘情愿地主动工作？所以对一所管理科学的学校而言，一套完善合理的追责制度是非常有必要的。明确哪些事情需要班主任负责任，哪些事情是后勤部门的责任，哪些事情是活动组织部门的责任，哪些事情是科任老师的责任，这样细化的一套制度对于减轻班主任的工作压力是非常有必要的。

（三）科学考评，激发班主任的工作热情

班主任工作是需要激励的，一刀切、表面一团和气的考评标准很难激发班主任的工作热情。制订一套合理的班主任工作量化评价考核标准，公正客观地评价班主任工作，是学校一项非常重要而又迫在眉睫的工作。

在评价班主任工作时，不能单凭班级某一方面的情况，应把定性评价与量化评价结合起来，把班主任工作态度与工作效果结合起来，做到奖勤罚懒，奖优罚劣。

同时，学校还应完善班主任奖励激励机制和发展规划，让班主任工作得到学校层面的认可，建立班主任晋升渠道，让班主任有努力方向，有发展前途。

在班级评比活动中，学校领导应充分肯定班主任老师所付出的艰辛劳动和取得的成绩，应充分表彰那些优秀的班主任，让他们有成就感，满足他们的精神需求。如果班主任都能感受到学校领导的重视，能体验到当班主任的价值，那么，老师们就会把当班主任看作学校领导对自己工作的肯定和信任，是一种光荣，他们也就会珍惜这种荣誉，努力把工作做好。而那些没有当上班主任的教师为了得到肯定和信任，也会有意识地在实践中“自学”，把争取当上班主任作为自己下一年度的目标，从而在全校形成班主任岗位的良性竞争态势。

（四）多管齐下，转变班主任工作理念

学校要着力营造“优秀的教师才能做班主任”的集体氛围，多方宣传，通过各种培训讲座、各种优惠措施与政策倾斜吸引优秀的教师担任班主任，鼓励教师转变工作理念。班主任应该怎样做才能高效工作呢？学校的管理机制创设的是大环境，当然是关键的、首要的，而教师个体的努力也非常重要，尤其是在学校的管理机制尚存在一定缺陷的情况下。那么，班主任应该怎样从自身出发，做好相关的工作呢？作为一名一线班主任，我觉得班主任可以从以下几个方面转变理念：

1. 加强交流沟通

很多问题都是在沟通不畅的情况下出现的。正如我们常说的一句话，“优秀的班主任都是沟通高手”。班主任应该主动与领导交流沟通，一方面让领导了解你带班的思路和困惑，知道你班上的一些重点任务和班级现状；另一方面可以对学校工作提出建设性的建议。对于有关政策吃不准的，不要随便下结论，要学会请示。在制订班级管理的规定时，要注意和学校政策保持一致。

2. 主动工作，勇于担当

既然做了班主任工作，那就要做得出色一些。面对班级管理的问题，班主任当然希望在班级有困难或者需要志愿者的时刻有人能够勇敢地站出来，当然希望班干部有独立解决问题的能力而不是事事汇报、把一大堆麻烦推给班主任让其亲自去解决。由此推想，学校也赏识这样主动工作、勇于担当的班主任。

3. 善于寻找工作中的乐趣

“我不能改变天气，但我可以改变自己的心情；我不能事事如意，但我可以事事尽力；我不能改变自己的容颜，但我可以展现自己快乐的笑容。”这是笔者一直对自己说的一句话。班主任一定要学会在繁忙的工作中，用积极的心态面对各种问题，找到成就感，找到工作中真正的乐趣。这样，任何问题都能迎刃而解，班主任工作状态也能进入良性循环。

总而言之，作为学校管理者，首先要从思想上认识到：班主任工作的积极性不高，其实很正常，个别班主任责任心不强也很正常！然后再在此基础上不断改进学校的管理制度。作为班主任，既然做了，就要摆正好心态，真正负起责任来。在实践中，学校应把人本思想贯穿于班主任管理工作之中，把情感管理与制度管理结合起来，既维护制度的原则性、严肃性和规范性，又注重人性化管理，保护班主任的人格尊严和自尊心，激发他们工作的主动性和创造性，让班主任们从“要我做”变成“我要做”，从而为学校各项工作的开展打下坚实的基础。

“望、闻、问、切”里的教育乾坤

——QP 家族微刊《班主任门诊室》成长记

华东师范大学附属第二中学　瞿　平

2013 年初，第一期工作室结业，学员们依依不舍，纷纷表示要继续参与工作室的活动，旁听也可。我内心很清楚：大家的不舍虽是真诚的，但每轮只有 10 个名额，保留老学员的可能性不大；同时大家都是一线班主任，忙碌也是真实的；反观自己的教育功力，两年的时间能给他们的也已基本告罄，想来我也没有更多可以帮到他们的，继续让他们参与工作室的活动对他们的成长未必有太多益处。

在之后的频繁讨论过程中，恰逢微信这个交流平台日趋火爆，各种微信公众平台也琳琅满目。于是，想到如果大家愿意，不妨一起做个班主任交流平台。想法提出之后，得到了第一期全体学员的支持，于是，大家各抒己见，对刊物名称、刊目设置纷纷提出自己的设想。最终经过反复推敲，拟定了“班主任门诊室”作为我们的微刊名称，以中医诊病过程的“望”、“闻”、“问”、“切”为基础栏目，加上诊断结果呈现“方”，共设置五个栏目。

那以后，学员们根据自己的兴趣，自己选择感兴趣的栏目分成写作小组，但每期话题都由全体学员共同参与完成。2014 年 10 月《班主任门诊室》正式发刊，至今已经发布完整话题八个，外加发刊词和信念寄语单页三个，新书发布信息两条。历经一年时间，教育同行的粉丝关注量稳步上升至 3 000 多名。

一、关于目的与方向

我们创办这个微信刊物的初衷，不仅是把它当做我们工作室的后续活动与成长的平台，也期待它能服务于所有在职或未来的年轻班主任，能成为优秀班主任和热爱班主任工作的老师们的交流与互动渠道，这在我们的微刊平台上有过说明。

从话题的选择上，我们着重关注当前教育中的问题。然而，我们也清楚自己也并不是什么专家，不能解决什么大问题。在我执笔的发刊词上我这样写道：

我们自问，关于班主任，关于教育，我们所有的是什么？是经验？是技能？答案似乎有些模糊。关于班主任，关于教育，我们所见的又是什么？问题！问题！还是问题！

当下的中国教育几乎就是个问题成堆的地方。身在问题的中心，问题自然更多：信息爆炸的时代，可用的信息资源数不胜数，我们却常常听到班主任们说："到班级里讲什么？""我们讲这些有用吗？"学校教育的力量究竟有多大？我们常常看到的是假多元、真功利、快速、物质化的社会现实，我们更有可能看到学校教育的弱小、无力、无奈、少序列、自作多情……面对现实，我们的很多老师其实已经发自内心地对目前的德育工作进行质疑，只是程度大小有差异罢了。事实上，我们承载了许多我们无力承载的东西，教育承载了太多远不是教育本身可以解决的问题。

是的，身在教育问题怪圈中的、有良知的一线教师，特别是班主任，内心常常是痛苦的，这些痛苦也是外人很难理解的。所以，我们还希望在平台中能与身在痛苦与迷茫中的同行抱团取暖，传递快乐的教育能量，帮助他们走出痛苦，与我们共同享受教育之乐。选择微信平台，因其操作便捷且普及迅速；取名为门诊室，因其能直观而准确地表达我们的意愿。

二、栏目设计及具体写作要求

望：这个世界的迅猛发展似乎带给我们这些教育者诸多困扰，身在其中，这些往往是我们需要用心琢磨的话题。

栏目名为"望"，外而观内。究其字源，是由臣（向下看之意）和壬（挺立之意）组成，造字本义是站在高处，举目远眺。本栏目不过是些碎言碎语、闲言闲语、冷言热语，或博君一乐，或暗抒郁闷，或抛砖引玉。不敢妄言立足高点，不过寄之远意罢了。栏目来自于现实生活，是对现实生活的洞见。

本栏目按话题的不同分成三个小标题："望洋兴叹"——尝试发现青年教师初入教育之门、新登班主任岗位时的职业困惑，以帮助他们走进自己的职业，走上自己的岗位，融入教育大家庭；"大失所望"——尝试发掘成熟班主任的职业倦怠与发展瓶颈，因为发现它们并认识它们，我们才能摆脱它们，轻松前行；"望而生畏"——探讨一些教育难点，挖掘一些我们日常也许不愿提及的话题，尝试呈现一些教育尴尬。

闻："闻"谓之"见闻"。佛说："见闻自在，不住无为。"在这知识爆炸的时代，哪些是精华，哪些是糟粕？哪些可略知一二，哪些需精通熟知？班主任在日常工作中，时常会遇到一些棘手的难题。我们可以怎么做，别人已经怎么做，外人又会怎么看，这就是我们想要努力告诉大家的。

正所谓"闻道有先后，术业有专攻"。我们不必自愧在一些领域的无知，却要努力了解哪些知识可以为我所用。

本栏目每期下设三个写作角度："源远流长"——探究每期话题产生的背景和根源。在这里，你可以看到相关话题或知识的缘起即相关史料。"原来如此"——收集国内外对同类话题的研究现状及成果，引他山之石以攻玉。在这里，你可以检索到国内不同区域，乃至国外不同风格的教育中同类现象的研究现状或成果。"缘汁原味"——"原汁原味"比喻事物本来的，没有受到外来影响的风格。将"原"换作"缘"，意指一种联系，一种姻缘。在这里，我们向各位呈现班主任困惑中所涉及的相关法律法规、文件制度和文献资料，供大家参考检索。

问：古希腊教育家亚里士多德说："思维是从对问题的惊讶开始的。"的确，有教养的头脑的一个显著标志就是善于询问和沟通。作为班主任的我们，在不同的工作阶段，基于不同的工作性质和工作内容，当然也会产生诸多的困惑与思考。这也是我们办此微刊的目的所在。

本栏目将围绕每期"望"专栏提出的话题，从三个角度，与一线班主任同行进行互动交流。或以问卷形式呈现，待大家反馈后把问卷调研的结果公示出来，供大家在自己思考的过程中参考，以便找到知音；或以问答讨论的方式与同行们探讨交流。

本栏目的具体模块设计有："人人善问"——主要是相关话题的基础调研或班主任互动问题的展示。大家可以畅所欲言，将我们在相关问题中发现的难题、思想中的纠结、处理中的烦恼和盘托出。"据实以问"——针对相关话题比较集中的关注点或敏感问题设计问题，与大家互动，期待在问答交流中碰撞出新的火花。"切中肯綮"——围绕大家感兴趣的子命题，组织相关问题的延伸型讨论，从广度、深度以及高度上深入探索，汲取知识养分，提升思想境界，获取真知灼见。

切：班主任不仅是直面教育问题的一堵防火墙、一线救火员，更应该是善于观察、勤于思考、防患于未然的思想者。一个难题看似千头万绪，难以着手，却总有一线生机等待你去发现、去开启。让我们借鉴众家的经验，凭借专业的知识，锻造专业的能力，一起抽丝剥茧，看看今天我们到底遭遇了什么，我们也许忽略了什么，我们可以弥补些什么，我们又将创造些什么。

本栏目从以下三个部分与教育同行一起探讨分享："切中肯綮"——就"问"栏目的主要问题分类汇总后提出矛盾关键点，力求用简明的语言抓住要害。在这里，大家可以看到我们的点评，也可以自己参与反馈。"关心不乱"——从班主任专业角度分析学生、家长、班主任自身的立场与困难。欢迎来自学生、家长的观点。"见微知著"——一叶落而知天下秋，窥一斑而见全豹。一个教育上的小问题背后很可能呈现出学生成长、班主任工作、教育问题乃至社会风气、文化传承的大问题、大影响。

方：这个栏目是后加的。最后一次策划会议上，有人提出“望闻问切”实则都不过是中医的诊断过程，而非治疗过程。既然自称班主任门诊室，意思就是要给班主任们治“病”了，治病岂能无“方”？然而此栏目一出，让我们深感惶恐，我等也不过小小一线班主任，哪敢冒然给人家开方？更何况，深知网上多奇人，更多才子，怎敢妄言妄语？

所幸的是，我们也还有一些知名班主任导师可以请教，有一些教育专家可以咨询；再者，我们这个群体人也不少，三个臭皮匠或许也能顶个诸葛亮？最后，本平台也提倡互动，说不准哪位网上高人的点评就是最佳药方，可以借来一用呢！

因此，本栏目又下设这样三个小版块：“对症良方”——对症才能下药，经过上述几个栏目的诊断，这里将与大家交流优秀的、有经验的老班主任处理同类问题的方法、对策。“专家秘方”——我们看来难解的谜团、不能直面的尴尬，某些高人也许早就有私家秘方。这里将会为大家呈现专家观点、导师视点。“外来偏方”——教育虽然是个专业问题，但也是知识海洋的一部分；班主任虽然是个特殊群体，但也是大千世界的一分子。万事同源，焉知远方没有答案？

三、动作方式与写作风格

工作室第一期毕业学员分工负责相关栏目，原则上每2—3人自由组合，负责一个栏目的编辑整理工作，所有学员（包括第二期学员）共同参与互动工作与相关资料、稿件的提供，自己撰写的教育随笔、论文均可在此分享。

五个栏目分批次发布，以增加网络互动的功能。每期话题出炉后，首先发布话题单元——“望”和“闻”，给所有读者一个独立思考的时间；再发布“问”栏目，让大家在参与投票或讨论的过程中反思自己的教育行为和教育理念。之后分享前期调研结果——微数据和数据分析与问题诊断栏目“切”。最后再发布“方”，以作栏目收官。

每个栏目的文字总量不宜过长，控制在2 000—3 000字左右。文字以随笔、杂记等轻松文体方式呈现，以更亲切、更易阅读为追求。每1—2个月为一个周期，时间充裕则发稿快一些，时间仓促则宁缺毋滥。带头人负责每期“方”栏目的写作和全部稿件的审稿工作，工作室助力负责发稿和后台管理。

四、价值与收获

在这个平台的运作过程中，我与新老学员曾经多次就写作话题进行交流，也就参与过程的感悟进行讨论。大家普遍感觉这样的平台让我们日常的教育工作变得更加有趣,也更加有深度。它成为一个时时提醒大家身份、角色的报时器,有效预防了培训后容易产生的落寞情绪,也在大家陷入日常繁琐工作时,成为工作的兴奋剂。当然更主要的,我们借助这个平台可以不断地把自己在工作中遇到的困惑、烦恼拿出来与大家分享,寻求团队的支持与帮助。

每次选题,大家的讨论都很激烈。在思想火花的碰撞中,在构思写作的过程中,我们自身的教育责任也日渐清晰,深感任务艰巨,也深感学无止境。

目前,我们已经完成的完整话题讨论如下:

NO. 1 家访中的那些痛——解说家访过程中的尴尬事件

NO. 2 班级是谁的——班级管理中班主任的角色定位

NO. 3 我们能爱吗?——中学生恋爱问题的班主任应对

NO. 4 升旗仪式唱国歌的尴尬——解析学生不肯唱国歌背后的国家观教育

NO. 5 今天班会课讲什么——班主任班会课选题与设计中的苦恼

NO. 6 学生违规之后——学生违纪之后的责任归属问题与班主任责任

NO. 7 奇葩何其多——剖析当代学生的特殊言行背后的理念冲突

NO. 8 家长微信群——家长微信群里的班主任尴尬处境

目前我们已经与《思想理论教育》合作刊出了其中一期稿件,其他稿件也在陆续整理中。当然,我们的工作原则仍旧是宁缺毋滥,并不急于求成。

需要指出的是,这个平台不仅是学员们今天交流教育问题的平台,也是我作为班主任带头人在工作室结业之后和一群志同道合者继续交流的平台。它将一直为我们的专业化成长服务。

最后附上本微刊的相关信息,欢迎关注!

微刊名称:班主任门诊——QP 家族

微信号:Qpfamily

头像

二维码

基于工作室的班主任培训实践探索

上海外国语大学附属大境中学　周　菁

《教育部关于大力加强中小学教师培训工作的意见》提出：要“努力改进培训方式方法，改进教师培训的教学组织方式，倡导小班教学，采取案例式、探究式、参与式、情景式、讨论式等多种方式开展培训”。教师培训模式有助于培训目标的有效达成，提高培训效果；有助于相关理论的应用，提高专业化水平；有助于培训过程的精细设计，提高培训质量。

一、认识培训模式

当今，根据教师的不同层次进行培训的主要模式有以下三种：

1. 以接受为主的培训模式

它是以接受理论知识和基本技能为主的培训模式，具有相对系统性。比如新教师培训、信息技术能力培训、心理健康教师上岗培训等项目。它针对的往往是新教师，或岗位上的新手，因此需要比较系统的理论和技能的接受学习。

2. 以实践为主的培训模式

它是侧重于教育实践问题的研究解决的模式。教师有一定的实践经验，也存在大量教育问题与困惑，需要不断提高自己。所以他们的学习主要是反思自己、改进提升，其学习与教育实践联系得比较紧密。当然，也有针对主题的理论学习，并且理论学习是为实践反思改进做准备的。这种模式主要适合于发展期的教师。

3. 以研究为主的培训模式

它是侧重于教育经验的总结和深入研究的模式，比如市级骨干教师培训中，教师们有比较丰富和成熟的教学经验，需要进一步提升自己。这个提升的侧重点不是较浅层次问题的解决，而是更深层次问题的解决和教育教学风格的形成。他们主要不是通过接受大量系统理论和技能，而是通过研究、深入思考、总结的方式来提高自己。这种模式适合于成熟期的教师。

工作室所针对的教师群体应当属于第三种。2011 年至今，我已连续担任了两届班主任带头人工作室的主持人。在开展培训的过程中，我经常思考一些问题：教师更喜欢怎样的培训？如何有针对性地设计培训形式？如果培训内容新颖有趣又贴合教师实际，能真正帮助老师实现自身价值和自我发展，老师们自然愿意积极参加，而不会是纯粹为了学分而来参加。目前常见的培训形式有专家讲座、互动交流、案例分析、考察学习、异校锻炼、导师带教等。

二、承袭传统形式

专家讲座历来是培训工作的主体方式。几乎不论什么专题、主题的培训，这种形式总是唱主角的。但进入课改深化阶段，广大一线教师的胃口发生了变化。许多教师希望把纯理论的专家讲座的比例降下来，更多地邀请一线的实践型专家走上培训的讲台现身说法。即使是理论专家，大家也特别看重那些注重实践、在实践与理论两方面结合得比较好的专家。出于这样的考虑，市教委德育处在统一集训时，为我们请来了高水准的专家团队为大家作报告（当然也不排除个别讲座的无效性），比如《学校德育创新的文化路径》（齐学红）、《社会转型期家庭教育指导》（陆震）、《大数据时代基础教育发展趋势》（倪闽景）、《建设民主型班级的理论与实践》（李伟胜）、《社会场馆教育资源的开发和利用》（郭青生）、《情商调控》（张怡筠）等。

“工作室成立之初，翔实而丰富的集中培训，仿佛让我们接受了一次精神上的饕餮大餐，在班主任工作室这个平台上，我们开始放飞梦想。这些讲座既贴近我们的学校教育，又提出了现代教育的前瞻性理论，有助于我们翻转课堂，提升高阶思维，转变教育理念，开创教育新思路，从而培育符合现代社会发展所需要的高素质的优秀学生。”（黄之花）

工作室在活动过程中也结合学员实际，邀请了一些专家为学员开设讲座，如：《关于主题谈话课想到的两个问题》（毛裕介）、《我的班级微电影》（陈斌）、《做更好的自己》（吴尔愉）、《班主任工作中心理学的运用》、《教育信息技术和班主任工作》（马九克）等。

“本工作室的每位学员都已开过一节主题谈话课，但是在毛老师的第二次指导后，更是豁然开朗，对主题谈话课的认识有所提升，也有进一步的思考。毛老师的讲座激发了我们再一次实践与尝试的热情。”（吴云洁）

“马老师的教师生涯给我们带来很多思考和启示。教师要活到老学到老，踏实钻研，把平常事换个思维钻研就是不平凡的事。信息技术飞速发展的今天，要求班主任工作高效快捷，我们要学好信息技术，为班主任工作服务，提升班主任工作的质量和效益。”（王海燕）

专家讲座作为传统培训形式，自有其存在的必要性。但是随着教师培训工作的普遍开展，特别是广大教师参加培训机会的逐渐增多，大家对培训形式的要求也越来越高。这要求我们在发扬传统培训形式优势的同时，也要学习借鉴先进的、符合新课程精神的教师教育新形式。

三、设计系列活动

基于在班级管理过程中积累的经验，我在制订工作室培训活动计划时，有了把活动设计成系列的想法。又因为我被评为上海市劳动模范之后，在各级各类活动中结识了不少劳模朋友，因此，我设计了“走近劳模”系列活动，让学员们从劳模身上认识职业的幸福感和价值感，以此来激发学员们对于班主任工作的幸福感和认同感。

两年中，我们一共走访了六位劳模，他们分别是：黄浦区劳动保障监察大队一中队队长侯舒懿、市八中学校长卢起升、七宝中学校长仇忠海、尚文中学班主任黄静华、华东政法学院法学院院长刘宪权、上航空嫂吴尔愉。走访既开阔了学员们的眼界，又使学员们进一步感受到提升职业幸福感需要用心付出、努力成长，懂得了职业认同来自于内心的责任和自身的教育信念。“学会微笑，让自己更快乐；关注细节，让自己更完美；善于总结，让自己有所积累；换位思考，让自己心态平和；关爱他人，让自己获得尊重；勇于承担，让自己拥有幸运；敬业爱岗，让自己更有价值；追求简单，让自己更有机遇；坚持信念，让自己更接近成功。”(吴尔愉)这些劳模来自于不同行业，每个行业都有各自的艰辛，教育工作亦是如此。他们的成功经验告诉我们：要执着地追求自己的教育理想，不忘初心。

“在这些事业成功人士的身上，我明显感受到的是他们对工作的那份热爱。因为热爱，才会不断地去学习，才会不断地修炼自己，才会不断地调整心态，最终收获事业上的累累硕果。当一份工作你热爱着，即使外人看来是苦的，但你亦乐在其中。工作中收获的成就感和满足感可能是金钱无法衡量的。”(郑青)

现代的教育是开放的教育、全纳的教育，是一种全方位、全面的教育。现代的教育又是一种多元的教育，它融合了教育的各种元素，是一种多维教育思想、教育智慧的集合体。每所学校都不同程度地反映了教育的不同侧面，是值得借鉴和学习的。市八中学和七宝中学的走访，也让我们同时完成了访学任务，感受到两所名校的校园文化和深厚底蕴。

“学习是永无止境的，对于知识的追求更是如此。教师这个职业，不论是对专业业务能力的要求，还是班主任工作方面，都是在不断地变化的。因此也要及时更新自己的知识水平，勇于接触新事物，接受新事物，在教书育人的实践中提升自身的人格魅力。”(李芳)

活动系列化体现了我们对每一次活动的精心策划和安排。我们围绕一定的主题，从不同角度和层次选择与主题相关的活动内容，通过多个活动的有机组合，全面完成对主题的体现。其系统性的特点体现了培训活动的专业性。此类形式我会继续尝试。

四、创新培训形式

工作室努力通过丰富多样的形式让学员从不同的角度去读懂教育。电影是理解教育、开拓视野的很好的途径。培训期间，工作室多次组织学员观摩电影。除了去影院观赏外，我们也将一些有价值的教育电影上传至云盘，供学员观看。如：《放牛班的春天》、《三傻大闹宝莱坞》、《地球上的星星》、《死亡诗社》等。(工作室建立云盘供学员分享各类资源，如：谈话类节目《开讲啦》，教育电影《先生》系列片、《教育能改变吗》系列片，以及学员制作的德育课件和视频等。)

此外，我们还参观上海当代艺术博物馆，感受别样的艺术与文化气息；参观广富林遗址，探寻上海之源；参观位于张江的中国商飞集团和浦东软件园，感受张江人勇于探索、不断创新、刻苦钻研的精神品质；观看爱尔兰传统舞剧《大河之舞》，话剧《老大》，电影《钢的琴》、《戏点鸳鸯》，聆听大剧院艺术课堂昆曲专场，以此来提升人文素养。教师的个人成长不仅仅是在课堂中实现，有时候换个角度看教育也会激发教师的工作灵感与热情。我在两轮的工作室培训过程中一直在做此类尝试。

结合新媒体背景，工作室创造性地引入微信讨论的培训模式，开启了一种全新的班主任工作研讨方式。本轮培训中，我们共进行了七次尝试。每次讨论都会由一位学员担任主持人并事先确定讨论题目，由主持人把握讨论进程和讨论范围。在讨论结束后，要求主持人把讨论实录进行整理，每一位学员把自己的观点整理成较为完整的文字。

七次讨论的话题分别为：如何利用微信平台开展班级工作；家庭环境与个人努力之间的关系；学生为老师打伞，你怎么看；新一轮教学改革背景下选课走班管理的探讨；面对初高中衔接，如何有效开展班主任工作；新高考改革形势下，高中班主任如何对学生进行生涯发展指导；高中班主任需要怎样的培训。

“通过微信平台交流能够克服时间和空间的限制，为大家交流提供有效的途径。通过微信我们可以省去来回奔波、赶车堵车的时间，现在大家足不出户就可以随时随地地‘面对面’沟通。记得曾经有一次我正在赶往外校参加会议的路上，恰逢工作室的会议时间，因此我在地铁上拿出手机，准时登陆微信，参

与了工作室微信平台的讨论活动，获取了第一手信息。”（马弘菁）

微论坛的开设是对培训新模式的一种尝试，有效拓展了班主任工作研讨的空间。尽管在操作过程中也发现一些问题，存在一些不足，但作为一种尝试，微论坛的积极作用也是显而易见的。学员表示：“讨论话题具有实用性、时效性、共享性。借助微信平台来讨论我们班主任工作中的问题是一种很好的方式。我们应该好好地利用这一平台，结合我们日常的培训和交流，改进我们的班主任工作。”（叶红）

五、开展课题研究

工作室在培训过程中，带着两个课题开展相关研究。尽管这两个课题尚未立项，但学员们的研究工作还是颇有成效的，我们也将在适当的时机对课题进行立项。

课题一：主题谈话课的实践研究。主题谈话课是班主任思想道德教育常态化的有效载体与途径，黄浦区最早提出这一概念。随着课题“主题谈话课的实践研究”的开展，学员对主题谈话课的理解越来越清晰、越来越深刻。在工作室开展培训的第二、第三个学期中，我们集中对主题谈话课进行了实践与研讨，所有学员均开设了主题谈话课。通过听课评课，学员普遍感觉到，主题谈话课对自己教育能力的提升有很大帮助。学员分别撰写了相关小论文。

“如何选取好的话题？笔者在专家的指点和同行的课中总结出，好的话题应该是贴合实际的。一是贴合学生学习生活实际和思想状况，二是贴合社会实际和当下热点问题、焦点问题。从实际出发的话题，才能真正引发学生的情感共鸣，触发学生道德思考。”（印云亮）

“经过学习实践，了解到主题谈话课是一种以学生为主体、以班主任为主导，围绕某一个主题，有计划、有目的地开展形式多样、内容丰富且情景化了的道德认知教育，引导学生在认知冲突和思想对话中进行道德交往，激发道德反应，获得道德体验，促进道德发展的集体教育活动。”（胡利平）

“主题谈话课对班主任的功底要求很高。有了对主题谈话课的初体验之后，感受到这种班会课的形式比传统班会课更能接近德育的目的，更能真正地凸显学生的主体地位，更有助于学生的发展，真正展现了教育的真谛，再难也值得深入研究。”（黄之花）

课题二：新媒体背景下高中班主任工作艺术的实践研究。新媒体背景给我们的教育工作带来机遇与挑战。如何充分利用新媒体网络信息技术手段，给班级管理行为提供技术支撑，提高班主任工作艺术，是摆在教育工作者面前的一项新课题。工作室开展了"新媒体背景下高中班主任工作艺术的实践研究"课题。学员们借助微信、QQ、云盘、互动平台等介质开展班级管理工作，并撰写相关案例。

"随着社会的发展，我们已逐步进入数字化时代。信息化是当今世界经济和社会发展的大趋势。社会道德发展不可能处于历史封闭状态，学校德育内容也必须随时代变化而变化。网络和数字技术正在改变我们的教育，改变我们的学习方式。"(胡利平)

"微信是时下最流行的社交类应用，可以使用手机等智能设备进行及时通讯。它的交流模式主要是一对一进行，也可以进行群聊，可以发送图文或者语音，通过网络实现随时随地的交流。将微信等新媒体应用到高中班主任工作中，可以实现教育教学活动中的交互融合，建立一条更加自由、方便、及时的沟通渠道。而这种新颖、实用的交流方式符合新媒体时代的潮流，不仅能获得学生的青睐，还能拉近班主任与家长间的距离。"(闵慧)

"在新媒体的时代大背景下，高中班主任应当极力研究新的工作策略和方法，为了学生的一切，为了一切的学生，一切为了学生。只有抱着这样的态度去投入班主任工作，我们才能把工作做得扎实有效、切实高效。"(吴云洁)

在课题研究的过程中，专家团导师给工作室提供了有力的支撑。他们给予工作室经常性的指导，提出可行性建议，帮助我们对课题有了更深入的理解。

培训的过程实际上是一种对话的过程，是一种互动的过程。教师培训一定要关注教师发展的需求和兴趣，激发教师参加培训学习的自觉性、主动性和积极性，让教师心情舒畅、自觉自愿地投身培训，体会到培训是自己的现实需要，真切地体验到培训学习的乐趣和幸福，实实在在地学有所获。只有这样，才能使教师培训真正发挥它的独特功效，为教师的专业成长服务，为教育发展服务。工作室在培训过程中，要发挥主持人自身相对较为年轻的优势，既应对传统培训形式进行继承，也应与时俱进，创新培训模式，最终达到学员与主持人双赢的目的。

附 1："走近劳模"系列活动简讯两篇

走进市八中学男生班感受校长教育魅力

——"走近劳模"系列(二)

2013 年 12 月 24 日下午，作为班主任名师工作室"走访劳模"系列活动之一，我们来到了市八中学，听了朱薇老师在高一男生班开设的一节关于责任的主题谈话课，对传说中的男生班有了直观的认识。之后，聆听了卢起升校长给我们做的《历练睿智的眼光——班主任工作的思考与实践》的报告。

朱薇老师首先通过一首学生们非常熟悉及喜爱的歌曲《Tell me why》引入主题谈话课的主题"责任"。这节课朱老师充分发挥了学生的主动性，学生们在课前收集了大量关于责任的素材，不仅有名人事例、最新的时事热点，而且有许多就发生在同学身边的事例。谈话课上学生通过演讲、讲故事、朗诵、观看视频等多种形式，围绕"责任"展开了讨论，从而明确了责任的意义、自我的责任、他人的责任及每个人应当承担的责任。最后，在学生的演讲《十六岁责任》中此节主题谈话课结束。

之后，卢起升校长给我们观看了一段介绍男生班的视频，并给我们做了《历练睿智的眼光——班主任工作的思考》的报告。在报告中，卢校长首先向我们详细地介绍了市八中学的情况，包括学校的历史、校训、校歌、校舍的建设与发展等。其次，他谈到了班主任工作的价值。他认为，班主任是学校中最为重要的人员，是学校中最基层的细胞；是最具活力的，是学校文化的重要组成部分；是有无限创造力的，在其带动下可以发挥团队的力量。再次，他谈到了雷夫老师的六个阶段：(1)我不想惹麻烦；(2)我想要奖赏；(3)我想取悦别人；(4)我要遵守规则；(5)我能体贴别人；(6)我有自己的行为准则并奉行不悖。他认为这六个阶段是引导学生学业和人格成长的基础建材。他认为班主任要引领学生进入第六阶段，并列举了男生班中成功的案例《扬起理想的双翅》和《创造了社团》。最后，卢校长介绍了自身的参训体会：(1)听中想，仰望星空——脚踏实地。别人都在打瞌睡时，你能够坚持听下去，你肯定会有长进。(2)用中想，脚踏实地——仰望星空。别人都在休闲时，你能够坚持下去，你肯定会有长进。(3)任何事情都有两次创造：听中想是第一次创造，用中想是第二次创造。报告结束后，卢校长又耐心细致地解答了许多老师关于男生班的一些疑惑。

此次走入市八中学，我们切身感受到了一所百年老校深厚的文化积淀；走进了男生班，近距离地接触到他们，感受着这群男生的阳光、积极、乐观、勇担责任；更加有幸的是聆听了卢校长的报告，深刻地感受到卢校长深邃的教育理念。这样的访谈活动，的确让我们受益匪浅！

亲和睿智，心怀理想

——"走近劳模"系列(三)

2014年4月22日，周菁工作室一行九人走进上海市七宝中学，与上海市特级校长、上海市劳动模范仇忠海校长面对面。

七宝中学热情接待了工作室的各位学员。校办王主任全程陪同，带领工作室各位学员参观了七宝中学的校园文化建设，主要参观了地质馆、古生物陈列馆、学生科学研究院科学探索馆、人文书院、心理健康教育中心。在参观过程中学员们参与科技体验，对七宝中学赞叹不已，深受触动。

七宝中学坚持“全面发展、人文见长”的办学理念，重视学生综合素质的培养，开展体验式创新教育，推动各种学生社团的发展，挖掘学生潜质。学校投入大量资金建设校园博物馆，如地质馆、科学体验馆、古生物陈列馆和人文书院等。同时整合学校人力资源、大学资源和社会资源培养学生的创新素质和创新能力，促进研究型高中的发展。

此次七宝之行，学员们虽与仇校长相聚短暂，但是他独特的人格魅力和卓越的领导能力给大家留下了深刻的印象。

仇校长亲民热情，关心教师的内心需求。为了教师的身心健康，增进学校凝聚力，促进学校建设琴棋书画、文艺、体育、美食等二十多个教师社团，为青年教师情侣举行集体婚礼，为五十四对教师夫妻举行集体生日会，关心教师的家庭生活，主动为教师解决家庭困难。他真诚的关怀，让七宝中学的老师都觉得自己是最幸福的。我们虽然第一次来七宝中学，但是他热情待客，在百忙之中陪伴我们，亲自把我们送到地铁站附近。这些细节之处彰显着他“与人为善，成人之美”的独特人格魅力，真是令人敬佩。

仇校长保持年轻的心态，待学生如朋友。七宝中学的学生们都亲切地称呼他为“海哥”。我想这个称呼饱含着学生对他真挚的爱，也从侧面告诉我们他对学生的爱很深。他善于调动食堂员工的积极性，给学生提供营养可口、物美价廉的饭菜，还专门叮嘱食堂给第五节课的教师做保留菜，允许高三学生通过手机订餐。学校每年三月都举行校园狂欢节，仇校长的扮相是同学们最期待的，纷纷进行有奖竞猜。仇校长曾经扮演过佐罗、孔子、魔术师和猫王，学生们都非常喜欢他，与他一起狂欢。

仇校长重视班主任工作，精心设置了班主任节。班主任在七宝中学是荣誉，不仅物质待遇合理，更重要的是精神福利高，班主任的成就感和职业幸福感强。七宝中学班主任工作成绩突出，近些年涌现出很多优秀的班主任。七宝中学姚老师连续十年担任新疆部的班主任，他的故事被上海东方卫视拍摄成微电影。他为了新疆学生的成长成才，放弃大量的休息时间，每年暑假都到新疆各地家访，学生们都非常感动。

同时，作为一名全国知名的校长，仇校长是一名优秀的管理者，是一个心怀教育理想的教育家。他的教育感言是“创造一所美好、和谐的校园，是我一生最大的心愿。踏上教育之路，就意味着要风雨兼程”。现在仇校长的教育理想瞄准了教育国际化，他与美国首个提供学龄前到高中IB课程的德怀特学校合作，创办了上海第一所独立设置的中外合作高中。仇校长说：“办这样一所学校有一大使命，就是开发中国特色的国际课程。”在回答学员们的提问时，仇校长介绍了创办德怀特高中的背景。近年，大量中国学生去留学，上海高中的国际课程大热，据不完全统计，各种境外课程已达近二十种。遗憾的是，中国自己却没有被国际认可的通用课程。中国的高中为何对国外学生缺乏吸引力？作为资深教育工作者，仇忠海校长备感困惑。“我们希望办成一所能吸引外国人到中国读书的国际学校，首要的就是能设计出被国际认可的、具有中国特色的国际课程。”实现这样的理想任重道远，但仇忠海信心满满。从他坚定的眼神中，你可以发现他为了教育理想奋斗到老的勇气，这是非常值得钦佩的。

一个好校长成就一所好学校，一所好学校需要好老师，一个好老师离不开好学校，一个优秀的班集体离不开一个优秀班主任，一个优秀班主任的发展更离不开学校、老师、学生和社会的关心和支持。我想在今天这样一个优秀的学习平台中，我们每一个人不管处于怎样的境遇，都要不断转变心态，调整好情绪，真诚地热爱生活，心怀教育理想，坚持走下去。我相信，这就是仇校长今天带给我们的可贵精神财富。

附2：微论坛实录之一

“面对初高中衔接，如何有效开展班主任工作”研讨实录

主持人：闵行二中　胡利平

2015年7月27日下午1:00至1:45，周菁班主任名师工作室的学员相聚在微信群，共同研讨“面对初高中衔接如何有效开展班主任工作”。下面是此次交流的记录。

胡利平：我们下周一(27日)将进行微讨论，讨论的话题是：对于高一新生，初高中衔接很重要，从新生报到、军训到高一上学期，如何有效开展班主任工作？

胡利平：今天讨论的问题1：谈谈班主任在初高中衔接中的重要性。问题2：从哪几个方面来有效开展初高中衔接中的班主任工作？

胡利平：初中和高中的班主任工作侧重点不一样，所以衔接工作很重要。

李芳：初高中衔接决定了学生在高中阶段的发展。有些学生初中学习很好，就是因为刚进高中的各种不适应，导致整个三年一蹶不振。因此首先要在心理上帮助学生调节，学业上也要及时补缺补差。

闵慧：高中阶段的学习，比初中阶段更加繁重。课业负担增多，心理压力增大，社会期望值增高，学校和班级中的竞争更加激烈，是极易产生严重分化的时期，也是社会和家长高度关注和头疼的时期。有了良好的开端，后面的学习才能顺利进行，所以初高中衔接工作很重要。

胡利平：班主任工作在初高中德育衔接中有着不可忽视的作用。初中到高中，是学生世界观、人生观形成的关键时期，也是学生身心发展趋向成熟的时期，为此初高中衔接中班主任工作的重要性不容置疑。

我们应从哪几个方面来有效开展初高中衔接中的班主任工作?

关于如何了解学生

郑青：先从熟悉学生的情况做起，包括认真地阅读他们的档案资料，读准他们的名字，同时逐一家访，了解他们的家庭背景、个性特点、学习习惯等等。同时，与家长沟通时，一方面要了解孩子在生活中的情况，另一方面要了解父母的教育理念，以便将来与家长更融洽地进行沟通。军训和家访是了解学生的重要的时间，要善于观察、多接触，军训特别能发现学生的优缺点。

李芳：军训是班级的第一次集体活动，是形成良好班风的关键时机。班主任一方面要配合教官完成活动，另一方面要抓住机会与学生沟通，深入了解每一个学生的个性特点，关心学生的生活，让学生感受到班主任对他们的关爱。这有利于今后工作的开展。暑假家访也是至关重要的，可以对学生及家庭有初步熟悉，以便建立学生档案，发挥学生特长，因材施教。

王海燕：要抓住军训的活动时间，提出军训班级目标，开展团队心理游戏，让学生相互认识。也可在军训会操、黑板报评比、文艺汇演等活动中了解学生。军训和衔接教育期间，可以和初中的班主任沟通情况，这样了解学生特点的速度会快些。在军训和衔接教育期间还要让学生了解新高考制度和评价方式，帮助学生进行生涯目标的规划。了解学生要先抓重点，比如班级干部的情况、特殊家庭的孩子情况。家访也是有必要的，高一要100%家访。

闵慧：暑期拿到学生档案后要进行家访，我们要求对100%新生进行家访，了解学生的成长环境、家庭情况、特异体质、兴趣爱好等。我看毕业生登记表上老师的评价时，发现很多时候缺点也是不写出来的，需要我们班主任另找途径了解学生。新的班级里总归有一些原先认识的或者相熟的学生，学生之间的评价比较可靠。

黄之花：对于高一新生，初高中衔接很重要。从新生报到、暑期军训到高一上学期阶段，班主任要事无巨细。在实施具体工作前，班主任们先要搞清楚自己的建班目标，而后围绕目标设计一系列活动。即便是一些常规做法，比如家访等，也会因各自的带班目标不同而会有些细微的差别。先来分析高一新生——稚气未脱，但又对高中生活充满了期待。因此，我认为建班初期主要抓好三个方面：亲和力、向心力、感受力。亲和力方面，包括师生之间、生生之间和家校之间的。家访、军训生活时的关心等都是不错的做法。

胡利平：家访也是衔接工作中的重点。有条件的话，初中老师和我们高中班主任有个交流就好了。

闵慧：关于尽快了解学生，有时存在很大的难度。因为学生有的时候有很多事情不跟老师讲，家访的时候有些家长也不说，给我们班主任工作带来困难。从学生熟悉的同学那里获取对该生的评价，这是个很重要的途径。和初中老师沟通交流是个好主意，可以尝试一下。

郑青：和初中班主任沟通似乎是很好的办法，但是能否在实践中做到呢？

王海燕：可行性很大的，我曾经和初中老师联系过，了解过孩子的情况。

印云亮：具体开展工作时，有这样两点：1. 家访工作，要及时；2. 了解学生现状和教育背景，这对进一步的引导工作很有帮助。

关于如何组建班集体

郑青："不成规则，无以成方圆"。组建一个新的班级，建立班级的规章制度也是非常重要的。所以军训期间，也是抓好班级管理和培养班干部的最好时机。学生们从熟悉的环境进入陌生的高中，内心多少有些忐忑。黄浦区的军训基本放在八月初左右，有许多孩子是第一次离开父母，单独在集体中生活。这种情况，对于培养学生的自理能力、自律能力以及合作能力，都是非常重要的。对学生严格管理显得尤为重要。另外，组建新的班级，培养班干部也是非常重要的。公约应该是奖惩分明的，当然不乏一些人性化的处理。公约要制订得简洁明了些，太多太复杂，学生常常会遗忘。

胡利平：要根据班级实际情况制订班级公约，使班级管理制度化。班规的执行情况由专人负责登记，期末评优评先、操行评定均与登记情况挂钩，做到奖惩分明。不论奖还是惩都只是手段，目的是为了使学生养成良好的行为习惯，自觉遵守校纪班规。变“依赖型”管理方式为“开放型”管理方式，能培养学生自我管理的能力，让他们成为班级的主人。班级管理制度建立在同学相互熟悉后，班级公约往往在期中之前制订修改。让学生民主地制订公约，并由班主任参与监督，这样公约才能长久实施下去。

印云亮：在建立新的班级文化中，制度建设最重要。公平公正的班级制度，可确保大家自由和均衡地发展。

李芳：新生第一天报到很重要，要让他们了解学校的规章制度，强调学生个人的仪容仪表等方面的要求。简单介绍高中阶段学生的各项任务、学业、实践活动等。同时这也是班主任的第一次亮相。制订公约要以学生为主体，然后严格遵守，不能是一纸空文。

黄之花：第一次亮相，给学生和家长什么印象非常重要。一定要认真备课，杜绝做传声筒。

王海燕：班主任要在军训和衔接教育期间积极鼓励学生参与各项活动，选拔班级临时干部，发展班级各类人才，提高学生自主管理能力。个人觉得班级公约应在开学一个月以后由全班讨论制订，但是一定不要和学校的规章制度冲突。班级公约应以鼓励为主，正向引导。班级公约如果没有学生参与制订，就形同虚设了。

闵慧：随着时间的推移，学生间越来越熟悉，班级公约很多时候是执行不下去的，如何让学生们一直遵守是个问题。尤其是惩罚教育方面，怎么处理才好呢？公约不可能都是鼓励的话，必然会有惩戒的方面，后续如何执行是问题。

叶红：班级要正常运行，必然要有制度约束。公约中应该明确奖惩措施。

吴云洁：班级公约是需要的。学生的自主管理也很重要。班级公约其实也是以班干部为主体的一种形式。老师主要还是幕后策划，操作还是学生自主。培养班干部非常重要。

胡利平：高一组建一个班集体最重要，班主任工作是最辛苦的。培养小班干部、培养学生的自主管理意识和能力也显得十分重要。班干部得力了，班级自主管理到位了，这样以后两年班主任工作就轻松了。

黄之花：我一开始都只定班长和劳动委员，其他的都慢慢定。我也经常搞班委流动的规则，就可以避免班委只上不下的窘境。

闵慧：关于班集体建设，我的建议是：1. 加强常规教育，培养学生的自觉性；2. 注重学生学习方法的指导，培养良好的学习习惯；3. 多方协调，充分发挥科任教师和学生家长的教育作用；4. 充分发挥学生的主观能动性。

李芳：学生自主能力是高中的关键。

郑青：班干部首先要选对人，不合适再调整，总怕会伤害孩子的自尊心。

闵慧：所以其实班干部的选拔很难，有时候有点赌徒的心理。

胡利平：是啊，再换掉职位（岗位）容易挫伤孩子的积极性和自尊心。想要选拔对的学生，还是要从军训开始观察孩子的一言一行。

黄之花：在优秀学生集中营，就更要体会他们谁也不服谁的内心，找谁做班长，都是对其他同学的不认可（他们会这么认为的）。所以，班委建制一定要有流动性、竞争性等。否则，很容易肯定了一个人，却造成否定了一批人的误解。

闵慧：毕竟军训和家访的时间也比较短暂，而且有教官在天天训练，他也没机会顽皮之类的。

胡利平：确实存在开学后许多孩子表现和军训不一样的情况。我建议开学后一两个月不要确定班委和团委，临时班委暂运行，在班级首先明确是暂时的，两个月后正式确定。

郑青：我们老师会去检查寝室的卫生情况，有些学生的自理能力很差，还很自私。有责任感的学生，在寝室中的表现还是比较突出的。

闵慧：是的，我以前带过一个男孩，当时毕业档案很好看，家访交流很得体，军训时同学间交流也很好，文艺也有特长，因此被选为副班长。但是一段时间后发现该生自由散漫、成绩不理想，起不到表率作用，班干部重新选举时被大家撤掉，我也找他谈过话，但是他很伤心，以后就破罐子破摔了。那个男生我一直找他谈话，虽然他表面上说没事，但还是过不了那道坎，直到高三第二学期才好。期中考试之后重新选举确定班委比较有效。

郑青：是这样的，我们也只能保证大部分干部还是不错的。

闵慧：所以挑选班干部还是要慎之又慎。

李芳：开学后可以进行班委竞选，学生很清楚哪些适合当班干部。

胡利平：学生民主推选加上科任老师的综合评价，这样我们班主任更能心中有数了。

关于关注学习差异和学生心理

胡利平：一些原来在初中是班级佼佼者、教师的宠儿的学生，进入高中后发现自己再也没有优势可言了。随着地位的改变和课业负担的加重等原因，一部分学生适应不了新的学习环境，心理出现了极大的反差，所以不可避免地出现困惑、失落、焦虑、胆怯等不良心理现象。关注学生的学习心理很重要。

黄之花：我同样认为关注学生的心理很重要。但我觉得，除了适应力造成的心理以外，有些初中时很优秀的但因为发挥失常而进来的学生的心理也要特别关注。我遇到过很多这样的学生，引导得好的话，他们会是班级的领头羊；否则，带坏班级班风的能力也是不容小觑的。

闵慧：其实还是学生的一个心理断乳期的问题。初中时学生基本都是靠老师盯着学习的，而高中老师很少会一个个学生盯下去，所以很多学生感觉进了高中轻松了很多，对自己的要求也放松了。但是学习压力并没有缓解，而且难度会逐步加大。

李芳：所以要培养学生的适应能力。

郑青：调整学生的心态，不断改变学习的方式。

黄之花：高一新生有好几种，有发挥失常进来的，也有发挥超常进来的……各种学生的心理都要注意。总的说来，都要在了解的基础上做好引导。但不要太寄希望于引导。因为你引导了半天，学生会感受到你对他这部分的不满意(即否定)。时间长了，学生反而会和你疏远，工作适得其反。要时刻牢记学生的性格决定他的命运。那些几次尝试后依然引导不了的，也就不要引导了。但不要放弃，要换种方法。比如，根据学生引以为豪的方面，提供平台或者创设情景，甚至故意设置困境，将直接的言语引导化为无形的促动……

胡利平：除了心理引导要及时之外，初高中的学习习惯和方法也需要重视引导。

郑青：是的，高中学习更需要孩子的主动性与自觉性。

闵慧：是的，很多学生家长都会说，我孩子在小学、初中成绩怎么怎么好的，怎么到了高中就不及格了呢？其实就是学习方法不一样。

闵慧：尤其是理科的学习方法差异很大，思维的深刻性很重要。我曾经教过的一届学生，毕业后跟我说，从初中到高中，感觉从地狱到了天堂。

郑青：许多学生在初中都是被家长和老师压着读，觉得非常苦，到了高中学习上反倒是放松啦。

李芳：高中的学习基本是从零开始，一开始的习惯要培养好，不能被动学习、拖拉。以前有些学生进高中时是年级前几名，到了后来，高三都快读不下去了。

印云亮：关于班主任在初高中的衔接工作中，我感觉应该首先要做好心理引导工作。比如我们学校，考进来的学生，都是原先初中里的优秀生。到了优秀生集中营，优势很难体现出来，就出现了进了高中成绩就变差的心态。及时疏导和帮助他们走出这段时期很重要。

胡利平：做好初高中知识上的衔接，这样可以缓解学生学习压力，减少学生学习心理问题的出现。我们从未接触过初中教材，做好知识上的衔接有些困惑，大家觉得要如何应对呢？

闵慧：我们基本开学第一周就是知识上的过渡，就我们化学而言。我们都是各门功课备课组自行协商统一。新生报到时，发三本暑假作业，开学我们会进行测试。

王海燕：初高中文化课衔接教育安排三天，分别是语数英、文科综合、理科综合，还让学生了解学校校园文化、规章制度，并且进行考试。

郑青：说到知识方面的衔接，在语文方面，初中是不接触语法的，但高中文言文会涉及，所以我们在开学初会把语法的知识补充上去。

胡利平：看来大家都重视初高中的学习差异，重视对学生学习心理的引导。还有什么其他方面要注意的呢？

黄之花：向心力方面，要通过各种活动，让来自不同初中、有着不同性格的学生产生共同建立属于自己的一个全新的、充满活力的、积极进取的班级的愿望。兴趣爱好的交流和展示，团队活动和小组竞赛，班歌、班徽队名的设计，活动相册的建立等会有不错的效果。感受力活动方面，独生子女父母遇上独生子女教师，加上独生子女学生，不知道大家会想到什么？我认为，虽然程度会有所不同，但大家都会考虑自己多一些，比较缺乏对别人的感受的感受。可以通过一些“传声筒”、“拷贝不走样”等活动进行体会，也可以开展些职场体验、志愿者服务等活动。

胡利平：今天大家对于初高中衔接期班主任工作的讨论到此为止。交流小结请发到我邮箱。谢谢大家了。

后　记

中小学班主任工作责任重、头绪多，班主任老师承担了学生身心发展各阶段的重要引导者、学校管理最基本任务的执行者、学校与社会沟通的桥梁等重要身份与角色。为解答班主任工作中集中遇到的问题，我们出版了《班主任工作实用指南》一书。本书主要收录了2015年上海市中小学班主任内涵发展高级研修班47位学员的班主任科研成果，内容包括班主任工作理论研究、班主任工作实践研究、班主任培训有效性研究等。它围绕当前上海市中小学班主任工作中遇到的具体问题展开研究，并提出有效应对的策略与反思，同时探讨了班主任培养的策略、方式、课程以及班主任工作室开展研训的模式、经验，具有班主任专业成长的示范性。它填补了国内班主任工作空白，为上海市基层班主任工作及班主任培养提供可操作的指导，也为上海乃至全国班主任工作研究、大德育研究提供实证依据。

本书作者都是上海市优秀班主任的代表，其中多人荣获全国及上海市优秀班主任、优秀园丁等称号。他们除了坚持一线班主任工作，还承担着上海市骨干班主任培训、上海市班主任工作课题研究的任务。在本书成书的过程中，这些拥有丰富教学经验、具备良好研究意识与素养且已形成一定教学风格的优秀班主任，从选题、备课、磨课、反思，再到同伴互助研讨、撰写研究报告，累积着他们长期思考、探索而来的经验，同时也折射出他们专业成长的轨迹。

本书的出版工作得到了上海市师资培训中心的大力支持。感谢周增为、郑百委、王涛、陈飚、许伶萍、任洁、方萍、英配昌、张静和朱园飞等老师在策划、指导、编辑、修订等工作中的辛勤工作。